NOYΣ
梁中和 主编

柏拉图的艺术

柏拉图诠释十论

R. B. Rutherford
[英] 理查德·卢瑟福__著
孔许友__译 梁中和__校

东方出版中心

纪念 David M. Lewis

所有的苏格拉底对话都有一个不同寻常的特点，它们精妙而富有创见，表现出对探究的热爱。但也许不可能把任何事情都做好……

——亚里士多德《政治学》ii.6

在雅典的时候，我读《高尔吉亚》，在这部作品中，最令我惊叹的是，柏拉图正是在对演说家的嘲弄中显示出他自己是最高明的演说家。

——西塞罗的对话《论演说家》i.47 中的克拉苏

从那以后，我就觉得，柏拉图主义者的头衔更应该属于那些从柏拉图的研究方式中得到滋养，并努力实践这种研究方式的人，而不是那些仅仅接受了某些教条性结论的著名人物，那些结论大多是从柏拉图作品中最难以理解的地方得出的，而以柏拉图的精神和其作品的特质来看，我们不知道柏拉图自己是不是只不过将其视为诗意的想象或哲学的猜想。

——约翰·斯图亚特·穆勒《自传》第一章

目　录

前　言

这本书与我早先的著作《马可·奥勒留〈沉思录〉研究》（牛津，1989年）一样，旨在尝试促进对哲学作者的文学理解。这种理解并不忽视其历史背景，也不忽视在其作品中居于中心地位的伦理、宗教和其他主题。换句话说，本书想要同时谈论柏拉图著作的形式与内容，谈论形式与意义之间的关联。我关注的是柏拉图如何刻画其导师苏格拉底，关注他如何与智术师交锋，在不同对话中呈现其理念的不同方式，还有严格来说属于文学性的话题，如他怎样运用修辞、反讽、诗性文体和比喻，以及开场情节或描述段落的重要性，或者为什么某种观点要被归于一部对话中的某个特定角色。如果有人以为此类问题的答案显而易见，或者与柏拉图研究不相干，那我建议他不必理会本书。

在之前做马可·奥勒留研究时，我至少有一个清晰的理由，即过去还没有对《沉思录》的恰当研究。而对于柏拉图研究来说，问题就很不一样了。每年都有大量研究柏拉图学说和对话的著作问世，而且毫无减少的迹象。再生产一本既面向学者又面向普通民众的书，有一个不大充分的正当理由，即迄今为止绝大多数柏拉图研究著作都出自职业哲学家，而对于作为作家或戏剧家的柏拉图，还有更多的谈论空间。那些试图处理柏拉图著作这一侧面的书往往没有充分注意柏拉图能够利用的文学传统，或者他成长的社会文化环境（近二三十年来，古典学界在这些方面已取得长足进步）。不过，我坦率承认我要说的东西并不都是全新的，而且，我尚未读到的许多著作和论文可能比我说得更好。但柏拉图的著作体量足够大，他作为作家和思想家的水平也足够高，因而彰显其伟大的进一步尝试不需要过多地致歉。我写这本书的目的，就是为了使一些读者更好地欣赏和理解至少一部分柏拉图著作。

此书有意被冠以“散论”（essays）之名，因为它绝非意在对柏拉图作百科全书式或权威性的全面考察。柏拉图的一些作品我几乎没有提及，这一点很快就会清楚。而对他的其他作品，尤其是《理想国》，我只是从有限的几种视角来研究。我有意将目光集中在我感觉有话可说的柏拉图著作上。此外，我并不打算把这本书写成一部凝聚毕生心血的作品，或者一部难以卒读的巨著。尽管我还想再用很多年来写这本书，但我没有读到更多可能相关的资料。当然，我没能顾及很多在这一领域辛勤耕耘的作者的作品，这令人遗憾。但我发觉，即便在这本书上面再花费更多时间也未必会有显著的提升。看起来最好是到此为止，让他人去继续深入这些问题。如果有人感到他对本书主题的贡献被不公正地忽略了，我会为此深表歉意。

在研究方法上，本书的风格看来有些老式，如果是这样的话，也并不因此而幼稚。我读了相当多现代文学理论方面的文献，有时我也觉得有用，但我承认，传统的比较和分析的方法，同时结合叙述学的方法，对我来说似乎是最有效的工具。在其他方面，我是兼收并蓄的，不过，在脚注中塞满流行权威的名头，只会显得杂乱无章。此外，我知道，只要单纯或主要运用文学的方法，许多首先从哲学角度探讨柏拉图的人会不假思索地感觉可疑。我并不想让他们反感我的工作，尽管他们已经如此。特别要说的是，我要借此机会否认与列奥·施特劳斯及其同道研究柏拉图方法的关系，这种方法如今影响极大，尤其是在美国。我只读过列奥·施特劳斯的一本书（《城邦与人》），而他的追随者的书我一本也读不下去。

对于这种篇幅的书来说，有所遗漏是难免的。其中有一点会令很多人惊讶，也是我一直犹豫的，就是没有对柏拉图的立场做一个概括性总结。我不否认综合描述是有用的，而且多少会获得认同。但我倾向于认为柏拉图的思想更灵活，他的“教义”并不固定。他通过苏格拉底和其他人所呈现出来的明确主张，比通常所认为的更具修辞动机，与语境贴得更紧。对他的哲学做出概括要么会造成歪曲，要么就会过于简单化和老套。出于类似的理由，我几乎没有将柏拉图与其他古代或现代哲学家作比较。纵使我有能力作这样的比较，这种比较也难免暗示柏拉图是同一个传统中的作者，他所做的事情与后来的思想家一样，而我想强调的是他与其他文体和写作风格之间的联系。再者，读者将发现这一空白被其他作品充分填补了，其中很多已经列在参考文献中了。更让我感到不安的是我对在本书中进行详细讨论的柏拉图作品的选择，而且特别遗憾没有给《斐多》安排一个专章。幸运的是，克里斯托弗 · 罗（Christopher Rowe）最近在剑桥希腊与拉丁古典系列中所作的评注能使我们更好地理解这部伟大的作品。

有些读者可能还会觉得本书的篇幅太长。本书各章可作为独立文章，虽然第一章尝试提供了一个基础，而接下来的各章自然采用了共通的方法。有一些带有普遍性的话题会结合某一单部对话来讨论（例如在论《高尔吉亚》那一章中对末世神话的探讨）。我尽量减少了不同章节中观点和例证的重复。想要追究反讽或比喻之类特定主题的读者建议充分利用主题索引。书中引用的古代作品内容如未特别说明都是我自己翻译的。需要表达感谢的是，在最后一章中，我使用了康福德和桑德（Cornford and Saunder）对柏拉图后期著作一些段落的翻译。

虽然牛津到处是哲学家，其中很多人都有关于柏拉图主要作品的文本和论点的专门知识，不过，要找到一个对我在本书中所采用的视角感兴趣的人并不那么容易。我要对爱德华·赫西（Edward Hussey）和唐纳德·罗塞尔（Donald Russell）表示诚挚的谢意。爱德华·赫西邀请我在1985年"智术师时代的哲学与文学"研讨班上与他合作，这对我的起步帮助很大。唐纳德·罗塞尔一直坚持认为，希腊最伟大的散文家不必完全留给哲学家。论述《普罗塔戈拉》《高尔吉亚》《会饮》《斐德若》的那几章中使用的很多资料过去十年来在讲课中都试用过。一些章节的诸种版本在牛津、伦敦以及圣安德鲁斯的研讨班上提交过。1987年，玛莎·努斯鲍姆和我在牛津联合组织了一个讨论《斐德若》的研讨班，那次研讨班提供了进一步的动力和想法。论《普罗塔戈拉》那一章的一个稍短些的版本曾于1992年1月提交给沃里克大学，并发表在一本题为《洞穴语言》（*The Language of the Cave*[=*Apeiron* 25.4, 1992年12月]）的论文集中，主编是安德鲁·巴克（Andrew Barker）和马丁·沃纳（Martin Warner）。我要感谢主编和出版社允许我在本书中再次利用这一资料，同时也感谢在所有这些场合提出了评论意见的读者和听众。

科林·迈克劳德（Colin Macleod）的英年早逝，至今差不多有十五年了。每当提起对他的感激，我的内心都充满了一个学生的虔敬。科林·迈克劳德最早使我理解了关于柏拉图的方法和风格的一些东西。不过，那些和我一起参加过他的《高尔吉亚》课程的人都会承认，我在他开始搭建的框架内加入了大量细节。我曾在一篇很早的关于《斐德若》的草稿（1980年）中写过详细的评注，如今我还经常回顾那些笔记，并受益良多。最近一年来，与斯蒂芬·哈利韦尔（Stephen Halliwell）和多琳·英尼斯（Doreen Innes）的交流总是富有启发性。西蒙·霍恩布洛尔（Simon Hornblower）、尼尔·利文斯通（Niall Livingstone）、罗伯特·帕克（Robert Parker）以及凯瑟琳·惠斯勒（Catherine Whistler）在很多具体问题上给我提供了帮助，在我陷入困难时给予我鼓励。我还必须感谢两位研究生，戴维·格里布尔（David Gribble）和露辛达·考文垂（Lucinda Coventry）。我读了他们的作品。后者的专论在我写作本书时可惜尚未发表，因此我更应该说明，阅读她的作品以及与她的多次交流都使我受益。与另一个更早的研究生欧文·怀特（Owen White）之间的探讨和争辩帮助我理清了自己的观点。在编辑出版事宜方面，我要向牛津古典学部的玛德琳·利特尔伍德（Madeline Littlewood）致以特别的谢意。本书有几个章节最初是用一种过时的文字处理格式处理的，感谢她帮我把这些章节重新打了一遍。

最后，我要感谢基督教堂学院的几位同事。最早是在达克沃思家里，休·劳埃德·琼斯（Hugh Lloyd-Jones）向科林·海克拉夫（Colin Haycraft）推荐了这本书，一位当时还没有取得博士学位的年轻学者很感激这一迅捷的做法。我希望在等了这么久之后他会在书中找到感兴趣的东西。林赛·贾德森（Lindsay Judson）阅读了一些章节的草稿并不吝提出了意见。这样一位古代哲学专家看到了这一项迥然不同的研究中的一些价值，这令我大受鼓舞。彼得·帕森（Peter Parson）不仅给出了精深的建议，还允许我超长时间借阅图书和选刊。从进入学院第一天起，我就视他为可信赖的人和有善心的支持者。但最后的话我一定要留给戴维·刘易斯（David Lewis）。他于1994年7月辞世，当时这本书已经提交给出版社。自从癌症在那之前九个月被发现之后，他一直以斯多亚派的超然心态面对病魔，这深深感染了他的朋友和同事。他的死使古代史学界失去了一位最杰出的学者。凡是仔细研读过他的作品的人，都熟悉他对每一种证据一丝不苟的注意，以及他考察大大小小各种含意的技巧和洞察力。同样明显的是，他将古希腊看作一个复合的整体，没有在各科系和专业中细分课程。认识他本人的人还会情不自禁地想起：他那不露声色而且有时有点古怪的幽默感，对准确记忆细节的爱好，倾听别人尚未成型的想法并贡献自己的敏锐意见时那种忘我的快乐。虽然他没有看到本书的任何内容，但书中很多地方我都吸收了他在古代雅典方面的渊博学识。他在有关柏拉图、狄奥尼索斯以及西西里的问题上给予我的很多启迪，也使我亏欠着他一笔更特别的人情债。蒙他应允，本书题献给他，当时我们都知道他看不到本书出版了。但愿本书配得上他。

卢瑟福（R.B.Rutherford）

缩写对照表

AJP=*American Journal of Philosophy*

Anc.Philos=*Ancient Philosophy*

APF=J.K.Davies, *Athenian Propertied Families 600-300 B.C.* (Oxford 1971)

BICS=*Bulletin of the Institute of Classical Studies* (London)

C&M=*Classica et Medievalia*

CAH v^2 and vi^2=Cambridge Ancient History (new 2nd edn.), vol.v (ed.D.M.Lewis,J. Boardman, J.K.Davies, M.Ostwald, 1992)and vol.vi (ed.D.M.Lewis, J.Boardman, S.Hornblower, M.Ostwald, 1994)

CAntiq=*Classical Antiquity* (formerly California Studies in Classical Antiquity)

CPh=*Classical Philology*

CQ=*Classical Quarterly*

CR=*Classical Review*

Diels-Kranz or D-K=H.Diels and W.Kranz, *Die Frangmente der Vorsokratiker* (6th edn., Berlin 1951-4)

Dover, *GPM*=K.J.Dover, *Greek Popular Morality in the Time of Plato and Aristotle* (Oxford 1974)

F or fr.=fragment no.

FGH=F.Jocaby, *Die Fragmente der griechischen Historiker* (Berlin and Leipzig 1992)

Friedlaender=P.Friedlaender, *Plato* (Eng.tr. by H.Meyerhoff) (New York 1958-69)

G&R=*Greece and Rome*

GRBS=*Greek Roman and Byzantine Studies*

Guthrie=W.K.C. Guthrie, *History of Greek Philosophy* i-vi (Cambridge 1962-81)

HCT=A.W.Gomme, A.Andrewes, K.J.Dover, *Historical Commentary on Thucydides* (5 vols., Oxford 1945-81)

HSCP=*Harvard Studies in Classical Philology*

ICS=*Illinois Classical Studies*

JHI=*Journal of the History of Ideas*

JHPhil=*Journal of the History of Philosophy*

JHS=*Journal of Hellenic Studies*

K-A=R.Kassel and C.Austin, *Poetae Comici Graeci* (Berlin and New York 1983)

KRS=G.S.Kirk, J.E.Raven, M.Schofield, *The Presocratic Philosophers* (2nd edn., Cambridge 1983)

Laborderie=J.Laborderie, *Le dialogue platonicien de la maturité* (Paris 1978)

LSJ=H.G.Liddell, R.Scott, H.S.Jones, *A Greek-English Lexicon* (9th edn., Oxford 1940;with Supplement 1968)

OCD=*Oxford Classical Dictionary* 2nd edn., ed. N.G.L. Hammond and H.H.Scullard (Oxford 1970). A complete revision is imminent, ed. by S.Hornblower and A.J.Spawforth.

OCT=Oxford Classical Text

OSAP=*Oxford Studies in Ancient Philosophy*

PACA=*Proceedings of the African Classical Associations*

PBA=*Proceedings of the British Academy*

POxy.=*The Oxyrhynchus Papyri* (ed.B.P.Grenfell and others, London 1898)

PCPS=*Proceedings of the Cambridge Philological Society*

PMG=D.L.Page, *Poetae Melici Graeci* (Oxford 1962)

Radermacher=L.Radermacher, *Artium Scriptores (Reste der voraristotelischen Rhetorik), Österreichische Akademie der Wissenschaften, Phil.-hist. Klasse,* 227.3 (Vienna 1951)

RE=Pauly, Wissowa, Kroll and others, *Real-Encyclopädie der klassischen Altertumswissenschaft* (Stuttgart 1893)

REG=*Revue des Etudes Grecques*

RhM=*Rheinisches Museum*

Riginos=A.S.Riginos, Platonica:*The Anecdotes Concerning the Life and Writings of Plato* (Leiden 1976)

SO=*Symbolae Osloenses*

TAPA=*Transactions of the American Philological Association*

WS=*Wiener Studien*

YCS=*Yale Classical Studies*

Zeller=E.Zeller, *Plato and the Older Academy* (Eng. tr. by S.F.Alleyne and A.Goodwin) (London 1888)

ZPE=Zeitschrift für Papyrologie und Epigraphik

第一章

问题与路径

归于柏拉图名下的第七封信是柏拉图传世书信中篇幅最长，也最 I
重要的一封。在这封信中，作者相当充分地解释了他如何对他那个时代的政治不再抱有幻想，以及如何转向哲学，并接受苏格拉底的影响。信中还详细讲述了他试图把叙拉古的狄奥尼索斯二世改造为哲学王的失败经历。在信的中心部分，他严厉批评了狄奥尼索斯二世撰写的一本关于他的教导主题的手册，并将这种批评延伸到其他试图总结其教导的人。他拒绝接受任何此类尝试的坚决态度和雄辩言辞，使这段话成为柏拉图著作中最有名也最令人不解的一段。

> 无论如何，我可以说，所有那些声称自己知道我所关切的主题，并且已就这些主题进行写作或正打算要写的人，无论他们坚称是从我这儿还是从其他地方听来的，抑或是他们自己发现的，至少在我看来，他们都对这些主题一无所知。我从没有写过关于这些主题的东西，以后也不会写，因为这种学说无法像别的学说那样诉诸文字。只有与这主题保持长期的关系，深入其中，与之共同生活，然后，就像火焰突然迸发，火光闪耀起来，它就在灵魂中生成，并立刻在其中自我滋养。不过，我很明白，处理这些问题，无论是写下来还是说出来，最好是我自己来做。我感觉受到

伤害主要是因为这些文章写得很糟糕。但如果我认为有可能为了大众而用文字将涉及这些主题的内容恰当地表达出来，那么，比起为全人类带来巨大福祉，把万物的本性启示给所有人，还有什么更高尚的工作值得我花费毕生精力去完成呢？（《第七封信》*341b–d*）

同时，我们得承认现存的“柏拉图书简”中至少有一部分肯定是伪作，而且第七封信的真实性也受到了严重的质疑，既有历史的也有哲学的根据。这些疑点尚未在近来对柏拉图的解释中得到应有的重视，因为这些解释仍然自然地大量引述这封信作为传记资料。[1]但是，
2 还需要说明的是，无论这些文字是否出自柏拉图之手，它们都是对话作者提出的或者关于对话作者的非同寻常的说法。而且，对于柏拉图著作的所有读者而言，这些说法指出了一个严肃的问题：倘若如第七封信所宣称的，柏拉图的学说和理论没有被写下来，不存在柏拉图主义哲学指南，那么，我们应该如何看待这些对话，以及这些对话中关于正义与节制、艺术与诗、政治与社会、法义与自然、此生与来世的判断呢？

这个问题并不仅仅依赖于一封可疑书简中的一段简短的文字，因为这段话与《斐德若》的最后场景相似，且后者更详细。《斐德若》无疑是柏拉图的真作，而且是内容最丰富、辞藻最华美的柏拉图对话之一。在那里，苏格拉底忠于他自己的历史人格（因为就我们所知，他从不写作），拒绝并批评文字书写。人们对各种知识进行书面记录以

[1] 尤其参看L.Edelstein, *Plato's Seventh Letter*（Leiden, 1966），和F.Solmsen的评论，见*Gnomon*41（1969）29—34。还有Gulley和Aalders的论文，见*Pseudepigrapha*, Fond.Hardt Entr.18[1972]）中，以及P.A.Brunt, *Greek History and Thought,*（Oxford, 1994）282—342，尤其是313—332。

便永久保存，他对此表示轻蔑，理由是只有活的言辞，只有口头论辩的过程，才能提供深入探询并获得真实知识的机会（《斐德若》275c—278b）。[1]如果是这样的话，那么，我们就快要读完的这部制作精良、高度复杂的书面作品又意味着什么？在这一娴熟的釜底抽薪术背后有着怎样的见识或理解呢？显然，这部对话的形式意在模仿苏格拉底式的交谈，意在重获口头讨论的某种生机感和开放性。但是，《斐德若》和其他对话仍然是书面文本：它们不可能是口头论辩或者与口头论辩完全相同。在这段话以及其他类似的段落中，柏拉图向解释者提出了一种悖论和挑战。柏拉图的读者有责任回应这一挑战：既然这位作者就其哲学教导的方法论清楚地写下并思考了这么多东西，那么我们也必须努力学会如何正确地阅读他。

本章的余下部分将思考柏拉图研究的若干方法，并且将概述本书所采用的方法。这不是要排斥阅读如此丰富和复杂的作者的其他方式，也不是否认其他我在这里没有讨论到的方法的价值。但我希望这里提出的一些问题可以揭示柏拉图在这些对话中到底想做什么，或者不想做什么，希望这些较为积极的推测可以为后面章节的解读奠定基础。苏格拉底的《申辩》，柏拉图版的其师自辩演说，是唯一一部非对话的作品。这部作品提出了颇为不同的问题。我将在本章的最后部分对此加以讨论。

1. 著作及年代

我们必须从柏拉图自己的著作谈起。柏拉图的著作按照标准

[1] 不过，可以说，《斐德若》没有书简走得那么远。参见Kraut, *Companion*, 20—22中的举例，并比较下文第九章。悖论被削弱但没有消除。

的牛津版本足足有五卷。幸运的是，由于柏拉图声名显赫，文学影
3 响深远，他的所有已知著作似乎都留存了下来：没有证据表明有其他发表了的作品在流传过程中佚失。[1]但马上就有两个问题：真实性问题（这些作品确定都是柏拉图所写的吗？）和相对年代的问题。真实性问题众说纷纭，各种观点差异很大。绝大多数对话的真实性都曾在这个或那个时期遭到质疑（上文已指出，书简的真实性问题十分不同，它构成了一个特殊的类别）。不过，今天的学者在下判断时更加小心谨慎了，多年来没有任何一部主要的对话作品被质疑，但大家普遍同意一组短篇作品不是柏拉图所作，这组作品中有一部分明显受到后来哲学流派的影响。绝大多数柏拉图著作的版本都把这组作品专门放在最后，同时醒目地但也许也正确地标明是“伪作”。本书不会讨论这组作品。关于真实性的争论常常在很高的技术层面展开，但这类分析极少能一清二楚。无论是文风还是词语用法的细节，确定某个作者不可能写下某部作品，最终依赖的是批评家对此作者的眼界、目标以及长处的感觉。本书所探讨的所有对话中只有《克利托丰》这一部确属可疑的作品。至于篇幅更短的作品，有理由被怀疑的是《阿尔喀比亚德》和《泰阿格斯》这两部对话。不过，这些作品即使被确证为伪作也不会对本书结论产生严重影响。

年代学的问题更重要，因为它涉及所有现存作品，无论是真作还是伪作。有这样一种观点，即研究柏拉图的最好办法是把每部对话都视为本质上独立自足的书面作品，而不是基于其前作，或者一个更大

[1] 参看例如Zeller 45—49, Guthrie iv.39—41。《克里提亚》未完成这一事实一般认为意味着它被放弃了。没有证据表明关于这部对话有人知道更多的内容。未完成著作的出版在古代并不少见（例如修昔底德的《历史》、卢坎的《内战纪》，或者形式有所不同的维吉尔的《埃涅阿斯纪》）。我暂不考虑所谓“未成文学说”的问题，见附录B。

结构或哲学“进程”的组成部分。如果这是对的，那么年代学的意义就变小了，但也不会被消除。且不说哲学家们有兴趣探讨特定主题在不同对话中的发展，文学评论家们也会发现，从“早期”柏拉图开始追究某一特定手法或风格特征的发展很有用。而如果缺少基本的年代学框架，这样的比较就根本不可能。说到底，最安全的办法是不可知论，但这里采用的是一种“标准”年代学的温和形式，对其基本原则我有必要作一些解释。[1]

必须在绝对年代学与相对年代学之间作一个基本的区分。前者关 4
心写作或发表的准确时间（我们无法判定写作时间与发表时间是否总是一致），后者则关心个别对话之间的年代关系。显然，如果我们知道柏拉图所有作品的准确时间，那我们也会完全知晓相对的年代次序。但是，在目前情况下，我们最多能做的就是去搞清楚相对年代（而且经常也只能去猜）。柏拉图的职业生涯漫长：他出生于公元前428/7年，死于前348/7年。在前399年苏格拉底去世之前，他似乎没有写下什么。一些通常被归入早期的对话关注的是其师的审判和死亡，或者与此事件有某种联系，或者有出于辩护的目的。这尤其适用于《游绪弗伦》《申辩》以及《克力同》。

一些作品有内在证据：《美涅克塞努》中的年代误植表明其写作

[1] 参见附录B。关于年代学问题更充分的讨论见Guthrie iv, 第二章; H.Thesleff, *Studies in Platonic Chronology*（Helsinki,1982）以及*Phronesis* 34,1989[1—26]）中的附录; L.Brandwood, *The Chronology of Plato's Dialogues*（Cambridge, 1990）以及Kraut, *Cambridge Companion to Plato*（1992）90—120中较简短的论述; Ledger, *Recounting Plato*（Oxford, 1989），尤其是第224—225页（结论表）。更具体的研究见C.Kahn, *OSAP* 6, 1988, [69—102]（论《普罗塔戈拉》和《高尔吉亚》）; M.L.Mcpherran, *OSAP* 8, 1990, [211—236]; J.D.Moore, *GRBS* 15, 1974, [421—439]（论《伊翁》）以及J.M.E.Moravcsik编, *Patterns in Plato's Thought*（Dordrecht, 1973）52—71（论《会饮》和《斐德若》）; E.Kapp, *Ausgewählte Schriften*（Berlin, 1968），尤其是第60—61、90、115页（主张《斐德若》先于《会饮》）。J.Howland, *Phoenix* 45（1981）189—214在这些问题上采取了极端怀疑主义的路径。

时间在前386年之后。《会饮》中的一处与年代不合的事件（193a）将对话的时间固定在前385年之后。《美诺》从90a的历史事件标示来看似乎是在前395年之后（虽然绝大多数评论家会根据其他理由将其放在更晚得多的时候）。如果《泰阿泰德》开场中提到的那次战斗可以被认定发生于前369年，那么我们也能够给这部作品一个清晰的时间标界。《法义》中提到的叙拉古征服洛克里之事通常认为标示了前356年或者甚至是前352年（《法义》i.638b）。这一点也与古代传统观点正相吻合，即《法义》是柏拉图最后一部作品，那时他已是一位老人。[1]

另一类是不同对话之间的互见标示。《斐多》中有一段有趣的话。苏格拉底的朋友克贝说道：“你总是给我们讲一个理论，我们的学习其实只是一种回忆。如果这是正确的，那我们现在回忆的东西必定是以前学过的。”此时西米亚斯插话进来，要求重述这一理论的依据，“因为我当时没有记清楚”——这显然是一个关于回忆主题的狡猾的玩笑！（《斐多》72e—73a）这个情节似乎指涉了《美诺》，因为克贝接下来提醒他，当被以正确方式提问时，人们如何能够“知晓”涉及图形和计算问题的答案——这是对《美诺》中奴隶试验的很好的概括描述。《斐德
5 若》260e中有一处颇相似但不太明显的互见标示。在那里，苏格拉底说他好像听到了一些即将到来的论证，这些论证会使他们相信修辞不是一种技艺：虽然他接下来对这些论证作了解释，但这里的措辞和重点可能表明，这是在暗示《高尔吉亚》中对此问题更充分的论证（比较《斐德若》260e5和《高尔吉亚》463b、501a）。不太确定的是《理想国》

[1] W.Oldfather, *AJP* 44, 1923, [275—276]中对年代的论述。古代的说法见亚里士多德：《政治学》1264b26（认为晚于《理想国》），普鲁塔克《伊希斯与俄赛里斯》（见其《道德论集》）370F（认为晚于《蒂迈欧》），第欧根尼·拉尔修《名哲言行录》iii.37（认为这部作品到柏拉图去世时尚未完成）。进一步参看L.Tarán, *Academica*（Leiden,1972）116,128ff。

第十卷中的一段话，它可能暗示了《斐多》中关于不朽的论证。（《理想国》卷十："我们近来的论证以及其他证据都迫使我们承认灵魂是不朽的。"）[1]更清楚明白的是《泰阿泰德》和《智术师》中的一些段落，似乎回顾了《巴门尼德》（《泰阿泰德》183e sq.，《智术师》217c）。《泰阿泰德》中还有一处可能指示了《克拉底鲁》（《泰阿泰德》155d4，《克拉底鲁》398d，408b）。《蒂迈欧》开场的奇怪复述虽然带有选择性和倾向性，但无疑是回溯《理想国》中的讨论。《智术师》《治邦者》以及未写下的《哲学家》构成了一部"三联剧"（见《智术师》217a3）。同样，《蒂迈欧》和《克里底亚》也是一个系列的前两部，后面还有一部没写下的《赫墨克拉底》。《法义》中也有许多段落谈到次好的体制（例如739全部，807b）。很自然，我们会问"次好是相对什么来说的"，而那个雅典人对更好社会看起来是什么的讲述足以让我们从中辨认出《理想国》的说法。正如我们所知，还有其他理由可以推想《法义》晚于《理想国》。[2]

这些东西很难一下子说尽，但显而易见的是，还有多部对话的年代模糊不清。例如，我们不能轻易说《会饮》早于《斐德若》，或者相反（前者的可能性似乎更大些）；我们也不知道这两部对话与《斐多》或《理想国》的年代关系。所有传统上被标记为早期的对话必定是在约前399年到前375年这个宽泛的时间范围内。虽然也有一些迹象指示了某些对话与前4世纪其他作家的作品的关系，但这并没有我们所希望的那样有用，因为那些作品一样常常难以确定时间。例如《美涅克塞努》可能是在修昔底德的《伯罗奔尼撒战争史》之后，但我们并

[1] 参见S.Halliwell在该处的评注，不过他还引用了《美诺》和《斐德若》中的段落。

[2] 进一步的讨论见Zeller 96, 138。《法义》第四卷713c sq.似乎也暗示了《治邦者》271d sq.: Zeller, 68, 70。

没有证据证明那部伟大著作问世于前386年之前。[1]柏拉图《法义》694c显然是对色诺芬《居鲁士的教育》的嘲讽，但也没有告诉我们什么很有用的信息。很明显，严格的柏拉图年谱无法靠细究具体的暗
6 示来实现，而更严格的怀疑论者甚至不会接受这么小的一份互见标示清单。

对于上述松散结构，人们还采用了其他加固的方法。一种常见办法是考察柏拉图哲学的发展，并根据这种发展来排列其作品的年代顺序。这种办法充满了不确定性：我们如何知道柏拉图的思想是沿着一条线索连续发展的？一个理论在某部对话中没有被提及就表示他放弃了这个理论吗，我们为什么要这么假设呢？这关系到关于柏拉图思想是前后一致的还是发展性的论争，对此我们可以作更多讨论。不过，在此处，就年代学的视角而言，只要举出一个例子就足够了，也许是最确定的一个例子。在《斐多》《理想国》以及其他对话中，柏拉图使苏格拉底非常重视所谓型相理论（Theory of Forms），但在《巴门尼德》中，当苏格拉底（不过是青年时期的苏格拉底）再次阐述这一理论时，他遭到了巴门尼德十分严厉的批评，这种情况在其他对话中是没有的。似乎很难相信是先出现批判，然后才有对该理论的自信陈述。因此，很多学者认为，《巴门尼德》要晚于那些毫无保留地提出型相理论的对话。这个观点似乎是有说服力的，虽然怀疑论者还是能找到其前提上的缺陷。

另一种重要的方法是所谓风格学方法。这种方法是这样的：分析

[1] 《吕西阿斯演说辞》2的时间——这篇演说辞确实利用了修昔底德《伯罗奔尼撒战争史》的第一卷——远未明确：流行的说法是前392年，但科林西亚战争（前392—386）期间的任何时间都是可能的。又见K.J.Dover, *Lysias and the Corpus Lysiacum*（Berkeley, 1968）194中关于这篇演说辞作者的不可知。西西里的历史学家菲利斯托斯（Philistus）无疑模仿了修昔底德的作品，但他是在被流放后（前386—前367）才开始历史写作（*FGH* 556 T5a, 13a）。

作者文风和用词的倾向，尤其是极精细地分析“常规”短语、语法结构、小品词和连词的用法等等。所选对象的出现频率要足以作为一个有效的统计学样本，而且要足够琐细以保证几乎（可能）是出于无意识。这种方法起初是专门的编辑借助辞典和反复阅读而开创的。随着计算机时代的到来，这种方法自然大有势头，也颇具效力。当然，困难在于，不同的批评家可能不认可某一次检测的意义。此外，很难界定作者出于特定场景或特定作品的具体需要而做出的有意识选择与风格趋势的无意识发展之间的关系。更深一层的假设是，这些发展趋势遵循清晰和可度量的线性发展，而不是难以追踪和摇摆不定的。不过，用这种方法得出了一些有意思的结论，尤其是在涉及柏拉图“晚期”著作时。在接受《法义》是柏拉图最后著作的传统看法的基础上，分析者测量了其他著作在词汇和别的风格特征方面与《法义》的相似程度。相当多的人同意《智术师》《治邦者》《蒂迈欧》以及《斐勒布》是柏拉图的晚期作品，而且，令人鼓舞的是，这与单纯基于文学形式和主题所得出的观点非常吻合。不过，相当多的同意毕竟不同于普遍一致的同
意。当不同的检测或方法的结论不同时，仅仅依赖风格学技巧似乎是 7
不明智的。这里或许应援引那句据说最初题写在学园入口处的警告语“不懂数学者不可入内”。[1]

2. 作为一个批评问题的对话

从某种程度上说，我们在研究希腊文学（或者其他文学）时处处都会遇到类似的真实性和年代学问题。很多批评家就怀疑《瑞索斯》——一部相对来说不太出色的作品——并非欧里庇得斯所作。更

[1] 关于古代对这句警告语的引述见Zeller 21—22,注41。

具争议的是,《被缚的普罗米修斯》近来被否认是埃斯库罗斯的作品。又是对欧里庇得斯格律技巧的风格分析使其作品的年代更加清晰(这里我们得益于这一事实,即通过其他手段,人们确定了他的多部戏剧的年代,从而为进一步探究提供了一个明确的框架)。[1]不过,柏拉图的著作也呈现出它们自身的一些特别问题,其中很多问题是由对话的戏剧形式引起的。我们不能简单地说柏拉图是一个哲学家或一个理论家,因为其作品具有如此明显的文学性。他是第一位重要的学院哲学家还是一种新型的戏剧家?我们可以与亚里士多德、西塞罗、贝克莱、休谟相比较,这些人都既写论文又写对话。柏拉图只写对话(除了书简):唯一真正的例外是《申辩》,它是前399年苏格拉底受审时的辩护演说的一种版本(即使是在《申辩》中,苏格拉底也尽其所能将部分诉讼程序转换成与控告人梅勒托的对话)。

《申辩》具有对话作品的核心特征:作者不可见。柏拉图本人从未作为一个参与者出现在自己的作品中。[2]他在自己的作品中仅有两次提到自己,一次是作为审讯苏格拉底的法庭上的在场者,另一次是其师去世时,他由于身体不适而不在场。(《申辩》34a,《斐多》59b)。这很难仅仅用谦虚来解释,更不是为了年代学上的严谨。[3]的确,柏拉图出生较晚,不可能认识年轻时的苏格拉底,但是,尽管他不可能在前5世纪60年代遇见普罗塔戈拉,而且前416年时他也还太小,恐怕不能参加阿伽通家的宴会,但他完全可以讲述或者亲身参与苏格拉底晚年

[1] W.Richie, *The Authenticity of the Rhesus of Euripides* (Cambridge, 1964), M.Griffith, *The Authenticity of the Prometheus Bound* (Cambridge, 1977);M.Cropp and G.Fick, *Resolutions and Chronology in Euripides* (*BICS* Suppl.43, London, 1985)及其中更早的参考文献。

[2] L.Edelstein, *AJP* 83 (1962) 1—22.(有趣的是发现亚里士多德在其已佚对话中的做法有所不同,见西塞罗:《致阿提库斯》xiii. 19.3—4, *QF* iii.5.1)。

[3] 我们有理由说,柏拉图并不反对年代错置。见E.Zeller, *Adhandlungen der Berliner Akad., Phil. -hist. Kl.* (1873) 79—99.。

的一些谈话。然而他宁愿留在幕后当一个剧作家，而不是一个角色或者甚至是一个评论者。苏格拉底是大多数对话的中心人物，但在一些可能属于晚期的作品中（如《蒂迈欧》），带头的和主要的阐述者却是其 8
他人，或者在其中苏格拉底是一个年轻人，相对于别的思想者来说较为次要。因此，在《巴门尼德》中，正如前面提到过的，年轻的苏格拉底被巴门尼德强有力的论证难住了；在《智术师》和《治邦者》中，苏格拉底虽然在场，但只是次要人物，对话由一个“异乡人”或“外邦人”引导，此人据说来自埃利亚，属于巴门尼德和芝诺的学派。显然，很难设想这个访客代表雅典的柏拉图。最后，在《法义》中，完全没有苏格拉底：该对话是在一位“从雅典来的异乡人”（此人名字未交代）、一位克里特人和一位斯巴达人（后面这两人有名字）之间进行的。人们很自然地倾向于把这个没交代名字的异乡人等同于柏拉图。但这种等同不能想当然。即便允许这么做，我们也要明白，鉴于这一系列不同的对话技巧，要确定“柏拉图的理论”或界定柏拉图对所讨论的观点的立场，仍存在相当大的困难。当然，我们也不能像通常那样，过于轻率地假定，柏拉图简单地把苏格拉底当作自己的代言人，或者甚至是柏拉图赞成苏格拉底所说的任何东西（仅举一例，在阐释《普罗塔戈拉》时，这种立场会导致相当多的困难）。

读者难免会问，柏拉图究竟为什么选择用对话形式写作。这样的问题不可能有确定答案，但我们至少能看到这样一种形式所提供的条件。一个明显的好处是生动性和即时感：这种形式使他得以重温与苏格拉底在一起的氛围和智力上的愉悦，也能够保存对苏格拉底的回忆：古怪、有趣、机智、顽皮、令人气恼、相貌奇特——一个非同寻常的个体。在更小的程度上，这一点也适用于苏格拉底圈子里的其他朋友和名人，诸如出现在不同对话中的阿尔喀比亚德，《拉凯斯》中的尼西阿斯和拉凯斯，出现在以其名字命名的对话中的泰阿泰德——不过，这些人并非都是柏拉图认识的。与此原因密切相关的另一个原因更宽泛，或许也更重要：对话形式使讨论更有趣、更好玩，从而吸引读者。以这种方式呈现的哲学，比起以中规中矩的形式进行体系建构或权威（*ex cathedra*）陈述的哲学，更容易接近，更有吸引力。前苏格拉底作者中很多人都采用了权威口吻，将他们的智慧施予普通人，他们的文风令人难忘，但常常是神谕式的（赫拉克利特），或者是作为受到神启之人的洞察（恩培多克勒），其他则提出严密但带有戏谑性的观点（芝诺），但都没有如此具有人性温度。柏拉图走了一条通往智慧的不同路径。有些对话结尾所提出的问题并没有得到解决——也就是说，它们以*aporia*，即困惑，来结束，没有找到出路。因此，它们经常被称为疑难对话（如《游绪弗伦》《拉凯斯》《卡尔米德》《吕西斯》）。这些探索性的、不确定的但耐人寻味的讨论更像是哲学的邀请或“protreptic”（劝
9 导），而不是哲学本身。[1]第三，对话形式使柏拉图避免教条主义并激发独立思考。这一点无疑具有核心意义：这些对话让不同的人表达不同的见解，而这些见解经常是相互对立和冲突的。由于柏拉图没有亲自介入其中进行裁断或总结，读者至少需要去评估对话过程的进展。有时候，当两个或所有对话参与者都感到困惑或不满，这就强烈暗示还有更多工作需要去做。在另一些时候，读者可能在间歇阶段被邀请参与其中：我们可能不得不考虑[在对话中]没有被采用的路径，或者重新考虑过于轻率地被舍弃的回答。不同对话的情况可能各不相同：在像《希庇阿斯后篇》或者《伊翁》这样的作品中，谈话比较随意，论证

[1] 进一步论述参见K.Gaiser, *Protreptik und Paränese bei Platon*（Stuttgart, 1959）。即便是像《治邦者》这样的复杂对话，其中也说到，讨论的目的与其说是为了得出对所思考的特定问题的结论，不如说是意在让参与者“更擅于讨论”（dialektikoterois）（《治邦者》285cd，比较286de）。

的分量显然也较轻，但我们很难说《泰阿泰德》没有体现柏拉图对知识的许多艰辛思考，尽管它以困惑终结。在这种地方，读者就必须从实际的探讨中学习和建构。[1]“辩证术”（dialectic），这个基于希腊语的“谈话”“讨论”的术语至关重要。柏拉图笔下的苏格拉底将口头交流扩展并提升为一种方法。这种方法是：通过论辩和相互批驳，人们必定能到达真理。

通过在作品中采用这种做法，柏拉图很可能忠实于历史上苏格拉底的榜样。就我们所知，苏格拉底从不写作。正是柏拉图和其他弟子（色诺芬是最有名的一个，还有其他人，如斯法托斯的埃斯基涅斯、格劳孔等）记录了他的谈话。正如我们所看到的，在柏拉图作品的一些段落中，苏格拉底对文字书写表达了保留意见：他抱怨书本不能回答读者的问题，无法澄清读者感到的难点。苏格拉底惯常的行为方式就是口头讨论。在《申辩》中，柏拉图让他告诉陪审团，他终日都在和各行各业的人探究和交谈：政治家、诗人、工匠，“不论老少，外邦人还是本地人”（《申辩》21—22，30a）。此外，在柏拉图对话中，很典型的一点是，他专注于能与之进行辩证讨论的个别对话者。事实上，他经常声称自己不能胜任要求更高的争论。的确，专注于个别对手或论辩伙伴是苏格拉底方法的重要组成部分：对话中的其他人物有他们自己的个性和私心（职业荣誉、社会地位、年资）。因此，对对话参与者的刻画，首先是苏格拉底自己的古怪和令人恼怒的个性，并不只是锦上添 10
花，也不只是哲学药丸上的糖。[2]人物品性与伦理有关：更确切地说，与参与者提出的论点类型有关，也与他在苏格拉底的提问下如何表现

[1] 进一步参看伯南耶特（M.Burnyeat）为莱韦特（Levett）的《泰阿泰德》译本所写的导论（Hackett, Indianapolis, 1990）。

[2] 关于这一比喻，比较卢克莱修《物性论》i.933ff.，贺拉斯《讽刺诗集》I.1.25ff.。

有关。

因此,对话形式是柏拉图诠释的核心。但这一形式确切来说是什么,柏拉图如何发挥这种形式?在这里,文学史能够有所助益,尤其是能够说明,作为一个作家,与柏拉图最有亲缘关系的并非诸如阿那克萨戈拉或克拉底鲁这样的哲学前辈,而是无比丰富多彩且风格更加鲜明的阿提卡戏剧世界。其他轶事传记之类生动、有趣的文体也有贡献。如果忽视了柏拉图的艺术技巧和多才多艺——正是凭借这样的才能,他使用了一种相当新颖且仍处于发展中的文学形式——那么对他的阅读就不可能是完整的。

3. 柏拉图对话的文学起源

现代读者很少能够从起源来研究一种古代文体:在大多数情况下,无论是通过古代的图书馆长和批评家的挑选,还是由于时间和机缘巧合的结果,通常摆在我们面前的都是构成某一特定传统最高成就的核心作品。希腊的肃剧和历史编纂,或者罗马的史诗和哀歌,都是非常显著的例子。对话传统的情况也类似。[1]我们可以从两个维度来考虑柏拉图对话的背景:一个维度是仔细检查可能涉及早期对话作者的古代资料。由于证据的缺失,我们总体上对此知之甚少。另一个维度是考虑什么样的文学传统有助于形成我们在色诺芬和柏拉图那里看到的形式。我们不得不承认,要对特定作者或次文类的贡献进行精确的量化仍是不现实的。一个改进的办法是考察哪一个作者最早进行苏格拉底式的对话写作——柏拉图、色诺芬或者苏格拉底的其他弟子?即便

[1] 一般参看R.Hirzel, *Der Dialog*(Leipzig, 1895);最近的讨论有Laborderie, *Le dialogue platonicien de la maturité*, 1978, 第一章和Thesleff, *Studies in Platonic Chronology*, 53—64。

是试探性地回答这最后一个问题也几乎没有足够的证据。与较次要的苏格拉底门徒有关的一些要点，我们将在下一章讨论，但在此处，我们考虑的是一般意义上的对话起源问题。

第欧根尼·拉尔修在提到早期作者时有一段简短的说法。那段话对于上述第一种路径的探讨有突出的意义："人们说，埃利亚的芝诺是第一个写作对话的人。但是亚里士多德在其《论诗人》（*On Poets*）第一卷中说，第一个写作对话的人是斯替罗斯或提奥斯的阿勒克塞美努（Alexamenos of Styros or Teos），法沃里诺（Favorinus）在其《回忆录》
（*Reminiscences*）中也这么说。但在我看来，是柏拉图把这种形式发展 11
至完善境地，他不仅应当获得使它完美的奖赏，还应当获得发明它的奖赏。"（第欧根尼·拉尔修《名哲言行录》卷三，48=亚里士多德残篇72 Rose）。阿勒克塞美努是个幽灵般的人物，对于此人，我们实际上不知道任何别的东西。[1]芝诺则是更重要得多的思想家，但是有关其作品的证据并不能得出任何关于他写作对话的实质性观点。（他在其他地方表现出对问答或"辩证术"的兴趣，但可以肯定，那只是一种论辩方法，而不是一种文学形式）。[2]将首位授予柏拉图的令人称赏的裁定，明显并没有依据任何独立的资料，与其说是提出了一个严肃的论点，不如说是表达了一种评价。现代学者往往追随第欧根尼的说法，但是，承认柏拉图有其前辈并不会削弱他的天才，这应该是显而易见的：对于荷马和莎士比亚，我们也可以这么说。[3]

---

[1] POxy xlv. 3219, ed. M.Haslam（比较Haslam, *BICS* 19[1972]17—38），为我们提供了另外一些与他有关的古代争论的零散证据：这位匿名作者谴责亚里士多德恶意地将优先权归给阿勒克塞美努，他把柏拉图的戏剧天赋归因对索福戎的模仿（见下文）。

[2] 比较Kirk-Raven-Schofield, *The Presocratic Philosophers*（Cambridge, 1983）264—265, 278—279。

[3] W.Jaeger, *Paideia*,（英译本, Oxford 1939—1945）ii.19,Wilamowitz, *Platon*（第二版1920）ii.20—31认为是柏拉图发明了对话体。有些论著作了必要的区分，例如A.Lesky, *Hist. of Greek Literature*（英译本 London 1966）513（比较Zeller 155）。

早期文学中有三个领域值得持久关注：雅典戏剧中具有较多理智性或探讨性的“论辩”对话（肃剧自然是这里最突出的）[1]；由智术师发展起来的对语和对立形式，以及尤其是希庇阿斯和普罗狄科所使用的关于道德教诲的神话对话（mythical dialogue）；最后是萨索斯的司提辛布罗都斯（Stesimbrotus of Thasos）和希俄斯的伊翁（尤其是后者）的多写轶事趣闻、比较轻松随意的作品，此二人的作品都写于前5世纪中期到后期。

戏剧尤其是雅典戏剧中包含对话——往往是高度情绪化的，但也常有非常有才智和准确性的类型。有一种并不出人意料的流行看法，如谐剧中所体现出来的，是苏格拉底与欧里庇得斯有联系：他们都关心语词分析，关心怀疑性的探询和快速紧凑的问答。肃剧（不仅是欧里庇得斯的肃剧）中的“对驳”或论战场景展现了对立双方对彼此立场的批评和攻击，这种批评和攻击常常采用高度抽象的术语，使用长篇的修辞性讲演，柏拉图笔下的苏格拉底强烈反对这种长篇讲演，但有时会被他的对手所采用。苏格拉底自己更青睐的是简短的交流，经常是“轮流对白”（stichomythia）（通常是两个对话者之间一行交替的激烈辩论）。虽然这种手法偶尔会发展到让人觉得矫揉造作的程度，但它既十分精致，能够巧妙地探究他人痛苦的想法或体验，又具
12 有敏捷性，当质问者发现了薄弱点，追查到罪恶，或者找到错误的时候，能够迅速作出反应。[2]在欧里庇得斯那里，合适的例子有《酒神的伴侣》中所谓“心理治疗”的场景（1259—1301），以赫拉克勒斯的

[1] 关于谐剧，尤其参看R.Brock，见*Owls to Athens*（Fest. Sir Kenneth Dover），ed.E.W.Craik（Oxford 1990）39—49，是一篇简洁而内容充实的论文，令人钦佩。欧文（Irwin）作了一些综合性的评论，见Kraut, *Companion*, 73ff。

[2] 相关讨论和参考文献特别参看C.Collard, *LCM* 5（1980, 77—85）；亦见M.Heath, *The Poetics of Greek Tragedy*（London 1987）128—130。

名字命名的戏剧中忒修斯与赫拉克勒斯之间的对话(1109—1145,1229—1249),《伊翁》中克瑞乌萨与她的未被认出的儿子之间的交谈(255—368),这两人在交谈中轮流发问,然后彼此逐步了解,同时感到一种他们尚无法解释的亲和力。传记小故事告诉我们,柏拉图年轻时曾致力于肃剧创作,我们知道这种说法不大可信,但这并不意味着他不能从肃剧中学习或者对此毫无意识。事实上,在整个职业生涯中,他时常提及肃剧诗,并且显示出对肃剧艺术的深厚学识以及对其社会影响的关注。[1]在一些段落中,他不仅仅是引用和影射,而是有更大程度的模仿,尤其是在《高尔吉亚》中论战的核心部分(下文原文第167页)。

公元3世纪时就有一位史家称柏拉图特别喜爱索福戎——一个似乎用散文体写作的叙拉古滑稽剧作家。[2]这里必须更加小心谨慎,因为我们对这种文体所知甚少,而且,这件轶事本身就像其他此类故事[3]一样可疑。但我们看到,肃剧固然有助于柏拉图表现很高的道德问题,而作为平衡物,滑稽剧则可以提供一种更加现实、幽默和接地气的语调,这种语调与苏格拉底令人愉快的好脾气很相合,尤其是在揭穿伪装时。

那些被称为智术师的有名气且收费甚高的教师,他们的文学技艺,与他们的职业角色和教育目的一样都具有革新性,他们开发了许多新

---

[1] 比较D.Tarrant, *JHS* 75(1955, 82—89)。关于超越显而易见的东西的一种尝试,参看H.Kuhn的论文,*HSCP* 52(1941, 1—40)和53(1942, 37—88)。

[2] Duris, *FGH* 76 F 72(阿忒纳乌斯)。比较第欧根尼·拉尔修《名哲言行录》iii.18, Riginos 注释128。更多参考文献见,*Kl. Pauly* s.v.; Guthrie iii. 332f。柏拉图《理想国》卷五451c中可能暗示了对索福戎滑稽剧的一种古代归类,参见Adam和Halliwell在该处的评注。

[3] 例如,有这样一个故事,柏拉图把阿里斯托芬戏剧的一个抄件送给狄奥尼索斯,目的是为了教他了解雅典(Riginos 注释129)。关于阿里斯托芬生平的文本说柏拉图专门送了《云》(Riginos 没有提到这一点),但这个短语确实像是后来插入的,因而被Kassel和Austin加了括号。

的写作形式，并借此传扬他们的教导，交流论辩和风格的技巧。对此，我们将在第四章中谈到更多细节。这些东西有的明显受到诗歌的影响，同时也反过来影响诗歌。例如，显而易见，高尔吉亚的极其精致的押韵和韵律风格利用了很多诗歌技巧，同时他也被欧里庇得斯和阿伽通所模仿。因此，戏剧和智术师写作对柏拉图的影响有时很难理清。希罗多德和欧里庇得斯都在他们的作品中精心设计了关于正确体制的论辩。他们的这个话题可能出自普罗塔戈拉的作品，而柏拉图的《理想国》对该话题的讨论很突出，虽然抽象，但也有丰富多彩的解说片段
13 （尤其是第八卷和第九卷）。前后矛盾、对驳、争辩、辩证，这些很难区分清楚而且彼此影响或侵蚀。但是就对话形式而言，我们可以确定此时期（前5世纪后期）有两部作品明显早于柏拉图自己的尝试，也就是普罗狄科和希庇阿斯的作品。

这两位智术师似乎都用生动丰富的神话外衣装饰比较直白的道德教导。普罗狄科在其题为（有点神秘色彩的）“*Horai*”（“季节”）的作品中有一个精心设计的情节，年轻的赫拉克勒斯在淫荡的邪恶化身与更高贵、更少魅惑力的德性形象之间面临一个选择：不用说，英雄选择了后者。色诺芬的苏格拉底对这一段做了详细的改编，并且用明显带有反讽意味的口吻承认他的改编不如原作那么优雅（《回忆苏格拉底》卷二1.22ff.=Prod.B2）。如果说，尽管有这个免责声明，但色诺芬的改写本仍是相当忠实的，那么可见，这段话虽有丰富的装饰性细节，但在道德观念上或者在道德原因的分析上并不深刻。赫拉克勒斯似乎被当作一个激励他人的榜样，在后来的文学作品中也经常如此。但我们不知道这个教训是否在结论中讲清楚了或者规劝了读者。希庇阿斯的相关作品《特洛伊演说》（*Trojan Discourse*）为人所知主要也是由于柏拉图的《希庇阿斯前篇》这部下一代的对话提到了它（《希庇阿斯前篇》

286）。它所采用的形式看来是年轻的涅俄普托勒摩向智慧的老人涅斯托耳询问关于良好品行的建议，但我们不知道该作品如何生动描写接下来的交谈，也不知道涅俄普托勒摩在多大程度上被表现为一个积极、有才华的学生。毫无疑问，希庇阿斯多少把自己看成了涅斯托耳这个角色。从年长者劝告年轻人或晚辈的诗歌传统（赫西俄德与珀耳塞斯，泰奥格尼斯与居尔努斯[这里加入了同性恋因素]）到诸如柏拉图的《阿尔喀比亚德》或《卡尔米德》这样的作品，这条线索中间可能经过了夸耀性的《特洛伊演说》。[1]

更有意义的一条发展线索是我们的第三种影响，即早期传记或自传传统的影响，尤其是希俄斯的伊翁的作品。此人是一位肃剧家（tragedian）、思想家和文人，鼎盛期在前5世纪中叶（他死于前5世纪70年代），是一位引人注目的人物。他认识客蒙、伯里克利、索福克勒斯等人，并且在一部题为*Epidemiai*（表面上是“出访”）的作品中保存了对这些人的回忆。我们通过后来文献的引用得知了其中一些有趣的例子。[2]生动的视觉描写（客蒙身材魁梧，一头浓密的头发），风流韵事和诙谐的玩笑（索福克勒斯喜欢漂亮男孩），政治回忆（客蒙讲述他的绝妙计谋），评论伯里克利在上流社会中的趾高气扬，典故和讨论，经常是在餐桌上[3]——我们可以在这里看到一些使柏拉图作品的结构肌理如此丰富的元素；而且，对杰出人物的兴趣也符合早期对话中苏 14

[1] 进一步比较Gaiser, *Protreptik und Paränese*，61—64, R.Hirzel, *Der Dialog*, 59—63, D.Gera, *Xenophon's Cyropaedia*（Oxford, 1993）50—54。

[2] 关于伊翁，见*FGH* 392; F.Jacoby, *CQ* 41（1947）1ff.=Jacoby, *Abhandlungen zur griechischen Geschichtsschreibung*（Leiden, 1956）144—168，以及M.L.West, *BICS* 32, 1985, 71—78和尤其是Dover, *The Greeks and their Legacy*, 1988, 1—12的考订。

[3] “会饮文学”（sympotic literature）的传统可能早于柏拉图（尤见*PSI* 9. 1093），与他的《会饮》特别相关。后面的一个章节将进一步提及这个问题。比较*Kl. Pauly* s.v. Deipnonliteratur; J.Martin, *Symposion,* Paderborns, 1931;Gera, *Xenophon's Cyropaedia,* 132—154。

格拉底与著名政治家、智术师以及将领（尤见《拉凯斯》）交谈的倾向。我们在伊翁那里没有看到任何道德讨论的迹象（当然，他在别的地方也触及了哲学问题）。但其作品中的场景设置，对人物个性和文学文化的兴趣，以及轻巧的笔触，必定不仅有助于新兴的传记文学传统，而且有助于苏格拉底对话这种与之有关联但又有区别的形式——它是以一种以非传记的方式纪念特别的人。[1]

萨索斯的司提辛布罗都斯在前429年之后的某个时间写过一篇关于地米斯托克利、客蒙和伯里克利的小册子或短文。他与伊翁经常被归为同一类，但似乎较少引起人们的兴趣，而且可能与当前讨论关系不大。[2]他的文章似乎更是政治辩论作品，很容易就淹没在大量其他材料中，尤其是演说术材料中，与柏拉图只有很模糊的可比性：例如，《申辩》中的“辩护演说”可与法庭修辞中讲述受审者以往职业生涯并为之辩护的倾向相比较。色诺芬的《回忆苏格拉底》的总体目的是为了证明苏格拉底的无辜（尤见《回忆苏格拉底》i.1—2，iv.8），但柏拉图通常还有其他目的，当然，他不是通过法庭上的粗俗谩骂来达到这些目的的。[3]

对话体特别合乎苏格拉底的行事方式（modus operandi）。我们可

[1] 进一步参看A.Momigliano, *The Development of Greek Biography*（Cambridge Mass. 1971）第二章及其丰富的参考文献。（A.Dihle, *Studien zur griechischen Biographie* [Gŏttingen, 1956]认为，苏格拉底是传记出现的关键激发因素，但莫米利亚诺（Momigliano）提出了对这一观点的若干限定。）有教养的雅典人似乎在宴会上讲“伊索故事”（Aesopic logoi）和西蒙尼德斯等其他名人的故事（参看阿里斯托芬《马蜂》1174—1175, 1258—1259），其中经常包含一些机智的交谈；但这远不如书面对话。

[2] *FGH* 107; F.Schachermeyr, *SB Wien* 247.5, 1965=*Forschungen und Betrachtungen zur griechischen und rŏmischen Geschichte*（1974, 151ff.）；K.Meister, *Historia* 27, 1978, 274ff.）；C.B.R.Pelling，见*Characterization and individuality in Greek Literature*, ed. Pelling（Oxford, 1990）215。

[3] 其他写苏格拉底的作品可能更接近论战小册子和法庭辩论文体：特别是，安提斯泰尼对阿尔喀比亚德的书面谩骂，可能利用了与安提丰的法庭抨击（残篇 66—67 Blass）或保存在安多基德斯演说集中的抨击一样的惯用话题。

以放心地假定，苏格拉底自己的做法是其追随者全部作品背后的首要激发因素。即便是在《云》的夸张描写中（见下文原文第40页），我们也看到这个人不是通过书本或某种固定的教程来教学的，而是因材和因需施教，通过问答迫使学生自我省察并形成自己的意见（尤见《云》 15
478ff.，694ff.，737，740—742）。正如我们已经强调过的，人物之间的互动在柏拉图早期作品中很关键（我们会看到，在他的晚期作品中有一个改变，虽然这种改变并没有人们时常断言的那么大）。比起任何其他形式，对话体都更能重现鲜活的思想交流和苏格拉底式刨根究底思维的精妙运用。柏拉图对这种形式的掌握不仅超越了所有其他苏格拉底派作者，而且似乎特别迷恋这种形式。我们的证据虽然零碎得可怜，但也足够说明苏格拉底的其他弟子（安提斯泰尼、阿里斯底波等等）也用别的文体写作，而柏拉图只写对话。[1]

柏拉图式对话在古典传统中太常见、太重要了，以至于我们没有意识到它起初看起来是多么不寻常。有趣的是，古代批评家的一些评论也体现了这一点。虽然他们当然不能作为我们阅读的权威引导，但确实是对柏拉图的“接受”的一个特别重要的部分。亚里士多德，在先前提到的《论诗人》的同一个地方中说，柏拉图对话的形式介于诗与散文之间（残篇73）；他似乎还把这种对话与作为一种模仿类型的索福戎拟剧相比，或者至少是与后者联系起来（残篇72；比较《论诗术》第1章1447b10ff.）。[2]西塞罗（《演说家》67）提到过一个观点，认为柏拉图的作品比谐剧诗人的作品更配得上诗之名。这些评论不仅是就风格而言的，而且也是对作品模仿性和准虚构性的评论。这些作品声称

[1] Friedlaender i,157，他也主张——或许证据并不充分——并非所有苏格拉底派哲人都在他们的对话中写到苏格拉底。G.Giannantoni, *Socraticorum Reliquiae*（四卷本，Rome 1983—1985）收集了相关资料（虽然他令人不解地遗漏了斯法托斯的埃斯基涅斯）。

[2] 进一步参看*Quintil.* x. 1.81以及Laborderie（尤其是第53—68页）所讨论的其他段落。

记录了真实的交谈，但是读者们很早就发现了不合情理和年代错置的地方。在很多作品中，柏拉图似乎通过精心设计的对话框架，通过提及时间上的距离，以及解释叙述者回忆的不充分或选择的不恰当，来考验读者。无论是对话形式的起源还是其文类地位，我们都无法完全确定：一种情况是证据缺失的问题，另一种情况则是因为它体现了柏拉图文学事业的真正复杂性。

4. 延伸的问题

于是，我们可以看到，柏拉图在对话中不只是简单地呈现他自己的观念，甚至也不仅仅是回忆他的导师并为其辩护（虽然辩护的因素，以及对当时人们对待知识人的态度的含蓄的或近乎直白的批判，出现
16 在很多对话中）。[1]不过，刚接触柏拉图或习惯以某种特定方式阅读柏拉图的读者，很可能会质疑我们到目前为止所说的要点的重要性。假定柏拉图有其文学技巧和额外动机，也假定他已经把自己从其戏剧对话的前景中抹去，我们是否还有可能确定他的知识人立场？是否还有可能提出对柏拉图哲学的前后一贯的解释？以文学的方式研究柏拉图，难道不是冒险把一种实际上在其作品中不存在的流变性和复杂性强加给它们吗？

这些异议并非毫无说服力。因此，在进一步发挥我自己的观点之前，我应该全面考察一下研究这些作品的许多别的路径。这些路径以不同方式寻求更直接地理解柏拉图的思想。

---

[1] 尤见《美诺》89e—95a（苏格拉底邂逅阿尼图斯）；《会饮》（阿尔喀比亚德部分）；也可比较《理想国》卷六487b—498c以及该对话的其他许多地方。

5. 传记

第一种方法，也是最传统的方法，是传记法。不过，传记法总是受到资料的限制。如果第七封信是真实的，那我们就有了一个最重要的资料。如果其他书简也是真的，那就更好了。但如果对所有书简的怀疑被证明是有道理的，我们就得被迫依靠二手三手的资料，其中一些资料很晚出且十分不可信。[1]古代留存下来的柏拉图“生平”资料不早于公元2世纪，虽然这些资料无疑都利用了更早的材料。我们有小说家和柏拉图主义者阿普列乌斯的一篇文章，第欧根尼·拉尔修《名哲言行录》中的一篇兼有轶事和语录的有趣杂文，以及奥林匹奥多罗斯之类柏拉图主义学者的很多简短生平记载，这些记载充当了作品本身评注的卷首语资料。[2]细查这些记述不会激发很大信心。这些资料不仅本身意见相左，而且往往很琐碎，包含了很多轶事趣闻。它们显然依凭的是小道消息，或者是带有成见的资料，或者掺入了作者自己的偏好。它们所体现出的倾向在一般的古代文学传记中是常见的：[3]例如，想当然地设想作者在作品中称赞的权威就是该作者的重要老师，经常会用不大可能的轶事去说明年轻作者的早期成就。几乎没有人会相信这样的故事：柏拉图还是婴儿的时候，有蜜蜂飞来将蜜滴在他的

---

[1] 读者们可能会想到柏拉图的爱情警句，其中一条名为迪翁。这些几乎可以肯定为伪作。参看W.Ludwig, *GRBS* 4（1963）59—82，以及D.L.Page, *Further Greek Epigrams*（Cambridge, 1981）125—127, 161—181。就算是真作，它们也不能证实与柏拉图生平、情感有关的事情，但有时人们会坚持这么认为，例如最近的一部著作，M.Nussbaum,*Fragility of Goodness*（Cambridge, 1986）228—232，他似乎对所援引的论述一无所知。

[2] 进一步参看Zeller, ch.1; H.Leisegang, *RE* xi.2342—2347; Guthrie iv ch.1; K.Gaiser, *Platons Ungeschriebene Lehre*（Stuttgart, 1963），“柏拉图学述”的附录；Riginos.。

[3] J.Fairweather, *Anc. Soc.* 5（1974）234—255; M.R.Lefkowitz, *The Lives of Greek Poets*（London, 1981）及很好的译文；Fairweather, *PLLS* ed. F.Cairns, 4（1983）315—369。

17 嘴唇上（Riginos no.3）。婴儿期的荷马、赫西俄德和品达也有这样的神奇故事。但其他一些同样是象征性的故事往往被不太慎重地引用，例如，柏拉图早年写诗，或者更具体一些，是写肃剧，但在服膺苏格拉底哲学之后将这些误入歧途的尝试付之一炬（第欧根尼·拉尔修:《名哲言行录》卷三5等；Riginos no.14）。这是一个"哲学转向"叙述的典型例子。它还有这样的功能，即部分地解释了为什么柏拉图的哲学文体富含诗性，或许也部分解释了他对诗的敌意。因此，这个故事是通过传记去寻求对一种风格和文学现象的理解。此类轶事只能用作提示性的例子，如果当作历史事实去发掘其意义是不可靠的。

如果去掉明显荒诞离奇或可能虚构的成分，我们也许能够发现更可靠的根据，得出一些比较笼统的说法（虽然，即便是这样，也得在某种程度上以接受第七封信为基础）：柏拉图出生在一个高贵的雅典家庭，属于贵族，政治地位显赫。他本来很可能像他的亲戚克里提亚和卡尔米德那样从政，但他走上了另一条道路。他从早年起就服膺苏格拉底，并毕生致力于对苏格拉底的纪念。苏格拉底死后，他曾赴海外若干年，与其他教师一起从事研究，这些教师中可能包括毕达哥拉斯派哲人。[1]此后，他回到雅典，过着研究和教学的生活，投身于哲学。大约在前380年代，他在雅典创办了一个被称为阿卡德米（Academy）的机构或"学校"，[2]这里本是纪念英雄赫卡德姆（Hekademos）的一处圣地。他和他的朋友们（我们应该称这些人为学生、门徒，抑或是思想同道，还远不清楚）定期在一个体育馆会面并谈论哲学。他们的会面

[1] Riginos，第六章。这些旅行中最能证实的是去大希腊地区（意大利南部）。必须强调一下，坚定的怀疑论者很可能怀疑所有这些情况；我们没有同时代的证据来确证晚近的记述。

[2] Riginos，第十章；H.Cherniss, *The Riddle of Early Academy*（Berkeley, 1945）；G.F.Field, *Plato and His Contemporaries*（London, 1930）第三章；J.Glucher, *Antiochus and the Late Academy*（Gŏttingen, 1978），尤其是第五章；M.Ostwald and J.Lynch, *CAH* vi^2 第十二章（a）。

有多频繁，讨论的主题是什么，这种安排是否正式，柏拉图在多大程度上起带头作用，以及他们是否讨论柏拉图对话作品（或者其他作者的作品）的内容，这些我们都没法说。但这个惯例（institution）——如果用这个词合适的话——是建立起来了，而且这个圈子包括了其他一些著名思想家，如色诺克拉底、斯彪西波（此人后来接替柏拉图，担任学园的“主持者”。至少到那个时候，学园有了半正式的建制），当然还有年轻的亚里士多德。从谐剧作家埃庇克拉底(Epicrates)的一个残篇——后来的一位文集编选者保存了该残篇——中可以搜集到当时对这所学校的一些流行看法。[1]很明显这是诙谐的歪曲，但至少是当时 17
人的证言。

第一位说话人：告诉我关于柏拉图、斯彪西波以及麦尼德姆(*Menedemus*)的事情。他们现在在做什么工作？他们在检验什么深刻的理念和伟大的观点？看在大地的份上，请如实告诉我吧，如果你知道这些事情的话。

第二位说话人：这些我都知道，我会坦白告诉你。在泛雅典娜节上，我看见一群小伙子在阿卡德米的体育馆里。我在那里听到一些奇怪而且难以描述的事情。他们在界定和划分自然世界，区分动物的习性，树的性质以及蔬菜的种类。他们中有些人拿着一只南瓜，正在探究它属于什么物种。

第一位说话人：那他们确定那植物是什么呢，属于什么物种？

[1] 残篇10 Kassel–Austin=11 Kock（来自一部未知戏剧），在阿忒纳乌斯ii.59c中。我用的是菲尔德（G.C.Field）的译本，同上，38f.（不过，我搞清了那位医生的粗鲁回应，它被菲尔德删除了）。H.Cherniss, *The Riddle of Early Academy*, 62—63是持怀疑论的。涉及柏拉图的更多谐剧参看第欧根尼·拉尔修《名哲言行录》iii.26—28。不过，他的很多简短的片段可能是指涉出版的著作，而非学校教学。

你要是知道就告诉我。

第二位说话人：好的。起先他们都安静地弯腰站着打量了一段时间。然后，就在他们还在弯腰琢磨的时候，突然有一个小伙子说，这是一种圆的蔬菜，另一个说它是一种草，还有一个则说是一种树。有一位在那里的西西里医生听到这些，就说他们的谈论都是无聊的屁话。

第一位说话人：我想他们肯定非常生气，并且会大声喝止他这个嘲笑者吧。因为在这样的谈话中这么说是粗鲁的。

第二位说话人：这并没有使他们烦恼。不过，柏拉图——他也在那儿，一点也没有感到不安——很亲切地告诉他们再从头开始界定物种。于是，他们就继续他们的界定。

乍一看，这很像《云》中对苏格拉底谈话的戏仿，但这里的描绘可能更逼真一些。如果确实如此的话，我们可以从中归纳出以下几点：学园的一些成员很年轻；讨论的公开性（甚至是不表示同情的外人也可以听到）；对分类的兴趣（这在《智术师》和其他作品中也有突出体现）；柏拉图在那里是作为一个亲切的引导者和鼓励者，而不是精神领袖。不过，在这里，我们也不应轻易凭一个单一证据去得出一般性结论。最后，第欧根尼·拉尔修的传记记载了这位哲人的志向。（《名哲言行录》卷三41—43）。

到目前为止，我们还没有考虑西西里的经历，这部分经历在大多数柏拉图生平描述中占了很大分量。[1]在下文中，我们假定第七封信

[1] 除了已引用过的作品，还可见K.von Fritz, *Platon in Sizilien und das Problem der Philosophenherrschaft*（Berlin, 1968）。Mary Renault, *The Mask of Apollo*可能是她最好的历史小说，以虚构的方式精彩地描写了整个事件。

可能是有事实根据的，尽管它并没有为我们提供柏拉图对这些事情的可靠判断。虽然准确的日期无法确定，但似乎柏拉图初次到访西西里是在前380年代，当时正是强大的僭主狄奥尼索斯一世统治时期（他死于前367年）。也是在这一时期，柏拉图遇见叙拉古的迪翁，一位有名的贵族和宫廷知识分子。这位统治者死后，迪翁和其他人恳请柏拉图回到西西里，利用年轻且可能有可塑性的狄奥尼索斯二世继任所提 19
供的良机，缔造一个新的理想的君主政体。这是在前4世纪30年代中期，此时柏拉图已经是一位有名的教师和作家。这是一次失败的尝试，而且，迪翁自己不久也陷入危险境地。狄奥尼索斯二世惩罚了迪翁，柏拉图则费了一番周折才回到雅典。后来，迫于来自迪翁朋友的巨大压力，柏拉图又返回西西里，试图改善他的老朋友与僭主之间的关系：大概正如可以想见的那样，这次访问完全没有成效。狄奥尼索斯二世没收了迪翁的财产，并且事实上将柏拉图当作囚犯扣留起来，直到塔伦特姆的哲人阿尔基塔斯（Archytas）帮助他获释。迪翁此后成了一个投机冒险者，在前357年通过武力在叙拉古夺取了权力。作为一个哲人，这对他没有什么好处。他后来在一个神秘仪式中被谋杀。如果第七封信确实作于前353年，那就是在迪翁死后写给他同党的：它讲述了在这一系列不幸事件中柏拉图所扮演的角色，并建议要节制。

无论这封信是谁写的，它都是一份令人着迷和感动的文献。整个事件是历史的一部分，不是后来理想化传记的作者们编造出来的。[1] 不过，虽然对于柏拉图来说，这肯定是痛苦和艰难的经历，但它是否有助于我们阐释他的对话则并非那么显而易见，无论是在第二次也是最

[1] 芬利（M.I.Finley）认为，所有后来涉及柏拉图所介入之事的文献都是依赖第七封信，这个观点遭到Guthrie（iv 10n）的尖锐反驳。进一步参看H.D.Westlake，《迪翁》（“Dion”），见其论文集 *On the Greek Historians and Greek History*,（Manchester, 1969）251—264。

重要的那次访问西西里之前还是之后。现代学者往往将西西里事件视为对柏拉图理论的严酷考验，在这之后，他的乐观主义和理想主义（被认为代表了实现《理想国》中理想国家的希望）转变成了一种更严苛也更悲观的态度（反映在《治邦者》以及特别是《法义》中更现实、更严厉的政体中）。用西西里经历来“解释”柏拉图的生平和著作还有别的方式：较为琐碎的，如有人说《高尔吉亚》中关于西西里烹饪术的乐趣的说法，可以通过将这部对话放在第一次访问西西里之后而得到最佳解释。[1]较为重要的，如学园的整个机构被看作是政治顾问的培训基地，这些人是用来塑造当时的统治者的，将统治者转变为哲人王，就如同柏拉图试图对狄奥尼索斯所做（但没有成功）的那样。[2]很明显，西西里经历和第七封信在这里被用作证据，以支持对柏拉图政治著作的一种特定阐释：用最简单的话说，《理想国》和其他地方中的设计被想当然地认为是现实的设计，只需要做必要的小修改就可以在当时希
20 腊世界的现实共同体中实施。这是一个假想，而且，这个假想可能把对话与历史事件过于紧密地结合在一起了，这一点下文将会讨论。还需要强调的是，如果第七封信被当作伪作弃用，那么情况看起来会多么不同，我们的证据会多么受限制。当然，即便有它作证，如果不依赖大量猜测，我们也无法绘制出一张柏拉图的连续性心境图或者追踪其悲观主义倾向的发展过程。

以传记方法研究柏拉图的另一条线索是心理推测，尤其是同性恋问题。与所有文学性传记一样，这里的诱惑也是去弥合生活与艺术之间的空隙。对话的世界是一个男性的世界：在《斐多》的结尾处，苏格

[1] 例如多兹（E.R.Dodds）的评注（第26页以下）就是如此。诚然，该观点并不仅仅依赖这一点。

[2] 如参看Guthrie iv 22f., Field, 43—45。奥斯特瓦尔德（Ostwald）和林奇（Lynch）采取了一种更为谨慎的方式（注38）。Brunt, *Studies*（1994），282—342对这一观点进行了有力攻击。

拉底的妻子被送走，因为她过于不安。这位哲人去世时陪伴他的是朋友，而非家人。这些对话作品中的交谈从无女人参与。[1]而且，最重要的是，在《会饮》和《斐德若》中所建构的高尚爱欲关系是男人之间的爱欲关系（虽然不是身体上的圆满关系）。一个很自然的假设——而且很可能是真的——是作者自己也有这样的倾向，或许甚至超过了他那个时代的正常模式。[2]但这真的对我们理解对话有很大帮助吗？有人可能会觉得，柏拉图的性取向为特定段落添加了一种特殊性质。有一些启人深思的评论是关于他将创造力与性的激情联系在一起。[3]对可能的动机的推测，无论是社会学上还是心理学上的推测，导致了这些见解，但这种推测会把我们带入几乎没有确定性可言的境地。

这并不是说我们研究这些对话不用涉及它们的历史背景和起源。实际上，本书所提倡的方法，很大程度上依赖关于这些对话的文学背景和思想背景的知识。但我们可以区分传记信息（这方面我们所拥有的可靠信息极少）[4]和历史信息，关于前5世纪晚期和前4世纪的一般 21

[1] 《会饮》中的第俄提玛虽然肯定是一个反常的人物，但并不是严格意义上的例外：她没有参与对话，而只是苏格拉底讲辞中的一个人物。其他苏格拉底派作者的写作则不同：埃斯基涅斯的已佚作品《阿斯帕西娅》（*Aspasia*）以及色诺芬作品的一些段落（例如《回忆苏格拉底》卷三第11章中的高级妓女赛阿达泰[Theodote]）可为证。

[2] 进一步参看Dover, *Greek Homosexually*（London, 1978），尤其是第11—13、153—170页；D.Halperin, *One Hundred Years of Homosexually*（London, 1980），第118页及注27，比较注21中关于柏拉图对待女性态度的参考文献。

[3] M.Burnyeat, *BICS* 24（1977）7—16，尤其是结论。

[4] 传记阐释有一种变体，或许可以称为发生学方法，我在此作一个补充说明。这种方法是根据某位思想家的老师对他的影响来解释其思想的发展。就柏拉图的情况来说，可以引用亚里士多德作品中一个有名的段落，这段话描述了柏拉图与克拉底鲁一起研究，并且对前苏格拉底思想家赫拉克利特提出的流变问题很有兴趣（亚里士多德《形而上学》987a32—b7）。苏格拉底对他的影响使他转向伦理学，但赫拉克利特—克拉底鲁式问题在他后期再次出现，并影响了他的后期思想发展。遵循此思路的解释，参看Irwin，见Kraut, *Companion*, 51ff., 69（Vlastos, *PBA* 74, [1988], 102—104 显然对这种设想感到不安）。在所谓的教师序列与柏拉图作为作家和思想家的成长之间的不匹配只能说明，构成元素不能充分解释合成物。

背景和尤其是关于雅典社会的历史信息（在这方面，我们从各种各样的信息来源了解了很多）。[1]显然，在柏拉图著作之外，更广阔的历史动向能够为我们理解对话中一些最突出的主题提供帮助：例如，雅典帝国的衰落、智术师运动、君主制在希腊的声望上升，以及与之相伴随的民主政治的破灭，希腊城邦普遍的内部纷争（内乱[*stasis*]）等等。这些也许只能提供一个相当模糊和近似的背景，但比起关于柏拉图的传记传统，它们所依赖的证据更可靠，也更丰富。在下文中，我们会在很大程度上排除前者。

6. 苏格拉底与柏拉图

第二种方法是从柏拉图与苏格拉底的关系方面去考虑，这种方法被大多数柏拉图研究采用。如上文已述，苏格拉底在柏拉图大部分作品中都是很突出的，但这个苏格拉底真的是"历史上的"苏格拉底吗，抑或是柏拉图创造出来的？更确切地说，在苏格拉底去世之后的半个世纪或更长时间内，柏拉图是否超越或背离了他的导师？从这些方面来看，答案似乎不言而喻：柏拉图当然有所发展，而非停滞不前。如果接受这一点，那么，问题就是这种发展的性质和阶段。许多著名学者的研究模式都涉及对柏拉图著作的分期：在早期的对话中，苏格拉底得到如其本然的描述，没有引入新的柏拉图学说；在中期的对话中，苏格拉底变得更有权威性，表达了更确定的学说，而且超出了似乎可以合理设想的苏格拉底实际说过的话——也就是说，尽管依然保留了苏

[1] 一般参看这一时期的标准史述，J.K.Davies, *Democracy and Classical Greece*（Glasgow, 1978, 1993年修订版），S.Hornblower, *The Greek World 479—323 B.C*（London, 1983, 1991年修订版）以及其他著作。亦参见*CAH* vi²（1994）。关于内乱，特别参看A.W.Lintott, *Violence, Civil Strife and Revolution in the Classical City*（London, 1982）。

格拉底的真实个性，但苏格拉底更多的是被用作柏拉图的代言人，以增加柏拉图学说的权威性。在最晚的时期，苏格拉底变得更没有个性色彩，而且其中的学说也不加掩饰的是柏拉图自己的。[1]

接受这种方法就得在以下三种选项中选择其中之一：要么，柏拉图著作完全是在传达苏格拉底的教导（这种观点比较奇特，但并非没有人这么主张）[2]；要么，柏拉图的著作一开始就是传达柏拉图的学说，苏格拉底这个人物在某种程度上一开始就是虚构的；要么，采取一种折中的解决方案，即柏拉图起初没有比苏格拉底走得更远，但他逐步 22 发展了苏格拉底的思想，并进而提出了他自己的新思想。最后这种观点可能是最流行的（此观点对折中的爱好者有吸引力，而且乍看起来明显合乎柏拉图的生平材料），但第二种观点也时不时有一些学者坚持，这些学者通常是文学兴趣较浓的学者而不是哲学家。于是，以下观点得到强调：从一开始，在《游绪弗伦》《拉凯斯》以及甚至是《申辩》中，柏拉图就已经运用他的文学技巧来提升苏格拉底的地位，暗示没有明说的东西，引入某些可能旨在训练读者或引导读者作进一步思考的论证模式。[3]

---

[1] 依循这些思路的一种精湛解释，以及关于更早研究的非常完整的参考文献，参看G.Vlastos, *Socrates, Ironist and Moral Phylosopher*（Cambridge, 1991）尤其是第2至第3章，辅以他的*Socratic Studies*（Cambridge, 1994）。

[2] 这种看法尤其与J.Burnet和A.E.Taylor有关。坚决的批评见W.D.Ross,*Proceedings of the Classical Association* 30,1933, 7—24）=A.Patzer(ed.), *Der historische Sokrates*（Darmstadt,1987）,225—239; Guthrie iii.351—355。

[3] 参看M.Montuori, *Socrates, Physiology of a Myth*（Amsterdam, 1981）中有创见的分析；亦如C.Kahn, *CQ*, 31（1981）305—320（重印见H.H.Benson编, *Essays on the Philosophy of Socrates*, [Oxford, 1992, 35—52]）。M.C.Stokes（见Gower和Stokes编,*Socratic Questions*, [London, 1992, 26—81]）认为《申辩》中有大量虚构。亦见C.Gill, *CQ* 23（1973）25—29, 认为《斐多》中毒芹的真实作用是“软化”。对这种方法的反证可见于E.Dupréel, *La légende Socratique et les sources de Platon*（1922），在他看来，苏格拉底生平的所有事件，包括他的定罪和死亡，都是柏拉图的虚构。

通常所说的“苏格拉底问题”（也就是如何从保存了不同的苏格拉底形象的材料中，还原出历史上的苏格拉底）将会在下一章中作更充分的讨论。下一章将指出，柏拉图和色诺芬都按照他们自己的形象刻画了苏格拉底，而且，没有理由怀疑，这一处理方式——也许甚至是无意识的——从他们书写苏格拉底的最初阶段就开始了。将柏拉图与苏格拉底相区分，我们最确切的导引就是亚里士多德的几段文字。通过这几段文字，我们知道苏格拉底对普遍定义（特别）感兴趣，喜欢推理，并没有将形式或理念“分离”为独立存在的实体（如柏拉图的《斐多》《理想国》及其他地方所描述的他的做法那样）。这里，根据一种可靠资料，我们有合理的证据证明我们自己可能会怀疑的看法，即苏格拉底本人关注的是人，是哲学的伦理方面，[1]而正是柏拉图将探究带入了形而上学层面。

这是我们可以容许的限度，但有些人希望更进一步，甚至希望在某部对话中辨别出一个明确的阶段，在这个阶段，苏格拉底偏离了原初教导。例如，在格思里（Guthrie）看来，转变出现在《美诺》81a，在该处，苏格拉底开始引述“懂得宗教真理的男人和女人们的”关于灵魂及其来世的说法。格思里认为这其实是一个标志，即苏格拉底在此吐露的是柏拉图的教导。[2]与此类似，多兹（Dodds）试图支持如下观点：
23 在《高尔吉亚》465e和519e中，苏格拉底反常的*makrologia*（长篇大论）（在这两处，苏格拉底都表达了歉意）是“一个标志，表示柏拉图的苏格拉底‘正在突破历史原型’（鲁德贝格[Rudberg]），而且正在成为柏拉

[1] 比较西塞罗在《图斯库兰讨论集》v.10中的著名说法：苏格拉底（不同于前苏格拉底作家）第一个将哲学从天上召唤下来，植入城邦之中，甚至是人们的家中，迫使哲学思考人生和道德、善与恶。（已见亚里士多德：《论动物部分》642a25—31；更多参考见Zeller, *Socrates* 92f。）

[2] Guthrie iv.241；比较他为企鹅版《美诺》译本所写的导言。亦见Kraut, *Companion* 6；比较Vlastors, *Socratic Studies*）79。

图的充满激情的积极信念的代言人”。[1]再如，很多人断言，以“困惑”（*aporia*）结尾的《理想国》第一卷，是“历史上的”苏格拉底以其方法能够达到的限度，第二卷则是柏拉图的新开端（这个观点经常与另一种意见结合在一起，即第一卷作于较早时期，而且原本是独立的）。[2]虽然这些意见在本质上都不荒谬，也不是明显错误的，但柏拉图竟容许自己以如此简单直白的剪刀加浆糊的拼凑法来创作和思考，这似乎令人不安（也不大可能）。相反地，如果有语调和方向上的转变，这些转变当然应当依据它们在对话中所起的作用来加以解释，因为它们表示有重要的事情正在说出来，或者有不同寻常的事情正在发生。与其从作品的外部去看，并且要求对柏拉图如何逐步背离其导师作出解释（另一种“心理学分析的”路径），倒不如假定，这部作品正是作者所希望的样子，并且可以被视为一个连贯的整体。

简而言之，这里所采取的观点是：柏拉图与苏格拉底之间的关系，虽然无疑是一个重要的话题，但并不能被清晰地描绘成一种线性的发展；除了来自亚里士多德的少许非常宽泛的概括之外，我们无法通过任何对话来坚持说，这一部分是苏格拉底的，那一部分是柏拉图的；可能的情形是，对话作品（甚至包括《申辩》）一开始就带有柏拉图的烙印，因而应当被视为柏拉图的艺术创造。柏拉图与苏格拉底之间无疑存在差异，而且设想他们之间的分歧会加大也是很自然的，但是，如果没有更多关于历史上的苏格拉底的独立证据，那么，在这个问题上能

[1] 《高尔吉亚》455e1—6a2注释（第232页）。不同观点见下文第六章原文第146、148页。

[2] 例如J.Annas,*An Introduction to Plato's Republic,*（Oxford, 1981）第2章，尤其是第16—18、56—57页。比较Vlastors, *Socrates,* 248—251）。与此不同的是L.Tarán,见*Platonic Investigations,* ed. D.J.O'Meara,（Washington, 1985）85—110。最近的研究参看C.H.Kahn, *CQ* 43（1993）131—142。

够前进多远就受到严格的限制。[1]

7. 柏拉图的思想：一致的抑或发展的？

探究柏拉图的第三种方式是关注其哲学体系的连贯性和一致性问题：它是一套贯穿全部作品始终的稳定、无变化的学说吗？或者其观点是发展的？这一话题虽然明显与苏格拉底问题相关，但可能与该问题仍有区别，因为按照关于苏格拉底—柏拉图之间关系的一些看法，
24 它仍然是一个不同的问题。例如，如果我们认为苏格拉底一开始就是柏拉图的代言人，那么他自始至终都在说同样的话吗？或者柏拉图改变过自己的观点并从而更改过他赋予苏格拉底的观点？一些阐释者把柏拉图主义视为一种同质的始终如一的学说，该学说从最早的对话起就或含蓄或明晰地具备了，只是在后来更加雄心勃勃的作品中得到了更充分的阐发。另一些人则认为，柏拉图在其一生中不断发展和修正自己的观点（虽然大多数人会看到一些核心关注点，即便这些关注点不是像伊壁鸠鲁的"基本要道" [*Kuriai Doxai*]那样的一套基础原理）。许多哲学家持有或采纳一种几乎未经改造的"统一"观，这部分是因为这样更容易集中考虑某个特定概念在一系列不同对话中的证据（例如型相的理论）。因此，戈斯林（Gosling）论柏拉图的书不是按照对话或时期而是按照主题来划分章节的：章节标题包括"快乐""知识与感知""对善的欲求"。[2]统一论甚至允许读者基于对话文本中相当微小的暗示而将对话本身似乎并不需要的学说引入对话中。而发展论可能

[1] 第二章将指出，色诺芬没有提供充足的独立证据，这部分是因为他应该知道并利用了柏拉图的著作，部分则是因为他自己误解、歪曲或者调整了苏格拉底的个性和思想。

[2] J.Gosling, *Plato*（见"哲学家的论争" 系列，London，1973）。

假定，柏拉图还没有完全形成某种观念，在某一段中我们看到的只是这种观念的萌芽。如此，在《游绪弗伦》中，型相的理论是处于萌发期呢，还是已在幕后充分发展了？[1]如果采用发展论，即认为柏拉图的思想是逐步发展演变的，那么，年代学就变得很关键，而在不同对话之间互证的做法就更加冒险了，即便它们讨论的主题相同。我们能够安稳地用《会饮》去填补《斐德若》中关于爱的解释的空隙吗？总的来说，尽管有少量像《斐多》中指向《美诺》那样的交互标示（见上文），但似乎更可靠的假设是，柏拉图的思想不是静止不变的，他的哲学在他年轻时没有发展出完满的形式，因而每一部对话首先必须被单独考虑，必须视为独立的作品。除了三联剧结构这种特殊情况——这种结构似乎是柏拉图设计的一部分——之外，我们没有任何正当理由将某些对话视为一个“系列”或者一组连贯的作品。[2]文学上的考虑也必须得到应有的重视。如果某部对话没有对某种特定学说进行解释或者充分阐述，那么，这并不意味着这种学说是被预设的，也不必然意味着这种学说被取代了：这可能是该对话的需要和优先考虑事项所导致的，或者是由于对话参与者有其特别的关切点。举例来说，《高尔吉亚》中的末世神话，与《斐多》《理想国》以及《斐德若》中的末世神话不同，几
乎没有涉及轮回的观念。这能说明柏拉图尚未关注或尚未信服这种学 25
说吗？或者不如说它反映了该对话所呈现的争论的性质？如果允许从更长远的角度看问题并考虑到对未来生活的展望，那么，苏格拉底与卡利克勒斯之间的鲜明对照就变得模糊，对苏格拉底受审和被不公正地定罪的预示就会更少悲剧色彩。在《高尔吉亚》中，重要的是一个

[1] 这个问题尤其出现在《游绪弗伦》5d、6d；相关讨论见R.E.Allen, *Plato's Euthyphro and the Earlier Theory of Forms*（London,1970）。

[2] 请C.H.Kahn原谅，他在论早期对话的系列论文中所持立场与此相似：如*CQ* 31（1981）305—320, *Journ.of Philosophy* 85（1988）541—549。

人此生的道德选择，没有意识到这种选择的重要性就将导致永远的受难。在我们对柏拉图的研究中，如果排除任何形式的对话比较和段落并列，就太过度了，但在确定这些比较所证明的东西时，我们必须小心谨慎。[1]

8. 柏拉图：永远的提问者

现在我们可以转入柏拉图诠释的另一种形式。这种形式与本书所采用的方法有较多共通之处，但似乎也有严重的缺陷。近来的研究更加关注下面这一类问题：为什么柏拉图要如此这般地构造他的对话？为什么对话对他如此重要？他把自己置于何处？那些经常被对话参与者所接受的看起来荒谬错误的论证，有什么用意？某些回答特别强调柏拉图作品中的"戏剧"因素，从根本上怀疑从对话中得出任何结论、任何信息、任何学说的可能性，宁可将柏拉图视为终极提问者，认为他不断提出问题却没有提供最后的答案。按照这种解释，反讽和自嘲就发挥了重要作用。柏拉图被视为悖论的制造者：他谴责书写，却创作了极其精致、极富启发性的书面作品；他谴责艺术和修辞，自己却是一位至高的艺术家和终极的修辞家；他阐述了一种理想国家的计划，却承认它永远不可能付诸实践；他宣称宇宙灵魂，或者造物主，是人类心智不可接近的，只能通过比喻和想象来描述，而他的想象却如此引人注目和令人难忘，以至于影响了后来一代代的思想家。我们如何能够指望从他的作品中抽取出任何简单的或概括性的哲学原理？毋宁说，他的对话的压倒一切的规则就是质疑任何东西，包括它们的结论。哲

[1] 关于"统一"派和分离派之间争论的详尽描述见E.N.Tigerstedt, *Interpreting Plato*（Uppsala, 1977）。此书很有价值，尽管其结论令人疑惑。

学是一种探索，不是一种解答。

显然，这一方法的很多观念是可以赞同且具有启发性的。承认柏拉图作品中反讽和“戏剧”因素的至关重要性是一种基本的洞察。如果没有这种洞察，那么可以确定地说，很大一部分对话就无法理解：《美涅克塞努》《伊翁》《会饮》以及《斐德若》都是最明显的例证。[1] 26 该方法受欢迎也是因为它看出，可以用一种较积极的方法来取代那种居高临下的假设，即柏拉图总是浑然不觉地犯愚蠢的哲学错误。这种方法认为，这些错误可能在对话的文脉中发挥某种作用：即便这些论证是无效的，但它们可能提示了真相，或者暗示了一系列论点，如果进行系统探讨的话，这些论点可能会导向更令人满意的结论。这种方法对于解读像《欧绪德谟》这样的对话来说帮助很大，这一点已经日益得到认可。[2]但是，认为柏拉图是个永远的提问者，总是暗中破坏自身所说的东西，他在所有作品中都用限制条件和问题来作答，他系统地自我解构，这些观点似乎走得太远了。它无视或者至少忽视了某些主题的频繁出现，以及这种频繁似乎所表达的保证；它也没有公正地看待对话当中语调和严肃程度的差异；它留给我们的是一幅令人不安的缩小了的柏拉图画像。如果从他的作品中可以得到的唯一借鉴只是继续提问的必要性，那么恐怕并不需要用超过三十部对话，远超一千页的篇幅来传递这个信息。而且，如果柏拉图首先是一位“好开玩笑的”艺术家，那么，当该说和该做的都说过和做过之后，他必定会沦为他自己

[1] 一般参看C.L.Griswold所编论文集*Platonic Writings, Platonic Readings*（London, 1988）。不过，该书为作者们的一种顽固倾向所累，即虽然声称有必要作更精细的解读，却不将他们的原则付诸实践。关于《美涅克塞努》，特别参看L.J.Coventry, *JHS* 109（1989）1—15。关于反讽，进一步参看下文第三章原文第77—78页。

[2] 比较R.K.Sprague, *Plato's Use of Fallacy*（New York 1962）; R.Hawtrey, *Commentary on Plato's Euthydemus*（Philadelphia 1981）。

对艺术作品轻浮、空洞的不断批判的牺牲品。简而言之，正如蒂格斯泰特（E.N.Tigerstedt）所说的："对柏拉图的'泛疑'（panaporetic）解读（按照这种解读，柏拉图从未提供关于任何事情的任何结论）与'泛讽'（pan-ironical）解读（按照这种解读，他从未直截了当或无保留地说出任何东西）一样片面。"[1]

到目前为止显而易见的是，阐释柏拉图的步骤一点也不简单。过去的许多著述现在看来都不够精到，或者缺乏对这种阐释所造成的困难的意识。今日的很多著述则可能被认为是散漫、异想天开的，或者从最好方面说也是无法证实的。[2]我并不指望当前这本书能逃脱这样的批评。不过，虽然我不以为上文所讨论的其他方法要么愚蠢，要么缺乏洞察力，但我自然还是更愿意追寻我自己认为最有成效的
27 批评方法。眼下，陈述一些一般性原则，可以用来指示读者后面章节的内容。

首先，对话形式和其他的艺术形式需要得到检验和尽可能的解释。选择恰当形式是任何一个作家的基本任务，对柏拉图来说则更具有重要意义，他是一种文体的革新者，那时这种文体尚处于其萌芽期。[3]形式的考虑不限于叙述性对话与戏剧性对话的一般区分（原文第71页），它涉及诸如讲辞的长度、神话或寓言的使用、语调或语体风格的显著变化、精心设计的框架结构、比喻和重复出现的喻象，以及其他很多文体上或修辞上的技巧，这些自然而然受到诗歌批评的关注，但在对柏

[1] Tigerstedt, *Interpreting Plato* 103.

[2] 比较我对Ferrari, *Listening to the Cicadas*（1987）的评论，见*Phronesis* 33（1988）216—224。还有C.C.W.Taylor对近期《普罗塔戈拉》研究著作的回应，见他对Goldberg的评论（*CR* 35[1985]67—68）以及他为这部对话所作的修订版评注的导言（Oxford 1991）。又如C.Gill对Scodel的评论（*CR* 38[1988]225—226），C.J.Rowe对Coby的评论（*JHS* 110[1990]225—226）。

[3] 关于对话形式，进一步参看上文原文第10—15页。

拉图式散文的研究中至今仍然经常被忽视。[1]散文的形式构造尤其在智术师及其弟子那里得到了发展，因而，在许多对话中，将我们对智术师文献的了解与柏拉图对智术的转换和改造进行比较，是很有价值的。[2]对个别柏拉图文本进行细读和持续的评注已经取得成效，也推进了我们对作者的目标和方法的理解。[3]本书的目的在于，为研究柏拉图的文学形式，以及这些文学形式与他的主题内容之间的联系，作出进一步贡献，尽管在讨论过程中难免会有选择性和倾向性。

其次，对话发生在特定的场景中并牵涉特定的参与者。就场景而言，在诸如《会饮》《卡尔米德》《斐德若》这样的对话中，场景因素都十分显著，而且可以说很重要。但也许《斐多》中地点设置的倾向性尤其清晰。《斐多》的场景是在雅典的监狱，苏格拉底在那里死去。这部对话如此强调死亡是逃脱牢狱的方式，这恐怕不是巧合——灵魂在肉 28
体内的囚禁会随着死亡的净化和释放而结束（尤见《斐多》65—68b，81—82）。后面的章节会讨论其他例子。[4]就性格刻画而言，正如上

[1] 这里应该提到一本先驱之作，它是这种倾向的一个重要例外，即Friedlaender, *Plato*（英译本1958—1969）。尤其参看第一卷中的概述性文章。最近的著述特别参见J.Laborderie, *Le dialogue platonicien de la maturité*（Paris 1978）。关于喻象，参看P.Louis, *Les métaphores de Platon*（Paris 1945），该书在方法论上虽有缺陷，但出发点仍有启发意义（Dover在*Greek and the Greeks* 73ff.中的评论过于苛刻了）。

[2] 因此，《欧绪德谟》展现或戏仿了《智术辩驳》（*sophisticus elenchus*）中的论辩技艺，这种论辩技艺后来在亚里士多德那里得到系统化。《美涅克塞努》展现或戏仿了正式的葬礼演说；《会饮》展现或戏仿了赞辞，等等。

[3] 例如S.R.Sling1981年的《克利托丰》评注；M.C.Stokes, *Plato's Socratic Conversations*（London 1986），导言及对《拉凯斯》和《普罗塔戈拉》的研究（在我看来，论《会饮》的章节价值不大）；T.Baxter, *The Cratylus: Plato's Critique of Naming*（Leiden 1992）。M.Nussbaum, *The Fragility of Goodness*（Cambridge 1986），该书有许多地方讨论了对柏拉图对话进行戏剧性诠释的必要性，令人激动（第87—88、122—135页），但是，除了论《会饮》的章节外，她对具体作品的解读似乎与该书总的哲学主题联系得过于紧密了，以至于没能充分解释所讨论的对话。M.Frede的一篇论文也有帮助，虽然比较笼统，见*OSAP* Suppl.vol.1992, 201—219，这一卷专门讨论柏拉图诠释的问题。

[4] 亦参看Friedlaender i, 158—161。

文所述，苏格拉底的个性特别重要：苏格拉底与其他人的互动不仅可以说明所有相关人物的个性，而且可以说明正在讨论的问题的性质，以及所提出的回答的缺陷。斐德若或阿得曼托斯不会像忒拉绪马霍斯那样行事或争辩。这可能会使一些人感到不安，这些人希望哲学只涉及抽象、永恒的真理，而不是取决于争论者的个性。但柏拉图的典型特征是展示在文脉之中的论证，展示在人物个体之间和以个人方式进行的论证。虽然这些交谈的目的可能是为了取得对他人有效的结果，但大家承认，每个研究者都必须继续深入追究问题，要么与别的朋友一起探讨，要么自己独自思考（如《斐多》107ad）。苏格拉底自己也没有被明显地当作是一贯正确或有权威的：他自己强调自己的无知，而且，如果我们承认，柏拉图以苏格拉底的教导或榜样为基础，同时推进或者偏离了苏格拉底的立场，那么可以合理地设想，对话中可能或隐或显地包含对苏格拉底的某种批评。最起码，那些极为雄辩或极为坚决地回应苏格拉底的挑战的人（例如卡利克勒、忒拉绪马霍斯、阿尔喀比亚德）值得一听。

第三，有一个语调的问题，特别是柏拉图的“严肃戏剧”所引发的问题。我们已经提到，对柏拉图著作的“泛讽”解释无疑过于简单，而且缺乏辨别力。[1]有必要找到一种方法，它能够不是全然主观地考虑到柏拉图著作中的幽默、谐剧场面、戏仿和奇思妙想，柏拉图著作的持久魅力很大程度上来自这些因素。在这方面，文学的批评亦有所助益。柏拉图对话的运作方式和提出的问题显然与《堂吉诃德》或《项狄传》之类作品不同，但我们不应该以为柏拉图设置的谜是无解的。阿尔

[1] J..A.Arieti的简短著作*Interpreting Plato: The Dialogues as Drama*（Savage, Maryland 1991）就是如此。该书阐述了一个老生常谈的论点，即柏拉图的哲学实际上是从属于戏剧动机的，他用同样的方式和同样的简略来对待所有对话（而且顺序安排没有明显的理由）。

喀比亚德对柏拉图笔下苏格拉底的描写也适用于柏拉图对话自身之谜——表面诙谐、反讽，内里深邃：

> 任何人听苏格拉底谈话，起先都会觉得实在可笑。他的字句就像粗鲁的萨提尔蒙着的那张皮。你看，他谈的尽是扛货的驴子哟、铁匠哟、鞋匠哟、皮匠哟，他好像老是在说重复的话，所以就连 29
> 愚蠢或幼稚的人听到，也会传为笑柄。但是剖开这些话，往里面看，你就会首先发现，这是唯一一种包含了所有道理的谈话。然后会明白他的话最神明，最富有德性的意象，对于凡是寻求善和荣耀的人来说，这些话是最为意味深长，也是最有必要去细查的。（《会饮》*221e—222a*）

9.《申辩》[1]

被我们称为柏拉图的《申辩》的作品，某种意义上是对苏格拉底受审时的自我辩护演说的再创造。但这个说法已表明，即使在这里，要区分这位导师和这位作者也是一件十分艰难的事情。的确，上述有关这些对话的大多数方法上的困境都在这部作品中有所体现。很少有古典希腊散文作品受到比这部作品更多的赞誉：像伯里克利的葬礼演说一样，它似乎也保存了生活在雅典最卓越时代的一个非凡人物的思想和信念；不过，伯里克利称扬和美化雅典民主共同体，苏格拉底赢得更

[1] 关于该作品有一些研究专著：*C.D.C.Reeve, Socrates in the Apology*（Indianapolis 1989），和T.C.Brickhouse and N.D.Smith, *Socrates on Trial*（Oxford 1989）。M.C.Stokes的评注在期待中；同时，参看第32页注3所引的有价值的论文。

多赞誉则是因为他愿意与其母邦的弱点或缺陷作对，而且（实际上）坚持这种反对以致殉难。我们希望感受到的是，我们正在聆听这样一位声名卓著、影响深远的人物的真实声音，就像聆听修昔底德的伯里克利一样。[1]

采纳这种观点存在一些困难。苏格拉底演说的其他版本在古代是通行的：我们有一个色诺芬的版本，可能晚于柏拉图的版本，而且肯定不是依据第一手的作者知识（见下文原文第47—48页、第55页）。色诺芬自己提到“其他人”记录了苏格拉底的自我辩护。即便我们同意苏格拉底的自我辩护在早期就建立了其文体样式，我们也仍可以坚持认为柏拉图的版本最忠实可信。毕竟，那次审讯时柏拉图亲身在场，这是演说本身提到的（虽然，即使在这里，怀疑论者也可以闯入：《申辩》毕竟是柏拉图当时在场的唯一证据，所以这就成了循环论证）。更令人困扰的疑问来自演说全然的艺术性和修辞上的精致性。就算苏格拉底很熟悉这一行的窍门，但是，对他来说，把一次即席演说做得如此优雅精良、光彩夺目，是不是要求太高了？如果我们承认，这篇演说所
30 改造和转换的不只是一般的修辞技巧，而是一篇智术师文本（高尔吉亚的《帕拉墨得斯》）的某些特征，那么，柏拉图在打造讲辞时眼睛盯着他的书架这个事情似乎就更明显了。[2]其他论争是关于苏格拉底与控告人梅勒托在对话中交锋的那段话。就算这在阿提卡法律中有实践可能性，但是梅勒托的回答无疑太过随便，从而使自己屡屡遭到苏格拉底的驳斥（尤见《申辩》26d），是这样吗？与在对话作品中一样，文

[1] Burent的评注（尤见pp.63—66），R.S.Hackforth, *The Composition of Plato' s Apology*（Cambridge 1933），以及Guthrie iv.71ff.都是关于真实性的论证。

[2] 类似情况参看J.Coulter, *HSCP* 68（1964）269—303，以及K.Seeskin, *Dialogue and Discovery: A Study in Socratic Method*（Albany,N.Y.1987），第3章；Guthrie iv.76f.惴惴不安地淡化了它们的重要性。

学技巧辅助并推进了论辩过程。虽然这些论辩都没有结论，但是，如果我们把《申辩》视为柏拉图的创造，它以苏格拉底实际说过的话为基础并有所提高，那么，我们可能就有了更可靠的基础。如果是这样的话，那么一些基于对比的论点就可以排除掉了，那些论点假定《申辩》是对苏格拉底的“真实”描绘，而后来的作品引入了柏拉图的歪曲。事实上，正如我们应当看到的，这篇演说暗含了一些与在对话作品中同样的矛盾，只是在对话作品中更显突出：尤其是，苏格拉底的谦逊与其令人诧异的自信之间的矛盾，他对自己无知的断言与他对某些原则或确定信念的恪守之间的矛盾。

这篇演说（或讲辞的三重奏）[1]有力地强调了苏格拉底没有做错任何事情，他的敌人所利用的成见是不了解情况或蓄意歪曲造成的，对他的敌意的主要来源是其他人在接受他的提问并暴露出无知时的愤怒。苏格拉底接着描述他进行这种提问的原因：这都是源于他想尽力去理解（一开始是错误地去反驳）德尔菲神谕的断言，即他是最有智慧的人。在经过了最初的迷惑和怀疑之后，他最终得出了结论：他“最有智慧”的意思是，与别人不同，他意识到自己巨大的无知；而且，他继续努力向别人揭露他们自己的无知，他的方式是反复提问和劝告人们“关心他们的灵魂”或“关心他们自己”，而不是把精力浪费在赚钱方面或者在政治上的营私舞弊。在一段令人难忘的话中，他说自己是一只不断刺激和打扰雅典城邦的牛虻。他宣称，对他来说，放弃这种生活方式也是不对的，即便是为了保全自身，因为这样做违背了神谕（隐含的）命令。

这篇演说中其他一些引人注目的方面可以通过更详细地考虑上文

[1] 主讲辞在投票表决之前；第二讲辞在他被裁定有罪之后，其中包含一个较轻处罚的新提议；第三讲辞是最后致辞，在陪审团多数投票表决同意死刑之后。

已提到的一个要点来讨论：苏格拉底虽然坚称自己在公共演说方面缺
31 乏经验，但实际上，他运用了很多法庭修辞的技巧，而同时又加以改造
或颠覆。[1]第一篇讲辞的开端就奠定了基调。

> 雅典的先生们，我不知道你们听了原告们的话有什么感受，但我自己几乎都要为之所动，简直认不得自己了。他们的演说太令人折服了。不过，另一方面，他们所说的没有一个字是真的。在他们的连篇谎言中有一句话特别让我惊讶，就是他们说你们必须小心提防，免得被我欺骗，因为我是一个聪明的演说者。在我看来，这话说得实在是无耻至极：我想即便我立刻用事实证据驳斥他们，说明我根本不是一个聪明的演说者，他们也不会感到羞愧。——除非，他们说的能说会道的意思是讲真话。要是这样，那我会同意我是一名雄辩家，尽管我和他们不是一个类型。[2]所以，我说了，这些人没讲什么真话，或者一句真话也没有，但从我这里，你们将听到的全是真话。当然，先生们，我不会像他们那样字斟句酌，也不会用得体的词句精心装饰。不，你们听到的都将是直截了当，脱口而出的，因为我相信我说的都是正理。愿你们所有人都不会对我的话另作他想。先生们，我这个年纪的人要是像毛头小子那样在你们面前造作言辞肯定是不合适的。而且，先生们，的确有件事得求你们，恳切地请求你们的允许：你们在听我申辩的时候，如果听到我用了我在市场上惯用的也是钱币兑换商所用的那种字眼，你们不要为此大惊小怪。你们中很多人在那种地方或者在别的场所听过我说话。你们知道，就像这样。我七十岁

[1] 进一步参看Seeskin, 58—61。

[2] 关于这里所说的对比类型，比较《会饮》198b—199b，尤其是199b。

> 了，这是第一次上法庭。我完全不懂这里的说话规矩。如果我恰好是个真正的外邦人，那么，我敢肯定你们会谅解我用自幼学会的本乡腔调和说法说话，所以我想，现在请求你们允许我用自己的方式说话也是合理的。这种方式也许好也许不好，但请你们只关注和细察一件事情，就是我说的对不对。这是陪审员的应尽职责，而说话人的本分是实话实说。（《申辩》*17a—18a6*）

在这段话中很多主题已经出现：原告的说服力与苏格拉底自己言辞的真实性（这个对比在柏拉图后来关于修辞的作品中一直存在）；苏格拉底对使用自己自然的说话方式的坚持，即使这不是法庭上陪审员们所习惯的方式；[1]他申斥和纠正听众的意愿（“不要为此大惊小怪”）。第一个主题并不与苏格拉底对法庭惯例的利用相矛盾，反而因此得到增强。雅典法庭上的演说人经常声称自己“不习惯公共演说”，并且强调他们的对手狡猾地操纵言论，聪明反被聪明误，甚至受过智术师的培训，而他们是单纯的、讲话直率的人。[2]不过，这种说辞虽然 32
使用频繁（明显是陈词滥调），但在苏格拉底的嘴里却特别有力量，他过分夸大了他对政治和公共生活的无知，他从来没有能力支付可以从智术师那里买到的教育，他在此处和后面都摒弃了作为装饰美化的修辞技巧（《申辩》17b9）——使用这种技巧往好了说是不体面，往坏了说是堕落和可耻。此外，聪明的主题与智慧主题有关。雅典人对知识人的偏见常常导致被告人刻意少用他们实际的论辩技能。正如我们所看到的，就聪明的演说而论，苏格拉底也是这么做的，但他接着就宣

[1] 比较在苏格拉底的非正式的谈话式的风格与普罗塔戈拉之类智术师事先精心设计的演说之间的经常性对照：例如《普罗塔戈拉》334c—338e；下文原文第133页。

[2] 例如《安提丰演说辞3》g3，《德谟斯泰尼演说辞》22.4, 23.95—99, 35.38—43，《埃斯基涅斯演说辞》3.228，《狄玛德斯演说辞》18.276。

称自已有*sophia*（智慧），虽然是以一种不同寻常的方式：他知道自己无知。

在后面的讲辞中，法庭惯例既被重塑也被消解。在36d和其他地方，苏格拉底声称自己是城邦的恩人。[1]被告这么说是常有的事情，但一般是依据他们的公共服务，如为城邦征战、担任公职，以及“履行礼仪”（liturgies）（为公共活动捐款或类似行为）。因此，《吕西阿斯演说辞》25中的演说者说：“我五次担任战船的船长，参加四次海战，为多次战时征税做出了贡献，我比任何公民都更勤勉地履行我的其他礼仪。”（12—13）[2]苏格拉底没有那么多钱财可以资助建造战船，但他曾在波提狄亚和代立昂参加雅典的军事行动，这一点他简短地提及了，但没有加以利用（《申辩》28e；比较柏拉图著作的其他地方，拉凯斯和阿尔喀比亚德对其事迹的赞扬）。相反，他把自己说成是他的公民同胞的道德恩人——对于那些并不觉得自己需要苏格拉底这样的牛虻或保姆的人来说，这是惹人厌恶和恼火的说法。

至于他对标准的法庭策略的拒绝，关键的例证是他未能诉诸怜悯。这还是惹人恼火的做法。“你们中有些人可能会感到不快，因为联想起了他们自己的往事。他们曾为了不太严重的官司，在受审时哭哭啼啼地向陪审员乞怜，把自己的小孩带到法庭上以博取最大程度的同情，而我却不会这样做，尽管我（看起来）正面临最危险的处境。”[3]“……

[1] 对这一点的表达具有挑衅性：苏格拉底声称他比奥林匹克赛会上的任何获胜者都更有资格在公共会堂接受公费款待和生活供给（《申辩》36e）。关于用国家经费给予运动员报酬的荣誉，参见如*IG* i^{3}131.11ff.知识人往往批评对身体成就的过度褒奖，参见克塞诺芬尼B2，欧里庇得斯残篇282，以及C.M.Bowra, *Problems in Greek Poetry*（Oxford 1953）15—37。

[2] 更多例子参看《吕西阿斯演说辞》25.12—13，《德谟斯泰尼演说辞》25.76; Davies, *APF*, xviii; 比较欧里庇得斯:《希波吕托斯》Eur.*Hipp*.993ff.。

[3] 关于现存演说中的这一主题，参看《德谟斯泰尼演说辞》53.29; 57.70; 38.27;45.88，《希波雷德斯演说辞》4.41等；Dover, *GPM* 195.关于戏仿，参看阿里斯托芬《马蜂》975—978。

对我本人来说，或者对你们来说，再或者对整个城邦来说，以我的年纪和所具有的声望做这些事情都不会带来任何名誉。不论我的声望是否名符其实，大家还是觉得苏格拉底在某些方面有过于常人之处。”（《申辩》34c—35a）[1] 33

苏格拉底的自我辩护也需要从形式和风格层面来解释。正如我们所看到的，他提醒陪审员不能指望他作超出通常风格的演说，无论好坏。这可能使我们料想他的演说会相当啰嗦、朴实和随意。苏格拉底的确引述了随意的谈话（与卡里亚，《申辩》20aff.），其中他运用了他熟悉的低调例子（比较《申辩》25b）。他援引自己内心的沉思，描述自己在听到神谕裁定时的困惑。他说起他在审理阿吉纽西海战之案时期和在三十僭主统治下的勇敢行为时，是带着歉意的，因为这太容易让人联想起法庭上司空见惯的事（《申辩》32a8：这里涉及上文所说的讲述某人过去如何服务国家的做法）。更令人惊讶的是，他还想象陪审员向他提问，然后他回答问题（《申辩》20c，28b，29c，37e）；而且，在对付起诉人梅勒托时，他坚持采用独特的问答技艺，这样就使他的辩护词部分转变为一种辩证的形式（24cff.）。这一交谈的某些特征使人想起对话作品中常见的主题：例如，苏格拉底开玩笑式地指责他的对手戏耍或捉弄他（《申辩》27e；比较如《高尔吉亚》499bc）；梅勒托的沉默，实际上表示他的困惑的愤怒，却被用来证明他的同意（《申辩》27c，比较《高尔吉亚》505d sqq.）；苏格拉底的主要策略是把梅勒托的不恰当主张中的矛盾显示出来（尤见《申辩》27a和27e）。

这篇讲辞的风格与方式值得关注的方面不止这些。另一条贯穿始

[1] 可以进一步注意38d：他被定罪并非因为他缺乏言辞，毋宁说是因为“缺乏厚颜无耻，因为我不打算说那些讨你们喜欢的话。你们喜欢听到我哭哭啼啼，做和说一些我认为不值得去做和说的事情。所以我说，这些事情是你们习惯于从其他人那里听到的”。比较阿里斯托芬《马蜂》552—558，560—575。

终的线索是把苏格拉底呈现为一个可与史诗神话中的伟大人物相比较的英雄。[1]虽然这是逐步显现出来的，但在他提到为了神的命令而“奔波”和“辛劳”时肯定显示了这一点：此处的语言一定会让人们想起奥德赛和赫拉克勒斯的奔波与艰难(《申辩》22c)。更清楚的地方是28c—d对荷马的引用：为了回应他所假想的批评者的挑战，为他追求一种会导致自己死亡的生活方式辩护，他说：“先生，如果你以为一个有任何优点的人(哪怕只有很小的优点)，在做每件事情时应该掂量生死存亡的风险，而不是去细察他的行为是否正当，是好人还是坏人会做的，那么，你就错了。”后来在审讯中，也是在他的最后讲辞中，他又做了一个预言：“因为此时我正当预言最容易降临的时刻——也就是临
34 死的时刻”(《申辩》39c)。这是文学中的一个常见主题，但在史诗中特别突出：《伊利亚特》中的帕特罗克洛斯和赫克托耳都在临死时说了预言。[2]最后一段这样的话说得更轻松，体现了典型的苏格拉底式幽默：如果人死后在哈得斯还有生命，那么他盼望有机会向神话中的伟大人物提问，和他们交谈，如阿伽门农、奥德赛，还有其他跟他一样遭受不公正罪责的人(例如埃阿斯和帕拉墨得斯)(《申辩》41ab)。在苏格拉底的眼中，哈得斯不是一个充满鬼怪和地狱之火的可怕或凶险的世界，而是一个可以进行长时间道德对话的令人愉快的地方：他解释道，在那儿，他的对话者不会离开他，他们也不会为了逃避他的提问而将他处死！(《申辩》41c)与别的柏拉图作品一样，传统神话得到重塑并加入了某种哲学的味道。

因此，《申辩》中呈现的苏格拉底同样能够在修辞家们自己的游戏

[1] 比较T.Irwin，见*Language and the Tragic Hero*，P.Pucci编(Atlanta 1988)，55—83。

[2] 比较A.S.Pease对西塞罗《论占卜》63—64的论述，对史诗的回忆也出现在《克力同》中(见44ab，让人想起《伊利亚特》9.363的语言)。

中击败他们：除了掌握他们老一套的方法之外，他还通过断言自己有更高尚的动机和目的，甚至通过暗示某种程度的英雄主义（在史诗中可以找到与之最相似的类比），来声称自己占据道德制高点。《申辩》的这些方面都与对话作品相似，在对话中，苏格拉底经常与专家们较量，常常把他们驳得哑口无言，他经常用富有诗意或具有高度想象力的语言来表达对修辞和诗歌的批评。《申辩》的风格和构想都远远超越了任何我们可能预料的“通常的”辩护演说，更何况是没有经验的演说者的演说。在这里，我们看到的不是那个时代的讲演中那种强硬的抗辩，时而自以为是，时而恶语诽谤，而是一位更多才多艺也更顽皮的演说者：富有挑战性但又不失幽默，严厉而带反讽意味。在应对控告人时，他轻松而无礼地开着玩笑，在描述他的使命或暗中提到他的宗教信仰时，他的语调就变得生动而激烈。幽默与傲慢非同寻常的混合也许在那段关于牛虻的著名的话中体现得最到位：

> 雅典公民们，我的申辩根本不是像有些人以为的那样是为了我自己，其实是为了你们，希望你们不要因为投票定我的罪而错误地对待神灵赐予你们的礼物。如果你们杀死我，要想再找到一个像我这样的人可不容易。神灵把像我这样的人紧紧地拴在城邦上。用一个有点好笑的比方来说，就好比城邦是一匹高大的良种马，由于体型很大而有些动作迟缓，需要牛虻叮一叮才能焕发精神。神灵好像就是用这样的方式把我拴在城邦上，要我起一只牛虻的作用，整天飞来飞去，从不停歇，唤醒、劝导、责备你们每一个人。（《申辩》*30d—31a*）

苏格拉底对其神圣使命的惊人的坚定信念从何而来？他断言他对 35

雅典人的劝导必定会如此咄咄逼人，具有挑衅性，这是怎么回事呢？我们无从得知。但是柏拉图出色地使我们既钦佩又尊重苏格拉底对这一任务的献身，与此同时，也使我们明白而准确地看到雅典人为什么想除掉他。

不过，对于柏拉图来说，苏格拉底被处死是对正义的嘲弄，是对政治和教育制度的一次令人震惊的控告，正是这种制度使得对一位可能的好人和哲学家的误解或歪曲成为可能（比较《斐多》118a15—17；《书简》第七封信324d—325c）。柏拉图作品中对他那个时代的修辞教学所表现出的敌意，大部分无疑来自那次决定性的审判中的用词不当。但是《申辩》，正如这里的解释试图揭示的那样，并没有描绘出一个纯粹理想主义的图景。这并不是说我们有任何理由怀疑或批评或非难苏格拉底的观点，或者他表达观点的方式。不过，柏拉图的确不仅仅为我们展示了苏格拉底这个哲学的殉道者。他还揭示了苏格拉底的人生理想有着怎样的高要求，与希腊人的日常价值观有着怎样的区别，他对他的对话者、对陪审团、对整个雅典，有多少期望。他被定罪是令人震惊的，也是错误的，但是，即便从《申辩》的证据来看，这是不是完全出人意料呢？[1]至少在某种程度上，《申辩》与一些对话作品一样，表明了苏格拉底的失败。对于柏拉图来说，他要去探究的是其中的原因。

[1] 这并不是否认《申辩》中有其他一些可能的原因没有被提及或没有得到充分强调，尤其是苏格拉底与阿尔喀比亚德和克里提亚之类可疑政治人物的关系，见第二章原文第43页；比较Dover, *The Greeks and their Legacy*（1988）135—158，特别是154—157，158。

附录A：年表

第一栏表示文学作品的确定创作时间；第二栏是不太确定或较为含混的时间；第三栏罗列了一些相关的历史事件。所有时间都是公元前。这个列表代表了一种相当保守的立场，但必须强调的是第二栏中的一些日期是有争议的。更充分的讨论和参考文献见上文原文第2—7页。关于如何制定古代年表的广泛讨论参看比克曼（E.J.Bickerman），《古代世界的年代学》（*Chronology of the Ancient world*）（第二版.London 1980）。

		约前427年柏拉图出生
前416年阿伽通第一次在肃剧比赛中获胜		
		404年雅典战败，三十僭主统治
		399年苏格拉底被处死
	前390年代？《申辩》、《克力同》及疑难对话？	
约前392年阿里斯托芬《公民大会妇女》	前395年以后《美诺》（也许相当晚，在前380年代）	
		?? 前389/8年柏拉图到访西西里岛
	前380年代《高尔吉亚》、《普罗塔戈拉》?	前386年《国王和约》
	前386年以后《美涅克塞努》	
	前385年以后柏拉图《会饮》	

前380年伊索克拉底《泛希腊集会演说辞》		
	前378年以后色诺芬《会饮》	
	？前370年代《理想国》？	
	？前370年代或前360年代？《斐德若》《巴门尼德》	
	前369年以后《泰阿泰德》（随后是《智术师》《治邦者》）	
		前367年狄奥尼索斯二世继承父位。柏拉图在迪翁的请求下访问叙拉古
		前367年亚里士多德进入学园
		前361年柏拉图最后一次访问叙拉古
		前357/6年在叙拉古夺取权力
		前354年在迪昂被谋杀
	？？《斐勒布》《蒂迈欧》《克里提亚》	
前353年伊索克拉底《论财产交换》		
	前352年以后《法义》	
		前347年柏拉图去世。亚里士多德离开雅典
		前338年喀罗尼亚战役（马其顿的腓力征服希腊）
		前338年伊索克拉底去世
		前323年亚里士多德去世

所有关于柏拉图的日期主要依据第七封信。这封信就算不真实，至少也是基于合理的知识。近期对这一立场的辩护，参见布伦特（Brunt），《希腊历史与思想研究》（*Studies in Greek History and Thought*）313—332。

附录B:“未成文的”或“口头的”柏拉图学说

在《物理学》中讨论空间性质的一段话中，亚里士多德作了以下含糊的评论:“正是由于这个原因，柏拉图在《蒂迈欧》中说质料和空间是相同的；因为分有者与空间是同一的。他在该作品中对分有者所作的解释，的确与他在所谓未成文学说中所讲的有所不同。不过，他确实把地点和空间看成一样的。”（《物理学》209b13）现代学者已将这一诱人的提法与（特别是）一则有名的轶事联系在一起。这则轶事流传下来的版本有多种，但原始版本似乎也要追溯到亚里士多德学派。
37 按照其中一种版本，亚里士多德经常举这个故事来说明在讲演的开头有必要说明主题和所遵循的方法。故事是这样的：柏拉图称他要做一次题为“论善”的讲演，于是，听者甚众，大家期待获得关于善是否是（例如）健康或财富的很多教导。可结果他们听到的是一种复杂的数学论证，其结论是“善是一”，这让听众们一头雾水。[1]

由这些段落和其他段落引起的争论涉及柏拉图教学的本质，事实上也涉及整个学园的运作。亚里士多德的提法被认为暗示了，柏拉图在一系列科目上的教导与对话作品中的“学说”大不相同；事实上也暗示了对话作品是第二位的，他的口头教学才是真正的柏拉图主义传统（柏拉图本人不是在《斐德若》中和其他地方贬低书面写作吗？）。亚里士多德作品的某些段落，以及柏拉图主义传统中后来作者的许多文字，被认为体现了这种口头教学。[2]

---

[1] 亚里士多塞诺斯:《和声原理》30—31以及其他版本；Riginos, Platonica no.79。对这则轶事的意义的非常不同的看法参看Cherniss,*The Riddle of the Early Academy*, 1—13; K.Gaiser, *Phronesis* 25（1980）5—37（英文本）。

[2] 一个有用的简短总结，见J.Dillon, *The Middle Platonists*（London 1977）1—11。

很多德国学者，尤其是所谓图宾根学派，特别热衷于重构并寻求界定柏拉图的真实的口头学说。主要人物是克拉默（Krämer）、盖泽（Gaiser）和斯勒扎克（Szlezak），他们的一些著作现在已有英译本。[1]在这一新学派出现之前，这类理论虽然发展得不够充分，但已经很流行了。英美学者总体上对这些观点持冷静和怀疑的态度。[2]切尔尼斯（Cherniss）在其力作《早期学园之谜》（*The Riddle of the Early Academy*，1945）中试图驳斥柏拉图在学园中“教学”的整个概念（他提出的一个重要观点是，亚里士多塞诺斯记载的轶事仅仅涉及一次讲演，没有理由设想这是定期的活动，更不用说是一个课程）。他主张，亚里士多德作品中所有被认为涉及柏拉图未成文的教导的段落，实际上都是亚里士多德对对话作品的讨论，虽然他经常扩展或重新表述了对话中所用的词语。他甚至竭力贬低《物理学》中那个说法的重要性。后来，弗拉斯托斯（Vlastos）对克拉默（Krämer）著作的一篇评论长文给全部工作泼了盆冷水：这些论据往往依赖晚出资料，其中大部分是草率的猜测，有时还曲解了关键文本。[3]非哲学家的研究者也许会小心谨慎地说，这种新出现的“学说”——一种奇怪的基于数字之类想法的数学神秘主义——恐怕不会吸引所有读者。

几乎可以肯定，切尔尼斯走得太远了。我们有理由设想柏拉图和 38

---

[1] H.J.Krämer, Der Ursprung der Geistesmetaphysik: Untersuchungen zur Geschichte des Platonismus zwischen Plato und Plotin（Amsterdam 1964; 英译本题为*Plato and the Foundations of Metaphysics* [Albany,N.Y.1990]）; K.Gaiser, *Platons ungeschriebene Lehre*（Stuttgart 1963;第二版1968）;T. Szlezak, *Platon und die Schriftlichkeit der Philosophie*（1985;意大利语译本，1989）。更多参考文献见Guthrie v.第八章;Kraut, *Companion* 524—525;Tigerstedt, *Interpreting Plato* ch.6。亦见Kraut 526—527，关于柏拉图之后的柏拉图主义文献。

[2] 一个例外是J.H.Findlay的古怪著作，*Plato: The Written and Unwritten Doctrines*（N.Y.1974），该书回应了切尔尼斯，但似乎没有注意到弗拉斯托斯。对于这个附录来说，将盖泽和其他人所援引的用以支持他们论点的很多文本翻译出来是有用的。

[3] Vlastos,*Gnomon* 41（1963）641—655,在*Platonic Studies* 379—403中有进一步的附录。

他的学生或伙伴们讲授和讨论了许多主题，无论他是否进行过定期讲演。很难想象柏拉图会对他明显关心的主题完全保持沉默，或者他会在原则上拒绝阐发对话作品中所说的东西。在这种非严格的意义上说，可能存在未成文的教导，一些在学园中探讨的事情，柏拉图对这些事情提出自己的看法，也许甚至会比较详细地阐释最新的思想。但那明显不会是一种正统的柏拉图哲学学说或教义，更不用说是一种被他的所有弟子以毕达哥拉斯学派式的忠诚来保存的秘密知识体系。[1]任何这种观念不仅有悖于开明思想（没有偏见的读者都必定会在对话作品中看出这种开明思想），而且与已知的关于柏拉图追随者的事实相冲突。这些追随者明显在互相争论，对于在对话中发现的哲学阐释意见不一，他们都追求自己的思想，发展并偏离了“柏拉图主义”。[2]例如，我们知道，学园的成员对是否存在人造物品的“型相”或恶的“型相”或负项的“型相”意见不一。[3]再如，对于应该如何阐释《蒂迈欧》在早期就有不同意见：宇宙真的是从前在某个遥远的地方被造出来的吗？或者这仅仅是一种描述方式，一种说教的符号，用来说明某种非生成之物的性质？[4]斯彪西波反对理念论，却能接替柏拉图，担任学园主持人。

进而言之，即使存在未成文的教导，我们那些零散的报告肯定还不足以还原它们。对于很多阐释者来说，对这些教导的重构似乎同样不可能为理解对话提供启示。不管像《巴门尼德》这样的特殊作品是

[1] 关于毕达哥拉斯主义者的神秘学说传统，参见例如Guthrie i.148—153。

[2] 在这方面，由Cherniss提出了重要观点，Riddle 第三章；亦见J.Lynch, *Aristotle's School*（1972）54—63，关于学园的论述，75—96，关于学园与吕克昂之间的差别；M.Ostwald and J.P.Lynch, *CAH* vi^2. 604—605, 622—633。

[3] Cherniss 前揭，78，参阅他的*Aristotle's Criticism of Plato* i 256—260, 265—272。

[4] 比较亚里士多德《论天》279b32，斯彪西波残篇54 Lang，色诺克拉底残篇33,54 Heinze；R.Sorabji, *Time, Creation and the Continuum*（Ithaca, N.Y.and London 1983）268—276。

什么情况，绝大多数对话无疑都针对更大范围的受众，而不仅仅是哲学家和理论家。一部文学批评的著作不必为以下做法而道歉，即专注于完整保存下来的文学文本，而没有去进行一种不仅困难而且可能完全没有成效的探寻——这种探寻似乎会带来一个令人遗憾的后果，那就是削弱人们对柏拉图现存作品的兴趣。[1]

[1] 读者如果觉得我的立场有点偏见，不妨比较C.J.Rowe对此领域的若干近期著作的评论：见他的评论文章，见*Phronesis* 38（1993）214—216。

第二章

苏格拉底文学与苏格拉底问题

39 从第一章可以明显看出，柏拉图研究过分专注于他与苏格拉底的关系，几乎到了不良的程度。在本书的其他部分中，苏格拉底将被单纯视为柏拉图笔下的一个角色，而所谓的苏格拉底问题——对原初的、历史上的苏格拉底的品性和观点的探询——将基本上撇开不谈。但本章将尝试提出另外一种证据，现代学术认为它与苏格拉底研究有关联。虽然不能根本解决苏格拉底问题（如果说以我们现有的证据状况该问题的确可以解决的话），但有必要澄清一些基础，而且，这一考察虽然具有有限的文学关联，但作为一个历史话题，同时也作为一个编史问题，其自身有相当大的吸引力。与两个影响力相当的人物亚历山大大帝和耶稣基督一样，对苏格拉底成就的持久兴趣以及这种成就的重要性，与告诉我们这种成就的那些传说的复杂矛盾和不确定性相匹配。即便是那些年代上最接近人物原型的原始资料，对于评价它们的对象或者告知我们与他有关的信息来说，恐怕也未必是最管用的，这一观察可能强化了上述类比。[1]

[1] 关于这一主题的参考文献数量庞大。Guthrie iii提供了许多材料和相当好的理解，虽然在我看来他的方法还不够细致。弗拉斯托斯（G.Vlastos）的两篇论文，《苏格拉底的悖论》（“The paradox of Socrates”，见文集*The Philosophy of Socrates*,1971）和《苏格拉底》（“Socrates”，*PBA* 74,1988,89—111）在方向上是很好的；后者在其著作*Socrates,Ironist and Moral Philosophy*（1991）中有所扩展。弗拉斯托斯之后的研究中，我还没有充分考虑的是Brickhouse和Smith的*Plato's Socrates*（Oxford 1994）。

要正确看待柏拉图笔下的苏格拉底形象，我们应该考虑与苏格拉
底有关的三种信息来源，它们在方法和目的上各不相同：阿里斯托芬、 40
色诺芬和亚里士多德。还有必要谈到那些没有完整保存下来的苏格拉底对话的作者。我们是通过二手资料得知这些对话的一些情况，它们的作者是苏格拉底的其他学生或朋友，例如斯弗托斯的埃斯基涅斯和伊利斯的斐多。由于这些作品与柏拉图文学生涯的关系不清晰，在此，文学史就需要结合原始文献考证：这些少有人知的人物可能在作为一种文学类型的苏格拉底对话的发展过程中扮演某种角色。不过，总体上，我们的研究会更多关注保存下来的作品。[1]

有关苏格拉底的最早的证言也是最不可靠和最污名化的，是阿里斯托芬的《云》。该剧最初作于前423年，是一部令其作者懊恼的失败之作。不过，我们不好判断它为何是失败的，因为我们看到的版本似乎是经过作者部分修改但可能从未上演的。[2]该剧的主题是以苏格拉底为代表的知识人危险而堕落的教学。剧中的苏格拉底沉溺于琐碎实验和文字游戏，在对待天真的非正统角色（anti-hero）斯瑞西阿德时起初看起来像个荒谬可笑的人物。但他接着让斯瑞西阿德斯的机敏的儿

对这一讨论有帮助的一部选集，附有丰富的文献目录，是A.Patzer的*Der historische Sokrates*（Darmstadt 1987）其中包含罗斯（Ross）1933年的论文。价值不高的是Mario Montuori很怪的选辑*The Socratic Problem:The History,the Solutions from the 18th Century to the Present Time*（Amsterdam 1992），该书提供了从五十四位“在他们的历史语境中”的作者那里摘录的六十一份材料。Field, *Plato and his Contemporaries* 133—174和Humbert, *Socrate et les petits socratiques* 213—287对于理解作品已佚失的人物如埃斯基涅斯和安提斯泰尼有帮助。进一步参看*Laborderie, Le dialogue platonicien* 507—513;更具体的研究下文会提及。

[1] 关于苏格拉底最后岁月的柏拉图对话有无数翻译，《云》经常会被包含在这一类选集中（例如T.G.和G.S.West1984年的选集，包括《游绪弗伦》《申辩》《克力同》和《云》）。涵盖更广的资料汇编是J.Ferguson的*Socrates*（London,Macmillan 1970），其中搜集了许多不易获得的材料，但读者必须警惕：他的注释很少，而且其译文经常不可靠。

[2] 有关《云》的所有问题，参看多佛（Dover）的不可或缺的评注（Oxford 1968）；在某些要点上，佐默施泰因（A.Sommerstein）的篇幅较短的评注也值得注意。关于第二个版本的变动问题参看Dover lxxx-xcviii; Guthrie iii.376—377。

子，名为斐狄庇得斯的年轻人，接受两个拟人化论证（Argument），即正确（Right）和错误（Wrong）的教导。斐狄庇得斯信服了"错误"的非道德的和利己主义的教导，放弃了道德和传统宗教，殴打他的父亲，嘲笑习俗价值：这似乎是哲学给予其学生的影响。我们所看到的剧本的结局是痛改前非的斐狄庇得斯向智术师的"思想所"发泄怒气，将其全部焚毁，让苏格拉底及其追随者狼狈不堪。有某种理由设想这一令人不安的结尾是在修改版中添入的，也许是为了满足民众对于惩罚败坏青年者的要求。[1]

该剧中的苏格拉底与柏拉图和色诺芬对话中的苏格拉底，相似之处似乎只有他的贫穷和某些身体特征。他的思想兴趣和观念是混合了各种思想家的观点。而且，他似乎被当作智术师一类人物的典型例子，这可能是因为他本人是雅典居民。此外，我们知道，他是旧谐剧中的
41 惯常笑料，似乎经常站在守旧派立场上反对新观念、自命不凡的聪明才智或潜在的"改革者"。[2]其他知识人也在谐剧中被嘲弄；[3]与阿里斯托芬对待欧里庇得斯的方式做个比较是有益的。阿里斯托芬十分了解欧里庇得斯的作品，某种程度上也表示了赞赏，但他一再嘲笑欧里庇得斯的新潮和他对思想的兴趣。一个经常出现的玩笑是指责苏格拉底帮欧里庇得斯写剧本，这是值得注意的。[4]

---

[1] 关于前5世纪后期老一代人和年轻一代人之间冲突的证据，其讨论见M.Ostwald, *From Popular Sovereignty to Sovereignty of Law*（Berkeley and L.A.1986）229—238; B.Strauss, *Fathers and Sons in Athens*（London 1993）。

[2] 关于旧谐剧中关于苏格拉底的其他说法见：例如阿麦普西阿斯（Ameipsias）的《孔诺斯》（*Connos*）（该剧于前423年第二次占了《云》的上风）；欧坡利斯，残篇352K=386KA；第欧根尼·拉尔修ii.18,27—28; Dover, *GPM* 10—13。其他残篇中有一些很可能早于第一版的《云》。

[3] V.Ehrenberg, *The People of Aristophanes*（第二版，Oxford 1951）279f.。

[4] 《云》（第一版）残篇376K=392KA; Teleclides 残篇39—40K=41—42KA; Callias残篇12K=15KA; 也许在《蛙》1491f.有暗示。亦见Dover对《云》的评注，pp.209—210，关于《云》和《蛙》中人物冲突的比较。

如何解释《云》是一个问题，正如去评估旧谐剧的政治和社会影响总体上是困难的。虽然有许多评论设想阿里斯托芬通过他的剧作批评当时的事件，并在很大程度上借此表达他自己的观念，试图形塑大众观点，[1]但现在得承认，我们有必要更加小心谨慎，这一类谐剧的时事话题掺入了想象和明显的荒诞因素。简而言之，我们必须承认在戏剧与真实生活事件之间存在很大的差距。他对煽动家克里昂（如在《骑士》中）的粗暴对待不仅涉及对其背景和政治能力的极端歪曲，而且似乎也没有对其事业的成功造成任何影响。不管怎样，那些在前424年授予《骑士》头奖的观众继续选举克里昂担任下一年的将军。对苏格拉底行为和道德的歪曲可能同样是出于故意，而且同样毫无影响。在《会饮》中，柏拉图让阿里斯托芬与苏格拉底出现在同一场宴会上，[2]甚至还让阿尔喀比亚德引用了《云》中描写苏格拉底的步态和斜眼模样的一段话：虽然苏格拉底和其他讲述人都搞笑地对待阿里斯托芬，但没有什么地方暗示他们二人之间存在敌意。这些以及其他证据使我们难以将《云》看作是对苏格拉底的刻意指控。[3]对于柏拉图的学生来说，《云》的价值不在于它是与苏格拉底有关的证据，甚至也没有必要牵涉阿里斯托芬对苏格拉底的误解，而毋宁说是关乎这位知识人及其活动的谐剧形象（进而在某种程度上关乎大众对他的认知）。 42

[1] 这种观点在较早的研究中普遍存在，不需要列出详细的证明材料，但最近的材料见G.de Ste. Croix, *Origins of the Peloponnesian War* 355—371，尤其是370—371，比较232—236。一种有所不同的路径也认为阿里斯托芬对苏格拉底的教学提出了严肃批评，这见于努斯鲍姆（M.Nussbaum）的一篇发人深思的论文，*YCS* 26（1981）43—97，但是她将自己的保留意见归因于这位谐剧诗人，这似乎是可疑的。

[2] 这里没有任何不合情理之处：关于阿里斯托芬的社会地位，比较S.Dow, *AJA* 73(1969)234—235;*SEG* 33.161。

[3] 进一步参见哈利韦尔（S.Halliwell）的系列论文，尤其是*JHS* 111(1991)48—70，以及A.Sommerstein, S.Halliwell, J.Henderson和B.Zimmermann合编的*Tragedy, Comedy and the Polis*（Bari 1993）321—340。

如果我们认真考虑《申辩》中柏拉图笔下苏格拉底的一个说法，那么这一点可能需要限定。在《申辩》中，苏格拉底声称，阿尼图斯和其他人针对他提起的这个诉讼案是更加危险的，因为多年来，陪审团中有那么多人都听说过他的故事，都知道他有关于天体的理论，而且知道他懂得如何使较弱的论点打败较强的论点。因此，陪审员们对他有各种偏见，这增强了起诉者们的理由的力度，尽管关于他的这些说法都是虚假的。“其中最离奇的事情是我甚至不可能知道他们的名字，当然也无法把他们的名字告诉你们——除了知道他们中碰巧有一个是谐剧诗人。”（《申辩》18cd）他稍后的说法更明确地指向阿里斯托芬，在其剧作中，“苏格拉底盘旋着行走，扬言自己能腾云驾雾，并且口吐一大堆无稽之谈，而我对此一无所知”（《申辩》19c）。不过，这段话完全没有涉及阿里斯托芬的意图，无论是真实的还是假设的意图，只是表明，在《云》中以及在其他类似戏剧中，对苏格拉底的讥讽营造了能被起诉人利用的舆论气候。要说旧谐剧从来没有影响过观众对任何事情的看法，这是做作的，[1]但必须明确的是，阿里斯托芬对苏格拉底的讥讽虽然怪诞，但他并没有做什么对于他的体裁来说非同寻常的事情，也没有做任何事情，使他可能预料到会给一个他可能与之有非常友好关系的人造成不愉快后果。

一般都同意这种讥讽是怪诞的。《云》中的苏格拉底表达了各种物理学说，这些学说可与那个时代的特定知识人关联起来，尽管柏拉图和色诺芬的苏格拉底对物理探究没有兴趣。[2]阿里斯托芬的苏格拉底

[1] M.Heath, *Political Comedy in Aristophane*（Gǒttingen 1987），尤其是9—12，以及Halliwell 1993（见上一条注释），尤其是335—340，接近于这一观点，虽然后者的立场表达得更仔细些。

[2] 这是真实的，即便《斐多》96e—99d中的知识人自传被归于历史上的苏格拉底，而不是被视为反映了柏拉图本人不再对像阿那克萨戈拉那样的思想家抱有幻想。例如弗拉斯托斯就宁愿选择后一种看法（*PBA* 1988, 90n.11）；亦见Rowe对《斐多》96a2的评注，他认为这一描述是为了教诲而编造出来的。

收取学费（其实还偷衣服），而后来作家笔下的苏格拉底坚称他从未这么做，而且事实上没有从事过可以收费的教学。阿里斯托芬的苏格拉底邀请斐狄庇得斯学习“不义论”的非道德主义，并且没有对其中牵涉的道德败坏表露出任何不安；而如果我们不相信色诺芬和柏拉图所说的苏格拉底关切的事情本质上是道德，而且尤其与培养和教育青年有关，那么我们可能要同时承认，除了一些外貌细节之外，我们对苏格拉底一无所知。简而言之，阿里斯托芬所描绘的苏格拉底形象是如此无厘头和难以置信，以至于只有最悖谬的观点才会坚持说它告诉了我们 43
关于真实的苏格拉底的不带偏见而且可信的事情。[1]

谐剧中其他略微涉及苏格拉底的内容争议较少。阿里斯托芬的《鸟》中有一段话（1281—1283）可以被解读为把苏格拉底与热衷于斯巴达生活方式的人联系在一起。《蛙》中有一段更详细的评论（1491ff.），说他以一种新潮的而且是浪费时间的方式与人交谈（就像在其他地方一样，他在此处与欧里庇得斯联系在一起）：“最好别和苏格拉底坐在一块，他喋喋不休，放弃文化，把肃剧艺术中最重要的东西置之不顾……”第一章中提到的希俄斯的伊翁，似乎曾在他的自传《出访》（*Visits* F9）中提到苏格拉底，而且，这位哲学家在波提狄亚和代立昂战役中表现出的顽强（《拉凯斯》和《会饮》中提及过），以及后来在阿吉纽西事件之后，他在关乎将军们命运的争论中所持的坚定立场，和他对三十僭主的抵制，这些都将为他赢得某种名声或恶名。但除了这些段落之外，我们找不到多少在前399年审判之前有关苏格拉底的活动或者雅典人对他的看法的明确证据。在那次审判的起诉书

[1] 这并不是要否认，在这部戏中可以辨识出一些以弱化或戏仿的形式呈现的真实苏格拉底的特征：例如，问答法，或者坚持让学生自省（W.Schmid, *Philologus* 97［1948］209—228, R.Philippson, *RhM* 81［1932］30ff.；Dover xlii–iv似乎在这里过度怀疑了）。但这些并不是独立的特征，也就是说，如果没有其他资料来源的支持，它们就无法被确认为苏格拉底的特点。

中，很多东西都没有明确说明：

> 苏格拉底所犯之罪是拒绝承认城邦所认可的诸神并引入其他新神。他还犯有败坏青年之罪。必须判处死刑。[1]

以这份起诉书为基础我们至少可以发现来自三个方面的有敌意的观点：政治上，源于苏格拉底与阿尔喀比亚德和克里提亚之类寡头人物的关系；教育上，反映了人们对他与年轻人有牵连的猜疑，以及对年轻人随时准备辩证地质疑和挑战长辈的愤慨；宗教上，体现了较为传统的雅典人对苏格拉底的所谓私人神灵——神圣的声音或*daimonion*（守护神）（比较《游绪弗伦》3bc）——的怀疑。但苏格拉底在《申辩》中声称梅勒托和其他人也利用了对知识人的普遍敌意，这似乎很有道理。把这些要点按照解释苏格拉底被定罪的重要性来排序是矫揉造作的做法：陪审团成员们会在不同程度上彼此影响，而且他们对苏格拉底在实际庭审中的表现的愤怒肯定进一步激发了潜在的敌意。

44 苏格拉底受刑之后，关于他的争议升级了。我们可以感受到他的辩护者们凭着激愤将对他的回忆理想化，而批判者们也凭意气嘲弄对他的记忆。苏格拉底文学源于辩护性书写。在《申辩》（39cd）中，柏拉图让苏格拉底预言会有其他批判者将追随他的榜样并继续惩罚雅典人，“直到现在我一直阻拦着这些批判者，虽然你们不知道；而且，他们更年轻，会更严厉地对待你们，并给你们带来更大烦恼”。（比较色诺芬《申辩》26）。通常假定这是事后预言，即柏拉图在这里预告他自己的和其他人的作品。这就意味着《申辩》并非苏格拉底文学的第一例，以及柏拉图本人其实不是唯一进行这种写作的人，甚至不是第一个。

[1] 不同的原始资料用词不一样：见Guthrie iii.382。这些差异似乎并不重要。

关于苏格拉底的追随者以及写苏格拉底的作者，我们的信息主要依赖柏拉图作品中的两段话，即《申辩》33d—34a（其中罗列了出现在庭审现场的那些人）和《斐多》59b—c（其中罗列了苏格拉底去世时在场的人）。我们可以将这些名单与色诺芬的一段话（《回忆苏格拉底》i.2.47—48）相比较，在那段话中，色诺芬写道，虽然民众批评苏格拉底是克里提亚和阿尔喀比亚德的老师，但他们应该想想苏格拉底的弟子中有多少是好人；接下来是一份名单。我们知道那些被举出名字的人当中有很多也写过关于这位导师的作品：埃斯基涅斯、安提斯泰尼、克力同、斐多、欧几里德、格劳孔（柏拉图的兄弟）、西米亚斯和西比斯。谁是第一个加入这场文学运动的人，在古代就有争议，[1]这或许并不是非常重要。更重要的是这种文学的性质：它的规模、范围、风格，以及尤其是它是写实还是虚构的，抑或是写实与虚构的微妙混合。[2]到了亚里士多德那里，它成为一种文学体裁，即“苏格拉底式对话”（Sokratikoi logoi），他认为这种体裁介于散文与诗之间（《论诗术》1447b11，《修辞术》1417a21，残篇72—73）。我们的证据显示这些作品大多数都相当简短，比较像柏拉图的《游绪弗伦》和《伊翁》，或者色诺芬《回忆苏格拉底》的单个章节，而不像柏拉图成熟期的那些更加雄心勃勃的对话。我们被告知，格劳孔写的一卷书就包含了九篇对

---

[1] 比较关于对话发明的相关争论（见第一章原文第10—15页）。除了那里已经引述的文本之外，还可参看第欧根尼·拉尔修《名哲言行录》ii.61，埃斯基涅斯模仿或利用了安提斯泰尼和其他人的对话；ii.123，补鞋匠西蒙第一个记录下苏格拉底的谈话。我们远没有搞清楚，对于这些年代如此接近而且互相阅读和利用彼此作品的各式人物，古代学者们如何能确定他们之间的优先次序。

Vlastos, Socrates 52轻率地引述了Theopompus *FGH* 115F 259作为证据，说柏拉图抄袭了阿里斯提波、安提斯泰尼和布里松的更早的对话。此类指责在古代关于哲学家的论战中是常见的，而且，赛奥波姆普斯（Theopompus）总体上是个有恶意的作家，他是安提斯泰尼的热情支持者，对柏拉图则心怀敌意（比较F.275,295,359;M.A.Flower, *Theopompus of Chios*[Oxford 1994]53—55, 93—96）。

[2] Momigliano, *Development of Greek Biography* 46—48对此有一个很好的总体评述。

话，西米亚斯的一卷则有二十三篇（第欧根尼·拉尔修《名哲言行录》
ii.124）。[1]它们的文风似乎是明晰而简朴的，与柏拉图的《会饮》那种
45 精致横肆、生动形象的文风很不一样。[2]正是由于这个缘故，埃斯基涅
斯的苏格拉底形象后来特别被认为比柏拉图的更准确。关于场景设置
还有讨论的余地：埃斯基涅斯的一句话被引述（也许是在一部作品的
开头）“我们坐在吕克昂的椅子上，活动的统筹人在那里安排比赛顺序”
（F 15 Krauss）。这一类可信的例子被大量效仿，后来的评论者就不确
定有多少可以真正追溯到苏格拉底的弟子那里（例如第欧根尼·拉尔
修《名哲言行录》ii.64[帕奈提乌]，以及其他许多段落）。

埃斯基涅斯是这些人中唯一一个我们有数量可观的作品残篇的作者。[3]古代评论认为有七部对话真正是他写的，其中最有名的是《阿尔喀比亚德》和《阿斯帕西娅》。这些对话都与柏拉图的对话有明显类似之处，虽然要断言他们中一方直接影响了另一方还有些轻率。《阿尔喀比亚德》似乎是由苏格拉底讲述给一个同伴听的，苏格拉底描述他如何忠告阿尔喀比亚德，并试图通过使他承认自己不如大政治家地米斯托克利来消除他的傲慢。结果是使阿尔喀比亚德确信自己需要接受进一步的教育：他对自己的缺陷感到非常沮丧，他把头靠在膝盖上，哭了起来（残篇[vestig.]Ii–iii,pp.38–39 Krauss）。于是苏格拉底向他的朋友谈

[1] 比较C.W.Müller, *Die Kurzdialoge der Appendix Platonica*（Munich 1975）; Slings, *Clitopho* 24ff.。现存伪作或许可以提供关于大多数这类作品的篇幅和性质的合理看法。

[2] 最重要的评述是Demetr, *On Style*296—298, D.H.*Dem.*2,5—7,23。进一步参看W.Christ–W. Schmid, *Gr.Litteraturgeschichte* (6th edn. Munich 1912) i.710; E.Norden, *Antike Kunstprosa*(3rd edn.1915)104ff.; F.Walsdorff, *Die antiken Urteile über platons Stil* (Leipzig 1927); Humbert（上文注1）。

[3] H.Krauss(Leipzig 1911)编辑了残篇，更充分的讨论见H.Dittmar, *Aischines von Sphettos*(Berlin 1912); 有用的包含译文的解释见Field（第二章注1）146—152。新的残篇参见*POxy.* 13.1608 (Alcibiades)和39.2889—2890 (Miltiades)。阿斯帕西娅是B.Ehlers的一个详细研究的主题，*Eine vorplatonische Deutung des sokratischen Eros* (Zetemata 41, Munich 1966)。

了他自己对阿尔喀比亚德的爱，这爱是使他能够提升这个年轻人的神圣礼物。与柏拉图的《会饮》相比，这里的画面似乎更加理想化：苏格拉底的力量具有立竿见影和决定性的效力，阿尔喀比亚德则更加谦恭。让苏格拉底自己做叙述人的效果是使他显得有点儿自鸣得意。但与色诺芬和柏拉图在涉及阿尔喀比亚德的内容中的辩护意图明显相似；同样有意思的是让苏格拉底充当叙述人的设计，色诺芬从未采用这种设计，但在柏拉图那里这成为一种惯例（《卡尔米德》《吕西斯》《普罗塔戈拉》《欧绪德谟》《理想国》）。这一设计自然而然包含了小说的元素。

埃斯基涅斯的《阿斯帕西娅》是另一部我们有所了解并希望更多了解的作品。在这部对话中，苏格拉底表面上是和卡利阿斯谈论后者的孩子教育，他讲述了一些历史上伟大女性的成就，并建议卡利阿斯将他的儿子们交由阿斯帕西娅管教。这位不同凡响的女人是漂亮而且有才智的名妓和伯里克利的情妇，[1]她似乎经常在苏格拉底文学中露面。色诺芬（《回忆苏格拉底》ii.6.36）曾提到她，是苏格拉底关于做 46
媒的知识的出处（比较色诺芬《会饮》4.56ff.）。在柏拉图的《美涅克塞努》中，苏格拉底引用她的话，把她当作伯里克利和苏格拉底自己的口才的来源。埃斯基涅斯让苏格拉底引述了一次谈话，在这次谈话中，阿斯帕西娅试图用略带幽默的说教来使色诺芬和他的妻子和解。虽然我们的证据中有些令人好奇的差异，但似乎可以放心地推断苏格拉底和阿斯帕西娅真的相识，而且这些段落是相关联的。《美涅克塞努》扩展了阿斯帕西娅的才能范围（虽然埃斯基涅斯似乎也提到过她的修辞能力）：她甚至能够教伟大的伯里克利一些关于如何写作演说辞的事情！柏拉图也利用了常见于谐剧的说法，即伯里克利依赖她或者受她

[1] 除此之外，主要文本都见于谐剧，以及普鲁塔克《对比列传》伯里克利24中的概括性描述（见P. Stadter的评注）。柏拉图《美涅克塞努》235e的评注有一点补充。

的摆布（比较阿里斯托芬《阿卡奈人》526—534）。人们很容易设想，在色诺芬《回忆苏格拉底》（iii.11）中，与苏格拉底交谈的名妓赛阿达泰的一些事情是属于阿斯帕西娅的。同样的问题也会落在柏拉图《会饮》中的权威角色第俄提玛身上——她也是情爱专家，不过，她是一个充满智慧的女祭司，而不是德行暧昧的女士。

一个引人注意的残篇提供了既有关埃斯基涅斯，也有关苏格拉底的很不一样的线索。这个残篇出自演说家吕西阿斯的一篇演说辞，在其中，被告人攻击埃斯基涅斯利用了他和其他人的经济困境。虽然无法严格确定年代，但可能是在前4世纪的头几十年，那时是吕西阿斯最活跃的时期。该演说辞的现存段落采取了一种我们熟悉的态度：哲学家不必是道德上正直的人。我们对这篇演说辞的兴趣不在于埃斯基涅斯应该起诉一个名不见经传的雅典公民拖欠债务，而在于其中提到他是苏格拉底的学生。说话人声称，他以为埃斯基涅斯既然是哲学家，又是苏格拉底的学生，那应该会公平地对待他，但他犯了多么大的错误！“当他许下这些承诺时，（我）被他说服了。此外，我想，此人是苏格拉底的学生，而且发表过那么多关于正义和德性的言论，这样的人肯定不可能企图或胆敢做出那种最卑鄙、最不道德的事情来。”[1]在此之前，苏格拉底的名声至少是被正面看待的，隐含了这样的意思：他是一个有原则的人，被人们预期会在道德上教导他的追随者们，而不是败坏他们。

现在该回到有完整传世作品的作者那里，考虑一下色诺芬的苏格拉底作品。色诺芬是出身优越的雅典绅士，思想保守，精通军事技术，婚姻美满，儿子们步其父后尘。他还是一个马术师，养狗的行家以及

[1] 吕西阿斯残篇38 Gernet-Bizos 在阿忒纳乌斯xiii.611—612中，比较第欧根尼·拉尔修《名哲言行录》ii.63。关于这个案子的社会和经济方面的专门讨论见P.Millett, *Lending and Borrowing in Ancient Athens* (Cambridge 1991)1—4。

闲人。他一直因其流畅的希腊文和坚实、良好的判断力而受到人们的 47
赞赏。近来的评论开始承认，他的作品要比看上去的样子更加巧妙复杂，同时更少显而易见的诚实。[1]他在伯罗奔尼撒战争的最后一年作为骑兵参战，此后在想要篡夺波斯王位的小居鲁士手下供职，参加了因小居鲁士在库那克萨战役中阵亡而宣告失败的远征（前401年）。他的《长征记》记录了这一次远征，以及军队返回希腊的长时间跋涉。在小亚细亚，他受到斯巴达阿格西劳斯二世的影响。在因为帮助被仇视的波斯而遭到雅典流放后，他在伯罗奔半岛定居，起初在斯巴达，后来在奥林匹亚附近的斯奇卢斯（Scillus）的一处庄园（前394）。此后他的经历如何我们难以弄清：他的《希腊史》将希腊政治的故事写到前362年，但他肯定活到了前355年，而且对斯巴达和雅典的事务保持强烈兴趣。他的苏格拉底作品的年代顺序和他的其他作品一样不清楚，这些作品与柏拉图作品的关系似乎也很复杂。虽然这里提供了一些年代学的意见，不过将他对苏格拉底的描述和柏拉图的描述进行比较并不依赖这些关系（虽然我们有理由说苏格拉底的影响波及他的为数众多的其他作品，但也要注意到，色诺芬没有将其作品的主题限定为苏格拉底。事实上，安提斯泰尼或阿里斯提波也没有这么做。柏拉图那种对苏格拉底形象的着迷可能是很特别的，或许甚至是独一无二的）。

色诺芬最简短的苏格拉底作品是他的《申辩》，和柏拉图的《申辩》一样试图呈现苏格拉底在庭审上的演说，不同之处是色诺芬的《申辩》

---

[1] 关于色诺芬的真实情况，以及敏锐的导读和推测，参见H.R.Breitenbach, *RE* ixA.2 (1967) 1569—1928, P.Cartledge, Agesilaus(Landon 1987)55—66; G.L.Cawkwell对企鹅古典丛书《长征记》和《希腊史》的导读有价值，但有强烈反色诺芬的色彩。J.K.Anderson, *Xenophon*(London 1974)更“大众化”，却是引人注目的全面评述。关于对《希腊史》的再认识和部分复原见C.J.Tuplin, *The Failings of Empire*(Stuttgart 1993)，关于《居鲁士的教育》，见D.Gera, *Xenophon's Cyropaedia* (Oxford 1993)。关于色诺芬的《经济论》，见S.Pomeroy的评注（Oxford 1994）。色诺芬的苏格拉底作品可在R.Waterfield近期编的一卷企鹅丛书（1990）中方便找到。

没有提供完整的演说，只给出了一部分，并由色诺芬所写的编者点评框住。[1]他一开始就说，其他人已经记述了苏格拉底去世之前深思熟虑的言论，“他们再现了他的崇高（*megalegoria*）言辞……但他们没有明白指出，这时苏格拉底已经断定死比生更可取”（色诺芬《申辩》1）。那么，色诺芬显然知道有更早的版本；在第22节中，他解释说他的版本是一个选择性的记述。他的记述并没有局限于庭审，而是联系了苏格拉底在庭审之前和之后的各种相关箴言，并且加上了色诺芬自己的评议，尤其是在结尾。在色诺芬的版本中，苏格拉底宁愿选择去死，也不愿面对衰老，这种足够体面的理由在其他思想家那里也有相似的说
48 法（卢克莱修《物性论》iii.1039以下，关于德谟斯泰尼；塞涅卡《书信集》58.36），但在柏拉图没有暗示这一点。在色诺芬那里，苏格拉底的语气更咄咄逼人，甚至是傲慢的：有若干段落显示了这一倾向，例如13，16（“你们认识的人里面，有谁比我更少受到身体欲望的奴役呢？在这个世界上有谁比我更自由……？”），21（“我，因为被一些人认为在对于人类有大好处的教育方面极为出色……”），以及17—18中实质上对他自己的称颂。

在色诺芬《申辩》14中可以看到类似的效果。在这里，我们发现了关于凯勒丰在德尔菲求问有关苏格拉底的神谕的奇事：众所周知，在柏拉图那里，凯勒丰问阿波罗是否有比苏格拉底更聪明的人（比较柏拉图《申辩》20e sq.）。但这里神示变了，以一种不加掩饰的颂扬的方式扩展了：据说神回答道，没有人“比苏格拉底更自由或更正直或更自律”。在柏拉图那里的关键点（即苏格拉底的聪明是因为他知道自己的无知）在这一放大中丢失了。傲慢取代了柏拉图笔下苏格拉底的

---

[1] 更多讨论见：例如H.Thesleff, *BICS* 25(1978)157—170, P.A. van der Waerdt, *OSAP* 11(1993)1—48。认为色诺芬的《申辩》是伪作的说法并不罕见：例如K. von Fritz, *RhM* 80(1931)36—68。

谦逊。阿波罗此处的回答实际上漏掉了智慧，但这个品质出现在第16节末尾，仿佛已被提到过似的。这的确看起来表明，色诺芬是把柏拉图的描述（或者可能恰好是别的类似版本）放在心上的。[1]

在色诺芬《申辩》第29节以下，像在柏拉图那里一样，苏格拉底作了一个预言，而且同样提到人在将死之时会获得预知未来的能力（比较柏拉图《申辩》39c）。但在柏拉图那里，预言的内容是说雅典人将不能免受批判，而这里的预言更简略，而且更具私人性，几乎是对控告人阿尼图斯的诅咒，声称他的儿子会变坏。色诺芬以编者按语的形式接着说，这个事情的确应验了，因此，"阿尼图斯由于自己的儿子教养恶劣，同时也由于自己的凶残，尽管已经死去，仍然留着恶名"（31）。这里，我们看到，一个过于热切的拥护者给苏格拉底言辞安置的"框架"是如何削弱在柏拉图版本中苏格拉底所拥有的威信和孤独的高贵。这里的道德也在一个较低的水准上："这让阿尼图斯赔了老本！"色诺芬实际上是在幸灾乐祸。[2]

比《申辩》更可观得多的是《回忆苏格拉底》，通常指被冠以拉丁 49
书名"回忆录"（*Memorabilia*）的四卷本著作。该书的年代不确定：唯

---

[1] 关于其他可能的对应见（a）色诺芬《申辩》26与柏拉图《申辩》41b，都提到帕拉墨得斯。在色诺芬那里是更为附带性地提及帕拉墨得斯，而在柏拉图那里，帕拉墨得斯被整合在更大的一段话中，那里预测了苏格拉底死后在冥府的经历。进而言之，柏拉图的《申辩》总体上说大量利用了高尔吉亚的《帕拉墨得斯》（见上文第一章原文第30页）。（b）色诺芬《申辩》28（苏格拉底抚摸阿波罗多洛斯的头发）似乎是在呼应柏拉图《斐多》89b（苏格拉底抚摸斐多的头发）；后者更像是原型，因为情境更自然：在《斐多》中，众角色是坐在一起交谈，而在色诺芬那里的场景中，他们是在走动，已经离开法庭（27）。

[2] 关于柏拉图和色诺芬在打击报复方面的对比，参见Vlastos, *Socrates* 297—300。有人认为，这里提到阿尼图斯已死，有助于确定色诺芬《申辩》的年代，特别是因为阿尼图斯在前388—387年还活着，在吕西阿斯的一篇演说辞中受到攻击（22.8—9）；但吕西阿斯的对手不一定是苏格拉底的控告人或其子：比较Davies, *APF* 40以下。Kirchner, *Prosopographia Attica*事实上列举了六个阿尼图斯。但如果上述论点是对的，而且色诺芬在《申辩》中的确模仿了《斐多》，那么，最可信的柏拉图年表将把色诺芬《申辩》的年代推进到至少是前4世纪80年代中期，甚至也许更晚。

一一处似乎可信的线索是在第三卷第五章，那里提到底比斯的野心以及对雅典的潜在敌意，很多人认为这意味着这段话写于底比斯重新崛起，尤其是留克特拉战役（前371年）之后。这是很难断定的，因为对底比斯复兴的恐惧可能早就出现了；不过，似乎没有更具体的线索了。《回忆苏格拉底》与柏拉图作品的很多相似之处本身并不是特别让人信服，也不能作为确定的迹象表明一方模仿了另一方。[1]《回忆苏格拉底》，像辩护演说一样，也有申辩的目的：色诺芬试图表明苏格拉底确实是如此聪明、善良和正直。在该书的头两章中（这可能是单独发表的一个重要部分），他反复提到对苏格拉底的批评，他将这些批评归于"控告人"（i.2，第9、12、49、51、56、58节）。一般认为，这一部分是回应智术师波吕克拉底所写的攻击苏格拉底的小册子，但这个看法存在困难，[2]或许更好的设想是，色诺芬把他所遇到的针对苏格拉底的各种不满都归给了一个假想的对手。

在这几章中，色诺芬已经开始将苏格拉底的谈话戏剧化，并引用了这些谈话。《回忆苏格拉底》的其余部分由一些单独的情节构成，其中包括苏格拉底与各色人等的对话，这些对话者有的有名字，有的则是匿名，有的在柏拉图作品中常见到，有的则不为人知。这些交谈的长度也有变化，但没有超过四到五页（按现代每页的字数容量算）的，一般更短得多。现在似乎可以确认《回忆苏格拉底》有一种结构或计划，只不过是松散的。[3]在头两章对"控告人"导言性的回应之后，色

[1] 对这种"对应"的罗列，参看A.H.Chroust, *Socrates:Man and Myth* (London 1957) 230n.39，但似乎很多都是错觉。

[2] 详细解说见N.R.Livingstone未发表的论伊索克拉底的《布希里斯》（*Busiris*）的论文。对传统观点的反对意见也是由M.H.Hansen提出来的，见M.Sakellariou所编题为"雅典民主与文化"（*Athenian Democrary and Culture*）的即将出版的会议论文集。

[3] 这方面的开创之作是H.Erbse, *Hermes* 89(1961)257—287；亦见O.Gigon对第一卷和第二卷的评注。Breitenbach, *RE* ixA, 1777ff., Waterfield 1990, 53ff.仍持怀疑态度。

诺芬展示苏格拉底的确有益于他的朋友，以此来详细回答具体的批评（《回忆苏格拉底》i.3—ii.1:注意他反复提及这一主题，经常是在章节的头尾，例如i.4.19，i.5.1，i.7.1和5，ii.1.1）。该书的下一部分涉及家庭关系（《回忆苏格拉底》ii.2—3）；第二卷第四至第十章谈友谊，理论上和实践中的友谊，苏格拉底既被当作朋友也被当作爱人。第三卷第一至第五章有关战略和指挥方面。第三卷第六和第七章是互补的，关于政治：在第六章中，苏格拉底打击了格劳孔的抱负，后者渴望成为演 50
说家兼政治家；而在第七章中，谦逊的卡尔米德打算放弃政治生活，苏格拉底却鼓励他从政！在第三卷其余部分中，苏格拉底分别与很多人交谈，虽然第九章比较抽象（按论题下定义；对话者都没有给出名字），第十三和第十四章由各种各样的轶事或格言组成。色诺芬好像是在把他不愿意舍弃的各种要点聚拢在一起。第四卷看起来是一个整体，开头是一种第二序言或至少是过渡性的开场白，最后（《回忆苏格拉底》iv.8）是苏格拉底之死，对第四卷内容的概述，以及对该卷或者也许是对全书的总结。色诺芬回到苏格拉底有益于其同伴的话题上，并通过一系列谈话来说明这一点，这些谈话大体上比前面几卷中的那些谈话更长，也更像柏拉图的对话。我猜想，不管是不是和其他部分一同计划的，第四卷应该是后来的作品，受到柏拉图某些对话的影响。[1]最有价值的证据在第四卷第七章，此章无疑是确定色诺芬笔下苏格拉底

[1] 在我看来，以下几点似乎可以说明这个问题：（a）《高尔吉亚》和《理想国》中的措辞和议论与《回忆苏格拉底》第四卷有一些明确的相似之处：比较iv.4.7与《理想国》i.336cd中特拉叙马霍斯对苏格拉底的攻击；比较抱怨的理由“苏格拉底，你老是讲同一类事情”和回答“是的，而且是关于同一问题的”，这同时见于《回忆苏格拉底》iv.4.6（对话人是希庇阿斯）和《高尔吉亚》（对话人是卡利克勒）；在iv.2.39中，苏格拉底的提问使欧绪德谟相信自己并不比一个奴隶更好，比较《会饮》173d，215e;《回忆苏格拉底》iv.2.17可与《理想国》i.331c相类比。（b）在第四卷尤其是第六章中，色诺芬对苏格拉底的*方法*似乎比之前更感兴趣了：特别注意这一章中，他对苏格拉底界定基本词语的步骤的清晰解说。这很可能可以追溯到历史上的苏格拉底，但色诺芬的解说肯定与早期柏拉图作品中苏格拉底的论证方式相一致，而且可以说明色诺芬对这些作品的思考。

之特征的最重要的章节之一。在这里，我们被告知“不管什么事情，尤其是一个君子应该知道的，只要他自己知道，他总是乐意传授给他们。如果他自己不熟悉的话，他就把他们送到那些熟悉那个领域的人那里。他还教导他们，一个受了恰当教育的人对各种技艺要熟悉到什么程度”。（《回忆苏格拉底》iv.7.1）色诺芬接着给出了例子，这些例子都表明苏格拉底强烈反对无用和抽象的思考。他赞成几何学研究，只是因为要准确测量我们的土地需要几何学，赞成天文学研究，只是因为天文学可以用于水陆导航或类似之事；“关于天体之事，他劝人们不必去探究神明是如何安排它们每一个的。他认为这些问题太难，是人类无法明白的。他还认为，神明们不会喜欢那些去探究他们不愿意显明之事的人”（《回忆苏格拉底》iv.7.6）。关于算术也是如此。

当然，历史上的苏格拉底可能持有某些类似的观念；我们在柏拉图那里可以看到类似的说法，在《斐多》中，柏拉图让苏格拉底陈述他早年进行科学思考的经历。在那里以及在《回忆苏格拉底》第四卷第
51 七章中，阿那克萨戈拉都受到了批评。但很难相信苏格拉底会是这么普通的一个人，一个传统、正派价值观的拥护者，就像色诺芬在这里对他的描绘一样。色诺芬的这些话很难说与柏拉图的《理想国》毫无关系，在后者中，保卫者初步的智性追求由算术、平面和立体几何、天文学以及和声学组成，这些研究的纯粹实践性的好处被明确地贬抑（《理想国》vii.521c以下；尤见525d2—3，526d和527de）。大多数学者会同意：从这一点来看，在《理想国》中，柏拉图远远超出了苏格拉底可能持有或接受的观念。也许我们应该可以将色诺芬的这一章看作是一种反击，不动声色地摒弃了柏拉图的更为属天和非实践的构想；不过，在强调苏格拉底伦理观的实践关联的同时，色诺芬丢失了“真实的”苏格拉底的某些强烈和非传统的东西。

色诺芬描述苏格拉底的第三种作品是《经济论》(又名《财产管理者》),这部作品不需要占用我们太多篇幅。[1]在这部对话中,苏格拉底首先向克利托布勒斯正面提出有关如何最好地管理财产的建议(《经济论》1—6),然后用更长的篇幅讲述了过去他与伊斯霍玛霍斯的关于同一主题的谈话。此人是一个富有且尊贵的绅士(以现代的眼光来看,是一个喜欢说教、自命不凡的家伙,令人难以忍受)(《经济论》7—21)。这部作品有关于社会态度和农业实践方面的丰富信息,但没有告诉我们多少有关苏格拉底作为道德学家的事情,虽然偶尔触及幽默和自贬(尤其是《经济论》11.1ff.)。学界普遍认同,在这部作品中,色诺芬是把苏格拉底(以及更多的是伊斯霍玛霍斯)当作表达他自己兴趣的工具。这部作品的哲学内容当然是微不足道的。[2]不过,有意思的是,伊斯霍玛霍斯试图让苏格拉底自己找到解决办法,而苏格拉底一再惊讶地说,他的农业知识原来比自己过去以为的要多得多。在柏拉图那里,苏格拉底运用了与此类似的教导方法,更远些说,这也与在《美诺》以及其他地方可以找到的知识回忆理论有相似之处。这可能显示了柏拉图的影响。

更有意思也更吸引人的是色诺芬的《会饮》,这是他在对话作品方面最宏大的尝试。[3]该作的情况是符合惯例的:除了柏拉图的同名作品(色诺芬可能知道它)之外,[4]我们还知道其他一些以此命名的对

[1] Breitenbach 1967,1837—1871; Guthrie iii.335—338; Pomeroy(见上文本章注22),尤其是21—31对色诺芬和苏格拉底的讨论。

[2] 不过,参看Waterfield在企鹅译本中的评注,277—282。

[3] G.J.Woldinga (Amsterdam 1938)的荷兰语评注;进一步参看Breitenbach 1967, 1872—1888; Guthrie iii.340—344。

[4] 一个显著的时代错误将柏拉图的《会饮》确定在前384年之后,而色诺芬《会饮》8.34中提及的底比斯圣军则将该作年代定于前378年底比斯圣军组建之后。比较Dover, *Phronesis* 10(1965)2—20=*The Greeks and Their legacy* 86—101。

52 话，由较为次要的苏格拉底门徒所写。[1]这场宴会的起因是庆祝年轻的摔跤手奥托吕克在前422年的获胜。他的有情人，富有的卡利阿斯举办了这场宴会（比较柏拉图《会饮》中阿伽通的庆功宴）。色诺芬一开始就说道，他认为，秉性良好的人值得我们了解的不仅仅是他们严肃关切的事情，他们在闲暇活动中的表现同样值得了解。这可能暗示苏格拉底严肃关切的事情已经在《回忆苏格拉底》中全部或部分记述了。闲暇和轻松的思想在全书中反复出现：愉快的揶揄、调侃和嘲讽不时打断宴会中常见的那种讨论。宴会的组织方案是由苏格拉底提出的（色诺芬《会饮》2.2ff.），他的建议比我们预料的更为放纵，因为他在《普罗塔戈拉》347c—e中的说法更有批判性。他甚至首先摒弃了以哲学讨论作为开场，在2.7："呃，既然这个词含混不清，我们就先把它放在一边，以后再说。让我们专心眼前的事情吧，我看到这个舞者已经准备好啰，其他人拿着铁环，让她跳过去呢！"很难想象柏拉图的苏格拉底会说这样的话，即便是在心情最放松、最欢快的时候。

在对话的前半部分中，每位宾客都要说出最令自己自豪的事情，并解释原因。谈话在愉快的氛围中进行，但几乎没有什么深度，没有谈及严肃的哲学，直到苏格拉底明确引入爱欲主题（当然，在此之前已经营造了大量有关这一主题的气氛；这场宴会的起因本身，即卡利阿斯为他的情伴举办宴会，就不可避免地显示了这一主题）。苏格拉底做了一番关于属天之爱和属地之爱、关于与身体之爱相对立的灵魂或品性之爱的动人演说：我们可以辨识出柏拉图《会饮》中的主题思想，或许就是源于柏拉图的《会饮》，尤其是苏格拉底坚持认为最好不要真的

[1] 关于作为一种文学场景类型的会饮和作为一种文类的宴会对话，一般参看*RE* 4a.1273ff.；J.Martin, *Symposion* (Paderborn 1931)。

做爱。[1]不过，在此处，这似乎是专门给予卡利阿斯的教导（参看色诺芬《会饮》8.12），而在柏拉图那里，这一点是被当作普遍原则并以苏格拉底的自我约束来现身说法的。但是，这篇讲辞虽然占据了突出的位置，却没有支配整部对话，也不像柏拉图《会饮》中苏格拉底的主要讲辞那样将讨论推进到另一个层面。色诺芬《会饮》中的苏格拉底追求美的方式较少神秘性和宗教性；事实上，虽然有很多关于他的外貌的玩笑，但总体上说，他没有那么奇特和古怪，而更像一个阿提卡的绅士。与此相一致的是，虽然他发现了叙拉古表演者在表演思想上的缺陷，但仍欣然接受了叙拉古人的另一项表演，一个有色情味的哑剧或舞蹈，一个男孩和一个女孩分别扮演狄奥尼索斯和阿里阿德涅。而且，对话也在一个更为世俗的层面上结束，苏格拉底和他的朋友们一起尽情享乐。这与柏拉图的《会饮》构成了对比，在后者中，阿尔喀比亚德
吵吵嚷嚷的到场，使苏格拉底的朴素理想主义格外引人注目。这一对 53
比非常鲜明，而且并非偶然；换言之，色诺芬向我们展示了一个更加入世的苏格拉底，一个能与不太懂哲学的朋友们一起分享快乐和爱好的道德学家。

柏拉图阐释的奠基者之一，施莱尔马赫（F.D.E.Schleiermacher）曾写道："如果苏格拉底仅仅是在那些限定的主题内纯而又纯地高谈阔论——色诺芬的《回忆苏格拉底》中从未有这些限定——那么，我们就无法理解，他的演说何以有如此大的魅力，可以那么多年一直在市场、作坊、公共散步场和学校大行其道；他何以能够如此长时间地令阿尔喀比亚德和克里提亚，柏拉图和欧几里德心满意足；他何以能够扮演好柏拉图的对话分配给他的角色；简而言之，他何以能够成为雅典哲

[1] 不过，这个伦理建议并没有偏离非哲学的雅典社会规范太远，这可以从演说家埃斯基涅斯对恰当行为方式的描述中看出来（1.135—139）。

学的奠基人和典范。”[1]近年来，意大利批评家蒙托里（Montuori）在其对苏格拉底问题的富有创见的研究中提出了一个类似说法：“这个领域因而限于柏拉图和色诺芬，前者试图将柏拉图理想化，使其超越整个人类的尺度，而后者则将他拉回到他自身平庸的层次上。”[2]这些判断过于苛刻了：在色诺芬那里，我们可以感受到苏格拉底的某种魅力和道德热忱，但他的论辩不够精到，他的道德观念似乎也缺乏深度。那些不想放弃色诺芬的批评家常常试图将他与柏拉图相调和，设想两位作家共有的元素可能是真实的。这种和解方法似乎是个误导，因为，色诺芬的苏格拉底与柏拉图的早期作品虽然有些相似之处，但差异至少是同样重要的。对两者的简要概述就可以说明这一点。

在这两位作家的作品中，苏格拉底都与各种各样的人交谈，包括手艺人、诗人等等。[3]在两者中，苏格拉底都提问并批评了其他人的信念，都对德行和智慧给予了高度评价，都以寻求定义的方式进行谈话（柏拉图《游绪佛伦》《拉凯斯》《卡尔米德》等等；色诺芬《回忆苏格拉底》iii.9,iv.6），都接受他的神赐声音的超自然引导。[4]都很虔敬，十分看重友谊，有着超常的自律和忍耐力，贫穷，衣着寒酸。他总是在道德行为与手艺或技艺（*technai*）之间作类比，也使用其他比喻和类似的策略（在色诺芬那里，动物譬喻更为突出）。[5]在两位作者那里，他都自嘲和嘲弄别人，虽然我们可能希望区分在色诺芬那里有点做作的

---

[1] *Platon: Werke*(Berlin 1804—1828),iii.2.295，引自Zeller, *Socrates* 152. 比较Vlastos, “The paradox of Socrates”（见第二章注1）1—3。

[2] *Socrates: Physiology of a Myth*(Eng. tr.1982)31.

[3] 柏拉图《申辩》21—22,30a，色诺芬《回忆苏格拉底》i.1.10, iii.10, iii.11等。

[4] 在柏拉图的《申辩》《游绪弗伦》《欧绪德谟》《斐德若》，以及色诺芬的《申辩》和《回忆苏格拉底》中都提到这一点；见下文，和Guthrie iii.402—405。

[5] 关于此类譬喻，见《回忆苏格拉底》ii.7.13f.。

幽默和调侃(例如《回忆苏格拉底》iv.2.3—5)与我们在柏拉图那里发现的成熟的反讽。在描写苏格拉底的言谈方式时,色诺芬和柏拉图都运用了严肃与诙谐的对比,虽然又是柏拉图的运用更有思想深度。[1]最后,两位作者都让苏格拉底声称特别懂得爱欲,并且让他以开玩笑的方式讨论朋友—爱人关系。[2] 54

不过,色诺芬笔下的苏格拉底不仅比柏拉图的更加知识渊博,而且知晓不同的东西。他(像色诺芬一样)对指挥、战略、家政感兴趣。在色诺芬那里,他没有总是批评修辞术和诗歌,也不反对政治生活:事实上,他还鼓励一些朋友参与公共生活(《回忆苏格拉底》ii.7;比较i.6.15,作为政治家教育者的苏格拉底)。色诺芬很少写他遇见智术师。色诺芬的苏格拉底也没有那么关心争辩和讨论的形式:论辩理论和辩证法似乎是柏拉图关注的事情。在谈话风格上,另一个显著的差异在于,虽然色诺芬的苏格拉底也引用了很多诗歌,但他极少使用神话典故,而且从未探究它们的真相或更深层的含义。不出我们所料,他从未使用大型神话:唯一明显的例外是关于赫拉克勒斯的寓言。这个寓言的道德含义很直白,而且显然出自普洛狄科。[3]与之相配,在色诺芬那里,苏格拉底用的是说教风格,而在柏拉图那里,根本的重要性在于与单个的心灵、与具体对话者的关联。在《回忆苏格拉底》中,苏格拉底有时候是对空"说话",言说对象没有名字(i.7.1, ii.4.1ff.),至少有一处是对抽象的人类说话(i.5.1);或者他的对话人是匿名的(iii.2,

[1] 见《高尔吉亚》481b,《会饮》216e,对比色诺芬《会饮》1.1, 4.28等等;《回忆苏格拉底》i.3.8。

[2] 柏拉图《吕西斯》204b, 211e,《会饮》177de;色诺芬《回忆苏格拉底》ii.6.28ff., iii.11,《会饮》8。

[3] 《回忆苏格拉底》ii.1.21ff.。但参看尤利安:《驳犬儒赫拉克勒奥斯》209a, 215c, 216d—217a关于色诺芬、安提斯泰尼以及其他人作品中的神话。最后那段话提到了普洛狄科的神话。对神话较简短且较为合乎传统的使用,见《回忆苏格拉底》ii.6.31, iii.5.8ff.(雅典人的史前史), iv.2.33。第欧根尼·拉尔修《名哲言行录》iii.80说到"有人"认为柏拉图过于喜爱神话。

3）。较大型的聚会没有具体化为真实对话中的参与者；只有在《会饮》中，他尝试设置了一个较为精致的包含一系列互动人物的场景。

在两位作者那里，苏格拉底道德观的内容在某些方面亦有要紧的差别。色诺芬的苏格拉底对实践目的感兴趣。一方面，他不无赞同地援引传统伦理准则“扶友损敌”（《回忆苏格拉底》ii.6.35，比较ii.3.14，后者较为有所保留），而柏拉图的苏格拉底则坚决反对这一准则（《克力同》49a;《理想国》i.335e）。另一方面，他虽然提倡对朋友慷慨，但我们找不到柏拉图在苏格拉底思想的核心位置设定的道德前提，即“承受错事比做错事更好”（《高尔吉亚》469ff.等等）。

必须强调的是，几乎没有什么证据显示色诺芬与苏格拉底之间有
55 任何特别亲近的关系。当然，色诺芬的确解释了他在踏上《长征记》中所描述的远征之前如何向苏格拉底寻求建议，并遵循其建议求问了德尔菲神谕。但他也承认，他在神示所问的问题有诱导性，而且苏格拉底对色诺芬遵循其建议的方式感到不快（《长征记》iii.1.4—7）。总体上说，色诺芬对苏格拉底的颂扬更偏重普通的、合乎习俗的可敬品质，而非我们在柏拉图那里所看到的卓越（证据如色诺芬《申辩》25，以及《申辩》16—18中对其勇气、公民品德以及服务城邦的概括性强调）。色诺芬对苏格拉底的态度可能与柏拉图对话《拉凯斯》中拉凯斯对苏格拉底的态度差不太多。总而言之，这个务实的军人，赞赏的是一个言行一致、节操高尚的道德学家（尤见《拉凯斯》188c　189a；下文原文第84页）。

在评价色诺芬笔下的苏格拉底并将其与柏拉图的相比时，我们有必要记住，苏格拉底受审时他不在雅典。他的作品有两次处理了这一话题（《申辩》和《回忆苏格拉底》的最后一章，iv.8），在这两个地方，他解释说他的信息来自赫谟根尼（是一个真实人物，也出现在柏拉图

的《克拉底鲁》中)。此外,他可能在苏格拉死后不久离开雅典(他被流放的日期有争议,但可能早在前398—397年)。[1]这样的话,他是有一些时间与苏格拉底更为亲密的同伴交流或者询问有关死者的更多信息以补充他自己的回忆。似乎很明显,色诺芬并不在苏格拉底的核心弟子圈内。柏拉图一次也没有提及色诺芬,无论是在场还是不在场,虽然,通常认为《法义》中的一段话是对色诺芬《居鲁士的教育》中虚构的偶像化传记的挖苦。在《法义》中,雅典人说,居鲁士"尽管是一位好的统帅和忠贞的爱国者……但从未顾及正确教育孩子的问题,哪怕是表面上做做;至于料理家务,我得说他根本就不在意"。(这些是色诺芬所写传记中居鲁士始终关心的事情。)[2]同样,色诺芬只提到过柏拉图一次,而且是在一个全然不经意的语境中(《回忆苏格拉底》iii.6.1)。此外,我们从第欧根尼·拉尔修描述苏格拉底门徒的那些章节中可以看到,这些人经常互相写传。因此,斐多写了一部《西蒙》,欧几里德写了一部《埃斯基涅斯》和一部《克力同》,格劳孔写了一部《美涅克塞努》,甚至写了《阿里斯托芬》和《克法洛斯》。但似乎没有人想到写一部《色诺芬》。据我们所知,在苏格拉底的学生的作品中只有一部把色诺芬(及其妻子)当作角色,即埃斯基涅斯的《阿丝帕西娅》,上文已提及。

色诺芬确实声称,他在自己所写的那次"会饮"中在现场,但他没有参加交谈,而且,其他证据使我们将这部作品的戏剧时间确定在 56

[1] 附有早期参考文献的一个新近讨论,参看C.J.Tuplin,见M.Whitby和其他人编的*Homo Viator:Essays... J.Bramble*(Bristol 1987)59—68。他倾向于认为在前395/4晚些时候或前394/3早些时候。

[2] 第欧根尼·拉尔修《名哲言行录》iii.34注意到对色诺芬的影射。进一步讨论见S.W.Hirsch, *The Friendship of the Barbarian*(Hanover and London 1985)96—100。Gera, *Xenophon's Cyropaedia*第二章对《居鲁士的教育》的描述更具有苏格拉底色彩。

前422年。[1]那时的色诺芬还只是一个孩子，这应该使我们谨慎看待他在其他场合据说听到苏格拉底说话的真实性（见《回忆苏格拉底》ii.4.1，ii.5.1，iv.3.2，《经济论》i.1，关于“我曾听苏格拉底说……”或类似开场白）。[2]他自己参与讨论只见于《回忆苏格拉底》i.3.8以下。《回忆苏格拉底》中的很多场景都没有地点，大多数也没有时间，还经常出现不大可能有其他听者在场的情境（例如ii.2，在该处，苏格拉底指责他的大儿子对待他母亲的行为）。

虽然所有这些考虑因素都不能最终表明色诺芬笔下的苏格拉底不像真实的苏格拉底，但我认为，这些因素使我们有必要对色诺芬的证据采取相当大的保留态度。色诺芬的结构、风格以及思想更简单，这些并不说明他是一个更为真实的见证者，而是意味着他使用了不一样的文学形式和方法，为我们呈现了一个更简单，也更为可敬的人物，这个人物与色诺芬自己的兴趣和观点比较接近，是一个正直而高尚的人（*a kalos k'agathos*）。当然，这并不是说，柏拉图总体上就为读者提供了一个更为真实的形象。苏格拉底研究中经常出现的一个毛病就是把这两位作者彼此对立，有时柏拉图占优势，有时色诺芬占优势。但是，当我们要在柏拉图与色诺芬之间做选择的时候，答案必定是我们其实无法做这样的选择，无法说其中一个是“真的”。两位作者一开始就塑造和选择他们的记忆，提升和扩展了原初的苏格拉底，用他们自己关注的东西来编织他的言辞和观点。[3]

亚里士多德的证据则是一个完全不同的类型。虽然他也写过对

[1] 关键点是欧坡利斯（Eupolis）的剧作《奥托吕克》（*Autolycus*），前421年上演：该剧嘲弄了奥托吕克的获胜，而色诺芬在其《会饮》的开场提到了奥托吕克获胜这件事。

[2] 比较Slings, *Comm. On the Platonic Clitopho* 27及注20。

[3] 到目前为止，对材料作了最令人信服和最精细的评估的是Vlastos, *Socrates*第2至第3章。即便有人不赞成他的方法，也仍会经常受到启发。

话，但没有证据显示这些对话作品中有哪一部把苏格拉底当作角色；不管怎样，它们只留下一些残篇。他在哲学著作中多处提及苏格拉底：有时是指柏拉图笔下的苏格拉底（经常是很明确的），但在某些段落中，尤其是在谈论形而上学或道德的普遍历史或者特定学说的历史时，他为我们提供了有关历史上的苏格拉底的宝贵信息；在极个别地方，他明确将其与柏拉图的苏格拉底相区别。虽然亚里士多德是在前368/7年才加入学园，此时苏格拉底已经去世超过三十年，但我们几乎不会怀疑他向柏拉图询问了和从其他人那里听说了关于苏格拉底的事情。[1]只有高度的怀疑态度才会设想，亚里士多德对苏格拉底的所有 57
评论都是对柏拉图等人对话作品的阐述和推论。在亚里士多德简洁的评论中，我们不能期望发现任何关于苏格拉底这个人及其品性的新鲜证据；但是他为我们提供了一个哲学家对苏格拉底的哲学史位置的判断。[2]

最重要的几段话出自《形而上学》，这几段话很短，全文引述如下。

（a）《形而上学》987b1—8：“不过，（与赫拉克利特学派不同），苏格拉底投身于伦理学，对整体的自然世界漠不关心，但在这些伦理问题中寻求普遍性，第一个专注于定义；柏拉图接受了

[1] 进一步参看W.D.Ross, *Aristotle's Metaphysics* (Oxford 1924)intr., xxxiii-xlv; T.Deman, *Le témoignage d'Aristote sur Socrate* (Paris 1942);Guthrie iii.355—359;Lacey in Vlastos(ed.)*The Philosophy of Socrates*(1971),44—48;Vlastos, *Socrates* 92—98.不过，其他人坚持认为亚里士多德的判断仅仅建立在对柏拉图未加批判的阅读之上（例如C.H.Kahn, *CQ* 31[1981]310注13, 314f.）。

[2] 关于将亚里士多德当作一种哲学史原始资料的一般讨论见Guthrie, *JHS* 77(1957)35—41, repr. In *Pre-Socratic Philosophy* ed. D.Furley and R.E.Allen, (London 1970)239—254; J.G.Stevenson, *JHS* 94 (1974) 138—143; 亦见G.E.L.Owen, in *Aristotle et les problèmes de méthode*, ed.S.Mansion (Louvain 1961) 83—101=Owen, *Logic, Science and Dialectic*(London 1986)239—251。

> 他的教导，不过柏拉图认为这个问题不涉及任何感性事物，只涉及另一类实体。正是由于这个缘故，普遍的定义不可能是感性事物的定义，因为感性事物是不断变化的。这其他类型的事物，他称为理念……”（W.D.Ross英译）
>
> （b）《形而上学》1086a37—b5：“他们（即柏拉图的追随者）认为个别的感性事物都在流变之中，它们中没有一个持久不变。但普遍之物则存在于它们之外，是与它们不一样的东西。正如我们前面所说，苏格拉底提出这一理论是通过他的定义，不过，他并没有将普遍之物与个别之物相分离，他的不分离它们的想法是对的。”
>
> （c）《形而上学》1078b17—31（部分）：“苏格拉底致力于研究卓越品格时，首先将它们与普遍定义的问题联系起来……他尝试着推理，而本质是推理的起始点……有两件事可以公正地归给苏格拉底，归纳论证和普遍定义，此二者皆与科学的起始点有关。但苏格拉底并没有把普遍之物或定义当作分离存在的东西……”

还有一段话见于《论动物的部分》642a24—31，也提到苏格拉底的方式更接近对本质的定义，但似乎暗示他的方法仍然有缺陷。

如果我们确信亚里士多德对于他所说的东西有不依赖柏拉图和其他苏格拉底派作者的证据，那么其他很多段落都会很有用，但这种信心可能搞错了。《辩谬篇》183b6—8是不错的例子，该处提到，苏格拉底总想提问而不回答的原因是他常常承认自己不知道答案。还有《尼各马可伦理学》1127b22以下，该处简短地暗示了苏格拉底的反讽（这反讽是就谦虚自嘲的意义而言，因为他否认自己实际具有的品
58 质）。这两处内容仅仅凭他脑中所记柏拉图的苏格拉底形象就能轻易

写出来。[1]

那么，我们可以相信什么？如果把亚里士多德的证言当作我们最可靠也最清晰的证据，那么，我们可以承认，苏格拉底首先是，也许只是，一个道德学家；他寻求抽象道德的定义，但没有将它们视为单独存在的实体，而且，他是某种论证类型的先驱，这种论证包含问答和归纳。我们还可以几乎没有异议地认为，苏格拉底没有写下任何东西；[2]随之而来，且得到除了阿里斯托芬之外所有作者确认的是，他没有把自己当作职业教师，也没有收取学费。他的贫穷、貌丑以及其他显著身体特征（例如耐寒）似乎也很可能是依据真实的传说；[3]也许，宣称爱慕年轻英俊的男人——对一个这么朴素的人来说，这显得自相矛盾和滑稽——也是如此。除此之外，别的就很难说了。我们可以想到，柏拉图和色诺芬他们自己恐怕也会发现，要准确概括这位他们如此敬佩的人实际上相信的东西，要确定在不同谈话中提出的许多有启发性的问题和观点是否能前后一致地连贯起来，是一件困难的事情。

如果我们承认，苏格拉底只参与谈话而没有正式的阐述，而且他的谈话方式主要是或仅仅是提问，那么，他的学生们不得不在他们记忆的基础上加以扩充，以加入苏格拉底思想中确实具有的神秘性，这也就不足为奇了。如果他们不这么做，他们的描述就没有了理智的根据。我们可以设想，苏格拉底是根据他的对话人来采取谈话方式：当

[1] 我不认可"菲茨杰拉德的标准"，按照这一标准，亚里士多德在指涉柏拉图的苏格拉底时在苏格拉底的名字前使用定冠词，否则就省略定冠词。亚里士多德的《尼各马可伦理学》1145b23—24是一个明显的反例（比较柏拉图《普罗塔戈拉》352b）；在《尼各马可伦理学》1116b4和《优台谟伦理学》1230a7两处中，我们发现了被归于苏格拉底的相同学说，而其中一处用了冠词，另一处则没有用。菲茨杰拉德至多是描述了一般的倾向。

[2] 一些晚近文本断言其他方面的优点都不可信：Chroust, *Socrates: Man and Myth* 279注791有所引述。

[3] 关于他的体貌和存世半身像的文集，见G.Richter, rev. by R.R.R.Smith, *The Portraits of the Greeks*(Phaidon, Oxford 1984)198—204。

他和注重实际的色诺芬，和智术师希庇阿斯，和年轻有才智的柏拉图谈话时，他不会采用相同的方式，也不会谈论相同的话题。尽管有时他的确会提出他自己深刻把握的原则（也许“德性是知识”就是这样一种原则），但这些也可能是个别的谜一般的表述，不同的听者可以做出不同的阐释。苏格拉底的弟子们各自回忆这个不同寻常、令人敬佩的人，他的个性或说话风格，回想他最偏好的提问方式和类推类
59 型——不完全是一种方法，但或许暗示了一种基础，在此之上可以建构一套更为系统的程序。苏格拉底式提问恐怕还不是一种完全成熟的辩证驳难，因为一种系统的方法似乎更适合于自觉利用书面文字的教师；也许，苏格拉底的佯装无知（*eironeia*）也不像柏拉图式的反讽那么复杂和多样，有那么高的文学性。

苏格拉底有两点目前为止仅被简单提及的特征，可能有助于说明由我们的原始资料造成的不确定性。首先是他所提到的他的 *daimonion*（守护神）——字面意思是“超自然的东西”，似乎是一种感觉或者也许是一种声音，苏格拉底称他在面临重要选择的时刻会听到这种声音。这肯定是一个真实的特征，而且，按照《申辩》中的说法，苏格拉底一生都有此特征（《申辩》31d），但它在不同作者那里呈现的方式不一样。[1]按柏拉图的说法，它只以否定方式起作用，警告苏格拉底不要去做某事，因为结果会是坏的：它劝阻苏格拉底从政（《申辩》31cd，《理想国》496c），或者阻止他离开似乎正以不尽如人意的方式进行的讨论（《欧绪德谟》272e，《斐德若》242b）。《泰阿泰德》中则提到另一方面：这个征兆警告苏格拉底不要接纳一个过去离开过他的学生（《泰阿泰德》151a）。色诺芬，不出我们所料，降低了这种神赐声音的重要性。他试图将它与所有人都使用的占卜相提并论：它是一种手

[1] 见Friedlaender i.32—36, Guthrie iii.398ff., 402—405。

段，类似于梦或者预兆或者神谕，神明们借此与凡人沟通。以这种方式引导苏格拉底的正是传统的神明（《回忆苏格拉底》i.1.2ff.，比较《申辩》12—13）。但同时，他扩展了这种声音的范围，使它既能提供否定的建议也能提供肯定的建议（"应当做什么和不应当做什么"，《回忆苏格拉底》iv.3.12）。被称为《泰阿格斯》的奇特作品对此又有进一步发挥。该作品可能是对柏拉图早期风格的模仿，[1]它把苏格拉底变成一个预言家：他的洞察力（在这里明显是一种声音，《泰阿格斯》128d）还可以使其他人受益，只要他们愿意聆听。他描述了若干事例，在这些事例中，他告诫他们的朋友不要做某些事情，他们要么因为没有听从劝告而遭难，要么后来明白应该多么感激他。此外，他还在雅典面临危机时发出警告：当雅典人要出发前往西西里时，苏格拉底像一个名副其实的卡珊德拉[2]，发出不安的神赐声音。在《泰阿格斯》中，苏格拉底的身体在场以及他与追随者们的接触都被视为具有预示含义，甚至有魔力。后来柏拉图的读者对苏格拉底神秘一面的着迷是显而易见的：斯多亚派的安提帕特（Antipater）搜集过关于他的预言能力的虚构故事，而且，试图解释其"征兆"性质的历史很长。[3]

无论生平事实如何，这里看到的模式是很典型的：柏拉图所呈现 60
的苏格拉底是引人注目和新奇的；色诺芬则淡化了苏格拉底的怪异性，而与此同时声称他有更大的天赋；后来的作家们扩展和夸大了古典文本中的线索。阿里斯托芬照例有所不同：在《云》中，苏格拉底否认

[1] 见Thesleff, *Stud. in Plat. Chronology* 217f.，及其更早的参考文献。

[2] ［译注］《伊利亚特》中特洛伊国王普里阿摩斯之女，有预言能力，借指凶事预言者。

[3] A.S.Pease关于西塞罗《论神性》1.123的讨论；E.R.Dodds, *The Ancient Concept of Progress* (1973) 192—193。普鲁塔克的《论苏格拉底的征兆》（见《道德论丛》575ff.）是一篇对该主题进行了广泛讨论的对话作品（tr. in D.A.Russell, Plutarch, *Selected Essays and Dialogues*[Oxford 1993]82—119）。

了传统诸神的存在，但他所向之祈求并引介给斯瑞西阿德斯的新神祇全都是外来的，而且明显出自来源混杂的宇宙论（247f.，264ff.，424，627等）。除了象征如同乱羊毛的知性思维的云神之外，他还向“呼吸、太空和空气”起誓（627），向空气和以太祈求（264—265）：这是一幅标准的无神论者的形象，和《蛙》中的欧里庇得斯一样（892—893）。

另一个需要讨论的问题是苏格拉底的政治立场，尤其是他对雅典民主制的态度。许多更乐意视苏格拉底为神秘主义者而不是理性主义者的人可能仍然希望把他当作一个热心的民主人士；但是柏拉图和色诺芬所描绘的苏格拉底对此看法只能提供很有限的支持。如我们所见，他并不热衷于政治事业，虽然当抽签被抽中时，他也曾效力于公务，并且在阿吉纽西案审理中反对其同胞的非法行为；同样，他曾当过士兵并显示了勇气和忠诚。但他不愿在政治上发挥更大作用，这将他归属于修昔底德笔下的伯里克利所说的*apragmones*，即“怠惰者”的行列。伯里克利曾轻蔑地说到此类人：“对于那种不分担这些事务的人，只有我们雅典人不把他们看作关心自己事情的人，而是看作根本无所事事的人。”（修昔底德《伯罗奔尼撒战争史》ii.40.2）[1]以现代的眼光来看，寂静主义更少攻击性，对政治腐败感到幻灭[2]；但我们能确定苏格拉底没有超越寂静主义吗？正如色诺芬所引述的，“起诉人”控诉说苏格拉底教唆他的同伴诋毁雅典的制度，特别是抽签分配公职的制度；他还与克里提亚之类政治寡头、反民主人物有牵连（《回忆苏格拉底》i.2.9ff.）。色诺芬和柏拉图都在很多地方表明他不仅批评民主政府的

[1] 进一步参看V.Ehrenberg, JHS 67(1947)46—47(= *his Polis und Imperium*[Zürich-Stuttgart 1965] 466—501); J.B.Carter, *The Quiet Athenian*(Oxford 1985)。

[2] 但参看Vlastos, *Socratic Studies* 127—133，关于一个有力的抗辩，即苏格拉底应该为了他的社会发挥更积极的作用，应该运用他的口才和影响在危机中大胆发声，诸如前427年关于密提林的辩论。

理论，而且批评所谓的“专家”，甚至是雅典过去的伟大人物——地米斯托克利、客蒙，甚至伯里克利。如果这些都是真的，那么，这场针对苏格拉底的案件对于普通的陪审员而言恐怕并非微不足道，而且，问题其实会变成“他们为什么一直等到他七十岁？”[1]

可能有反对意见[2]说，柏拉图和色诺芬都是贵族出身，都有反民主的倾向；也许正是他们把这些观点强加在民主人士苏格拉底身上？某种折中是可能的：苏格拉底强烈反对的也许是民主政府被误导的行为，如他对三十僭主极端行径的态度；他反对不公正和荒唐，无论是哪里的，而这些特性不是民主制独有的。雅典，虽有各种缺陷，按照古代标准却是一个非常宽容和相对“开放”的社会，尤其以它的*parrhesia*（言论自由）为荣。[3]虽然战争时期的艰苦和猜疑会削弱这一巨大的优势，但苏格拉底是在雅典民主社会中成长和受教育的，而且这个社会为他提供了终其一生与朋友知交进行自由、充分地谈话的机会。[4]他的已知行为并不支持将反雅典的观点归于他。 61

一般认为，《克力同》是评估苏格拉底对雅典的态度的关键文本。在这篇很短的对话中，苏格拉底为自己的坚持辩护，认为通过秘密手

---

[1] 这是I.F.Stone的激烈论战之作*The Trial of Socrates*（London 1988）的章标题。对Stone的一种有效批评（虽然部分依赖在对话中从“苏格拉底”发展到“柏拉图”的习惯假定），见T.Irwin, *Philosophy and Public Affairs* 18(1989)184—205。有一篇同时涉及对苏格拉底的政治敌意和宗教敌意的有趣论文，见W.R.Connor in *Georgika*(BICS Suppl.58,1991)49—56（不过，该文中关于苏格拉底将献祭与祈祷相区别的观点没有什么依据）。

[2] 最近由Vlastos提出(*Socratic Studies*第四章)，虽然在更早的作者那里已有暗示，如Popper, *The Open Society and its Enemies*,他把柏拉图视为苏格拉底的叛徒（见下文原文第221页）。

[3] 欧里庇得斯的《希波吕托斯》422、《伊翁》672，柏拉图的《高尔吉亚》461e，德谟克利特21.124，埃斯基涅斯3.6；较为刺耳的说法是柏拉图《理想国》557b。进一步参看G.Scarpat, *Parrhesia*(Brescia 1964);S.Halliwell, *JHS* 111 (1991) 48n.3以及那篇文章全文。

[4] 下文的一个要点，在第三章开头，在这里是重要的：柏拉图和色诺芬，但特别是前者，只向我们显示了苏格拉底对话式生活方式的一部分；他也乐意跟穷人和手艺人交谈。柏拉图对话中的人物是偏向于有产阶级的。

段在最后时刻越狱是错误的行为（我们又一次陷入了从柏拉图那里推导出非柏拉图的苏格拉底的恶性循环，这是必须反对的）。在这部作品中，苏格拉底宣称自己忠于雅典的法律，尽管为了这些法律的执行他正在受难，因为他其实已经与之订立了契约：既然从未表示过到别处生活的意愿，那么他就含蓄地接受了他和他的家人在雅典得到养育的条件——也就是，他必须遵守他所选择生活于其中的体制。在这一论证中可以发现很多复杂因素，而且这在多大程度上可以一般化也是一个麻烦的问题。苏格拉底是不同寻常的公民，他一辈子都如此安心地待在家乡，偶尔才越过城邦的边界。这样的论证也能适用于其他雅典人，或者其他城邦的公民吗？[1]柏拉图可能想要读者仔细思考更深一层的含义；与其他对话一样，对苏格拉底来说是对的事情并非不证自明地可被所有人效仿。

62

或许苏格拉底从未说出这些论点，但如果他确实说了，那他至少是在表达对雅典的某种谢意，而且，他当然会承认他有说服陪审团的机会。苏格拉底选择在雅典生活和死去，这是历史事实，而且柏拉图在《申辩》中无疑恰当地表明了，他那令人恼火的方式在其他国家不会被轻易容忍，或者不会被容忍这么长时间（《申辩》37cd）。对苏格拉底来说，雅典是最好的社会，而且他了解它。这并不意味着他认可雅典体制的所有方面，更不用说它的政策。问题很大程度上取决于，我们假设历史上的苏格拉底在他的讨论中追究政治问题的程度，而不是寻求定义和探讨道德术语。但是，如果他在各行各业的人们中寻求智慧和专门知识，那么他就难以避免遇到一些政治家（如《申辩》以及

[1] R.Kraut, *Socrates and the State*(Princeton 1984)讨论了这些问题和其他许多问题，是一个深刻而有成效的研究成果。亦见S.Panagiotou,《苏格拉底与非暴力反抗》（“Socrates and civil disobedience”），见*Socratic Questions*, ed.B.S. Gower and M.C.Stokes(London 1992)93—121。

《美诺》中与阿尼图斯的相遇都说明这一点)。在那种情况下,他迟早会指出他们不胜任他们的工作。苏格拉底可能很快就看出,不是所有人都可以显示出同等的智力以及政治和道德的智慧;我们不清楚他是否相信所有人都有能力发展此类智慧,但雅典的贩夫走卒没有必要去作这些细微的区分。他是否只是揭示了别人忽略的事情,为了让他的年轻朋友们高兴和消遣,还是更深入地批判了民主制的前提,即将权力给予无知或不合格者,就像柏拉图对他的描写那样(已见《普罗塔戈拉》319b—320c),这很难说。宣称"他的教诲的反民主趋向是很明显的"是太过武断的[1],但如果我们强调"趋向"一词,那么这可能是一个恰当的评价。这是一种倾向,一个方向。柏拉图和色诺芬,以其性情和出身背景,都准备沿着这条道路走得更远。

与古典研究中其他一些著名的"问题"一样,苏格拉底问题仍然无法解决,除非有新的证据出现;而且,即便真有新证据出现,如可以见到的埃斯基涅斯的新纸莎草纸文本或关于对话起源的匿名片段(见第一章注17),问题也仍然存在,而且情况会变得更为复杂。如果我们要更进一步,那只有通过研究苏格拉底在文学中的形象。这就是为什么对对话形式以及对其中人物个性塑造的文学分析如此重要。本书首要关注的就是柏拉图作品中的苏格拉底这个人物。所有这些外部的和年代学的考虑,虽然是必要的,而且它们本身也令人着迷,但本质上说都是绪论。

---

[1] E.Barker, *The Political Thought of Plato and Aristotle*(N.Y. and London 1959)51. Guthrie iii.416 表示赞同。

附录：伊索克拉底和修昔底德

63 另外两个重要的文学人物可以与柏拉图联系在一起，他们是柏拉图的同时代人，即修辞教师伊索克拉底，和更可疑也更令人好奇的历史学家修昔底德。有关这些作家之间的思想交流或彼此的直接影响，能够明确谈说的经常被谈说。但此类话题影响甚广，超越了纯粹的历史关联。每位读者无疑都会继续进行对比，并为之着迷。

伊索克拉底的情况较为清楚，我们有更多关于其著作的年代学知识。[1]柏拉图在《斐德若》的最后几页（278e—279c）提到过他，对他的称赞是反讽和有双重含义的。而且，几乎可以肯定，《欧绪德谟》中克力同说到的对智术师和苏格拉底不满的匿名批评者，就是伊索克拉底（下文原文第112页）。伊索克拉底其实从未提及柏拉图，但他在多处文本中攻击了与他竞争的教育家，其中很多地方明显指柏拉图，更多的情况是包含了柏拉图，或者是伊索克拉底发表的意见可与柏拉图的看法形成鲜明对照。

伊索克拉底早年（前403—前390）是一个职业的法庭演说辞作者，是吕西阿斯那样的*logographos*（演说辞作家）（在《斐德若》中，柏拉图恶作剧式地把吕西阿斯与伊索克拉底相比较）。他的法庭演说辞肯定都出自那个时期，部分年代推算有内部证据的印证。后来他极力否认自己没有价值的过去。[2]在前4世纪90年代后期，他似乎建立了

[1] 进一步参看M.Ostwald and J.P.Lynch, *CAH* vi^{2}ch.12(a),有更为充分的参考文献和索引；亦参看C.Eucken, *Isokrates*(Berlin and N.Y. 1983)，这是最详尽的现代研究，提出了很多议题，在此无法加以讨论。

[2] 参看G.Kennedy, *The Art of Persuasion in Greece* 176，特别引用了《论财产交换》36ff.和Dion. Hal. *Isoc.*18（伊索克拉底的儿子称他父亲的法庭演说辞是伪作！）

修辞学校：他的《驳斥智术师》(*Against the Sophists*)(见《演说辞》xiii，正如他在《论财产交换》中告诉我们的，是一篇早期作品)是一本宣扬他自己的教学，同时攻击其他人方法和学说的论战小册子。这些其他人是指“诡辩术”(eristic)教师，修辞手册的作者，形而上学家或思辨思想家。这些对手中似乎没有包括柏拉图和学园派，可能是他们还没有引起伊索克拉底的注意。但《海伦颂》(*Helen*)中的辩论的确影射了关于德性统一性的柏拉图理论(比较，例如《普罗塔戈拉》，多兹对《高尔吉亚》507的评注中说，这种学说已在《拉凯斯》之类早期作品中暗含了)。我们或许因此可以看到伊索克拉底的《驳斥智术师》与他的《海伦颂》(前380？)之间的间隔，在此期间，至少有某些柏拉图的疑难对话(aporetic dialogues)，以及也许是《普罗塔戈拉》，出现或者引起伊索克拉底的注意。《高尔吉亚》可能套用了《驳斥智术师》中的一个说法，在一个十分不同的语境中重新使用。[1]伊索克拉底在《致尼科克勒斯》(*Nicocles*)中针对批评者为修辞作了辩护(《演说辞》3，特别是5—10，写作时间不确定，在前372—前365年之间)。这里的辩护与柏拉图对话中高尔吉亚的自我辩护有些类似，我们可以再次猜想它们之间有直接关联；其他年代学考虑也增加了这种可能性，即伊索克拉底是在批评柏拉图对修辞学家过于草率的否定。

这两位作家的其他关联或相似之处要晚得多。似乎可以肯定的是，伊索克拉底在其《泛雅典娜节演说辞》(*Panathenaicus*，前342年) 64
中断然否定了苏格拉底的承受错误或不公正比施行这些更好的学说(这同时是驱动《高尔吉亚》和《理想国》的主题)。在这篇演说辞中，伊索克拉底赞成更“现实的”看法，并语带讥讽地补充说，有些聪明人

[1] 《驳斥智术师》17与《高尔吉亚》463a。不过，多兹在对《高尔吉亚》的评注中质疑了这一关联。利文斯通(N.R.Livingstone)向我建议了一种假设，即它是一个高尔吉亚式的提法。

(*sophoi*)假装不接受这一观点(《泛雅典娜节演说辞》117f.)。前346年的《致腓力辞》(*Philip*)提到某些智术师撰写法律和制度(《致腓力辞》12f.),这自然使我们想起《理想国》和《法义》,此处影射这两部作品并非绝不可能。不过,我们必须记得,创制假想性体制和讨论政制理论,一般而言是柏拉图从智术师那里继承的另一份遗产:普罗塔戈拉和安提斯泰尼都写过此类主题,此类作品肯定有很多我们现在一无所知。[1]虽然没有明确提及柏拉图,但伊索克拉底的批评很可能包含柏拉图。

在对雅典过去的政治和帝制的态度上,在关于知识和教育本质问题的重要性的看法上,以及在"哲学"的观念上,伊索克拉底和柏拉图都意见不一。伊索克拉底挪用了"哲学"(philosophia)一词:否认自然哲学、论辩术,以及学园的伦理"科学"可以被称为哲学。他不相信存在道德教育上的真正的技艺(*techne*)或科学(《论财产交换》274),因而他要求并给出了一个更具实践性和经验性的方案,虽然他仍然试图将道德操守和公民责任归功于他自己的体系,而这些正是柏拉图等批评家普遍发现的,在早期智术师的教育方法中所缺乏的。他的修辞课程旨在使学生不仅成为有天分的演说者,而且成为理想的政治家。[2]他对散文文学的看法是有层次的:如我们所见,他否定法庭演说术,称自己教授的是一种更有声誉的类型,即政治性(审议性)演说术,并添加了炫示性元素。伊索克拉底的确教过政治家和将领,包括提谟修斯(Timotheus)。他说,较之他们的演说术,他更为他们的行为事迹而骄傲。很显然,他认为自己至少在这两方面都有功劳(见《泛雅典娜节演

---

[1] 比较希罗多德《历史》iii.80—82,欧里庇得斯《请愿的妇女》(*Suppl.*)(辩论);第欧根尼·拉尔修《名哲言行录》iii.37, ix. 55(普罗塔戈拉),vi.1.6(安提斯泰尼)。也注意柏拉图《治邦者》301e。

[2] 参看Kennedy, 上引书, 177—179,182—185; G.Norlin, 洛布本伊索克拉底导言, vol.i,xvi–xxx。

说辞》87，比较《论财产交换》101—139）。

基于对一种天真的假设的辩护，即研究和实践高尚主题的演说可以培养出相应伟大而高贵的人格，伊索克拉底试图绕开柏拉图对修辞的拒斥。由于他的可读性、文体的特点、对诸如一般文化价值之类高尚的寻常事物的利用、人类理性的独特性，以及自古以来演说术的教化力量，伊索克拉底其思想经由西塞罗传播到西欧，成为现代自由教育的鼻祖。[1]

柏拉图的反对不仅在于对修辞的道德状况的怀疑，更在于伊索克拉底对绝对知识的可能性的否定（在这一点上，他是其导师高尔吉亚的真正传人）。意见（*doxa*）低于知识（*episteme*）几乎是柏拉图思想中最为重要的原则。[2]伊索克拉底还断言："既然那种能使我们明确知道 65
该做什么和该说什么的科学不是依人的本性可以获得的，那么作为另一种途径，我认为，人之所以能够明智，就是能运用推测的（*doxais*）能力总体上达成最好的方案，而且，哲学家就是那些从事能让自己最为快速地得到这种洞察力的研究的人。"（《论财产交换》271；比较《驳斥智术师》2，7—11）。[3]按照同一原则，伊索克拉底虽然支持数学和天文学研究，但的确仅仅出于其实践或道德教育的价值（《论财产交换》265—266），而不是因为此类研究可以通达现实或者可以为心智

---

[1] 进一步参看H.Marrou, *Hist. of Education in Antiquity*（英译本London 1956）87—91,194—205; H.M.Hubbell, *The Influence of Isocrates on Cicero, Dionysius and Aristides*（Yale 1913）,尤其是1—40;M.I.Finley, *The Use and Abuse of History*（London 1957）ch.12,《伊索克拉底的遗产》（"The Heritage of Isocrates"），是一篇有挑战性的论文，即便不是完全合理。关于此传统一部分的更加细致的研究，见A.Grafton and L.Jardine, *From Humanism to the Humanities:Education and the Liberal Arts in 15th–and 16th–century Europe*（London 1986）。

[2] 尤见《美诺》97—99,《理想国》v.476 sqq.,《泰阿泰德》170b sq.等。

[3] 比较《理想国》v.479e—480a中针对*doxa*（意见）和*philodoxoi*（爱意见者）的辩论和伊索克拉底xiii.8。关于《理想国》与伊索克拉底之间更多可能的呼应，参见Adam的《理想国》评注，s.v.伊索克拉底（虽然，如其所言，在很多地方伊索克拉底不一定是唯一的靶子）。

的上升提供预备，就像《理想国》中清楚阐述的教育方案那样。伊索克拉底的教育（*paideia*）要求比较低，也许甚至更为现实，但我们可以看到它与柏拉图的方法和理念的根本对立。

不过，讨论可能并不仅仅是论战性的。这两个学派很难说没有彼此影响。虽然伊索克拉底与苏格拉底的早期关联没有很好的证据（佚名《伊索克拉底生平》[*vita Isoc.*]，见比代版，第八行），但伊索克拉底在回应智术师波吕克拉底（Polycrates）的攻击时为苏格拉底作了含蓄的辩护(《布希里斯》1—6)；在《泛雅典娜节演说辞》(200ff.)中，他的自我辩解和自我批评的方式很难说是辩证的，但也许受到了辩证法的影响。在《论财产交换》中，他对自己毕生工作的辩护，显然是以苏格拉底和柏拉图的《申辩》为模型的。[1]柏拉图本人并非不可能是在伊索克拉底这个范例的激发之下形成自己的哲学教育原则并付诸实践；最重要的是，贤明的演说家—政治家（the *vir bonus dicendi peritus*）是一个伊索克拉底式的概念。[2]

柏拉图在写《欧绪德谟》时肯定把伊索克拉底看作一个重要人物。在该对话中，他被描述为介于政治和哲学之间，这种含混虽然有缺陷，但似乎比欧绪德谟和狄奥尼索多洛的品质低劣的辩论术更可敬(《欧绪德谟》306a—c及其上下文。进一步参看下文原文第119页)。可能至少在十年之后写成的《斐德若》也许更有一种高人一等的姿态，而且可能更令伊索克拉底恼怒。在这部对话中，很多高尔吉亚式和伊索克拉底式的修辞技巧都被戏仿、讨论并赋予了新的用法，但对话结尾处对年轻伊索克拉底的恭维很有讽讽意味：他是一个前途无量的少

[1] 关于细节，参看Norlin，洛布本伊索克拉底（Loeb Isoc.）i，导言，xvii；Kennedy，上引书，181。

[2] 尤其是《论财产交换》276ff.；Radermacher，*Artium Scriptores* 164（虽然进一步参看下文关于修昔底德笔下伯里克利的类似之处）。

年，他的成就甚至可以超过吕西阿斯（这是在斐德若对吕西阿斯及其演说辞的赞赏已被证明是毫无根据的之后！）；有一天他可能会进而追求"更为神圣的事业"（*theiotera*）"因为他心里有某种哲学"（《斐德若》279a）。*Tis*（"某种"）一词必须在此强调：这是对伊索克拉底重新定义哲学的一个狡黠的暗示（《论财产交换》268—270，285等，可与早期作品相比较）。戏剧故事时间与对话发表时间之间的间隔可能也是重要的：读者很自然想知道，苏格拉底的预言是否应验了？尽管伊索克拉底无疑是比吕西阿斯及其追随者更伟大的人，他可能确实依循《斐德若》中说明的某些原则，但他是否真的上升到了那样的高 66
度，取得了那么大的成就吗？[1]很难确定这里的语气，但我们无法设想柏拉图的苏格拉底一心认可伊索克拉底的现在或过去（如西塞罗设想的那样，例如《论演说家》42）。不过，我们不需要把柏拉图与伊索克拉底设想成永久对立的关系：我们知道亚里士多德学派的普拉西芬尼（Praxiphanes）在其对话《论诗人》中曾让这两位作家在柏拉图的田庄进行了交谈（第欧根尼·拉尔修《名哲言行录》iii.8=残篇11 Wehrli）。这一证据可能不足以深究；但是，如果与伊索克拉底的著作进行持续的比较，那么对柏拉图的教育理论，尤其是《理想国》中教育理论的研究，就能够事半功倍，富有成效。[2]

古希腊两位最伟大的散文作家——柏拉图与修昔底德——之间的比较更是如此。[3]乍一看，令人惊讶的是，关于他们之间的关系还

[1] 我在后面的章节（下文原文第250页以下）中讨论了这段话在作为整体的《斐德若》中的位置。进一步参看汤普森（Thompson）的评注，附录ii论伊索克拉底；关于这段话更深入的暗示和含义，以及将其与此时期其他论战性作品相联系的尝试，见 J.A.Coulter, *GRBS* 8(1967)225—236。

[2] 很遗憾我没有考虑到S.Usener, Isokrates, *Plato und ihr Publikum: Hŏrer und Leser von Literatur im 4. Jahrhundert v. Chr.*(ScriptOralia 14, Tübingen 1994)，该书问世时我自己的书已经在收尾阶段。

[3] 我在这里受惠于与霍恩布洛尔（Simon Hornblower）的讨论；与他在*Thucydides*(London 1987)第五章中的讨论有某些重合，虽然我没有追随他的一个推测，即修昔底德其实认识苏格拉底。

有很多地方没有研究。经过更仔细的考察，就发现似乎很多问题都被谈论过，但得到普遍接受的东西极少。柏拉图从未提及修昔底德；前4世纪的作家都没有提及修昔底德，这的确是一个众所周知且不同寻常的事实。[1]修昔底德去世的时间和他的历史著述被公之于众的时间都同样未知。我们只知道，普遍认为非常可靠的是，色诺芬（在《希腊史》中）、塞奥彭普斯（Theopompus），或许还有俄克喜林库斯（Oxyrhynchus）的那位历史学家所叙史事始于前411年，修昔底德在这个节点停止史述，无疑是身不由己。[2]修昔底德肯定活到了战争结束（ii.65, v.23, vi.15），但事实上没有任何内容需要（译按：比前411年）更晚的时间。新近出版的萨索斯铭文——该铭文是纪念一位名叫利卡斯（Lichas）的人，他是阿克西拉斯（Arkesilas）的儿子——被认为与《伯罗奔尼撒战争史》中的一个有此名字的人有关，修昔底德在《伯罗奔尼撒战争史》viii.84.5中提到此人之死。这已经被用来证明修昔底德在前4世纪90年代后期仍然活着并且还在写作，但这里的身份识别是可疑的，因此推论也不可靠。[3]

波伦茨（Max Pohlenz）的早期著作《柏拉图的时代》（*Aus Platos Werdezeit* [1913]247ff.）首先尝试在修昔底德与柏拉图之间作更细致

[1] 除了《俄克喜林库斯希腊史》（*Hell. Oxy.*），残篇Flor.ii(p.2 Bartoletti)，上下文残缺不全。进一步参看G. de Ste. Croix, in *The Ancient Historian and his Materials*, Fest. C.E.Stevens, ed B.Levick (1976) 45—58，认为亚里士多德知道修昔底德的著作，而且《论诗术》9中"阿尔喀比亚德做过和遭遇过的事" 可能是暗指修昔底德的著作。

[2] 关于这些作家，进一步参看G.T.Griffiths in *Fifty Years of Classical Scholarship* ed M.Platnauer（Blackwell, Oxford 1954, 1968年版增订了附录）；K.Meister, *La storiografia greca*（Rome and Bari 1992）71—75,78ff.；关于修昔底德《伯罗奔尼撒战争史》的写作，参见Andrewes and Dover, *HCT* v.361ff.,437ff.，亦见上文原文第5页注8。

[3] 关于此铭文，参见J.Pouilloux and F.Salviat, *Comptes-rendus de l' Acad. des inscriptions et belles lettres*(1983)376—403(*SEG* 33.702). 关于反对意见，参看P.Cartledge, *Liverpool Classical Monthly* 9(1984)98—102; Hornblower, *Thucydidies* 151—153.

的对比。尤其是他看到柏拉图在《理想国》中对民主政治的冷峻和讽刺性的分析与修昔底德的葬礼演说辞之间的关联（他还将后者与《美涅克塞努》相比较）。《法义》第三卷中对早期历史的解说也引发了与修昔底德的考古学（*archaiologia*）之间的比较（亦比较柏拉图《理想国》ii.369—374）。此外，还要加上两位作家对政治煽动家的描述，对阿尔喀比亚德的个性、口才和野心的刻画，对帝国扩张和政治-道德衰落的分析，以及对在柏拉图那里由卡利克勒斯和忒拉叙马霍斯所表达的权力观念，和修昔底德那里由在斯巴达和米洛斯的雅典人所表达的权力观念的分析。但这些对比可能都不确定，因为这些主题虽然在两位作家那里都有丰富且富于创造力的发挥，但它们在前5世纪和前4世纪早期的论争中是常见的（例如，欧里庇得斯《腓尼基妇女》中的“对驳场”（*agon*）提出政治活动中的适度与冷酷野心相对比的话题，我们从《高尔吉亚》那里已熟悉此话题）。[1]因此，学界对波伦茨和其他人观点的回应是有点怀疑和否定的。[2]不过，一个显著的相似是：修昔底德《伯罗奔尼撒战争史》中“内讧”（*stasis*）诸章的语言和思想（第三卷82—83）（这位史家在这几章中讨论了评价性话语的含义变化），与柏拉图《理想国》第八卷中的一段话（560—561）。这些段落可以说也与伊索克拉底的说法有某种类似；[3]但是，伊索克拉底与两者的相似似乎都不如此一贯或紧密，因而这或许仍然是柏拉图确实模仿了这位史家的最好的备选证据。 67

[1] 例如，比较《腓尼基妇女》498—502与《高尔吉亚》481c5ff.;《腓尼基妇女》535—548与《高尔吉亚》483c和尤其是507e—508a。

[2] A.W.Gomme, *More Essays on Greek History and Literature*(1962)128ff.; J.de Romilly, *Thucydides and Athenian Imperialism,* 英译本（1963）362—368; O.Luschnat, *RE* Supp. xii.1276—1284。

[3] 因此，亚当（Adam）对《理想国》560—561的评注引用了伊索克拉底的《战神山议事会辞》20,《泛雅典娜节演说辞》131。

这两位作者最显著的不一致之处在于他们对伯里克利领导才能的评价：在修昔底德看来，伯里克利是雅典最伟大的领袖，最明智的战略家；而在柏拉图的苏格拉底看来，伯里克利是一长串准政治家中的一个，他们迎合公民大会的一时兴致，却不试图纠正雅典社会更深层次的病症（《高尔吉亚》519a）。[1]不过，我们发现，在修昔底德那里，对伯里克利继任者的行动和措施的分析，非常类似柏拉图对一般政治家和尤其是伯里克利之后的政治煽动家的批评。[2]修昔底德和柏拉图都强调了政治才能的理智（*intellectual*）因素。他们都要求政治家应该是一个有威信而且正直的人，能够管控其国民的情绪而不是迎合或奉承这些情绪。伯里克利的基于心理洞察和政治智慧的修辞与理想修辞艺术的力量之间的类似是明确和稳定的。这种理想修辞艺术的力量在《高尔吉亚》中被徒劳无功地追求，而在《斐德若》中则呈现出某种可能性，虽然很短暂或者是想象出来的。[3]

因此，在《伯罗奔尼撒战争史》第二卷65.8—9中，这位史家刻画了伯里克利控制民众情绪的了能力，强化他们的决心，或者削弱他们的过度自信。在《斐德若》中，苏格拉底间接提到了忒拉叙马霍斯的智术修辞教材《哀歌》（*Eleoi*）。他说："要是提到用感伤的语言来
68 打动穷人和老人，在我看来没有人在这方面的本事大过那位卡尔凯顿（Chalcedon）的大人物（即忒拉叙马霍斯）了。用他自己的话来说，

[1] 《斐多若》中对伯里克利有一种截然不同的评价，在其中，伯里克利受到称赞，被说成具有贤明高尚的思想，这思想据说是从阿那克萨戈拉那里学来的（270a）；但那段话并非没有反讽，虽然很多古代读者都从表面上来看待它（例如，普鲁塔克《伯里克利》4—6）。

[2] 见修昔底德《伯罗奔尼撒战争史》ii.65等；在柏拉图那里，例如，《高尔吉亚》503c—e，514—519；比较欧文对502e的评注，关于前4世纪演说术中的共通和差异之处。

[3] 修昔底德《伯罗奔尼撒战争史》ii.13，ii.59.3和65.8—9，关于伯里克利的修辞术；ii.60.5—6关于伯里克利对理想政治家的必要品质的陈述。比较关于"净化的修辞术"的说法，《高尔吉亚》480b—d，503ab，527c；《斐德若》269—272。比较G.F.Bender, *Der Begriff des Staatsmannes bei Thukydides*(Berlin 1938)，尤其是5—26。

他擅长激起民众的愤怒，然后又能凭他的咒语把他们重新安抚下来。”（《斐德若》267d）这些对比是修辞学家的惯用手段（“使小的看起来是大的，使大的看起来是小的”，等等），但这里的概念和比喻值得注意：忒拉叙马霍斯将自己视为一个能令听众入迷的演说家（spell-binder），一个催眠师或者是一个魔法师，能够操控着了迷的受害者的情感。咒语和诱人法术使人想起前5世纪修辞理论的核心文本，高尔吉亚的《海伦颂》，这位大智术师在其中描绘了言辞的力量，从作为强横的权力到作为强效的药物。[1]此外，唤起愤怒（后来修辞理论中的义愤[indignatio]）更类似密提林辩论中克里昂（Cleon）（或者《尤利乌斯·凯撒》[*Julius Caesar*]中安东尼）的目标，而不像伯里克利那样合理地灌输信心。[2]不分青红皂白地诉诸非理性，利用听众的弱点，鼓动卑劣的激情——这些是高尔吉亚和忒拉叙马霍斯所提炼并系统化的“咒语”，但修昔底德和后来的柏拉图一样不信任他们。在葬礼演说中，他让伯里克利提倡一种介于*thrasos*（信心）与*logismos*（推理）之间的理想的平衡（《伯罗奔尼撒战争史》ii.40，尤其是2）。[3]

正如柏拉图在《斐德若》中所阐明的，忒拉叙马霍斯的说法缺失的是对情感和其实是灵魂本身的理性分析。在《斐德若》后来的一段话中，苏格拉底坚称，“忒拉叙马霍斯，或其他任何严肃地提出科学的修辞学的人，都要……准确地描述灵魂，并且要让我们看它的性质是不是单一和匀质的，或者像身体一样是复合的”（《斐德若》271a），此时，

[1] 《海伦颂》（高尔吉亚B11D–K）由麦克道尔（D.M.MacDowell）编译（Bristol 1982）。相关讨论特别参看C.P.Segal, *HSCP* 66(1962)99—155，和J.de Romilly, *Magic and Rhetoric in Ancient Greece*(1974)，第1—2章。G.Walsh, *The Varieties of Enchantment*(Chapel Hill 1984)回顾了这一话题。

[2] 进一步参看德谟斯泰尼（Dem.）54.42，莱库古（Lycurg.）1.134。

[3] 比较C.W.Macleod, *Collected Essays*(1983)86,93,97f。

他毫无疑问是在暗指该作品开始场景中他的自问(《斐德若》230)和在神话中所作的回答。因此,柏拉图和修昔底德都改造和深化了这位修辞高手的智术概念(sophistic concept);在两位作家那里,真正的政治家都需要判断力和智慧,而不只是辩论技巧。他们对伯里克利的意见分歧不应该掩盖他们的标准在本质上的相似。[1]在这里,两位作者再次继承并发展了前5世纪晚期的核心思想论争:修辞的地位和限度、对"最佳"政制的探索、知识与道德的关系,以及人类理性约束和磨练人类本性的能力。[2]

[1] 无论如何,伯里克利本身是否受到修昔底德某种至少是含蓄的批评,是存在争议的:见H.Strasburger, in *Thukydides* ed. H.Herter(Wege der Forschung98, Darmstadt 1968)516; Macleod, 上引书, 153; E.Hussey, in *Crux*, Fest.G.de Ste. Croix(1985)123—125。

[2] 我在第四章第一节会回到柏拉图受惠于智术师思想的主题。关于他们争论的永恒话题,参见例如格思里(Guthrie)的很好的评述iii.3—26和Dodds, *The Ancient Concept of Progress*(1973)第6章。

第三章

苏格拉底的工作：他的方式和方法

在《申辩》中，柏拉图让苏格拉底告诉陪审团他整天都在向各行各业的人提问，和他们交谈：政治家、诗人、工匠（《申辩》21—22），“年轻人或老人，外邦人或本地公民”（《申辩》30a），但他明确提到，年轻人尤其被他的谈话方式和他具有挑战性的问题所吸引。历史上的苏格拉底可能真的游走于各阶层的人们之间：他有一个弟子，鞋匠西蒙，据说每当苏格拉底到他的作坊，他都会记下谈话的内容（第欧根尼·拉尔修ii.122，比较色诺芬《回忆苏格拉底》iv.2.1，普鲁塔克《道德论集》766b）。[1]不过，在柏拉图的著作中，我们看到他（就像柏拉图本人肯定也曾碰见他）与富裕且有闲的贵族们交流。这些人不仅是重要人物，而且显然是上流社会的成员。前5世纪后期的雅典社会无疑是一个民主社会，但远非没有阶级意识和出身的优越感。[2]豪奢文人卡利阿斯的沙龙，伯里克利的门生、富商克法洛斯的家里，或者是体育场（受到良好教育的相当自觉的年轻人锻炼身体和互相读诗的地方），这 69

[1] 现代学者有时坚持认为西蒙是一个虚构人物，也许是斐多为了以其名字命名的对话而杜撰出来的，例如见Zeller, *Socrates* 210。但这个鞋匠铺在对市场的发掘中被认出来，参见J.M.Camp, *The Athenian Agora: Excavation in the Heart of Classical Athens*(London 1986)145—147，图版125。

[2] 参见J.K.Davies的重要研究*Wealth and the Power of Wealth in Classical Athens*(Arno Press 1981)；亦参见如P.J.Rhodes, *JHS* 106(1986)132—144, B.S.Strauss, *Athens after the Peloponnesian War*(London 1987)第2章。

些地方而不是西蒙的鞋铺才是柏拉图的苏格拉底出没之处。

对话中的角色都是历史上真实存在的人。这一点往往显而易见，如阿里斯托芬或阿尔喀比亚德，但所有参加讨论的人都是真实的，而且我们常常可以利用谐剧、演说辞或历史学家（尤其是修昔底德）的证据来填补这些人物的一部分背景详情。可以明确的是，至少在某些情况下，对话的“演员阵容”是为了配合主题而挑选出来的（虽然这一点也可以从其他角度来看，如柏拉图的苏格拉底，以及也许是历史上的苏格拉底，往往附和讨论，并致力于他的对话人的利益）。不过，在《斐
70 多》中，从对话的框架部分可以更清楚地看出对角色的刻意选择：再现苏格拉底最后几小时时光的两个人是斐多自己和毕达哥拉斯学派的厄刻克拉底；西米亚斯和克贝（毕达哥拉斯学派的菲罗劳斯的两位学生）在对话正文中很突出。并非偶然的是，对话的内容及其关于身体作为灵魂牢笼的核心主题，明显受到毕达哥拉斯学派的启发。[1]与之相似，在讨论虔敬的对话《游绪弗伦》中，我们可以同时看到场景选择和对话角色的重要性。场景是在王者执政官的王宫附近。对话人自诩为虔敬方面的专家，虽然他正在承担一项令人震惊的任务，即起诉自己的父亲。这明显与苏格拉底自己即将面临的起诉有着关联和对比。[2]

后期对话中的大部分角色也都是真实之人，虽然似乎有一个趋势，即逐渐远离现实情境，而且名人越来越少：匿名的埃利亚访客，《法义》

[1] 弗拉斯托斯附带提到了一个十分不同的要点，见 Vlastos, *The Philosophy of Socrates*(1971)，关于人物名字的选择，他写道：“柏拉图反讽地称这个自鸣得意的狂热分子为游绪弗伦，‘直率的思想家(straight-thinker)’。”惟妙惟肖的姓名(*Noms parlants*)，如果经常在柏拉图著作中发现，那么可能是指向虚构人物。但我们可以怀疑，柏拉图是否想让我们这样去理解游绪弗伦的名字。Friedlaender ii（见索引s.v.“names, signicant”）以类似方式追溯了其他几个名字的词源。名字游戏在古希腊文学（和生活）中无疑是常见的：一个同时代人对忒拉叙马霍斯名字含义倾向的嘲弄可为佐证（亚里士多德《修辞术》ii.23.1400b19—21）。进一步参见T.Baxter, *Plato's Critique of Naming*(Leiden 1992)，关于《克拉底鲁》和希腊文化中名字和词源的整个背景。

[2] 比较W.D.Furley, *Phronesis* 30(1985)201—208。

中匿名的雅典人，都是这一趋势的极端例子。[1]历史和环境细节的减少伴随着年代误植现象的增加：古代学者已经对柏拉图将巴门尼德与苏格拉底放在一起感到不安（阿忒纳乌斯[Athenaeus]505f.）。在柏拉图晚年的最后一部著作《法义》中，苏格拉底消失了，长篇讨论在一个匿名的雅典人、克里特人克利尼亚以及斯巴达人麦吉卢之间进行。我们对这些人物的了解仅仅来自《法义》本身，除此之外一无所知。因此，对柏拉图戏剧艺术的研究必须从最早期的对话开始，这些对话对背景作了丰富且具有暗示性的勾勒，对人物的描绘生动形象，而且，最重要的是，充分刻画了苏格拉底那种可爱的古怪，他更多地被描绘成一个迷人的健谈者和顽皮的幽默家，而非创新的思想家。

此处推测为早期对话的作品（即作于前4世纪头十五年或二十年的作品）可以被视为在方法、主题以及篇幅方面具有充分相似性，可资进行有效比较。通过这种比较，我们可以建构出"典型的"柏拉图早期对话的大致轮廓。这里搁置不谈《申辩》和《克力同》，前者不是对话，后者与苏格拉底被监禁的特定处境紧密相关（因而不能展示他的"典型"情况），虽然它们可能是早期作品，但与当前的考察关联不大（不管怎样，《申辩》已在第一章中讨论过了）。在大多数情况下要考虑的作品有以下这些：《游绪弗伦》《拉凯斯》《卡尔米德》《吕西斯》《伊翁》《希庇阿斯前篇》《希庇阿斯后篇》（该作的真实性是可疑的）。《普罗塔戈拉》和《高尔吉亚》，虽然明显是篇幅更长也更复杂的作品，但在某些方面也具有可比性。《理想国》第一卷呈现出一些类似的特征和讨论形式：这经常被认为说明该卷原本是一个独立的早期作品，有些 71

[1] 注意例如《斐勒布》中普罗塔库这个人物的模糊性，以及更为模糊的斐勒布。有人认为斐勒布完全是想象出来的人物：见Guthrie v.198。还要注意后期对话中缺少政治家或公共人物；苏格拉底更多地与学者、数学家、理论家一起讨论。

学者甚至将该卷称为《忒拉叙马霍斯》。这明显是不成立的。我们可以合理地期望在柏拉图的全部作品中找到某些连续性，不仅包括学说和主题上的，也包括戏剧性的和形式上的。《理想国》的结构问题以及第一卷在此结构中的位置问题，一直以来还没有被充分地以文学手段来处理过。不管怎样，上面所列的对话都具有显著的相似性。这些相似性虽然不足以使我们界定一种固定的结构或者建立某种“一般的”类型学，但可以允许我们对柏拉图在这些早期作品中的方法作某些归纳；此后，我们将回到对若干单部对话的考察上来。[1]

这些对话要么由苏格拉底叙述，要么由他的朋友或弟子叙述，要么没有引言而呈现为纯粹的戏剧模拟形式。[2]例如，《卡尔米德》和《理想国》属于第一类，《斐多》和《会饮》属于第二类，大多数属于第三类（如《游绪弗伦》《克力同》《拉凯斯》《高尔吉亚》）。《欧绪德谟》和《普罗塔戈拉》严格来说属于第三类，但几乎完全是由苏格拉底向一个单一的对话人讲述，所以在效果上更接近第一类（尤其是《普罗塔戈拉》，在这部对话中，我们一次也没有返回“框架”场景）。戏剧框架和叙述报告的结合可以为听者的穿插和评议提供机会（在《欧绪德谟》和《斐多》中尤其显著）。当由苏格拉底讲述时，框架性对话通常紧随着所叙述的事件：因此，在《欧绪德谟》和《理想国》中，他讲述的是“昨天”的事情，在《普罗塔戈拉》中，讨论则刚刚结束。相比之下，由其他人叙述的事件经常是很久之前的，这通常是为了便于将框架性对话置于苏格拉底去世之后，从而为讲述人表达感伤和进行回忆提供机会，也为在所述对话中作反讽性的预示提供机会。第一种策略在《斐多》中

[1] 通常参阅 D.Tarrant, “Plato as dramatist”（《作为剧作家的柏拉图》），*JHS* 75(1955)82—89。

[2] 参阅第欧根尼·拉尔修《名哲言行录》iii.50，关于古代对这一类的辨别。考文垂（Lucinda Coventry）的未刊论文对这段话和其他段落有所讨论。

最明显，在该作中，一个目击者描述了苏格拉底的最后几个小时并以讲述他的实际死亡结束。可与之比较的是后来的《泰阿泰德》，在该作中，框架性对话发生在前369年，这是泰阿泰德去世的时间。讲述人热 72
切地回想起苏格拉底曾经如何准确地预言这位将死者的优点，如何在泰阿泰德还只是一个小青年时就看出了他的潜质。这里再次暗示了苏格拉底即将面临的审判，不幸的是他不能活着看到他的预言应验。

《会饮》有一个特别复杂的“分层”结构。在框架性对话中，一个朋友要阿波罗多洛斯描述会饮之事，阿波罗多洛斯解释说，他前一天才跟另一个朋友说了这事（引述了他们谈话的部分内容），但他自己只是从阿里斯托得莫斯那里知道这件事的。接着他讲述了阿里斯托得莫斯告诉他的内容（174a“因为他说……”，并不断以这种形式重复）。要点似乎在于强调事件的“过去性”：讲述人依赖口传。叙述的距离也可能是警示我们不应将该对话视为完整的描述（特别注意180c）或者以为所有细节都达到了字面真实（比较223c—d）。叙述中有其他许多长篇讲辞，其中经常包含了进一步的对话，特别是苏格拉底自己的讲辞中再现了他与第俄提玛之间的一次辩证讨论。这是柏拉图喜好复杂结构、题外话以及“戏中戏”效果的一个极端例子。《泰阿泰德》的开场表明他后来对这种“分层”以及特别是对不断重复“他说……”更为谨慎了（《泰阿泰德》143b—c）。在该作中，欧几里德解释说，为了避免此类笨拙的短语，他在记录这场讨论时只记下了直接的讲辞；于是我们有了一个包裹了更深一层戏剧的戏剧框架。

参与对话的角色数量也值得注意。这差异很大，在（例如）《克力同》、《游绪弗伦》、《希庇阿斯》前后篇、《阿尔喀比亚德》前后篇、《伊翁》、《美涅克塞努》、《克利托丰》以及《斐多若》中是苏格拉底与另一个人；在《斐多》中是苏格拉底和整整一圈弟子在一起，在《会饮》中是苏格拉底和一大群朋友在一起；在《泰阿泰德》《克拉底鲁》中是苏格拉底和少数几个对话人在一起，苏格拉底挨次与他们交谈；或者，在表现得更为“自然”或更具现实性的谈话中是苏格拉底与一大群听众在一起，所有在场者都参与了谈话，没有固定的言说次序（《拉凯斯》《吕西斯》《卡尔米德》《欧绪德谟》以及《普罗塔戈拉》都是如此），虽然这种“现实性”经常是经过精心策划的，并非完全随意为之。

有所不同的又是《高尔吉亚》，在该作中，苏格拉底依次与每个主要对话人交谈，从高尔吉亚到波卢斯到卡利克勒斯（比较《理想国》第一卷：克法洛斯、玻勒玛库斯、忒拉叙马霍斯）。这里的顺序是累加的：交谈越来越长，越来越激烈，而且，每个新的发言者都促使苏格拉底谈得更多，对他的挑战更深入。从高尔吉亚到波卢斯再到卡利克勒斯的演进反映了修辞史及其社会和政治影响的三个阶段。每个发言者的修辞都更加深入，并且进一步拒绝将传统道德作为道德实践的准则。

73 角色的多样显然提供了变化性——不同观点和（像《会饮》中那样的）不同风格。但除了具有戏剧意义之外，柏拉图还用更多演员来表达伦理上的观点。在《拉凯斯》中，我们会看到，拉凯斯和尼西阿斯对苏格拉底的问题的回答都不充分，而且，似乎他们的方式和方法需要在辩证中结合起来，就像需要在生活中结合起来一样。在《普罗塔戈拉》和《欧绪德谟》中，情况更具有负面性。卡利阿斯乐意花钱款待智术师并且试图将尽可能多的智术师招揽到家里，柏拉图却展示了“厨子多了烧坏汤”的道理：一大群智术师聚在一起制造了混乱和嘈杂（314e sqq.，尤其是315e—316a关于普罗狄科），后来又导致了竞争和冲突（317c，318e）。

专注于某一个对话人，与其展开辩证讨论，是柏拉图笔下苏格拉底的典型特征。每当他身处一个较大的聚会中，他就试图将谈话转向这种形式。[1]苏格拉底的谈话或辩证术与智术师的修辞，尤其是炫示的或"展现式的"演说之间的对比，贯穿柏拉图的所有作品（例如《高尔吉亚》448d—449d、471d—478d，《美诺》75cd，《泰阿泰德》172c—177c，等等）。即便是在《申辩》中，虽然苏格拉底似乎不可避免要诉诸连续性的演讲，但柏拉图也使他尽可能地将讲辞转换成辩证形式，通过让他质问起诉人并给出后者的回答（《申辩》24c sqq.；还可以比较28b、37e中"也许有人会说……"之类的措辞）；而且，一般来说，他的讲辞在方式上（《申辩》17a—18a，27b，30e sq.，32a8，39a5）和内容上（尤其是他对惯用话题[*topoi*]的拒绝，诸如诉诸怜悯之类，34b sqq.）都是刻意反修辞的。在《会饮》中也是如此，苏格拉底的讲辞不完全是——甚至主要不是——自己的讲辞（*inpropria persona*），而是叙述他与第俄提玛的辩证讨论（《会饮》201e sqq.）。

对话的背景和环境也可能别有含义。的确，有一些对话没有特定的时间和地点，而其他一些对话虽然提到了地点但随后被忽视了。但《斐多》和《会饮》小心地设置并维持了场景，《斐德若》也反复提及场景。这些细节，尽管没有严格的哲学含义，但有时确实强化了对人物的塑造，或者与品性或场合相适应。在《会饮》中，宴会上位置和关系的转换——按照惯例，这种宴会十分重视座次——反映了谈话过程中的变化（尤见222d—223a）。在《克力同》和《斐多》中，监狱构成了肃冷的背景：在前者中，苏格拉底拒绝了逃离监狱的机会；而在后者中，死亡带来了一种更真实的逃离，一种对生命中疾病的"治愈"。比其他任何一部对话的体量都更大的《法义》，也在背景上与其他对话形

[1] 与色诺芬的苏格拉底形成对比，后者类似智术师，似乎喜欢以讲解和说教的方式向一大群人说话：亦见《克利托丰》407a sq.，这部非常令人费解的作品中许多古怪之处的一处，见下文原文第100页。

成鲜明对比。它是唯一一部不是发生在阿提卡和雅典人中间的对话。取而代之的是三个发言人正在旅行穿越克里特，前往宙斯的神圣洞穴。
74 正如那个雅典人所言，克里特因其神话中的立法者，宙斯之子米诺斯和拉达曼提斯，而闻名。这样，新城邦法典的拟定就在显著的保护下开始。[1]

回到早期的对话，我们发现这些对话通常始于苏格拉底与某个人或更多人的偶然相遇。如果有一些其他人，在苏格拉底到达现场时，他们通常正在参与谈话或者正在参加休闲活动（例如做体操）。《高尔吉亚》就是如此，卡利克勒斯和其他人刚刚听完高尔吉亚的（演讲）表演。有时候，一个问题正在被热烈地讨论，争论者就寻求苏格拉底的建议和看法（《拉凯斯》180bc："我奇怪的是，你为什么不请苏格拉底"，比较《克拉底鲁》383a）。与此相似，美诺向苏格拉底请教一个通常被悬置而未决的问题，关于天赋能力、教诲以及实践之间的相对重要性（《美诺》开头）。在早期对话中，经常有一个权威人物，一个特定领域的专家，他与好刨根问底的外行人苏格拉底形成或含蓄或明白的对照。因此，荷马史诗朗诵者伊翁声称通晓所有与荷马有关的事情，通晓荷马史诗中所处理的各种题材；游绪弗伦自认为在虔敬方面是专家，并经常就这个话题教训雅典人；拉凯斯和尼西阿斯是受人尊敬的人物，他们曾在战场上为他们的城邦效力，所以，应该请他们来为年轻人的教育提出建议，而且他们也应该知道如何界定勇气。因此，这些对话探讨的不仅仅是任何老话题，而是与参与者有关联的话题。他们每个人要么被视为专家，要么拥有或代表某种品质，如《卡尔米德》，目

[1] 有时候必须承认，开头场景的细节难以捉摸。我不知道为什么在《理想国》第一卷开头要提及本狄斯节日和色雷斯骑马者，虽然，从勉强为了观看更多精彩表演而留下来，到热烈展开哲学上的探究，苏格拉底的这一转变明显具有精神含义（比较《卡尔米德》153d，关于着手谈正事的类似关心）。

的是界定*sophrosyne*（“节制”），在场的所有人都确信卡尔米德拥有这一品质。在较复杂的对话中，方法更成熟。在《普罗塔戈拉》中有一群专家，他们意见不一，彼此阻挠（比较《欧绪德谟》中的两兄弟，尤其是297a，303e）。在《高尔吉亚》中，我们发现了一个不一样的转变：在那里，开始的问题只是要界定高尔吉亚是做什么的（或者是谁），也就是要确认他的职业并探究他所谓的从事一门艺术的说法。

苏格拉底总是喜欢和这样的人交谈。他做好学习的准备，经常坦承自己对他们想要知道的（或者声称已经知道的）事情一无所知；他偶尔承认，他唯一真正知道的事情是爱（《泰阿格斯》128b，《吕西斯》204b，《高尔吉亚》481d，《会饮》177d，等等）。[1]他不仅声称自己无知，而且称自己不是正式辩论的专家（《申辩》17b—d，《斐德若》262d），跟不上或记不住智术师所偏爱的那种长篇演讲（《普罗塔戈拉》334c sq.，《希庇阿斯后篇》373a，《高尔吉亚》461d sqq.，等等），而且， 75
他们流利的修辞或精巧的论辩，让他折服、惊讶，并陷入困惑（《普罗塔戈拉》328d，339d sq.，《会饮》198bc）。尽管他声称自己无知，缺乏经验，但似乎具有不可思议的眼光，能够在一个论证或一个定义一经提出时就发现其中的弱点；而且，他的典型做法不是完全接受一个定义或者一篇修辞性演说，而是挑它的毛病，检验它的含义、它的一致性和它的隐含假定。

在早期对话中，对于诸如“虔敬是什么？”（或者勇气、节制等等是什么）之类的问题，苏格拉底的同伴有一些典型的应答。一种常见的回应，通常是在第一次尝试下定义时，是示例性的（*ostensive*）：对话人兴高采烈地脱口说出很多涉及或代表虔敬（等等）的事物，并说虔敬

[1] 关于苏格拉底的无知，参看Vlastos, *Philosophical Quarterly* 35 (1985) 1—31，修订稿见*Socratic Studies* 39—66；对比M.M.Mackenzie, *CQ* 38 (1988) 331—350。

其实就是这些事物。[1]然后，苏格拉底指出，列举事例与界定一种品质的本质是不一样的，实际的对象或行为与对作为实例的对象或行为的抽象是不一样的。（如我们所知，这正是亚里士多德挑出的苏格拉底独特贡献的要点之一，对定义的探究）。

另一个惯常的步骤是诉诸权威，要么诉诸一种常见的或谚语式的定义，要么诉诸诗歌，尤其是诉诸荷马。《理想国》中就是如此，苏格拉底与克法洛斯交谈，并达成了一个初步结论，即我们不能说正义仅仅是“说实话并归还借来的东西”，此时，波勒玛库斯插话说：“哦，不过，苏格拉底，如果我们相信西摩尼得斯”（《理想国》卷一331d）。这为考察西摩尼得斯的格言做了铺垫；也说明希腊人对诗人有一种不假思索的尊敬，并为读者准备了在卷二和卷三中对诗人权威的全力攻击。（进一步比较《吕西斯》213e—214a，《卡尔米德》161a，163b，《泰阿格斯》125b sqq.）在《希庇阿斯后篇》中，苏格拉底温和地反对了这一步骤：“由于不可能去问荷马他在写这些诗句时心里想的是什么，就让我们把他搁在一边吧。但既然肩负责任的人看来是你，而且你与荷马的说法意见一致，你就同时代表你自己和荷马来回答吧。”（《希庇阿斯后篇》365cd）[2]《普罗塔戈拉》中以更大篇幅阐释了诗人意图的不可复原性。

《美诺》虽然是较晚期的作品，却很好地说明了寻求定义的另一个方面。在美诺看来，并非所有定义都相似。有一些是幼稚而无用的，另一些则是在理智上可以接受而且听起来不错的。这里有一些温和的讽刺，因为美诺的风格喜好使他偏离了清晰而简洁地下定义的任务。

---

[1] 见《游绪弗伦》5d—6e，《美诺》71e，以及汤普森（Thompson）的注释，《希庇阿斯前篇》287e sqq.，《拉凯斯》191d，《泰阿泰德》146c。充分的讨论参看R.W.Puster, *Zur Argumentations-struktur Platonischer Dialoge* (Freiburg-Munich 1983).关于追寻定义的其他方面，参看M.Burnyeat, *Philosophy* 52(1977)381—398。

[2] 进一步参看M.Whitlock Blundell in *OSAP* Suppl.(1992),尤其是151,167—168。

苏格拉底在试图界定形状时指出，形状是唯一总是与颜色相伴的东西（《美诺》75bc）。当美诺争辩说这是一种“幼稚的”定义时，苏格拉底就虚与委蛇，并且提出一种以恩培多克勒的流射理论为依据的颜色定义：“颜色是从那些与视觉相应并可被视觉感知的形状中发射出来的一种流”（《美诺》76d）。美诺很感兴趣，苏格拉底则冷淡地回应说，“呃，这是一个浮夸的（*tragike*）回答，所以你更喜欢”[1]。这里的要点似乎在于，美诺对高尔吉亚及其师恩培多克勒的钦慕使他赞赏一种以他们的理论为依据的定义，而不顾它们是否合理；与之相反，苏格拉底着意于必然真实的定义，一种几乎是逻辑上的真实性（虽然他是否成功地发现了这样的定义则是另一回事）。这段话是一个很好的例证，说明对话参与者的喜好和个性会影响他们的论点，在柏拉图的著作中经常如此（比较，例如《会议》中医生厄里克希玛库斯的讲辞，并参看下文原文第83页、第94页关于《拉凯斯》和《卡尔米德》的论述）。当然，专业人士也会在他们的技能方面被质疑和戏弄。[2] 76

苏格拉底的论辩策略无法一一列举和归类，它们更容易在对具体场景的讨论中加以处理。但这里可以指出若干一般的趋向。他的提问通常聚焦于归纳（*generalisations*）：他提出例外的情形（例如《拉凯斯》191a sq.,《理想国》卷一331c），指出有必要界定用来表述答案或解决办法的词语（例如《高尔吉亚》448c—449a,《美诺》79d,《斐德若》237b—d），而且，他经常试图将某个答案与他的对话人所持有的其他信念联系起来，查问这些信念是否能够被始终如一地相信。[3]苏格拉底的辩证法以所谓盘诘（elenchus）作为其基本手段，它指的是一种导

[1] 比较《斐德若》275bc。

[2] 例如《希庇阿斯后篇》369a，关于希庇阿斯的记忆术的玩笑。

[3] 特别参看R.Robinson, *Plato's Earlier Dialectic* (1953)第二至第三章；亦参看G.E.R.Lloyd, *Magic, Reason and Experience* (1979) 98—102。

向反驳的“诘难”。[1]苏格拉底式盘诘的特点是暴露两个不同信念之间的矛盾：一个简单的例子是《会饮》199—201中苏格拉底对阿伽通的盘诘，在那里，苏格拉底向阿伽通指出，他不能既相信爱神是一位施惠于人类的神灵，同时又相信爱神缺乏并渴望美好的东西。[2]

通常，对话人没有充分表述彼此矛盾的信念，甚至在他自己的脑海里也没有。所以，苏格拉底的提问不仅是将对话人自己的观点说清楚，也揭露了问题，从而导向更大的自我认识（通常是关于他自己的困惑和无知的知识）。因此，盘诘似乎是一种否定的过程，但它有积极的精神含义：更好地识别错误，然后才能开启发现正确道路的努力。

77 虽然盘诘是苏格拉底的军械库中到目前为止最重要的武器，但他的辩证法还有其他典型特征，当它们出现时我们要学会辨识。苏格拉底还喜欢类比和直喻，特别是所谓“技艺类比”。通过这种类比，他将理智的或精神性的活动与特定的技艺或职业相比较：最受他偏爱同时也十分重要的例子是医生的类比。[3]他还经常通过与身体感觉（通常是视觉或听觉）的比较来阐明理智或精神的品质；他将精神或心智的过程与身体或自然的过程相比较（例如《会饮》175d）。这些类比或许源于流行的习惯说法，它们是天然的说教工具，因为它们使抽象的讨论变得更具体、更易于接受。但也存在危险，即类比可能是不完美或不完整的，苏格拉底的伙伴们有时会证明这一点，但也许没有应当有的那么频繁。苏格拉底对类比的喜爱被当作是一种玩笑（尤其见《理

---

[1] Vlastos, in *OSAP* 1(1983)27—58，以及克劳特（Kraut）在同书中的评论，59—70；Vlastos, *Socrates*(1991)第四章及其他地方；Vlastos, *Socratic Studies*(1994)1—37,135—136。

[2] 比较T.H.Irwin, *Plato, Gorgias* pp.1—2，关于出自《拉凯斯》的一个例子以及进一步的评论；或者《理想国》卷一339a—e亦可为例。

[3] 关于这一点的详细讨论见T.H.Irwin, *Plato's Moral Theory* (Oxford 1977)第三章，尤其是71—77。在像欧文那样假定苏格拉底或柏拉图有一种系统“理论”时，我当然会更加小心谨慎。

想国》卷六487e—488a)。也许的确并非所有的类比都需要被严肃对待或者是绝对严谨的。但反复地利用使它们获得了一种未通过论证来加以充分确立的地位，这是有一定危险的。[1]当我们想起社会与灵魂、城邦的组织结构与人类灵魂(*psyche*)的组织结构这些对照，在《理想国》中贯穿始终的根本作用，我们马上就能理解类比在柏拉图思想中的重要性。

较之对比喻的喜爱，在苏格拉底的方法中更为根本的是他的反讽。极少有像反讽这样的古代概念能产生如此大的影响力，或造成如此多的伦理和批判的理论。[2]反讽肯定是苏格拉底原本就有的特征，只是在柏拉图那里变得特别丰富和多面。很难用几句话来概括。它始于苏格拉底对任何事物都无知和不能胜任的声明，但他的论辩技能似乎很明显可以反驳这一点。因此，他的那些比较好强的对手(特别是忒拉叙马霍斯)指责他是伪君子。希腊语中*eironeia*一词的确经常指一种偷偷摸摸的欺骗行为(例如，阿里斯托芬《黄蜂》174，《鸟》1211)。这
样做的实际结果是，由于他坚持说自己跟不上别人聪明的论证，因此 78
对话人就被迫更加充分地解释，并经常发现自己并没有像自以为的那样对某些事情那么一清二楚。经常和苏格拉底在一起的伙伴都习惯了

[1] 一般参看G.E.R.Lloyd, *Polarity and Analogy*(Cambridge 1966)：关于柏拉图，289—303。

[2] Friedlaender i，第七章，虽然有点难以理解，但很有帮助。亦参看W.Boder, *Die Sokratische Ironie in den Platonischen Frühdialogen* (Amsterdam 1973)，包括关于该主题的大量参考文献；Vlastos, *Socrates*第一章及尾注1；C.J.Rowe, *Nova Tellus* 5(1987)83—101。我还受益于阅读爱德华·赫西(Edward Hussey)的一篇关于反讽的未刊论文。在非苏格拉底的语境中，希腊人对此概念的看法可以通过考虑亚里士多德的《尼各马可伦理学》iv.7和泰奥弗拉斯托斯的《人物素描》(*Characters*)1(以及厄谢尔[Ussher]和斯坦梅茨[Steinmetz]的评注)来推测；O.Ribbeck, RhM 31(1876)381以下对此亦有讨论；W.Büchner, *Hermes* 76(1941)；F.Amory, *C&M* 33 (1981—1982)49—80。进一步参看D.C.Muecke, *The Compass of Irony* (London 1969), Wayne Booth, *A Rhetoric of Irony* (Chicago 1974), D.J.Enright, *The Alluring Problem: An Essay on Irony* (Oxford 1986)，以及其他很多文献。

他的这种戏谑方式，他们有的会以同样的方式回应苏格拉底。[1]但苏格拉底的反讽除了关乎他自己之外还涉及别人，因为他称赞像智术师那样的人并声称自己羡慕或嫉妒他们。这里我们又一次感到他有时候一定是在言不由衷地说话，虽然我们可以假定，开始的时候他真的对例如普罗塔戈拉或希庇阿斯抱有很高的期望。更令人困惑的是，在《欧绪德谟》中，当假行家的智慧已经暴露为赝品之后，他还保持羡慕的口吻。部分原因可能是，强调他人观点或论证的缺陷或加以抨击并不符合苏格拉底的本性。毕竟，这意味着他知道得更多，但他坚持认为自己对答案一无所知。

但柏拉图对反讽概念的运用不止于此。他似乎将苏格拉底的反讽方式视为苏格拉底的核心特征，视为理解其生活和思想的关键所在。这种轻微幽默的语调是如此温和，以至于不敏感的人一开始察觉不到。它不限于讨论有知和无知的文脉，而是弥漫于对话之中。阿尔喀比亚德的话是恰当的：苏格拉底把珍宝藏在自己的内心，“一辈子都在人们中间玩弄反讽的把戏”（《会饮》216e）。苏格拉底采用这种语调的一个理由也许是想缓解别人在遭到反驳时的不适，不过这个理由只能是很有限的一个方面，因为在某些地方，他想让他们感到惊愕和沮丧：他的角色是当一只牛虻。这个反讽本身激怒了他的一些对话人。

我们可以猜想，对于柏拉图而言，苏格拉底式反讽所造成的特定文学效果可能是他以其他方式无法达到的。特别是，苏格拉底某些最令人难忘的讲辞，其精彩的雄辩和宏伟的言辞，之所以给人留下深刻印象，恰恰是因为他暂时取下了反讽的面具，显露出一些“藏于内心的珍宝”。此外，苏格拉底的半严肃、半戏谑的方式，使得我们难以确定他自己有多么坚定地相信某种具体的假说或结论，即便他自己是对

[1] 例如《理想国》449c—451b，《会饮》175e，《斐德若》235b—e，236c，以及其他许多例子。

话的叙述人。一系列复杂的论证会因为一个比喻而被摒弃；一场完整的对话可以从一种不同的视角来衡量并被说成是“游戏”（play）。正如苏格拉底的反讽肯定经过了柏拉图的发挥和拓展（当然，柏拉图也加入了很多戏剧性反讽[*dramatic irony*][一个较简单的概念]的例子）一样，苏格拉底永不休止地探求的本性——不期望达成结论——也在对话文本内经常是自相矛盾和令人困惑的谈话中得到了呼应和丰富。反讽这种对话形式是与苏格拉底关联在一起的：在没有苏格拉底的《法义》中，柏拉图用了其他手法来修饰语调和显示缺陷，但那种神奇的特性就消失不见了。

我们回到早期对话的一般特征上。在柏拉图那里，讨论通常不是直截了当的。除了虚假开端和离题话之外，还经常有穿插，它们可能以非论辩的形式发挥和阐释了对话的主题。穿插的一种常见类型是对方法论的讨论，这种讨论反复出现，遍及柏拉图的作品。柏拉图关心的不仅是完成一次哲学论辩，而且注重讨论的恰当形式和方式。苏格拉底经常在讨论的间歇谈到他们应该如何彼此对待以及接下来如何进行论辩。有时会讨论讲辞的合适长度：智术师们已经从修辞角度处理过这一话题。[1]苏格拉底坚持认为他们的初心应该是发现真理，而不是驳倒对方，也不是为了赢得听众的喝彩和钦佩，好像是在比赛或显示聪明。[2]对话参与者也不应该隐瞒或秘藏他们的知识（《理想国》卷一344e）：对智慧的探索是一项共同的事业。他们必须自由地谈论，说出自己真实的感受和观点，无所顾忌，也不害羞。欺骗或转变立场 79

[1] 见《普罗塔戈拉》328e—329b，334c—338e；《高尔吉亚》449c及多兹的注释；《理想国》卷一348ab；《斐德若》267b中的普罗狄科。进一步参看H.Hudson-Williams, *AJP* 71(1950)156ff.; C.W.Macleod, *Coll.Essays* (1983)54。

[2] 关于*philonikia*（竞争）的批评，尤见《高尔吉亚》457c sqq.，《斐多》91a。关于合乎道义的讨论方式，进一步参看G.E.R.Lloyd, *Magic, Reason and Experience* (Cambridge 1979) 100—101。

是不公平和不合法的(《卡尔米德》174b,《高尔吉亚》499bc)。通力合作,成功的机会更大(《普罗塔戈拉》348d),如果一个参与者说错了,我们不应该哄笑或者嘲弄他的错误,好像我们自己就是正确的。恶言辱骂或嘲笑不构成反驳(《拉凯斯》195a7;《欧绪德谟》276d, 278d;《高尔吉亚》473de)。不过,尽管讨论应该是在朋友之间进行,而且坦诚合作是一种理想,但这并不意味着我们应该彼此恭维或者掩盖差异。应该把错误弄清楚,这是有必要的,也是对的,尤其是在道德观和以正确方式生活这些最重要之事上的错误。哲学探究的重要性被不断强调(《拉凯斯》185a;《高尔吉亚》481bc, 500c;《理想国》卷一352d,卷二358d7f.)。此外,无论在哪里,只要能找到智慧,我们就应该寻找,不要骄傲自大,不要高高在上,听不进可能的帮助者的话,即便他们的建议可能听起来是幼稚或老套的(注意在《高尔吉亚》527a中提及的"老妇",比较512e;亦比较《斐德若》275bc)。当拉凯斯说"至于老师是否太年轻,或者名声还不够大,诸如此类的事情我都不在乎"(《拉凯斯》189a)的时候,他说出了正确的态度。

此类言辞代表了理想,但并不总能在实践中达到。随着讨论的进展,情绪可能越来越激动;当苏格拉底的盘问戳穿了伪装,揭露了虚假的知识时,起初是朋友之间客气而有教养的聊天,就可能变得窘迫、愤怒甚至敌对。《高尔吉亚》中的卡利克勒斯是受到这种对待时表达愤
80 怒最强烈的一个,但我们在别处也能发现激动的反应:《卡尔米德》中的克里提亚(尤其是《卡尔米德》162d,比较169c),《理想国》第一卷中的忒拉叙马霍斯,《美诺》中的阿尼图斯,以及《拉凯斯》中的拉凯斯某种程度上也是如此(虽然他更在意的是尼西阿斯不要做得比他更好,197a sq., 200a—c;他并没有厌恶苏格拉底)。苏格拉底的方法挑战了他的对手,使他们惊慌:当苏格拉底使他们意识到自己并不知道

他们以为自己知道的东西时(《申辩》23c),意识到自己无法界定他们确信自己所拥有的品质时(《拉凯斯》194ab,《卡尔米德》176ab;比较《吕西斯》223b,不过,在该处是苏格拉底在说),他们的虚荣心或安全感似乎受到了威胁。较年轻的聆听者可能受到这种步骤的激发和鼓舞(《申辩》23c,《泰阿格斯》121d,《理想国》卷七539b,《泰阿泰德》150d,《斐勒布》15d sq.),例如《欧绪德谟》中的克利尼亚。但年纪较大的或思想较保守的人,如阿尼图斯,就会对苏格拉底发脾气,怀疑苏格拉底是在取笑他,更严重些的就指责他通过质疑公认的价值观破坏了传统道德规范(《美诺》92e,94e)。在这一点上,他们把苏格拉底与具有新观念的职业教师,即智术师联系在一起。在下一章中我们会看到,他们并非完全是错的。[1]

苏格拉底的听众抗议他的辩论手段,他的吹毛求疵,以及对轻微的矛盾或语词疏忽抓住不放。他们抱怨说,用这种方式找出人们的错误是无礼的,简直不是君子所为。波卢斯指责他粗鄙(《高尔吉亚》461c,*polleagroikia*);希庇阿斯则比较客气一些,抱怨他为了制造困难而操纵论证(《希庇阿斯后篇》369bc)。忒拉叙马霍斯称他是诡辩家或吹毛求疵的人(《理想国》卷一340d1,以及接下来的内容),卡利克勒斯把他说成是"煽动暴乱的演说家(mob-orator)"(《高尔吉亚》482c,比较494d)。这些批评都是可以理解的,但并不完全公平。随意粗心地使用语词的确会在言辞和行动上导致混乱、含糊和错误,苏格拉底的纠正和"挑剔"无论从逻辑上还是从道义上说都是重要的。但必定难以让人相信他这么做是无私的,而且没有掺杂任何恶意的快感。的确,柏拉图的最富有同情心的读者肯定偶尔也会感到,苏格拉底在

[1] 关于苏格拉底被说成是"智术师",见埃斯基涅斯1.173,安德罗提翁(Androtion)*FGH* 324 F 69。

对待例如伊翁或希庇阿斯时，他戏弄性的批判和评论有点儿傲慢，甚至明摆着是令人恼火的。[1]对话人（和读者）抱怨他的谈话方式，抱怨他老是提修鞋匠、农场主、鞣皮工之类人——这些与正在讨论的伦理和政治的大问题有什么干系？[2]这里，读者再一次需要更仔细地观察苏格拉底表面上幼稚、笨拙的风格，要看出这种风格的效用，即作为一
81 种手段，打击那些强词夺理的演说家或自我标榜的权威人士的浮夸修辞，挫败其锐气。[3]某种程度上说，正是自命不凡的心态使得卡利克勒斯蔑视苏格拉底的谈话[4]；另外一个雄心勃勃的贵族，未来的僭主克里提亚，他的反应也大致如此，只是没有那么直言不讳（见《卡尔米德》163b以下，在该处，克里提亚特别地否认那些做鞋或卖干鱼的人可以被说成在从事真正的工作）。如果苏格拉底本人真的是石匠的儿子[5]，那么，在这些贵族高傲的嘲讽中就包含着额外的尖刻。但无论苏格拉底的出身和职业是什么，要点仍然在于这样一个原则，即阶级意识和社会价值观念与哲学论辩没有关系。忒拉叙马霍斯和其他人可以指责苏格拉底“心胸狭窄”，希庇阿斯可以抱怨辩证法总是在简短、琐碎的问答中摸索，而不能处理宏大、重要的主题（《希庇阿斯前篇》301bc，304ab），但事实是这些鸡毛蒜皮之事的确事关紧要：只有当卡利克勒斯和其他人考虑到他们雄心勃勃的主张所依赖的基础时，他们的宏大

[1] 进一步比较《申辩》22c—23a；《理想国》卷一337a；Kraut, *Socrates and the State* 246。

[2] 关于这种批评，尤见《高尔吉亚》491a中的卡利克勒斯，比较497b，《希庇阿斯前篇》288d；还有《会饮》221e中的阿尔喀比亚德，他反对这种肤浅的抱怨。

[3] 此处可与后来的道德学家和尤其是罗马讽刺作品中的“普通人”姿态相类比。比较J.F.Kindstrand, *Bion of Borysthenes* (Uppsala 1979) 42—44, 47—49和贺拉斯《讽刺诗集》（*Satires*）（也许卢西利厄斯[Lucilius]更是如此；比较N.Rudd, *The Satires of Horace*[Cambridge 1966]第四章）。

[4] 见《高尔吉亚》490a，491ab和特别是489c“（你以为我说的是）一群乌合的奴隶和毫无用处的平庸之辈吗？……”；比较512c关于卡利克勒斯的势利。

[5] 证据见伯奈特（Burnet）对《游绪弗伦》11b9的评注；他是很怀疑的。

宣言才可能获得有效性。

并不是所有与苏格拉底的谈话都以愤恨和不快告终，《美诺》中的阿尼图斯和《高尔吉亚》中的卡利克勒斯是极端的例子。在早期对话中，通常的结论是认识到迄今为止所提出的回答没有一个是充分的：参与者处于困惑之中（in *aporia*），也就是说，他们不知道下一步该做什么（《游绪弗伦》《拉凯斯》《吕西斯》《卡尔米德》《希庇阿斯后篇》《希庇阿斯前篇》《普罗塔戈拉》[见361c]以及《理想国》卷一的结论都是如此；关于这词本身（译按：即*aporia*[困惑]），见例如《拉凯斯》200e，《希庇阿斯前篇》304c）。[1]这可以与《申辩》中苏格拉底所说的原初使命联系起来：他断言，他被神称赞为最有智慧的人，仅仅是因为他意识到自己的无知。他因此开始向别人提问，起初是希望找到他们的智慧，后来是为了向他们揭示他们的无知。就像他向泰阿泰德解释的，去掉以为你自己知道什么的错误信念比继续自以为是，在整个一生中一直没有改正，一直蒙昧无知更好（《泰阿泰德》210bc，该作最后的讲辞）。[2]在洗心革面、祛除错误信念之后，才有希望启程探寻真正的知识。

正如我们所知，苏格拉底的对话人并不都能领会这一纠正过程。有若干段落证明他们中一些人对陷入无助的困惑境地（*aporia*）感到 82
不安。即便他们没有怨恨和嫌恶苏格拉底，他们也觉得和他交谈令人痛苦和麻木。美诺用了一个令人难忘的比喻来描述苏格拉底所提问题的效果，即把苏格拉底比作一条带电的魟鱼（《美诺》79e—80b，比较《游绪弗伦》11b—e，《阿尔喀比亚德前篇》116e，《泰阿泰德》149a9，151c，《智术师》230b—d，以及特别是《理想国》卷六487b—d）。特别

[1] 比较什林（Slings）对《克利托丰》196—197的评论。

[2] 不过，《泰阿泰德》不能仅仅被看作疑难性对话，像前面引述过的较短作品那样：见下文原文第281页和例如D.Frede, *PCPS* 35(1989)20—49。

是在《美诺》中，柏拉图试图回答这一批评，试图表明苏格拉底的教学同样可以为真正的自我提升做好准备并导向知识。这是童奴那场戏的一个功能，在那场戏中，苏格拉底向美诺表明发现真理的可能性，即便一个人先前的观点被证明是错误的。麻木的过程是一种必要的序幕，对这个奴隶没有害处。受到这个例子的鼓舞，美诺认可了苏格拉底着重强调的声明，即他确信一个人有必要探索那些不知道的事情（《美诺》86bc）。苏格拉底的一些朋友的确以和他一样的态度接受这种困惑处境。他们谦逊地回应并希望继续学习更多的东西。（在这方面，《拉凯斯》中的尼西阿斯是个不错的发言者，见187e—188b。）其他人则急匆匆地避开苏格拉底或者终止讨论，尽管苏格拉底很想继续（《游绪弗伦》《普罗塔戈拉》）。令苏格拉底非常懊恼的是，他所提出的令人不安的难题通常被推迟到"别的时候"（*eis authis*或者类似的短语：《游绪弗伦》15e—16a，《普罗塔戈拉》361e；比较《吕西斯》的结尾处男孩们的奴仆造成的干扰）。有时候有人提议他们第二天再聚会（如在《拉凯斯》中）[1]；另一些时候，继续讨论的时间安排得很含糊或缺乏诚意。《游绪弗伦》突出地显示出被苏格拉底降服的人不愿意重复这个过程。在该对话中，苏格拉底渴望继续，但游绪弗伦急忙说："请下次再说吧，苏格拉底；因为我有急事要去一个地方（故意含糊其辞？），现在得走了"（《游绪弗伦》15e）。但由于苏格拉底的审判即将到来，恐怕再也不会有别的机会了。[2]

那么，柏拉图早期作品的典型结构和情节进展大致就是如此：这些是骨架，柏拉图用历史人物、幽默、戏仿、悖论以及持久的哲学论辩

---

[1] 比较"三部曲"《智术师》（在《泰阿泰德》之后的那一天）、《治邦者》和《哲学家》（没有写出来）假定的时间关系；《蒂迈欧》《克里提亚》和未写出的《赫墨克拉底》。

[2] 《斐多》107a克贝的话中有类似的要点，更明白（也更悲恸）。

使其血肉丰满。[1]现在我转向对特定作品更为详尽的考察上来。[2]在这里，从苏格拉底与普通人，即他的雅典同胞，打交道的对话开始谈起是有道理的。在下一章中，我会讨论他与职业智术师的更为宏大的遭 83
遇战。与老人交谈的《拉凯斯》和与年轻人谈话的《卡尔米德》，展现了苏格拉底最迷人、最机智且最具反讽性的一面。这两部对话共同提供了进入柏拉图著作的精彩导引。当然，这并不表明它们就属于柏拉图最早的对话，但包括文体学在内的其他的考虑因素，的确说明这是有可能的。

1.《拉凯斯》[3]

按照历来的说法，《拉凯斯》有相对确定的戏剧时间。公元前424年的代立昂之战是才过去不久的事件，苏格拉底在此战中获得名声，[4]而拉凯斯的去世（在前418年）显然还是未来的事情，西西里远征和尼西阿斯的身败名裂也是如此。这两位将领在雅典赋闲，也许是在尼西阿斯和平（the Peace of Nicias）期间。吕西玛库和美勒西亚向这两位名人讨教如何正确培养儿子的问题：怎样才能保证他们的儿子成长为能与其杰出祖辈相称的人？对话开场时，他们才观看了一场带甲作战表演。关于这种战斗形式的优点的讨论还没有结果。直到对话

[1] 对比弗拉斯托斯对这一比喻说法的不同看法，见*Times Literary Supplement* 24 Feb.1978, 230—231。在他看来，这些论辩是对话在“优雅地饶舌和打趣的表皮”之下的“血肉和骨骼”。

[2] 关于本书中没有顾及的两部对话的典范性分析，见L.J.Coventry, *JHS* 109(1989)1—15, 对《美涅克塞努》的分析；M.Whitlock Blundell, in *OSAP*增刊1992,131–172, 对《希庇阿斯后篇》。

[3] 本节初稿完成于1985年。在那之后，斯托克斯（M.C.Stokes）在《柏拉图的苏格拉底对话》（*Plato's Socratic Conversations,* London 1986）36—113中对《拉凯斯》作了一种详细的解释。

[4] 见《拉凯斯》181ab;《会饮》221a以下。关于该战役的历史记述，见修昔底德《伯罗奔尼撒战争史》卷四89—101；现代的看法见D.M.Lewis, in *CAH* $v^2$425—427。

进行过半的时候，作品的“主题”才显示出来，即“勇敢”（《拉凯斯》190d5）——什么是“勇敢”，孩子们如何获得它，它是可教的吗？显然，像尼西阿斯和拉凯斯这样的勇敢者和司令官必定知道勇敢的本质。但是，在苏格拉底的提问下，无论是拉凯斯尝试下的定义（“坚守阵地，不逃跑”和“灵魂的坚定”），还是尼西阿斯更为周密的看法（“在战争中或在其他事情上，激发人的恐惧或自信的知识”）都显得有缺陷。对话在困惑（*aporia*）中结束。

很明显，《拉凯斯》的创作不是仅仅为了，甚至主要不是为了，进行简短而草率的“哲学”论辩，以支持或驳斥这些定义。说这部作品也意在刻画苏格拉底和他的对话人的肖像，这无疑是对的，但对我们的帮助还是不够大；任何一部早期对话或多或少都可以这么说。接下来对《拉凯斯》的结构和一些具体段落的评论，也许有助于达成一种结合了该对话戏剧和哲学两方面的统一视域。

一个奇怪的事情是该对话花了很多时间来讨论披甲战斗的优缺点。吕西玛库开篇的发言就设置了场景，并使我们关注“全副武装作
84 战的人”。此后，尼西阿斯和拉凯斯分别赞成和反对追求这种专门知识（《拉凯斯》181d—184c），特别是拉凯斯的讲辞中有大量生动的细节。既然这两位专家的意见不一致，难以做出决断，因此，吕西玛库转而向苏格拉底寻求裁断。他说：“要是他们俩意见一致，那就不大需要仲裁人了。”这引起了苏格拉底的含蓄指责：他的判断是只凭人数还是依靠知识？（《拉凯斯》184d）接下来，话题就转到探究在场者的依凭：他们拥有的知识是什么，他们的老师是谁，这些老师通过教育使什么人变得更好？讨论从一种较为超然和浅表的“客观”之争转到较为私人的层面上，在这个层面上的探究必然伴随着自我揭露和互相批评。进而，争论的主题从具体问题（一种特定的战斗方式的优点和缺陷）变

为抽象问题（对一部分德性的定义和界定）。柏拉图主要用了两种策略来强调这一转换：首先，对话被一个穿插分为两个部分，在这个穿插处，尼西阿斯描述并赞扬了苏格拉底的探究方法（《拉凯斯》187d—188c），而拉凯斯认可了尼西阿斯的赞扬；其次，对话的形式随着主题的改变而改变：在前半部分中，苏格拉底处于幕后，尼西阿斯和拉凯斯则在场上辩论（debated in an *agon*）（关于一个主题的两套预制讲辞[set speeches]），后半部分由苏格拉带领，却是通过他特有的方法，辩证而简短的问答，一次一人参与（先是尼西阿斯，然后是拉凯斯）。

该对话的如此结构意在表明一个方法论上的要点。在较早的部分中，拉凯斯和尼西阿斯是作为权威人物、专家被请求的，他们在预制讲辞中也视这种角色为理所当然，虽然他们取得的成就不同。吕西玛库想让苏格拉底玩同样的游戏，但苏格拉底既不满意他们所讨论的问题，也不满意他们讨论问题的方式。很多对话都提到过苏格拉底不喜欢预制讲辞，在《普罗塔戈拉》中（尤其）有非常充分的解释（《普罗塔戈拉》328e—329b；比较《理想国》卷一348ab）：在听者没有任何真正的机会打断演讲者并提问的情况下，演讲者可以说得头头是道。而且，苏格拉底没有带来答案，但他希望通过对无知的承认（这种无知被反讽地说成仅仅是贫穷的结果，《拉凯斯》186 sq.）和共同的探究[1]，在发现答案的路上取得一些进展。

钦佩苏格拉底这个人和赞成苏格拉底所提议的探究方法，并不能保证在辩证性讨论中表现得有耐心和作自我批评。柏拉图经常进行以下对比：一个人物起初乐意接受提问，（而后）提问逐渐引起不耐烦、不舒服或彻底的恼怒。在《拉凯斯》中，讨论没有持续很久，情感也没有

[1] *Koinos*,“共同的”（common）及其同源词在此类语境中频繁出现：比较《拉凯斯》196c10, 197e，以及例如《高尔吉亚》498e, 506a,《普罗塔戈拉》330b。

85 高涨起来，但是，在较为急躁的拉凯斯和较有哲学心思的尼西阿斯（他与苏格拉底交谈的经历更多）（《拉凯斯》188a，比较180c，200d）之间肯定有一种对比。提问开始的时候，拉凯斯是有几分洋洋自得的：“因此，苏格拉底，就请你照着你喜欢的方式开导和盘问（*elenchein*）我吧，同时，你也听听我知道的事情。”（《拉凯斯》189b）他显然没有预见到任何困难。当他的看法被证明为不够好的时候，他的反应是不知所措（《拉凯斯》194a6ff.）。当尼西阿斯给出他的看法，（他从先前与苏格拉底的交流中得到了暗示[《拉凯斯》194d]），拉凯斯就嘲笑他（《拉凯斯》195a2 “他的说法真是离奇”；195a6 “这正是他胡言乱语的地方”）。在此处，苏格拉底温和地批评了他：“我们还是开导他，而不要骂他吧”（《拉凯斯》195a7），而尼西阿斯准确地指出，拉凯斯是不想让别人做得比他更好。这里的道德因素也许十分明显，缺乏（例如我们在《高尔吉亚》中发现的）那种伴随着辩证艺术和修辞艺术之间持续对比的微妙发展；不过，这一刻画有效指出了拉凯斯身上的潜在缺点。

这场争论的其余部分进一步发挥了这一点，因为拉凯斯越来越公开地恶言相向（《拉凯斯》196a sq.），称尼西阿斯是智术师，东拉西扯（同上，以及197d），幸灾乐祸地看着他忙于应付（《拉凯斯》197a），最后对他的辩驳冷嘲热讽（《拉凯斯》200a）。尼西阿斯的回应指向道德品行：“哦，说得好，拉凯斯，你不在乎自己在勇敢的性质问题上已经表现出来的无知，你关注的只是我是否出一样的丑……在我看来，你和世上的寻常人一样，总是盯着你的邻人，而不反观自己。”（《拉凯斯》200a）柏拉图让拉凯斯的对手尼西阿斯来说这些话，目的是避免使苏格拉底的讲辞显得过于道貌岸然。拉凯斯和尼西阿斯其实都尊重苏格拉底，建议吕西玛库和美勒西亚请苏格拉底做他们儿子的“导师”，但苏格拉底否认自己有能力当教师，并且平静地提醒说，他们所有人，包括他自己，看来都需要老师："我说，先生们（这事仅限于我们中间），我们每个人都应该为自己找一个最好的老师，首先是为我们自己找，我们确实需要一位老师，然后为孩子们找，不管花多少钱，或者付出其他任何代价。"（《拉凯斯》201a）对话的结尾因而重申了尼西阿斯在赞扬苏格拉底时表达的看法：一个受苏格拉底的言语引导而自我反省的人会"希望和要求继续学习，像梭伦说的那样，活到老学到老，摆脱上了年纪就有智慧的错觉"（《拉凯斯》188b）。吕西玛库在对话的最后一页呼应了这些话："我年纪最大，所以我也最渴望和孩子们一起学习。"（《拉凯斯》201b）

因此，《拉凯斯》揭示了一个原理，即辩证讨论中的行为具有道德上的意义，这种道德意义可能与讨论实际达成的结论一样重要。对话人对苏格拉底提问的回答会反映出他的德性品质。拉凯斯和尼西阿斯 86
所下定义的类型明确了这一点：拉凯斯称赞那种直截了当、简单明了，也许是不假思索的勇敢，即面对敌人坚守阵地。这与他较早的发言所透露出的对斯巴达人的称赞很相配（《拉凯斯》182e sq.，188d），苏格拉底后来也调侃性地提到这一点（《拉凯斯》191b8，193d11）。[1]尼西阿斯的定义在表述上更加小心谨慎，它诉诸知识，诉诸对引发希望和恐惧之原因的先见之明。在此处，柏拉图似乎很可能暗示发言者的职业，影射发生在该对话戏剧时间前后的事件。[2]拉凯斯对坚守阵地

[1] 也注意193d1。在前423年，拉凯斯曾赞成与斯巴达和平相处（修昔底德《伯罗奔尼撒战争史》卷四118.11），并且曾参与协助前421年的尼西阿斯和平。关于外交活动的细节，参看A.Andrewes and D.M.Lewis, *JHS* 77(1957)177—180。

[2] 关于这种手法，见《高尔吉亚》和《泰阿泰德》中对苏格拉底受审的明显预示；关于卡利克勒斯的例子，参见下文原文第168页；还有，特别是《会饮》中与阿尔喀比亚德相关的场面：见下文原文第181页。美诺也是一个例子，如果色诺芬对其后来职业生涯的负面判断是可信的话：见色诺芬《长征记》ii.6.21—29，比较i.5.10；沙普尔斯（R.W.Sharples）的评论（Warminster 1985）18。

的称赞，应该与他在代立昂战役以及后来在曼提尼亚战役中未能做到这一点有关联（《会饮》221ab），他就是在曼提尼亚丧命的（修昔底德《伯罗奔尼撒战争史》卷五72.4和74.3["那些将领"包括拉凯斯，见61.1]）。尼西阿斯的定义是关于何为可怕和安全之事的知识；但恰恰是他的谨慎导致数年后他在叙拉古的失败。[1]苏格拉底强调一个将领一定要做他的占卜师的主人，而不是依赖占卜师（《拉凯斯》199a，虽然尼西阿斯其实并没有说任何反对这一点的话，比较195e sqq.），这恐怕不是巧合。尼西阿斯在撤离叙拉古时的灾难性延误，部分原因就是他不愿意在他的预言家没有给出明确有利的预兆的情况下转移（修昔底德《伯罗奔尼撒战争史》卷七50.4，比较48）。[2]简而言之，一方面，勇敢的观念是不充分的，另一方面，两位将领最终都没能完全实践其主张，都有负其声名。的确，苏格拉底自己的言和行，用拉凯斯的说法就是"和谐无间"（in harmony）（《拉凯斯》188c—189b），这个持续出现的音乐喻象预示了柏拉图（尤见《高尔吉亚》482bc）和后来作家的其他很多东西。[3]拉凯斯所称赞的苏格拉底在代立昂之战中的勇敢，也体现在辩证的领域，体现在他继续探究的决心和意愿中。就在另一处提到言语和行为相一致的必要性之后，在193e—194a，这个要点被指出来，虽然语调轻松：

[1] 此处，我基本上遵从布赖恩（M.J.O'Brien）的观察，*YCS* 18（1963）131—147（repr. in J.P. Anton–G.L.Kustas[ed.], *Essays in Ancient Greek Philosophy i*[Albany, N.Y. 1972]303—315），尤其是143：见修昔底德《伯罗奔尼撒战争史》卷五15，卷六25，卷七50，86；阿里斯托芬《鸟》640。

[2] 进一步参看K.J.Dover, *JHS* 93(1973)63—64(=*Greek and the Greeks* 142—143)。关于尼西阿斯的品性，见*HCT* iv, index s.v.; H.A.Murray, *BICS* 8(1961)33—46; H.D.Westlake, *Individuals in Thucydides* (Cambridge 1968)第6章和第11章。

[3] 参见，例如塞涅卡：《道德书简》（*Ep.*）75.4 'concordet sermo cum vita'；88.7，以及斯塔克尔伯格（Stuckelberger）的注释。

> 苏格拉底：这种状况能令人满意吗？
>
> 拉凯斯：远远不能。
>
> 苏格拉底：那么，假定我们注意我们所谈论的东西的原则，在一定程度上，如何呢？
>
> 拉凯斯：你说的原则是指什么？在多大程度上？
>
> 苏格拉底：这个原则就是要我们忍耐。如果你同意的话，我 87
> 们的探究也应该忍耐和刚毅，这样勇敢她本身就不会嘲笑我们在寻求勇敢的时候胆小懦弱……

换言之，一个人在生活中与在辩证讨论中表现出的德性品质是相关的。讨论的第二个部分中气氛和方法的变化意味着，探究不再是理论化的或者自命不凡的宣告：正如尼西阿斯在穿插处说到的，“最后，（与苏格拉底交谈的任何人都）发现，他不得不将自己现在和过去的生活都告诉苏格拉底……我早就知道，只要苏格拉底在这里，我们讨论的主题很快就会变成我们自己，而不是我们的儿子”（《拉凯斯》187e，188b）。

2.《卡尔米德》

在《拉凯斯》中，吕西玛库和美勒西亚的儿子们只是旁听者，*kopha prosopa*（缄默者），和希腊肃剧中的很多小孩一样。与之相对照，在《卡尔米德》中，处于苏格拉底关注和探究中心的是年轻人（《吕西斯》和《欧绪德谟》的大部分也是如此），而且首先是漂亮的卡尔米德。《拉凯斯》和《卡尔米德》这两部对话可以多种理由进行富有成效的对观：它们的篇幅差不多，戏剧时间相近，都属于“疑难”定义的对话，都展现了柏拉图安排戏剧场景和人物细节的高超技巧；而且，下面将指出，《卡尔米德》也包含了预示对话参与者未来经历和行为的重要细节。一个明显的差异在于，《拉凯斯》采用戏剧形式，而《卡尔米德》是由苏格拉底来讲述。柏拉图这么做的主要原因在于，由苏格拉底来讲述能够让读者直接面对苏格拉底的思想，特别是直接看到苏格拉底对卡尔米德的出现所产生的强烈情感反应（《卡尔米德》155b sqq.）。

《卡尔米德》的场景是在摔跤学校，角力馆。这是有意为之、别有含义的。这些学校往往是富家子弟的活动场所[1]，同时也是同性恋者风流和诱引之地[2]。那么，对话的主题应该恰如其分地是*sophrosyne*——谦逊，自我克制，有道德的自我约束。[3]这个场景设定也强调了苏格拉底与年轻人之间关系的准爱欲性质，这在《会饮》和《斐德若》中有更为充分的发挥。苏格拉底对年轻人的称赞和喜爱只是部分地和表面上基于他们的身体美。他真正渴望看到和热爱的是年轻人灵魂的美。他
88 把这种美界定为知识和德性。这一点在对话开头就暗示了，当时，刚从波提狄亚军营回来的苏格拉底回答了朋友的询问之后开始谈正事："我马上转而问他们在雅典发生的事，哲学讨论和年轻人的现状如何，有没有哪个青年特别有智慧或特别漂亮，或者两方面都很突出。"（《卡尔米德》153d）克里提亚回答说，只要卡尔米德一出现，关于美貌的问题就不难回答了。他的回答形式使我们怀疑他没有很在意*sophia*（智慧）。当克里提亚说如果卡尔米德脱掉衣服会如何迷人的时候，爱欲的类比增强了。对于他是一个美男子，苏格拉底表示同意，但是"在观

[1] 比较K.J.Dover, Greek Homosexuality 41f., 54f.; Becker, *Charicles*,第四版（1874）第五章; O.Murray, Early Greece(Glasgow 1980, 1993年修订版）第十二章，关于贵族的生活方式。

[2] Dover, 多处，以及尤其是埃斯基涅斯1.132, 135。

[3] 比较H.North, *Sophrosyne*(Ithaca N.Y.1966);Dover, *GPM*,见索引; Kindstrand关于彼翁（Bion）残篇13。

看他的身体之前，我们不应该为他脱去灵魂的外衣吗？”（《卡尔米德》154de）[1]在这个场景中还有别的因素强化了道德要点。克里提亚与卡尔米德保持着一种合乎礼仪的伴护关系，他是卡尔米德的亲戚和监护人。[2]不过，克里提亚打算为苏格拉底与这个男孩的面谈创造条件，甚至提出一个吸引卡尔米德兴趣的诡计（《卡尔米德》155b）。他解释说，卡尔米德有头痛症：苏格拉底何不告诉卡尔米德他知道怎么治疗头痛？苏格拉底采纳了这一策略，但加以深化了，他接受别人的建议时经常如此；因为克里提亚只是提供了使谈话开始的第一步，而苏格拉底同时扩展了治疗的观念和疾病的隐喻，从而把他自己展现为灵魂的医生（《卡尔米德》156d sqq.；特别注意*epodai*[“符咒”或“咒语”]，该词在其他地方被用于指苏格拉底的雄辩，与*kaloi logoi*[好的或健康的语词]的结合）。他的药方其实就是辩证法，而且，正如像他极力解释的那样，它不能用于不适合的接受者。[3]

在与卡尔米德的实际交谈开始之前，苏格拉底描述了他看到这个男孩，特别是迅速瞥见他短袍下的身体时的感觉。苏格拉底的强烈反应值得注意：“那一刻，我的好朋友，我看到了他外衣下的身子，我的欲火顿时燃烧起来，无法克制自己。我觉得昔狄亚斯（Cydias）是多么通晓爱情之事啊，当提及一个俊美的青年时，他告诫某人‘要当心，小鹿会被他眼前的狮子吃掉’。因为正是那种野兽似乎一下子抓住了我。不过，当他问我是否懂得治疗头痛时，我还是不知怎的就回答——虽

[1] 动词是*apodunai*（脱去）；关于这一比喻，比较《阿尔喀比亚德前篇》132a，《泰阿泰德》162b，169ab（《普罗塔戈拉》352a暗含了同样的qi意思）；下文原文第149页以下关于《高尔吉亚》中的羞耻心和自我暴露。

[2] 比较色诺芬《会饮》1.2以及8.11；Dover,*GH* 53。

[3] 我们可以比较（可能是伪作的）《泰阿格斯》，关于苏格拉底对一些不适合的学生的无能为力；神圣的声音告诫他最好把他们打发走（这大概出自《泰阿泰德》150d—151d，下文原文第281—282页会引用）。

然有点费劲——我的确知道……”(《卡尔米德》155d—e。苏格拉底对卡尔米德之美的进一步议论在154c,158c。)

89 柏拉图的苏格拉底并不仅仅是一个理性的化身。他的哲学宗教也有非理性的一面(他的无法解释的“神赐声音”),而且,在这里,我们看到他是一个有强烈激情的人,尽管他很自律。他的谈话经常提及对年轻美貌者的爱,特别是阿尔喀比亚德(《高尔吉亚》481d;比较《美诺》76bc;《会饮》关于他与阿尔喀比亚德和阿伽通的关系),他的朋友们也对他的这一点习以为常,他们看不到具有迷惑性的且常常是轻浮的外表之外的东西(《普罗塔戈拉》309a—c)。虽然从《卡尔米德》以及后来《会饮》中阿尔喀比亚德对其行为举止更充分的描述来看,他的激情显然是有所克制和可控的。西塞罗的一篇对话作品中有一则令人印象深刻的轶事,可能出自斐多之手的对话《佐皮鲁》(*Zopyrus*),其中有一个相术家称苏格拉底的面相显示他有好色和暴躁的本性。那些在场的人都嘲笑这一判断,但苏格拉底却坚持认为此人是对的:“苏格拉底对他施以援手,说这些品性确实深植于自己身上,但他已经靠理性将其驱除了。”[1]正是通过理性的力量,苏格拉底控制住了萨提尔式的狂热本性。《卡尔米德》的部分意图就在于展示苏格拉底的这方面品质,因为通观对话的其余部分,苏格拉底对卡尔米德说话都是自在而从容的,没有任何对他抱有性欲或想要挑逗他的迹象。和阿尔喀比亚德一样,这个男孩也由于这一原因,发现苏格拉底越来越令人着迷和兴奋(《卡尔米德》176b,该处出现了魔法语言)。简而言之,正如在《拉凯斯》中,苏格拉底可以被视为真正勇气的化身,在《游绪弗伦》中,苏格拉底是真正虔敬的化身(与游绪弗伦的假虔敬形成对照),

[1] “Ab ipso autem Socrate sublevatus, cum illa sibi insita sed ratione a se deiecta diceret.”(西塞罗:《图斯库兰讨论集》iv.80)。比较西塞罗:《论命运》iv.10; Guthrie iii.390—402。

因此，在《卡尔米德》中，他的行为是*sophrosyne*，谦逊和自我克制的榜样。对柏拉图而言，这一写法很容易变得重复和过于理想化。他似乎意识到这种危险并在上述对话完成之后放弃了这一写法。有两部主要作品(《高尔吉亚》和《会饮》)提供了一种更复杂也更引人深思的版本。在《高尔吉亚》中，苏格拉底曾说他自己是“一个真正从事政治技艺的人”(《高尔吉亚》521d)，在《会饮》中，多重相似点将(如阿尔喀比亚德和叙述者所描述的)苏格拉底与(如苏格拉底自己的讲辞所描述的)守护神爱若斯(the daimon Eros)关联在一起。不过，此两例都更为错综复杂，更具有双面效果，而不是单纯的赞颂。[1]

在155d—158c，苏格拉底描述了他用来治疗卡尔米德头痛的“咒语”或药物。正如我们已指出的，他很快就从身体的康复转向灵魂的治疗，从“一种需要搭配咒语的树叶”到只是体现在言辞中的咒语(《卡尔米德》157a；比较《斐德若》270b)。马上给读者造成进一步印象的地方是苏格拉底娴熟地为这一(纯粹虚构的)疗法找了一个出处：“我是在军队服役时学到这个的，是从色雷斯国王札耳谟克西的一个医生那里学的。据说他甚至能使人不朽。”(《卡尔米德》156d)如 90
苏格拉底所言并经希罗多德证实[2]，这个国王是一个神话人物，也被视为神。因此，苏格拉底疗法的起源不仅是异国的，外来的，而且也是宗教性的。这一无法证实的生动细节，有助于强调苏格拉底的提议(也许是一个有情人给他所爱之人[*eromenos*]的精神礼物？)的重要性和价值。[3]在柏拉图那里，苏格拉底经常将其知识或深刻见解归诸权威人士，而且往往是与宗教有关的人物。因此，在《会饮》中，爱若斯的秘

[1] 见下文原文第156—157、199—200页。

[2] 希罗多德《历史》卷四94—96；比较A.D.Nock, *CR* 40(1926)18ff.。

[3] 阿里斯托芬《财神》157等；Dover, *GH* 92f.和146。

密是由一个有着宗教名字的女祭司第俄提玛传授给他的；在《美诺》中，回忆学说被归于“一些懂得宗教的男人和女人……想对他们所发挥的作用作一番解释的男祭司和女祭司”（《美诺》81a）。[1]这是柏拉图的策略之一，试图调和苏格拉底的*无知*与他对人们实际上的教导或对新说的表达。

人们往往从古希腊价值观的视角来分析对*sophrosyne*的诸种尝试性界定，而且，这些分析往往是在对该对话中论点的更为哲学化的研究中进行。[2]这一背景不需要在此追溯，但很少有观点能够指出该对话中戏剧和哲学的发展相互关联的方式，《拉凯斯》也是如此。

有六种定义被提及。前三种是卡尔米德提出的（虽然第三种是他从克里提亚那里学来的，见《卡尔米德》161b，162c sq.等）；后三种则属于克里提亚自己。这些定义如下：

1—3：卡尔米德（158c—162d）

1.冷静，或以有序和冷静的方式做任何事情。

2.*Aidos*（羞耻心、谦逊）

3.专心做自己的事。

4—6：克里提亚（164c—175a）

4.自我认识

5.关于其他知识和它自身的知识。

6.关于一个人知道和不知道什么的知识。

---

[1] 进一步的例证见《高尔吉亚》507e以及多兹的注释（该处的*sophoi*[聪明人]很可能是毕达哥拉斯派的思想家）；《斐德若》262d，274c sq.他偶尔也把自己的看法归于普罗狄科或其他指定的同时代人的教导，这些可归入一个有所不同的、更为草率的类型（例如《卡尔米德》163d），而且，在《美涅克塞努》中，他从阿斯帕西娅那里得到的修辞教导则更明显是一个玩笑。

[2] 特别参看T.G.Tuckey, *Plato's Charmides*(Cambridge 1951); G.Santas, 见*Exegesis and Argument*, E.N.Lee等编(Assen 1973)105—132;N.van der Ben, *The Charmides of Plato:Problems and Interpretation*(Amsterdam 1985).

单是页码索引就表明，与卡尔米德的交流很短，而且他的提议没怎么被认真对待。第一个定义有助于进一步刻画他的品性：他所描述 91 的自觉理想反映了他的个性，他对何为“恰当”的感觉，而不是深入到外在表象之下。[1]第二个定义从外在的谦逊转向产生谦逊的内在品质，这显示了进步，但这个提议被苏格拉底以一种微不足道的方式处理了，他只是诉诸荷马的一句诗来反驳卡尔米德，而卡尔米德自己似乎也急着往前一步提出“另一个定义……我刚刚想起来的，是从别人那里听来的”(《卡尔米德》161ab，即上面第三个定义)。先是卡尔米德对这个定义作了不充分的辩护，然后克里提亚重新解释了它，但又仓促放弃了。更有希望的自我认识的提议被吸收到第五个定义中去了，而且，实际上只有最后两种定义得到详尽的讨论或者包含通常理解的“哲学”分析。既然所有提到的定义都被抛弃了，苏格拉底几乎是幸灾乐祸地回顾了这些定义的缺陷(《卡尔米德》175a—d)，那么读者必定会问，卡尔米德可以带走什么呢，如果有的话，在对话的结尾他如何变得更好了。

的确，在柏拉图的对话中，最令人难以接受的就是这样一种反复出现的情形，即苏格拉底放弃想法，对论辩漫不经心，不理会可能的替代选择，问一些似乎经常是明摆着具有诱导性的问题。无论对后来形而上学和认识论的困境有什么看法，我们都不可能相信柏拉图没有识破苏格拉底在此处或其他地方所使用的大部分或全部的谬误和辩证术的手法，就像在《欧绪德谟》中他被论辩技巧超群的欧绪德谟和狄奥尼索多洛糊弄了一样。说柏拉图执意要不惜代价地让苏格拉底“获胜”，这不是一个令人满意的解答；因为至少在《卡尔米德》中，柏拉图给他

[1] 关于礼貌或正确举止的典范，比较阿里斯托芬《云》963f.，正理(Right)的讲辞，以及Dover在该处的评注和*GH* 84—85。

安排的对手根本配不上他的牛刀。“获胜”的观念可能更与例如《高尔吉亚》相关。在《高尔吉亚》中，苏格拉底的情绪更加强烈，而且，论争的结构（与欧里庇得斯的一部著名肃剧相呼应）呈现了苏格拉底与卡利克勒斯之间异常强烈的观念冲突。在那里，柏拉图显然试图尽可能给予苏格拉底强有力的理由，但仍然可以说，通过这部作品的戏剧形式，他也向我们显示了苏格拉底理想主义（idealism）的悲剧性脆弱（见下文原文第157、171页）。在《卡尔米德》和其他语调更轻松、平和的作品中，我们需要为在我们看来似乎不充分或未经彻底探讨的论证找到一种完全不同的解释。有两种可能的解释有助于理解柏拉图的意图，虽然是推测性的而且不一定全面。

一种在讨论《拉凯斯》时已经使用过了，即这些对话既讨论具体
92 的哲学问题，也是方法论和辩论道德的示例。这当然也适用于《卡尔米德》，其中很多要点与《拉凯斯》相似。人物的个性影响了他们的表现：特别是，克里提亚的急躁和自负（162bc）：他的愤怒（162cd）、他的势利（163b sqq.），导致他想要改变立场，而且通过一个模棱两可的“区分”（*diairesis*），在讨论中耍小骗术（《卡尔米德》163 sq.，尤其是163d6 sqq.）。同样，后来苏格拉底指责他隐藏了真实的观点（《卡尔米德》174b11f.；比较《高尔吉亚》499bc）。克里提亚想要给人留下深刻印象，以良好形象展示在别人面前（《卡尔米德》169c），而苏格拉底却强调他不应该因为被证明是错的而感到羞愧：“你不是说过，发现事物的真相对全人类都是一件好事吗？……那么，开心一点，可爱的先生，请针对我的问题说出你的看法，不要在意克里提亚或苏格拉底是否被驳倒了。”（《卡尔米德》166cd，比较161c5—6，165b5 sqq.，和《高尔吉亚》457c sqq.等）与《欧绪德谟》一样（只是《欧绪德谟》程度更大一些），此处也有需要学习的关于正确引导辩论的道德教训，不管达

到什么结论。

不过，读者仍然会对柏拉图的“结论”的不确定性感到困惑。在此，苏格拉底对话的原始方法的例证必定很重要，虽然我们永远无法准确知道其程度和方式。不过，似乎很可能的情形是：苏格拉底自己通常没有提出肯定的学说，在他的谈话中有一些反复出现的主题（诸如教育、知识获得、技艺类比等等），它们似乎暗示了某些通常讲不清楚的立场，以及特别是他常常提问而不是进行论述或给出答案。在以文学形式再现或重塑苏格拉底的谈话时，柏拉图似乎要么想要，要么觉得应该再现这种难以捉摸和不确定。和他的老师一样，柏拉图并没有把为我们完成所有工作视为己任。经常是这些对话所启发的多于所主张的，留给读者去发挥某些提议，去探索那些经常看起来不通情理和自相矛盾的论证的含义。不过，这并不是说读者被赋予了全权（*carte blanche*），可以完全自由自主地发挥想象。经常有一些暗示或强烈的提示，指引读者应该以什么方式去看。这些提示常常出现在所谓的苏格拉底悖论（Socratic Paradoxes，即所有德性都是相互关联的，或者实际上是统一的；即德性是知识[或者与知识不可分离]；即没有人愿意做坏事；即有德性对于幸福来说足够了等等）中。当然，我们还是不能完全确定，苏格拉底就是从这些方面来明确表述这些言论。但是，这些言论在柏拉图作品中的反复出现，并从不同的角度被发挥或重申，这的确支持了以下假设，即柏拉图的哲学是他对其老师的某些互不相关且只作了部分解释的言论进行了广泛思考的产物。

那么，这些评论如何运用到《卡尔米德》中呢？值得注意的是，较
早的定义与行为有关（外在的举止[定义1，也许定义2也是]和紧接着
的行为准则[定义3]），而后面的定义则牵涉知识。典型的苏格拉底原 93
则，即所有德性都以某种方式与知识相关，在这里并不很清晰，但可以

通过讨论显明，仿佛是指引进一步思考的路标。特别是克里提亚后来用“关于好坏的知识”来回答“什么知识会使人幸福”的问题(《卡尔米德》174b)；苏格拉底的强烈反应强调了这一点的重要性。在这里以及在该作品其他地方所暗示的要点似乎是，无论是习俗上的“正确”或端庄得体的行为举止(诸如卡尔米德的第一个定义所涉及的)，还是知识本身(*per se*)(要么是关于其他知识的知识，要么是关于知识本身的知识)，都不足以解释*sophrosyne*。我们需要的是一种自觉的道德观念，它不仅理解它自身，而且理解它的意图和目的(*telos*)。真正的“自觉意识”或自我认识不会仅仅是自我陶醉的，而且，知识本身如果缺乏道德维度，那就只能使一个国家高效、正确地运转，但不能使其幸福(就像在苏格拉底的“梦”中那样，《卡尔米德》173)。

在对话的结尾，苏格拉底再次向卡尔米德谈到他的“疗法”和卡尔米德自己的*sophrosyne*。他对没能找到他们所要寻找的东西表达了沮丧之情：现在卡尔米德——如果他的确拥有这种德性——甚至不能确定它是有益的(《卡尔米德》175d—176a)。卡尔米德的回应应该与他起初在158b的反应相比较，那时苏格拉底问他是否真的拥有*sophrosyne*。在那里，他可爱地脸红了，并且优雅地避免了自夸：“如果我说我是不节制的，那会是奇怪地反对我自己，而且这样说也意味着我指责克里提亚和其他许多人撒了谎，因为照他的看法，我是节制的。但另一方面，如果我说我是节制的，那我就是在赞颂我自己，这样做也许是讨人嫌的；因此，我不知道该如何回答你的问题。”他的发言的纯然得体与他尝试下的第一个定义(见上文)相一致。与之相对照，他在对话结尾处的回应显示出一种更朴实的态度和更真诚的不确定：“苏格拉底，我真的不知道自己有没有这种品质。因为(正如你所说)，你们自己甚至都不能为它找到一个定义，我又怎么会知道呢？”(《卡尔米德》176a)

苏格拉底辩证法的*kaloi logoi*（良言）似乎培养了某种程度的谦逊。

这部对话的结局的含义，以及（像《拉凯斯》那样的）对话参与者未来生涯的含义，都有待思考。这之后很多代的雅典读者都能认出这个漂亮迷人的年轻人和他的相当坏脾气的监护人，这是两个在前5世纪最后几年中最令人嫌恶的名字。我们从色诺芬那里知道，克里提亚成为三十僭主的领导人之一。三十僭主是一个亲斯巴达的贵族军政府，得到斯巴达的军事支持，从前404年雅典战败开始控制雅典，直到民主派的成功革命。民主制的完全恢复是在前403年夏天，克里提亚之死要比这个时间早得多，但不早于该由他负责的很多流血事件。[1]卡尔米德没有这么声名狼藉，他不是三十僭主的成员，但他是他们委任的佩莱坞十人执政团成员之一（色诺芬《希腊史》卷二4.19，在该处，我们还了解到他和克里提亚在同一场战役中被杀）。他们都是柏拉图自己的家庭成员。如果第七封信是真实的，那么柏拉图对他们的政治行径是进行了谴责并感到厌恶的（《书简》vii.324b—325a），他还将他们的行为与恢复了的民主制的宽和作了使前者相形见绌的比较。此外，很明显，苏格拉底与这类人的关系，就像与同样声名狼藉的阿尔喀比亚德的关系一样，必定在前399年对他的起诉中起到某种作用，虽然这些话题没有在法庭上公开讨论。对苏格拉底要为克里提亚以及也许还有卡尔米德的行为负责的指控，明确出现在后来对苏格拉底的攻击中，也许包括波吕克拉底（Polycrates）的文章。[2]色诺芬很奇怪地写苏格拉底力劝卡尔米德投身公共生活，那是一种十分非柏拉图式的场面（与例如《高尔吉亚》的尾声形成对照）。这一章（《回忆苏格拉底》卷 94

[1] 色诺芬:《希腊史》ii,尤其是3—4;“亚里士多德”:《雅典政制》34—41; Davies, *APF* 322ff.以及表1中的家谱。对三十僭主统治的详细讲述，以及参考文献，参见Lewis, *CAH* vi^2(1994)第二章。

[2] 见上文原文第49页; 比较色诺芬:《回忆苏格拉底》i.2.12以下; 埃斯基涅斯 i.173; 还有Libanius, *Apol.* 136ff.,尤其是148ff.。

三第7章)的日期不能确定,但它很可能意味着在它被写下来的时候,不管是什么时间,一些人(包括色诺芬)已经完全放弃了对卡尔米德的敌意。不过,克里提亚的恶名一直流传。

柏拉图的《卡尔米德》在什么地方与这一情况相合?柏拉图是否以某种方式涉及三十年之后他的两个舅舅在其中丧生的政治事件?显然很难否认,克里提亚给读者的印象不如卡尔米德那么吸引人,而且,显而易见,在163bc的讲辞中,克里提亚嘲笑了“低级”职业,说这些职业不能被称为真正的工作,流露出一个贵族对其所谓的下等人的满心蔑视(卡利克勒斯对民众[*demos*]的看法可以作为比较,《高尔吉亚》489c等)。[1]我们还知道,克里提亚本人写过一首赞美斯巴达人的*sophrosyne*的挽歌诗(88B6—8 D—K):[2]这篇存世诗作与他在《卡尔米德》中给出的定义没有多少关联,但这首诗的存在表明,柏拉图可能是在拐弯抹角地将苏格拉底的*sophrosyne*理想与克里提亚所持有并在该诗中阐述的一种更为斯巴达式、更具有政治倾向性的观念相对比。还可以补充的一点是,*Sophrosyne*也是寡头政治的一个关键词:有节制者(*sophrones*),“那种正派的人”(decent types)是城邦中的“上等阶层”,能够做出清醒的政治判断;这里再次带有斯巴达的意味。[3]一个后来的亚里士多德注释者说克里提亚写过*politeias emmetrous*(“论政制的诗”),这位注释者的说法有点儿混乱(88A22 D—K),如果这是
95 正确的话,那么,就很容易将这一点既与对斯巴达的赞美联系起来,也

[1] Dover, *GH* 108解释了163b7—8中的短语“或坐在屋子里”,并与埃斯基涅斯 i.74相比较:它的意思是做男妓这一行。这样,克里提亚的势利又加入了粗俗。

[2] 克里提亚作品的这些片段和其他片段的翻译,见Sprague, *The Older Sophists* 241ff.。关于作为一个知识人的克里提亚,见Guthrie iii.298—304; Ostwald, *From Popular Sovereignty to the Sovereignty of Law* 462—465。

[3] 尤其比较修昔底德:《伯罗奔尼撒战争史》i.84.2—4; 还有iii.82.8,vi.89.6,viii.53.3,64.5。

与在该对话中苏格拉底所假想的组织良好的城邦联系起来。苏格拉底强调了该城邦的*sophrosyne*，以及它的基础在于“每个人做他知道的事情”的原则，但（正如我们看到的）表达了对居民是否幸福的疑惑（《卡尔米德》171d sq.，173a—d）。[1]这些零散的观察可能没有连贯成一个确定的论点，但我推测，柏拉图是在暗示《卡尔米德》中的讨论有更广泛的政治含义，这些含义与克里提亚特别相关，但也许也与他的同伴和所监护的人相关。

克里提亚、卡尔米德以及苏格拉底之间的最后交谈（《卡尔米德》176b—d）是另一段我们会感到可疑的话，即怀疑它所隐含的意思比人物言辞的表面意思更多，虽然无法证实。卡尔米德急切地想要继续聆听苏格拉底的话，克里提亚对此欣然赞同，并吩咐他待在苏格拉底身边。接下来的讲辞奇怪地既强调卡尔米德顺从他的堂兄，又强调苏格拉底不愿抗拒他们：

> “很好，卡尔米德，”克里提亚说，“如果你这么做了，（也就是说）如果你允许苏格拉底对你施用咒语，无论有大小事情都不背弃他，那么这就会是你的节制的证据。”
>
> “你放心好了，我一定追随他，不背弃他，”卡尔米德回答说，“因为，我的监护人，如果我不听从你，没有做你吩咐我做的事情，那我的行为就会非常糟糕。”
>
> “好，这就是我要告诉你的，”他说。
>
> “我会遵从的，”他回答，“就从今天开始。”
>
> “嗨，你们，”我（苏格拉底）说，“在那里商议什么呢？”

[1] 把这些段落看作是柏拉图自己创造的理想城邦的前身，这是很有趣的。众所周知，柏拉图的这个理想城邦在很大程度上要归于斯巴达的政治和社会结构。进一步参看本书第八章。

"没什么，"卡尔米德说，"我们已经商议完了。"

"那你们要强迫我遵行你们的旨意，不给我一个听信的机会吗？"

"你可以认为我会使用强力，"他答道，"因为是克里提亚这么指令我。你最好计划一下要怎么回应吧。"

"但是没有可用的计划了，"我说，"因为当你们想要做什么事并且使用强力来实现它的时候，世界上没有人能够抵抗。"

"你不会抵抗我吗？"他说。

"我真的不会，"我回答。

如果这是调侃，那就显得古怪和不自然。这段话中讲到的卡尔米德对监护人的顺从，还有对暴力（三十僭主的行为？）的反复提及，以及最重要的，苏格拉底抗拒他们的可能方式——苏格拉底曾违抗三十僭主集团想要他闭口或想把他卷入他们的行动之中的企图[1]，这些都使我们很难不去怀疑其中有某种意味深长的预示。既然如此，问题仍然是，为什么把卡尔米德描写成一个这么有希望和令人赞赏的男孩，为什么苏格拉底特别说他不会抗拒他们？不过，我们不必强求完全对
96 应于一种可能更难捉摸的预兆，一种对更阴暗之事将要发生的令人不安的暗示（就像在很多希腊肃剧的结尾可以找到的预兆和暗示）。[2]漂

[1] 柏拉图:《申辩》32c，色诺芬:《回忆苏格拉底》i.2.31—39（克里提亚和哈利克里斯[Charicles]），iv.4.3; Guthrie iii.380以下。

[2] 我特别想到索福克勒斯的《菲洛克忒忒斯》。一般都认为，该剧的最后一场暗示了希腊人将来劫掠特洛伊城时会犯的暴行。年轻的涅奥普托勒摩斯将在这暴行中起到重要的作用，而他在这部戏中是一个如此令人赞赏的人物。不过，尽管天际有一小片乌云，我们不必因此颠覆对《菲洛克忒忒斯》的解读。T.C.W.Stinton的富有启发性的论文《古希腊肃剧中暗示的范围和限度》("The scope and limits of allusion in Greek tragedy")(见他的论文集*on Greek Tragedy*, H.Lloyd—Jones[Oxford 1990]454—492)与此密切相关。

亮而且聪明的卡尔米德体现了年轻人的希望，向善的潜能，但他还是不得不选择追随哪个导师，克里提亚抑或苏格拉底。在这个时刻，他们三人的意愿和兴趣是契合的，但他断言自己对克里提亚的忠诚，这一强调就为他将来的选择给出了明晰的迹象。有教养的雅典上流社会朋友之间优雅的玩笑就这样被表现为：在一个脆弱的外表下隐藏着潜在的冲突和对未来暴力的预期。

3.《克利托丰》与对苏格拉底的其他评论

柏拉图对话的最有同情心的读者也会对苏格拉底感到不耐烦和气恼。他的搞笑戏弄有时显得冷酷无情，他的反讽有时很直白，显得是嘲笑，他的理想主义（idealism）有时看起来是幼稚的单纯。[1]他的对话人有时无法控制他们的愤怒。《高尔吉亚》（489b）中的卡利克勒斯问道："这个人就不会停止胡言乱语吗？"忒拉叙马霍斯质问："告诉我，苏格拉底，你没有保姆吗？"（《理想国》卷一343a）。[2]在《理想国》卷一中，忒拉叙马霍斯的指责特别直接地针对苏格拉底臭名昭著的反讽（337a）和他的无知声明：他总是提问，在别人的回答中挑毛病，实际上从来不直说自己想什么。当你从不提出自己的意见让别人去批评，而只是批评别人的观点，这是很容易的。在忒拉叙马霍斯看来，苏格拉底的"无知"是一种用来引诱对手的策略；他的"反讽"其实是虚伪。

忒拉叙马霍斯是一个令人反感的人物，但他的批评是有些效力的，不是就苏格拉底的动机而言（因为我们基本上不会怀疑苏格拉底

---

[1] 比较《理想国》卷一336c1,348c12关于他的*euetheia*，幼稚的单纯；关于这个词，特别比较修昔底德《伯罗奔尼撒战争史》卷三83.1。

[2] 亦见《希帕库斯》228a；色诺芬《回忆苏格拉底》卷四4.9—10中的希庇阿斯（正如《回忆苏格拉底》余下部分所描述的，这一抱怨没有得到苏格拉底的证实）。

是足够真诚的），而是说对苏格拉底的方法的批评。在《理想国》第一卷的其余部分中，忒拉叙马霍斯以标准的方式遭到“反驳”：他立场上的矛盾或古怪被暴露出来，他的表述方式被揪住弱点，直到他终于被逼入死角，不得不承认（违背自己的真实信念）自己是错的，是在胡说
97 八道。[1]讨论表面上已结束，但其后又重启。格劳孔和阿狄曼图以更有力和更深思熟虑的形式重申了忒拉叙马霍斯的理由。《理想国》的其余内容，至少到第九卷结束，是苏格拉底的持续性回应，其中包括对正面学说的非常详细的论述。在随后的讨论中，苏格拉底越来越没有了我们从早期对话和《理想国》第一卷中所了解的那种鲜明个性。尤其是中间几卷对理想城邦的描述和形而上的教导，尽管是尝试性的描述，但几乎与惯常的苏格拉底式“无知”无法调和。在这里，柏拉图似乎扩展了苏格拉底的形象（事实上也以一种对他自己和其他人而言都前所未有的尺度发展了对话的形式）。[2]在某种程度上，他似乎是在回应忒拉叙马霍斯的批评，或者更确切地说，是在回应忒拉叙马霍斯对苏格拉底方法的批评，忒拉叙马霍斯是此类批评的一个夸张的例子。在《理想国》第一卷中实际上还有其他迹象表明，苏格拉底对话的方法论此时是柏拉图正在深入思考的问题（尤其见340a，341a sq.，345b，349ab）。特别是忒拉叙马霍斯的表现暴露了苏格拉底辩证术的一些弱点，因为到该卷快结束的时候忒拉叙马霍斯只作了敷衍的回应，过早地放弃了辩论（比较卡利克勒斯）。忒拉叙马霍斯虽然极端，但并没有充分地参与讨论（344de，352d5 sqq.特别显示了这一点；他应该更加注意自己立场的一致性。[3]由于忒拉叙马霍斯不准备继续辩论，苏格拉底

[1] 《理想国》354a10f.，以及他之前的很多回应，表明他的屈服不是真心的。

[2] 比较什林（Slings）对《克利托丰》24的评论和注释4。

[3] C.W.Macleod，349b1 *ouden*旁注：苏格拉底的意思是“不是为了我的利益，而是为了你的”（non *mei* interest sed *tui*）。

太轻易地赢得了胜利，他没有在充分的挑战中捍卫或证明自己的观念。从《理想国》第一卷到后来部分的进展就表明，柏拉图在寻求一种新的更合适的论辩形式，以表达苏格拉底教导的肯定性的方面或含义。

设想柏拉图有时看到有必要改进或批评苏格拉底的方法，就像他显然发展、调整甚至转变了苏格拉底的实际教导，这完全不是一种不敬。如果我们对苏格拉底有一点了解，那就是，他是作为一个询问者，一个知识的探求者，而不是一个教条主义者，影响了柏拉图。进一步询问、质疑和探索苏格拉底的教导，是在继续苏格拉底自己的追求。指出柏拉图批评或至少重新考虑了苏格拉底的方法，完全不意味着他背叛了他的导师或者他对苏格拉底的怀念减少了。在《高尔吉亚》中，柏拉图似乎承认，苏格拉底在某种程度上失败了——他没能改造或改变卡利克勒斯，正如他没能说服或改善他的雅典同胞。[1]有人指出，在
《会饮》中，柏拉图故意把倾吐单相思之情的醉醺醺的阿尔喀比亚德安 98
排在苏格拉底的壮丽讲辞之后，目的是让我们面对两种不可兼容的生活方式，但没有要求我们全心全意选择苏格拉底的道路。[2]如果这些论点有实质意义，那么，苏格拉底与柏拉图之间就存在某种差别（如大多数阐释者在哲学层面所论证的那样），而且，这两个思想家之间的分歧似乎有可能加大了，但这是一种创造性的张力，而且被对话的方式解决和掩盖了。在对话中，我们发现的不仅是一个讨人喜欢、有感情，甚至是充满爱意的苏格拉底形象，而且也有对他和他的工作的批评和质疑，既有其他参与者的直率批评，也有借助并置、预示和其他戏剧手法进行的含蓄批评。

[1] 苏格拉底对米提亚德（Miltiades）、伯里克利之类人的批评也反讽地预示他自己作为"唯一真正的政治家"的失败。在一个堕落的社会中，政治技艺的实践者，无论真假，都不能指望获得成功；苏格拉底和卡利克勒斯也许都以失败告终：下文原文第168页。

[2] 比较M.Nussbaum, *The Fragility of Goodness* (Cambridge 1986)第八章。

批评苏格拉底的最有趣的戏剧性表现之一是简短的对话《克利托丰》。这部对话经常被判为伪作或者是不完整的，部分原因是读者很难接受柏拉图会允许对苏格拉底进行如此猛烈的攻击，而且这一出自克利托丰之口的攻击没有得到答复。[1]《克利托丰》的开头是苏格拉底问克利托丰，他（克利托丰）是不是在背地里骂他并称赞忒拉叙马霍斯的教导。克利托丰解释说不完全如此：他对苏格拉底有很多称赞，但也有一些事情他会批评。苏格拉底说他洗耳恭听自己是如何出了错。作品的其余部分（大约五页纸的篇幅）是克利托丰阐述他的批评。他的批评大体如下：苏格拉底是一个出色的劝导演说家，他能促使和激发克利托丰或其他人领悟到必须追寻德性，以及我们必须照料我们的灵魂；这些克利托丰都接受，但下一步是什么呢？劝告是唯一的目的吗？他曾尝试询问苏格拉底的其他弟子以寻求该学派的正面教导（他的询问按照描述明显类似苏格拉底的盘诘[*elenchus*]）[2]，但他们的回答不清不楚，而且很容易反驳；甚至苏格拉底自己提供给他的也是一个明显错误的正义定义。克利托丰最后再次敦促苏格拉底说出他确定拥有但不愿意透露的知识；如果苏格拉底仍然拒绝，那他就得向忒拉叙马霍斯求助了。最后的话重申了他的困境："因为我应该告诉其他人，苏格拉底，在这个世界上，你对那些还没有受到驱策而采取行动的人来说是有价值的，但是对那些已经受到驱策的人，你实际上就成了一块绊脚石，妨碍他们达到德性的目标并成为一个幸福的人。"（《克利托丰》410e）[3]

这篇奇特的小作品显然与《理想国》第一卷有关联。在《克利托

[1] 参见，例如G.Grote, *Plato* iii.21; A.E.Taylor, *Plato* 12，以及什林（Slings）引述的其他著作，16ff.。

[2] Slings 59.

[3] 更详细的总结，见Slings 11—14。

丰》中，名为克利托丰的学生准备离开苏格拉底，而向智术师忒拉叙马霍斯寻求教导。在《理想国》中，他以忒拉叙马霍斯的同伴和支持者出现（特别是328b，340a）。两者也有很多言辞上的相似，这在什林博士（Dr.S.R.Slings）对《克利托丰》的权威评注中有详细的讨论[1]，他的结论是，《克利托丰》，不管是否为柏拉图所作（他认为不是，虽然他是"犹犹豫豫，有些不情愿地"[第257页]得出这个结论），都晚于《理想国》第一卷，并且是以《理想国》第一卷为前提的。这样，我们又有了一个故意预示的例证，虽然是文本之间的预示，而不是基于史实的预示：《克利托丰》的读者知道，不论克利托丰对苏格拉底多么失望，他也肯定不会在（《理想国》中所描述的）忒拉叙马霍斯的教导中找到智慧或幸福。[2] 99

关于这部作品的内容和对它的阐释，有很多种可能的读法。这是对柏拉图所呈现的苏格拉底的非柏拉图式批评吗？抑或是对真实的苏格拉底的批评？[3]克利托丰的批评合理吗？或者他的观点是偏颇的或轻信的？（我们设想）他错误地以为忒拉叙马霍斯拥有"真理"；他认为苏格拉底缺乏或隐藏了真理，这是对的吗？为什么苏格拉底会被说成向民众发表演说（《克利托丰》407a）？克利托丰所说的他自己对这种演讲的热情反应是真诚的还是有反讽意味的——考虑到克利托丰的说法与苏格拉底反讽地描述自己对智术师演说术的态度有些相似？[4]

---

[1] *A Commentary on the Platonic Clitopho* (Amsterdam 1981) 62以下。借此机会我要感谢这部非常有用又饶有趣味的著作。它应该被更多人知晓（它不见于克劳特[Kraunt]的《柏拉图手册》[*Companion to Plato*]所列的参考文献中）。

[2] 关于历史上克利托丰从事的职业和其他涉及他的事情，见阿里斯托芬：《蛙》967，"亚里士多德"：《雅典政制》29.3，34.3及罗兹（Rhodes）的注释。

[3] 色诺芬：《回忆苏格拉底》卷一4.1说到"某些人"对苏格拉底的批评，与克利托丰在这里的批评方式是一致的。色诺芬当然可能是指涉《克利托丰》，见Slings 89—92,245注2。

[4] 比较《克利托丰》407a6，407e3—4，以及《欧绪德谟》276d，306e，《会饮》198b，《理想国》卷一336d；还有（相关度较小的）《普罗塔戈拉》339e。

什林在其评注中给出了一种极具创见也极为巧妙的解释。我所作的简略概括只会有损于他的解释，将来任何想理解这一复杂作品的学生都得参考他的详细论证。他认为，克利托丰所批评的并不真的是柏拉图笔下的苏格拉底，而是其他苏格拉底文本中的苏格拉底，这个苏格拉底的确沉浸于修辞性的劝导。《克利托丰》对比了苏格拉底的辩证术或盘诘术（如克利托丰所实践的那样）与不尽如人意和较少启发性的说教劝导法。这种不同教导类型的对比类似《欧绪德谟》（该对话多处利用了这种对比），虽然在《欧绪德谟》中，苏格拉底似乎以一种可接受的方式调整了劝导。[1]直率的劝导收效甚微，而含蓄的劝导，如苏格拉底的盘诘和柏拉图的对话所展示的那样，能够让人做好思想准备并深入地启迪人心。

100 什林充分地意识到这种解释中存在的困难。他在著作中坦率地摆出了这些困难。[2]其中一个主要的困难在于，按照他的读法，苏格拉底必须代表两种完全不同的东西：有缺陷的劝导和完美的盘诘，一个是其他文本中的苏格拉底，另一个是柏拉图的苏格拉底。《欧绪德谟》中的情况更清楚得多，那两个擅长诡辩的兄弟显然从一开始就扮演了苏格拉底的对手角色，他们也是一种低级教育形式的典型代表。如果我无法接受什林的结论，那并不意味着我不钦佩他的这部著作。他的著作对理解这篇非常难解的对话有极大的启发价值。

我们在前面几页已经指出，在柏拉图那里，苏格拉底不仅受到对话人物的批评，而且也受到作者的批评，后者更罕见，也更难捉摸。在我看来，《克利托丰》呈现了一种可能的批评方式，但克利托丰的立场不能被当作作者本人的立场。克利托丰似乎对苏格拉底教导方式的一

[1] 特别参看Slings 144，233—239。

[2] 特别是第231页、第235页。

个方面，即长篇大论的劝导（the protreptic harangue），有一种歪曲、夸大的印象。[1]而且，毋庸置疑的是，克利托丰已从苏格拉底那里学习了辩证方法，足以用这种方法反驳其他匿名的追随者。他的更进一步的渴望也表明他对苏格拉底式规劝的积极回应。但他似乎并没有意识到自己从与苏格拉底在一起的经历中事实上获得了多少东西。[2]他渴望更多，确切来说是渴望答案——正义的定义等等。他试图从苏格拉底那里索取这些答案，但仍一再（410d3f.）不满苏格拉底给出的答复。简而言之，和苏格拉底的那么多同伴（或者柏拉图的读者们！）一样，他想要一个解答，一个答案，现成的"真理"。但这是苏格拉底的方法本质上无法提供的；因为苏格拉底真的没有，而且他自己也在寻找真理。至多，像在《高尔吉亚》中那样，就他自己而言，他对于对他来说何为对、何为错，有一种深切的感觉和坚定的把握（在此，也许他那神秘声音的非理性或超自然的帮助起到某种作用）。但其他人必须自己继续追寻，而不是聚集在苏格拉底周围聆听他的话，好像聆听某个大师。[3]这一解释使得贯穿《克利托丰》始终的苏格拉底成了柏拉图式的苏格拉底，但这是经由克利托丰不耐烦、不满意的眼光来看的。对克利托丰的批评可能指向苏格拉底方法的弱点，而且克利托丰自己当 101

[1] Slings 148,163ff.，承认这种情况出现在《申辩》中，尤其是29d sqq.，36b sqq.，而且，这导致了与苏格拉底的无知声明的冲突。因此，它不是完全非柏拉图的，劝导与盘诘的并存某种程度上必须得到承认。比较Slings 52。

[2] 比较《泰阿泰德》150e，《泰阿格斯》130，尤其是130ab，关于此种事例。

[3] 这里要注意，克利托丰所强烈反对的苏格拉底的做法，有可能以较为赞赏的方式被看待，见西塞罗：《论演说家》i.204（什林[Slings]91提到过它，但相当轻描淡写）："ut Socrates illum solitum aiunt dicere perfectum sibi opus esse, si qui satis esset concitatus cohortatione sua ad studium cognoscendae percipiendaeque virtutis"（"就像他们所说，著名的苏格拉底曾说道，如果有人在他的鼓励下被充分调动起来，去追求发现和理解德性，那么他的工作就是完满的。"）我这里的解释与M.Frede, *OSAP* Suppl.1992,210中提出的总体看法差不多，该文没有提到《克利托丰》。

然是一个因其独特教导而迷失的学生的例子。但我认为,这个解释承认《克利托丰》传达了一种严肃且可知是柏拉图式的教益,它激发读者去思考和评价对话中的苏格拉底方法。如此来说,《克利托丰》就关乎对柏拉图对话的研究和批评,即便它本身不被计入柏拉图对话中。

第四章

苏格拉底与智术师

1. 导言

要在一个章节开头的几页概括出公元前450年到前400年间智术师的重要性，或者概括出他们的教学活动对雅典文化和政治的全部影响，是一件不可能的事情。幸运的是，有很多现成的关于智术师的优秀著作。[1]此处，在最简要的引言之后，我们会充分考虑两个基本问题：柏拉图对智术师怎样怀有敌意并歪曲地描述了他们？以及苏格拉底本人是一个智术师吗？ 102

对智术师的现代理解主要受到两种因素的妨碍：首先是柏拉图

[1] 尤其参看W.K.C.Guthrie, *History of Greek Philosophy* iii (1969)，重印分为平装两卷本，题名为*The Sophists and Socrates* (1972); G.B.Kerferd, *The Sophistic Movement* (1981); E.R.Dodds, *The Ancient Concept of Progess and Other Essays* (1973) ch.6; E.L.Hussey, *The Presocratics* (1972) ch.6。G.B.Kerferd编 的*The Sophists and their Legacy* (Wiesbaden 1981) 和C.J.Classen, *Sophisitik* (“Wege der Forschung”，注187, Darmstadt 1976)中收录了一些有用的文章，并有非常充分的参考文献。本章节所审视的很多话题也是M.Ostwald, *From Popular Sovereignty to the Sovereignty of Law* (1986)ch.2所考察的，而且，这些话题在该作者另一篇文章(“Athens as a culture centre”，见*CAH* v^2[306—369])中有较简要的讨论。J.de Romilly, *The Great Sophists of Periclean Athens* (Oxford 1992)，该书是简明的综合论述。关于修辞术，见Kennedy, *Art of Persuasion*; I.Worthington 编的 *Persuasion* (London 1994)。T. Cole, *The Origins of Rhetoric in Ancient Greece* (Baltimore and London 1991)，该书中的特异观点，即修辞学作为一个学科的观念是柏拉图和亚里士多德的发明，颇有挑战性，但站不住脚，比较D.A.Russell的评论，见 *JHS* 112 (1992) 185—186。

（以及亚里士多德，在较小的程度上）[1]对智术师运动多方面的憎恶；其次是智术师自身的著作几乎全部佚失。除了残缺的引述和偶然保存下来的短文或演说辞（如高尔吉亚的《海伦颂》[*Helen*]和《帕拉墨得斯》[*Palamedes*]或匿名的《双重论证》[*Dissoi Logoi*]）之外，我们只能依靠轶事传闻性的传记（如第欧根尼·拉尔修的《名哲言行录》），或者依靠其他作者顺带性的提及，这些作者中很多人即便对智术师有好感，也可能无意识地受到柏拉图批评的影响。不过，我们完全知道，他们是头等重要的智识现象和社会现象。

智术师（*sophistes*）一词一开始并不表示我们认为该词所关联的
103 人。*sophos*（“聪明的”或“有技能的”）与*sophistes*（“聪明人”或“智慧的教师”）一度是同义的。在品达那里，后者被用于指诗人。在希罗多德那里则用于指立法者梭伦和（或许更具批判性地）用于指哲人或最初的哲学家毕达哥拉斯。甚至比智术师时代更晚一个时期的作者们也广泛地使用这个词，表示专家、智识人、科学家或博学者。在一开始，或者甚至在更晚的时候，该词都不必然包含轻蔑的意思（“骗子”“欺诈者”或“卖弄聪明的人”），这种含义出现在前5世纪后期。[2]不过，在本章的余下部分，“智术师”将会在最严格的意义上使用，表示一种四处游走的职业从业者，他们拥有广泛的心智技能，包括修辞的技艺，他们教授这种技艺以获取报酬，并且宣传这种技艺能确保公共生活的进步。这样一来，该词就特别指柏拉图作品中的普罗塔戈拉、

[1] 关于亚里士多德的评论，见柯弗（Kerferd）选集中克拉森（Classen）那篇文章最后一个注释的引述。

[2] 同义词：第欧根尼·拉尔修《名哲言行录》i.12。早期用法：品达《伊斯特米凯歌》（*Isthm.*）5.28，希罗多德《历史》i.29.1,iv.95.2。更多的次要用法见：埃斯库罗斯《被缚的普罗米修斯》62，阿里斯托芬《云》331ff.，1309，欧里庇得斯《瑞索斯》(*Rh.*)924，德谟斯泰尼（Dem.）18.276.比较Kerferd, *CR* 64(1950)8—10。

高尔吉亚、希庇阿斯、普罗狄科和忒拉叙马霍斯（还有《欧绪德谟》中的欧绪德谟和狄奥尼索多洛）；它的适用范围不扩展到那些寻求掌握这些技艺的门徒和学生，他们是为了在政治领域中运用这些技艺，但本身并不想成为智术师。因此，它包括波卢斯，但不包括卡利克勒斯。

智术师的思想和论述无疑有某些前苏格拉底哲学的背景，尤其是埃利亚学派，他们热衷于智性悖论和看起来无解的谜题。智术师的教学并不单纯是实践性的：有些智术师除了教授文学评论、论辩和修辞这些不那么纯粹的艺术之外，至少还讲授天文学、数学，甚至物理学和形而上学。[1]然而，他们声称能教授*arete*——这是个含义模糊的词，可以表示德性、优秀或者单纯是政治上而非道德上的卓越——而且有意愿向所有上门者讲授它以获取报酬，这就使他们成为一种新类型的人，并且也因此招致了相当大的不信任和反感。在柏拉图的《美诺》中，阿尼图斯的愤怒反应，显示了“典型的”雅典保守派对这些胆敢将男孩教育从家庭手中夺走的惹是生非的新潮思想者的愤恨（《美诺》91c sq.）。普罗塔戈拉也说到类似的不信任，甚至说到对于像他自己那样的人来说可能遭遇的危险（《普罗塔戈拉》316c sq.，比较312a；《高尔吉亚》520a中的卡利克勒斯；色诺芬《马术》13等）。这种态度以及智术师一词的贬义，当然并不单纯是柏拉图的发明[2]；它在阿里斯托芬那里也很突出，而且不仅仅是在《云》中。在一部已佚剧作的有名残段中，一个人物就宣称“要么是某本书，要么是普罗狄科或者是某个喋喋不休的家伙，败坏了此人”（阿里斯托芬残篇490K=506K—A）。[3]

[1] Kerferd, *Sophistic Movement* 37—41，尤其是39。

[2] Contra G.Grote, *History of Greece* ch.67，是对智术师的一种有代表性的辩护，尽管由于有新的证据，某些看法现在需要有所限定，但仍然很值得一读。

[3] 亦注意欧波利斯（Eupolis）fr.353K=388K—A，可能出自《阿谀奉承者》（*Flatterers*）421，嘲笑了卡利阿斯对智术师的热爱。

104 智术师声名最隆盛的时期与雅典的伯里克利时期以及伯罗奔尼撒战争同时。[1]普罗塔戈拉是伯里克利的朋友，他曾在前5世纪30年代或更早的时候不止一次访问过雅典（柏拉图的《普罗塔戈拉》描写了他和其他有名的教师受到富有的卡利阿斯的款待；戏剧时间大约是前433年）。高尔吉亚来雅典的时间晚一些，他是在前427年和他母邦莱昂蒂尼（Leontini）的一个使节一同来的（修昔底德《伯罗奔尼撒战争史》卷三86.3，狄奥多罗斯《历史丛书》卷十二53.1f.，阿里斯托芬《阿卡奈人》634f.也可能暗示这一点）。他们的影响力和著述必定在他们之前就到了雅典：至少，欧里庇得斯现存最早的剧作，前438年的《阿尔刻提斯》和前431年的《美狄亚》，已经展现出与智术论辩相关的强烈的修辞特征；安提丰的《四联篇》可能还更早，是前5世纪40年代的作品，它们是对虚构但典型的主题展开精巧论证的对抗性演说。[2]根据我们的资料（尤其是普鲁塔克），伯里克利的名字和许多智识人联系在一起：除了普罗塔戈拉，他可能还认识和保护了阿那克萨戈拉、达蒙、索福克勒斯和希罗多德。[3]各种诉讼，尤其是与阿那克萨戈拉和普罗塔戈拉有关的诉讼，都被解读为具有政治动机，旨在伤害伯里克利本人。在柏拉图的对话中，当普罗塔戈拉谈到其职业的危险性时，柏

[1] 关于伯里克利时期的雅典作为一个文化中心的一般描述，见R.Meiggs, *The Athenian Empire*(1972)第十五章和Ostwald, *CAH* v^2 在上述引文中（注1）。

[2] 比较J.H.Finley, *Three Essays on Thucydides* (Cambridge Mass.1967)尤其是68ff.; K.J.Dover, *CQ* 44(1950)，尤其是56—60(=*The Greek and their Legacy* 29—34)。

[3] P.Stadter, *ICS* 16(1991)111—124，质疑了伯里克利作为知识人保护者的传统看法，但他的怀疑用在普罗塔戈拉身上似乎有些过头了。关于此二人一起讨论责任问题的轶事（普鲁塔克《对比列传》"伯里克利" 36）是否可以追溯到司提辛布罗都斯（Stesimbrotus）那里，这是当时的原始资料，这一点虽然不能确定，但至少是有可能的。而且，在《斐德若》（269ab）、《阿尔喀比亚德前篇》（104b, 118bc）等柏拉图或伪柏拉图著作中提到的内容，尽管有嘲讽之意，但也强化了这一印象。

拉图让这位智术师以年代错误的方式暗示的或许正是这些。[1]虽然与这些审判（以及与它们背后的动机）有关的某些证据是可疑的，但我们至少应该承认：就能否容忍任何有争议观点的表达而言，处于战争时期的雅典并不是一个完全“开放的”社会。[2]

富有而年轻的雅典人想从这些智术师那里得到什么东西呢？柏拉图的《普罗塔戈拉》再次提供了最好的证据。在该对话中，这一行中最杰出的人物受到了友好地对待，虽然有些反讽。当苏格拉底问年轻的希珀克拉底，他认为普罗塔戈拉能够教他什么东西时，他认为普罗塔戈拉可以被称作是“一个在造就机敏演说者方面的艺术大师”（《普罗塔戈拉》312d）。虽然苏格拉底对此并不满意，但这无疑反映了这些人的主要看法之一。后来，普罗塔戈拉自己给出了关于他的职业的一个解释。“从我这里，”他说，“他可以学到的（不是算术、天文、几何和音乐，而是……）对他自己的家庭事务的善谋，即如何最好地齐家，以及对城邦事务的善谋，即如何在公共事务上最有能耐[或最“有效力”]地说话和行事”（《普罗塔戈拉》318e）。苏格拉底有些狡猾地把这一声明理解为普罗塔戈拉“许诺造就好的城邦民”（《普罗塔戈拉》319a），即教导城邦德性（*virtue*），而不是政治上的成功。在雅典极端的民主制下，演讲和说服对于从政者来说自然发挥着至关重要的作用，任何重要的决定都必须经过公民大会的讨论批准。同样重要的是在法庭上辩护和控诉的司法修辞的作用。这两方面是部分重叠的，因为很多法 105

[1] 进一步参见G.Hill, *Source for Greek History*, 第二版（1951）353；Dodds, *The Greeks and the Irrational* 189以下；对这些诉讼持严重怀疑态度的讨论见Dover, *Talanta* 7(1976)24—54=*The Greeks and their Legacy* 135—158(I.F.Stone, *The Trial of Socrates*[1988]231—247表示赞同，但理由不同)。Ostwald, *Popular Sovereignty* 195—198,528—536以及其他地方谨慎地重新审视了证据。

[2] 关于前5世纪雅典社会紧张状况的一般描述，见Davies, *CAH* $v^2$27—33，一个吸引人的梗概。

律诉求都有政治动机：此类案件中最突出的是*graphe paranomon*，即对违宪提案的起诉。因此，不管智术师们可以提供别的什么（在上引讲辞中，普罗塔戈拉似乎是在指摘他的对手希庇阿斯的课程），他们都似乎是教修辞术的，而且，他们中大多数都写过论修辞的教材或供学习用的演说范文。[1]高尔吉亚《海伦颂》的真正主题正是说服性和欺骗性言辞的力量。在阿里斯托芬的《云》中，斯瑞西阿德斯所渴望获得的免于偿付债务的方法也正是这种言辞力量。他告诉儿子，这些人知道如何用较差的不义的理由击败较好的理由（《云》99，111ff.，883f.）。这个说法成了一个套语（cliché），一种针对智术师的通用嘲讽，如此一来，智术师就与欺骗和不诚实联系在一起了（比较普罗塔戈拉，A21；柏拉图《申辩》19b，《欧绪德谟》272a；亚里士多德《修辞术》iii.1402a3—28，第欧根尼·拉尔修《名哲言行录》卷九55）。

演说和论辩总是关于某些事情的，智术师并非只教授各种演讲或辩论技巧。他们还教学生如何泛泛地阐述伦理、社会、政治和宗教，所谓的*topoi*（话题）或*loci communes*（套话），并通过神话或历史中的具体例子来说明。致力于这些内容的学习，无疑会在深度上因教师（和学生）的不同而有所差异，但很多最为杰出的智术师都在某些学科上有严肃的兴趣，诸如人类历史演进（柏拉图对话中普罗塔戈拉的讲辞）[2]、政制理论（第欧根尼·拉尔修《名哲言行录》卷三37、卷九55

[1] 关于这些著作的证据见于拉德马赫尔（L.Radermacher）的可贵著作*Artium Scriptores*(Vienna 1951)，该书在早期修辞学方面提供的帮助类似狄尔斯-克兰兹（Diels-Kranz）在前苏格拉底哲学方面提供的帮助。

[2] 比较Guthrie iii.79—84l；还有他的*In the Beginning* (London 1957)；Dodds, *Anc. Concept of Progress*中的标题文章；Collard对欧里庇得斯《请愿的妇女》(*Suppl.*) 201—213的评注。

中的普罗塔戈拉）[1]、宗教的起源[2]、法律的性质[3]，以及有关知识之可能性及其与意见的关系的更为形而上学的思考——高尔吉亚的诡论作品《论非存在》的主题。这部作品不幸只保存了概要[4]。在该书中，高尔吉亚似乎主张无物存在，如果有什么东西存在，我们也无法知道它是否确实存在或理解它，即使我们能够知道，我们也无法将这知识传达给任何人。这里明显有前苏格拉底的米利都学派以及巴门尼德和芝诺的埃利亚学派的遗产。 106

另外一个不仅在哲学作品中而且在肃剧和修昔底德著作中也很突出的重要主题是，人为法律与人类自然之“法”的关系。[5]“自然”对“法”，*phusis*对*nomos*，是智识性的对立，它如同我们自己时代中自然与文化的对立一样产生了很多东西；事实上，这两个论争在许多方面有共通之处。人类的法律有何种有效性？存在绝对的法律这样的东西吗？这些鼓动和刺激年轻人的问题，在年长者和观念较为传统的人看来，似乎往好了说是复杂而无意义的，往坏了说则有危险的破坏性。智术师的学生们很快注意到，无论是在雅典还是在其帝国中，诸如“强者有统治的自然正当”这样的信条都具有严肃和惊人的政治影

[1] 比较希罗多德《历史》卷三80f.，欧里庇得斯《请愿的妇女》(*Suppl.*)中的辩论等等。有关讨论见Kerferd第十二章。亦见C.Farrar,*The Origins of Democratic Thinking* (Cambridge 1988)。

[2] 特别参看克里提亚（或欧里庇得斯?）B25（关于原作者的争议，参见A.Dihle,*Hermes* 105[1977] 28—42）；Kerferd 第十三章；J.Barnes, *The Presocratic Philosophers*(London 1979)ii149—159。关于宗教思想的变革，特别参看Burkert,*Greek Religion*(1985)第七章。索姆森（F.Solmsen）的书*Plato's Theology*(Cornell 1942)仍然是讨论柏拉图对这些演进的各种回应的最好的权威著作。

[3] Guthrie iii.第4—7章各处；Kerferd 第十章。

[4] 见高尔吉亚B1—3 D—K，以及Guthrie iii. 192—200, Kerferd 第九章。

[5] 奥斯特瓦尔德(M.Ostwald)重要著作中的导引线索：见*Nomos and the Beginnings of Athenian Democrary*(Oxford 1969);*From Popular Sovereignty to Sovereignty of Law*(1986);ΑΝΑΓΚΗ *in Thucydides*（Atlanta 1988)。

响。修昔底德著作中的发言者，特别是雅典人，就运用此类论据来证明他们对他人的统治是正当的——或者事实上是证明这不需要正当理由（修昔底德《伯罗奔尼撒战争史》卷一76，卷五89，105.2，卷六18.3）。其他作者的著作中也有类似情况，这说明它并非修昔底德的发明或创制，而是政治争论的惯常说法。[1]智识的变革引发了前411年的政治变革，当时安提丰（Antiphon）、皮山大（Peisander）、塞拉麦涅斯（Theramenes）和其他一些人在未遂的雅典寡头政变中扮演主要角色。虽然有其他资料表明这场变革有意识形态的层面，但修昔底德是从野心和行使绝对权力的角度来分析它的。并非所有针对智术师的控告都站得住脚，而且，似乎很清楚的是，普罗塔戈拉、高尔吉亚以及其他第一代教师都是坚持原则的人；但他们的学生，如柏拉图著作中的阿尔喀比亚德和卡利阿斯，准备着在战时的政治舞台上施展手脚，他们吸收了新观念，却没有接受传统道德的约束。

107 柏拉图，出生于前427年，在伯罗奔尼撒战争期间长大，这一时期，智术师正在成为希腊社会中的一个稳固阶层，轮到他们的弟子成为教师。尽管正如我们所看到的，智术师有共同的背景[2]，但格罗特（Grote）正确地坚持认为，我们不能将他们当作完全相同的人物一概而论，不能将某一个人的学说或恶行归给他们所有人。我们研究柏拉图对他们的态度也同样适用这一点。这里为不同意见留有余地[3]，但多数读者会同意，对老一代智术师特别是普罗塔戈拉和某种程度上的高尔吉亚的描述，是带有某种同情和敬重的。他们不是柏拉图棋盘上

[1] Guthrie iii.84—116;高尔吉亚《海伦颂》5; 伪色诺芬（ps.-Xen）i.14; 安提丰B44; 德谟斯泰尼B267。

[2] 进一步参看Guthrie iii.44—48。

[3] 因此，例如弗拉斯托斯（G.Vlastos）在其所著柏拉图《普罗塔戈拉》的导言（见“Library of Liberal Arts”系列xxiv）中发现，该对话对待普罗塔戈拉“冷酷无情，如果不是残忍的话”。

的寻常走卒。他们表达了相当重要和有效的观点，这些观点可以被合理地视为与他们在已发表著作中所表达的看法相似。但柏拉图并没有对各种次要人物表示同样的敬重，对希庇阿斯就明显没有，柏拉图对他讥讽有加。虽然普罗狄科辨别语词含义的技巧受到重视，苏格拉底有时候也听从他，但普罗狄科本人显得不具备理智地运用这种技巧的真正思想。这里我们很难否认柏拉图有些讽刺性的夸大，但值得注意的是，当苏格拉底的对手是明显缺乏恰当立场的次要人物时，辩论就很简短。[1]虽然苏格拉底不赞成普罗塔戈拉和其他人说的很多东西，但他仍然承认他们是有知识声望的人物，并且也是如此对待他们的。他的猛烈攻击大多用在了第二代智术师或智术师的学生身上，他们较少有知识人的自命不凡，而更多地关注图谋私利，他们倡导道德、政治和神学上的危险学说。像忒拉叙马霍斯和卡利阿斯这样的人，他们质疑道德的根基，柏拉图尽力反驳和贬损的正是这些人。只是到了《法义》那里，智术师一词在他的心里才与无神论和行为不检联系在一起（《法义》卷十908d）。简而言之，我们可以认为，柏拉图将一般意义上的智术教学，尤其是某些智术师，与危险的错误思想联系在一起。他经常嘲弄和讥讽这些观点及其倡导者。这并不表示柏拉图对智术师的描绘和对智术师观点的展示完全不符合实际，虽然这显然意味着我们需要小心谨慎地对待他的证据。但是就本书的目的而言，关于智术师的信念和态度的历史问题，至少可以部分地区别于对柏拉图如何对待他们以及如何在对话作品中描述他们的研究。《高尔吉亚》和《普罗塔戈拉》可以且应该当作戏剧作品来读，而不仅仅是论战性的小册子。而且，柏拉图戏剧手法的一个关键部分就在于将苏格拉底与职业

[1] 《希庇阿斯后篇》和《希庇阿斯前篇》,《高尔吉亚》中的波卢斯。关于与非智术师对手论辩的类似做法，比较《欧绪弗伦》和《伊翁》。

108 性的智术师相对照，这一对照表现在他们的论辩方法、言说风格、生活方式、衣着模式上，以及最重要的，在他们的哲学原则和优先考虑的事情上。

这将我们带入这个引言部分的第二个问题：苏格拉底是一个智术师吗？或者他与智术师有多少共通之处？在庭审指控中，苏格拉底的敌人试图将他丑化为一个新奇而危险的思想者，暗示他与阿那克萨戈拉的物理学说有牵连（阿那克萨戈拉本身并非智术师，但是一个有争议的知识人）；而且，在后来几年中，埃斯基涅斯可以公开说"智术师苏格拉底"（1.173）。在对话中，苏格拉底坦率而轻松地与职业教师交谈；他熟悉他们的著述：波卢斯的教材（《高尔吉亚》462b），或《斐德若》中讨论的修辞作品，或《泰阿泰德》中引用的普罗塔戈拉的《论真理》。如果受到邀请（《高尔吉亚》《欧绪德谟》等），或者付得起钱（《克拉底鲁》384b），他就会参加他们的讨论。很明显，在外人看来，他和智术师会有很多共同点。苏格拉底和智术师都质疑传统智慧并通过论证寻求建立更稳固的标准；他们都很注重教育和知识探索；都将提问和好奇心与怀疑和不确定结合在一起；都讨论、批评和发现诗人们的缺陷，后者经常被当作知识的源泉。[1]

即便是柏拉图所提炼并称为辩证术的苏格拉底特有的问答法，也可以在智术师的谈论技巧中找到类似之处，因为柏拉图所描写的普罗塔戈拉和高尔吉亚都既能以洋洋洒洒的修辞风格也能以简短的"辅导"（tutorial）方式讨论议题。[2]因此，即便是像阿里斯托芬这样有相当智识倾向的熟人，也许也没能或者没有足够的兴趣去理解苏格拉底

[1] 尤其比较R.Pfeiffer, *History of Classical Scholarship* i(1968)第二章；还有F.Buffière, *Les mythes d'Homère et la pensèe grecque*(1956).

[2] 尤其参见《普罗塔戈拉》329b3—5；334d—335b。比较本书第三章（原文第73页）。

式盘诘与智术师式反诘（cross—questioning）或“诡辩”（eristic）之间的差异。[1]

不过，仍然存在重要的差异。很多差异超出了他们在哲学上所关注的东西，有些差异则可以由非柏拉图的证据来证实。如果我们将普罗塔戈拉、高尔吉亚、希庇阿斯和普罗狄科这些人看作“智术师”这类人的主要例子，那么，在他们的生活方式和典型做法（*modus operandi*）中就有充分的一致之处可以显示出与苏格拉底的反差，而不涉及他们在学说和兴趣上的差异。

第一，最显著的区别是苏格拉底与他们国籍不同。虽然雅典是受智术影响的重要中心，甚至是最主要的中心，但那场智术师运动中的重要人物没有一个是在雅典出生的。毋宁说，他们是被吸引到雅典的，由于雅典作为至高民主城邦和帝国中心而拥有的卓越和繁荣。普罗 109
塔戈拉来自色雷斯的阿布德拉（Abdera），高尔吉亚来自西西里的莱昂蒂尼，普罗狄科来自喀俄斯（Ceos），希庇阿斯来自伊利斯（Elis），忒拉叙马霍斯来自卡尔西登（Chalcedon）。他们四处游历，而苏格拉底则众所周知从未离开他的母邦雅典，除了被要求从军出征。事实上，对他而言，即便是像《斐德若》中所写的那样在城外散散步，也是一件需要评论的事情（《斐德若》230c—d）。几乎没有哪些雅典人可以真正被称为“智术师”，虽然也许安提丰算一个，如果出现在色诺芬的《回忆苏格拉底》中的智术师和纸莎草残篇《论真理》（*On truth*）(87B44 Diels-Kranz)的作者，以及那个现存有其论杀人罪的法庭演讲词的演说家是同一个人的话。[2]此处和之前一样，我们需要区分智术师本身，即

[1] 参见K.J.Dover, *Aristophanes:Clouds*,pp.l–liv中的评论（或许更可取的一个选择是，阿里斯托芬自己是明白这差别的，但出于谐剧目的，他在嘲弄知识人时赞成了普通意见[*communis opinio*]）。

[2] 关于这个无解的问题，参见安德鲁斯（Andrewes）在*HCT* v中对修昔底德《伯罗奔尼撒战争史》卷八68的出色评注。其他讨论见引于Ostwald, *Popular Sovereignty* 360—364。

那些不断游走的职业人士，与他们的那些年轻且出身优裕的雅典学生，诸如《普罗塔戈拉》中的希珀克拉底、《欧绪德谟》中的克利尼亚和其他人以及《高尔吉亚》中的卡利克勒斯（此人尽管诋毁了智术师，但无疑从智术师那里学到了很多东西）之类。

第二，我们要考虑到那些大智术师显赫的社会地位。他们都是受尊重的有贵族气派的人物，他们在雅典所交往的也是贵族。首先可以《普罗塔戈拉》为证，在该作品中，智术师（以及他们的追随者？）受到卡利阿斯的款待（447b，[译按：有误，疑为311a、314d等处]）。高尔吉亚和希庇阿斯则担任了他们的母邦派往雅典的使节。正是为了完成使命，高尔吉亚在公民大会上以其精湛演说震动全场（Diod.xii.53=Grg.A4）。普罗塔戈拉是伯里克利的至交，他们在一起讨论过智力谜题（普鲁塔克《对比列传》“伯里克利”36）；据说伯里克利曾请他为雅典的图里（Thurii）殖民地（建于前444—前443年）制订法典，并给予他很高评价。[1]这些再次与苏格拉底形成鲜明对比：苏格拉底据说是一个石匠的儿子，从未有过获取任何公职的野心，而且事实上，当有一次命运让他入选委员会（the Council）时，他声称自己出了丑。[2]他的兴趣在个体的人身上，而不是在议会或听众那里；在交谈而不在修辞。他非但没有获得公众尊重或者晋升，反而一直很贫穷，直到生命终了（尤

[1] 不过，参看Stadter（页159注3），他在此处的怀疑看法是有些道理的：狄奥多罗斯《历史丛书》卷十二10没有提到普罗塔戈拉，只有第欧根尼·拉尔修《名哲言行录》ix.50提到（引述了赫拉克利德斯·本都库斯[Heraclides Ponticus]）。关于图里的殖民地见V.Ehrenberg, *AJP* 69(1948)149-170=*Polis und Imperium* (Zurich-Stuttgart 1965)298—315。

[2] 《高尔吉亚》473e，以及多兹的评注。在苏格拉底这方面，这是不老实的说法，不过，参见《申辩》32b（亦见色诺芬《回忆苏格拉底》卷一1.18，卷四4.2），关于他提到的这一段情节——阿吉纽西事件之后对将军们的审判。在此次审判中，正是雅典民众，由委员会中冲动的多数派领头——他们的行为不是愚蠢而是令人发指——要求以一次投票的形式处决所有将军。苏格拉底是主席团成员，他坚持称这是非法的（比较色诺芬《希腊史》卷一7.15，狄奥多罗斯《历史丛书》卷十三101）。

其见《申辩》38b)。

最后一点让我们想起的是智术师的持久且昭著的污名,即他们为他们的教学收取学费。这一点对我们而言似乎没有那么令人惊讶,但 110 在那个时代的希腊似乎是新奇的事情:普罗塔戈拉据说是第一个这么做的(《普罗塔戈拉》349a,比较《希庇阿斯前篇》282cd)。收费的总额事实上很大:据说普罗塔戈拉赚的钱比菲迪亚斯再加上其他任何十个雕刻家赚得还多(《美诺》91d),普罗狄科一般一节课收取半个米那的费用(《克拉底鲁》384b)。[1]卡利阿斯因其在普罗塔戈拉、希庇阿斯和普罗狄科身上挥霍大量钱财而声名狼藉(《申辩》20a,《克拉底鲁》391c,色诺芬《会饮》1.5)。毫无疑问,智术师们都极其富有:我们可以回想起普罗塔戈拉曾自夸说,如有学生打算发誓,认为自己花的钱不值当,那他允许这样的学生认为实际值多少就付多少(《普罗塔戈拉》328b)。穷困潦倒的人恐怕不会如此夸口。[2]这也与苏格拉底形成对照。苏格拉底总是光着脚,穿得破破烂烂[3],似乎没有什么特别的谋生手段,除了朋友们的慷慨接济。当然,他还自称没有能力支付巨额罚款以免除死刑(《申辩》38ab)。有时候苏格拉底会被认为实际上境况良好,因为阿尔喀比亚德以及其他人会招待他,帮他解决任何困难;由此推断,他(或者柏拉图)无权批评智术师收取费用。这种看法荒谬且不公正:苏格拉底勉强糊口,过着闲荡的生活,如果哪天打扮整齐或洗了个澡就成了可以议论的事情(《会饮》174a,比较220b;阿里斯托芬《鸟》1554);成功的智术师则是举国喝彩,享负盛名,飞黄腾达,过着富有而奢侈的生活。这完全天差地别。

[1] 对柏拉图作品中有关智术师酬金的文献记录的搜集,见E.L.Harrison, *Phoenix* 18(1964)191注44;关于哪些说法可信以及可以推断出什么,见Kerferd 25—28。

[2] 对比Grote, *History*第67章,Everyman ed.viii, 325以下对这则轶事的使用。

[3] “他的外套是一个老套的谐剧笑料”, Guthrie iii.389。

已经有人说过，可以在智术师的教学步骤中找到苏格拉底问答法的底色。不过，尽管这种简短、辩证的教导形式可能在他们的课程中有某种位置，但他们更为典型也更为普遍的表达形式是智术师式的*epideixis*（展示）或炫示性演说。在这里，有关智术师实践的非柏拉图的证据再次支持了对话中的描述。发表这种演说可能是在相当正式的场合，智术师们甚至在奥林匹克节上表演和竞赛。[1]除此之外，他们的表演都是在公共场所：普罗狄科在吕克昂（B8），希庇阿斯在"菲多斯拉图的学校"（柏拉图《希庇阿斯前篇》286ab）。高尔吉亚愿意在雅典的剧场就任何主题发表演说（菲洛斯特拉托斯·佛拉维乌斯《智术师传》*VS* i.1,p.482=高尔吉亚A1aD—K）。他也在奥林匹亚和皮提亚
111 赛会上演说（高尔吉亚B7—9）。希庇阿斯同样曾就备好的主题清单上的任何一项发表演说，并回答听众可能关心的任何问题（《希庇阿斯后篇》363c7—d4）。[2]

智术师的*epideixis*（展示）经常是背诵准备好的书面作品，而不是即兴创作或编造。希庇阿斯曾交代他已在斯巴达发表过他的道德对话《特洛伊谈话》，正准备在雅典再次发表（《希庇阿斯前篇》286b—c）。可以假定其他智术师演说也有类似的书面文本。[3]虽然在某些情况下即兴创作仍然是重要的，但很明显，书面文本在智术师教学中起到了主导作用，无论是用于自我宣传（如高尔吉亚的《海伦颂》，对海伦的颂赞和对他自身艺术的颂赞一样多），还是便于他们的学生带走和研究（比较亚里士多德《辨缪篇》183b36ff.），都是如此。这再一次与苏格拉底形成不可忽视的对照：苏格拉底没有写过任何东西，而且，在柏拉

[1] 高尔吉亚 A1,B5—6,比较柏拉图《希庇阿斯后篇》364a; Guthrie iii.42f.。

[2] 比较《美诺》70ab。关于智术师的博学，尤其参见《希庇阿斯后篇》368，一个核心文本；比较《智术师》232e抽象的表述。进一步参看M.Whitlock Blundell, *OSAP* Suppl. 1992,167注148。

[3] 比较Pfeiffer, *History of Classical Scholarship* i(1968)30ff.。

图著作中批评了写作。

在柏拉图的《高尔吉亚》中，当苏格拉底到场时，高尔吉亚刚刚完成了这样一次*epideixis*（展示），《高尔吉亚》就从这里开始。他傲慢地宣称已经很多年没有人问过他任何新问题。[1]据说，高尔吉亚和希庇阿斯还按照古代诗人和诵诗人的惯例身着正式的紫袍做这种表演（高尔吉亚A9；根据《希庇阿斯后篇》368c，希庇阿斯是自己打造了一身行头！再次显示了博学。）沉闷呆板的礼仪程序与苏格拉底闲谈式的和不事张扬的讨论风格相去甚远，他乐意与任何遇到的人谈话，无论是在街角还是在餐桌上。更为引人注目也更具有对立性的是智术师这样做时的自信：如多兹所言，高尔吉亚自命为"一个人的智囊团（a one-man brains trust）"[2]。在这种炫示演说中，无论是历史事实还是柏拉图绝妙的再创造，智术师们都是洋洋自得地肯定他们拥有答案，拥有全部真理。柏拉图笔下苏格拉底的特征正是他不断地查究这种宣称，用他那些接二连三、表示怀疑又看似简单的问题，暗中打击他们的自信，挫败他们的虚夸。

2.《欧绪德谟》[3]

对话《欧绪德谟》采用了"戏剧"形式：与《普罗塔戈拉》一样，它的开场也是苏格拉底与一个朋友交谈，此处，这个朋友是克力同。这一交谈很快导向这位哲人对最近一次遭遇的叙述：他讲述了自己如何

[1] 《高尔吉亚》448a；比较多兹在该处的评注；伍德拉夫（Woodruff）对《希庇阿斯前篇》282b的评注。

[2] 对《高尔吉亚》448a的评注。

[3] 吉福德和霍特里（Gifford and Hawtrey）的评注；专书的研究见Thomas H.Chance, Plato's Euthydemus: *Analysis of What Is and Is Not Philosophy*(Berkeley and L.A.,1992)。

112 遇见两兄弟，智术师欧绪德谟和狄奥尼索多洛，并从他们那里寻求教导。[1]在场的还有他们的追随者和很多感兴趣的年轻人，其中有一对恋人，克利尼亚和克特西普，他们是被特别挑选出来的。接下来的辩论在柏拉图著作中是不同寻常的，因为没有正式的讨论主题。虽然苏格拉底试图让这些智术师表明智慧是所有人都必须追求的，但他们却向在场的人提出各种不相干的话题，并通过机巧的文字游戏、故意的误解和明显的逻辑谬误来得出悖谬的结果。在形式上，这部对话与《普罗塔戈拉》有区别，因为我们在对话的结尾回到了苏格拉底与克力同的交谈（比较《美涅克塞努》），而且，在全文三分之二处有一个插曲，在那里，克力同回应了苏格拉底的话，接着是他们之间的一段简短交谈（比较《斐多》88c—89b）。克力同在结尾处的评议一方面表达了他自己的不安（他认为苏格拉底不应该和这种假行家有瓜葛），另一方面复述了他从一位当时在场的匿名人士那里听到的同时对苏格拉底和智术师的批评。这个对苏格拉底和哲学都作出轻蔑评判的人，通常被认为是修辞学家和教育理论家伊索克拉底，虽然匿名的原因并不清楚（也许是为了避免年代错误）。[2]

很清楚，这部对话更多的是有关方法而不是某个特定的哲学问题。智术师的诘问抛出了很多观念和认识论上的困难，但这些困难都没有得到充分的探究。虽然它们在柏拉图著作的其他地方也时有重现，但明显不是这部对话的主要关切点。毋宁说，《欧绪德谟》呈现的是不同教学方法的对比，即苏格拉底的提问与智术师的唬人之间的对比，或

---

[1] 关于此二人几乎没有什么独立的佐证（虽然见于亚里士多德《修辞术》1401a28，《辨缪篇》177b12），但似乎没有理由怀疑他们是历史上的真实人物。进一步的佐证和看法见Sprague, *The Older Sophists* 294—301，霍特里（Hawtrey）的评注13—14。

[2] 关于伊索克拉底，参见第二章，原文第63—66页。关于这一情节，参看Hawtrey 26—27,30, 190ff.。

者用两个准术语来说，是辩证术与争辩术（争论）之间的对比。[1]这部对话的叙述部分展示了一系列交谈。首先是这两个智术师与少年克利尼亚之间的问答，后者被两位智术师迅速游移的悖论搞得晕头转向（《欧绪德谟》275b—277c）。于是苏格拉底介入进来，试图通过一系列更有耐心也更连贯的问题来恢复克利尼亚的信心，这些问题是他给予这些智术师的范例，表明如何以一种鼓励人们走上哲学之路的方式来提问——一种劝导式的提问（《欧绪德谟》277d—282e）。[2]但是，113
当这两位智术师再次主导谈话的时候，他们并没有尝试遵循苏格拉底的引导或者考虑苏格拉底已经着手的话题；反之，他们的言辞更加激烈，有更多精巧的诡辩。他们把注意力转向苏格拉底，但他们的一个恶作剧把克特西普，即克利尼亚的情人，卷入到论辩中，激烈地否定他们的主张（即他确实想要克利尼亚“不存在”，因为如果克利尼亚在精神上提升了，那就会与现在不同，改变了）。这一阶段的交谈变得更加激烈。克特西普言辞尖刻，咄咄逼人，两位智术师的话则是在嘲弄但很荒唐（《欧绪德谟》283a—288b）。苏格拉底担心会真的吵起来，于是再次介入，重新向克利尼亚提问，从他先前中断的地方继续问（《欧绪德谟》288b—293a）。这一次克利尼亚的回答更充分也更周全（《欧绪德谟》290b—d），以至于克力同插嘴表示惊讶和赞赏（《欧绪德谟》290e—291a）。不过，克利尼亚的进步对他们来说并不足以解决正在讨论的问题。苏格拉底再次吁请欧绪德谟来帮助他们。另一场荒谬论

[1] 关于争辩术（eristic），进一步参看汤普森（Thompson）的《美诺》评注（1901），附记5（关于75c，80e），272—285; Robinson, *Plato's Earlier Dialectic* 70,84ff.; Ryle, *Plato's Progress*第四章和第六章; Lloyd, *Magic,Reason and Experience* 62—65,100—101; Kerferd,第六章;A,Nehamas, *History of Philosophy Quarterly* 7(1990)3—16;Vlastos, *Socratic Studies* 135—136。

[2] 关于“规劝”方式的历史，参见P.Hartlich, *de exhortationum a Graecis Romanisque scriptarum historia et indole*(Leipzig 1889);I.Düring, *Aristotle's Protrepticus:A Reconstruction*(Goteburg 1961) 19—24,32—35;Slings, *Clitopho*,尤其是70—183。

辩的生动展示紧随其后，克特西普再次参与其中，此时他显得自己善于学习智术师的伎俩（如苏格拉底所评论的）想要在他的爱人面前卖弄一番（《欧绪德谟》300c1），而他的爱人则令人不安地准备对这些徒劳无益的游戏一笑置之（《欧绪德谟》300e）。最后，苏格拉底被迫得出了一个荒谬的甚至渎神的结论（即他的家族神是“他的”，如同牲口和财产是他的一样，因此，他可以按自己的心意出售或处理他们）。苏格拉底感到震惊和沮丧，但克特西普只是觉得好笑，而且似乎只对这两个智术师勉强表达了赞赏（《欧绪德谟》303a）。

这里的教训似乎很清楚：智术师的古怪花招是肤浅的哲学伪装，精巧却贫瘠，而且可以毫不费力地学会。他们自己也是最近才获得这种“智慧”的，克特西普也迅速地掌握了（《欧绪德谟》300d7—9,303e）。相比之下，苏格拉底的探询方式没那么花哨，进展也更缓慢，但更有价值，即使没有达到一个确定的结论。他坚定地追究一个严肃的主题，与同伴共同承担他的难题，而且（也许最为重要的是）吸引克利尼亚，给予他表达自己看法的信心。叙述的其他方面强化了这些对比：例如在场的听众对智术师的“成功”做出热情而肤浅的反应，为他们能在微不足道的辩论中获得胜利而欢笑、喝彩（《欧绪德谟》276b，303b）。与之相比，苏格拉底与克利尼亚一起取得的真实进展得到克力同的更为深思熟虑的认可，克力同还说到普罗大众对智术师表演的反应：他们是那种宁可被这种辩驳方法驳斥，也羞于用这种方法去驳斥别人的人（《欧绪德谟》304d1—2，他接起苏格拉底在303d的评议）。突显智术师方法弱点的另一特征是用好斗的喻象来描述他们的步骤。在对话的开头，苏格拉底用来描述他们的语言既使读者发笑也让读者不安：这两兄弟先前是摔跤和披甲作战等技艺的行家，现在他们成了
114 打口仗的行家（《欧绪德谟》271c—272a）。这某种程度上是有关智术

师多才多艺（上文原文第111页）的一个玩笑；同时表明他们对哲学的认识必定是多么狭隘。但摔跤的说法在后面作为一个隐喻重现（尤其是277d：“于是，欧绪德谟急于想把这个年轻人第三次摔倒，打个比方说”；288a：“还是老样子，被摔倒了”）。[1]这表明此二人把同样的攻击和战斗精神带到他们的论辩风格中来（正如争辩术[eristic]一词所暗示的）。有一处，他俩甚至也争执起来。当时狄奥尼索多洛允许苏格拉底提出一个会破坏智术师悖论的观点，欧绪德谟指责了狄奥尼索多洛（《欧绪德谟》297a）。

与《拉凯斯》和《卡尔米德》一样，对话参与者的人物形象不仅本身丰富多彩、妙趣横生，而且带有精神上的意义。关于这一点的某些方面已经略述过。智术师是表演者，向仰慕他们的听众表演。我们看到，他们从一开始就对年轻学生的信心和健康（well-being）漠不关心，当时狄奥尼索多洛凑到苏格拉底耳边幸灾乐祸地说，无论克利尼亚怎么回答，他都会被驳倒（《欧绪德谟》275e）。克特西普也是在卖弄，只是方式不同，他想在克利尼亚面前好好表现（《欧绪德谟》283e，300c1）。虽然他的直接和实际的怀疑主义在辩证术中有时是一个优点，但他对智术师的粗鲁攻击并不能推进讨论，也没有给他带来什么好处：在对话的那个部分，克特西普自己区分了“对立”和“滥用”（《欧绪德谟》285c—d），但苏格拉底对这个年轻人的语气和他自己的不安的描述表明此人的行为举止虽然可以理解，但也是该受责备的（尤其见《欧绪德谟》285a，288b3）。柏拉图经常将“严肃”语言与

[1] 这一隐喻也被用于其他论辩文本中：比较《泰阿泰德》162b，埃斯库罗斯《报仇神》589,776f.，阿里斯托芬《骑士》490ff.，《蛙》878，以及尤其是普罗塔戈拉的*Kataballontes Logoi*（压倒性论证）。普鲁塔克《对比列传》“伯里克利”8关于这一点的说法很有趣：该处记述了伯里克利的政敌，米勒西阿斯之子修昔底德（不是那个历史学家）的一段评论。当被问到“你和伯里克利，谁是更厉害的斗士”的时候，作为著名摔跤手的修昔底德回答说，这很难说，因为当他已经将伯里克利摔倒在地时，伯里克利会站起来发表演讲，使观众相信他击败了修昔底德！

"游戏"或"轻率"的语言相对比，此处这种对比则被用来刻画苏格拉底与智术师二人组的不同方法。对智术师来说，论辩本身是一种运动或比赛（就像他们擅长的摔跤或其他运动）；苏格拉底将提问者从一个人到另一个人的平稳过渡比作球员接球（《欧绪德谟》277b），他还将这些滑稽古怪的做法比作严肃的入会仪式之前的游戏和跳舞（《欧绪德谟》277de）。但正如苏格拉底所抱怨的，这些智术师并不打算终止游戏并严肃对待论证（《欧绪德谟》288b—c，293a），也就是停止空拳攻防练习（shadow-boxing），而以恰当方式进行一场持续的讨论。当克特西普掌握了这些智术师的技巧，他就开始追究各种不相干的论点，这些论点同样是琐碎和无用的：它们无关真理，也无关克特西普真正感兴趣的东西，仅仅是为了挫败这些智术师（而且只是暂时挫败）
115 （《欧绪德谟》294b—d，298b—e，300d）。苏格拉底在这部对话中运用的幽默和揶揄与此形成鲜明对比：在285a，他试图缓和局面，避免克特西普发怒："由于他们之间似乎出言不逊，他试着对克特西普开玩笑（*prosepaizon*），说道……"一方面，我们看到一场故弄玄虚的无意义的比赛，只是为了满足胜利者的虚荣心；另一方面，我们也看到一种更为机智和周密的尝试，以保持或引入合作和共同探究的精神。[1]

说来也奇怪，最难以解释的人物是苏格拉底自己。虽然他自己讲述了故事，但他的评议，特别是开场处的评议，出乎我们的意料：他对这些智术师的表演表达了崇敬和惊叹（《欧绪德谟》272ab），责备自己的迟钝，而且似乎热切地想要成为他们的学生，甚至怂恿克力同和他一道去他们的"学校"上学（《欧绪德谟》304bc）。显然，这里我们涉

[1] 更"玩笑"（play）的说法见283b。一般参看G.J de Vries, *Spel bij Plato*(Amsterdam 1949)和J.Huizinga, *Homo Ludens* (英译本，1949)。

及的是苏格拉底众所周知的反讽。[1]不过，在这个例子中，它保持了特别一贯的方式；虽然从一开始我们可能就怀疑他给予这些智术师的大量夸大其辞的称赞，但这的确需要联系我们所知的苏格拉底在其他地方的怀疑和质疑态度。

在这里，苏格拉底的反应是假天真。他公开宣称敬佩这些智术师，但是让他们自己感觉到有所保留。例如，在273e5以下，他对这些智术师说："现在，如果你们真的拥有这种知识，哦，请施恩啊！——我对你们说话的口吻谦卑得好像你们是神……"无论是像祈祷一般过度的恳请，还是意味深长的"如果"分句，都让我们察觉到他可能的怀疑。又如274de，他问他们是否能使一个人变好，"只能使已经被说服必须向你们学习的人变好，或者是也能使还没有被说服的人变好，因为这种人怀疑德性根本无法教，或怀疑你们俩教不了德性？"虽然这个完全合情合理的问题表述得很笼统，但对读者而言，这可能暗示苏格拉底自己没有那么信服。[2]在后面的段落中，苏格拉底对这些智术师的态度的评议，或者对那些少年的反应的评议，向我们更多地暗示了他的不满。有以下例子：在276d4，评议欧绪德谟的动机（"好叫我们更加惊叹于他"）；把他们的语词游戏比作孩童的恶作剧，如有人要坐下的时候把凳子抽走（《欧绪德谟》278b）；说到狄奥尼索多洛的不诚实（《欧绪德谟》286d11ff.，比较302b3关于欧绪德谟的说法）；形容克特西普
已经变成一个十足的无赖（*panourgos*）；以及将这些智术师比作身份 116
不清的危险的神话怪物：会变形的普罗透斯和有许多头的许德拉，而

[1] 比较Wayne Booth, *A Rhetoric of Irony*(1974),尤其是第3—4章，关于这一特定类型的文本。关于这种反讽的一个延续更长的例子，见Swift, *A Modest Proposal*…。布思（Booth）的上述著作（105—120）讨论了这些例子。

[2] 《普罗塔戈拉》中有一些类似的段落，那里断断续续用了相似的反讽，见《普罗塔戈拉》319a8ff.，328d3ff.。

苏格拉底则出演更人性化、更讨人喜爱的角色墨涅拉俄斯和赫拉克勒斯(《欧绪德谟》288b, 297c)。[1]

这些智术师的非理性行为和自满态度也有助于引导我们对他们的争辩方法作出回应。[2]即便是随便读一下也可以清楚地看出他们令人难以忍受的自负和随意性,凭着这种自负和随意,他们在不同的假设和提问之间切换。苏格拉底在“规劝”部分的论辩是清晰、连贯的,沿着特定方向前进,而这些智术师的论辩则是支离破碎、缺乏连接、投机取巧的。他们嘲笑苏格拉底提起他们之前说过的事情,认为这些观点无关紧要(《欧绪德谟》287b; 295c10f.)。他们拒绝建立任何可以引导讨论方向的规则或协定(《欧绪德谟》287cd)。他们反对苏格拉底在回答中加入限定词,或者反问他们,即使他的问题只是为了弄清欧绪德谟的意思(《欧绪德谟》295b)。“你正在回避问题,苏格拉底”,狄奥尼索多洛气冲冲地说(《欧绪德谟》297b7)。这是蛮横的,因为是他自己故意转移讨论方向以逃避苏格拉底的提问。

这种自我塑造,加上持续的反讽和苏格拉底自己散漫、简短的评议,达成了预期的效果(使读者谴责欧绪德谟和狄奥尼索多洛),而不用编写者严厉地强调这一点。正如苏格拉底把事情的经过告诉克力同并让他自己去判断这些智术师教学的价值,柏拉图也留下一些工作让读者去做:在该作品的结尾,苏格拉底或克力同或伊索克拉底式的人物都没有对这部对话的“要旨”给出最终的评判或者充分的总结。

本书的篇幅和主题限制不允许我详细考虑《欧绪德谟》中的论证,现代读者在任何情况下都会对这些论证不屑一顾。但有两个较重要的

[1] 亦见将这些智术师的“教育”比作美狄亚的神奇但可能致命的药剂(《欧绪德谟》285c)。对赫拉克勒斯—许德拉这一类比的讨论,见R.Jackson, *CQ* 40(1990)378—395。

[2] 进一步参看L.Coventry,in Pelling(ed.) *Characterization and Individuality* 176—178。

点值得注意，这两个要点都对理解柏拉图在其他地方的写法有所启示。第一个要点是，读者至少会看出这些智术师的论证是站不住脚的，而且想必会去思考原因，也就是说，从某个角度来说，《欧绪德谟》是智术师谬误的教科书。既然柏拉图明确地意识到这些论证是谬误，但出于戏剧或教诲的目的使用它们，那么由此来看，类似的情况也可能出现在别的对话中：发言人可能提出作者明知并不充分的论证，但这论证要么有助于刻画发言人的人物形象，要么有助于说明某种类型的错误，要么可以挑战读者。正如疑难讨论（an aporetic discussion）并不是无意义或无用的讨论，因此，一个谬误的论证，只要它的谬误被理解，那么就仍然是一个思想者能够从中学习的论证。当然，这不是说柏拉图总能意识到谬误，或者他从来不会犯这种错误，即把一个并非有效的论证当作有效的。但是，《欧绪德谟》给了我们很好的理由，使我们在认定柏拉图存在基本的逻辑失误之前有所顾虑。[1]问题仍然存在，不同情况可能需要不同回答：特别是，当犯了论证错误的人是苏格拉底，而不是他的对话者的时候，区别有多大呢？这也是可供有抱负的逻辑学家学习的教训吗？ 117

第二种对《欧绪德谟》中论证的更宽泛的评论关切的是其含义而非其有效性。这些智术师的论证步骤，虽然看起来几乎总是琐碎和肤浅的，但不论怎样，它们处理的并不是没有哲学意义的问题。可以貌似合理地说，欧绪德谟和狄奥尼索多洛承袭了伟大的思想家巴门尼德

---

[1] R.Robinson, *Essays in Greek Philosophy* 16—38 和尤其是R.K.Sprague, *Plato's Use of Fallacy*,他的书令人钦佩，但似乎被不恰当地忽视了，也许是因为其主张相对温和，其范围比较有限。比较Dodds, *Gorgias* pp.249,335—336,特别是336,“很难轻易假定柏拉图不知道他在做什么”。G.Klosko, *CQ* 33(1983)363—374探讨了关于辨识对话中“故意的” 或出于戏剧动机的谬误的一般问题。

曾研究过的本体论问题，而巴门尼德是柏拉图一直景仰的人物。[1]巴门尼德提出的关于一个事物如何是或成为别的事物的问题，在柏拉图后来的著作中一直为柏拉图所关注。事实上，在以巴门尼德命名的对话中，柏拉图深入地研究了他的思想。这些智术师所使用的表述暗示了更重要的东西：正如苏格拉底反讽的那样，并不是他们隐藏了更为高深的智慧，而是他们仅仅学会了这一行的一些技巧，对更严谨地探究更艰深的问题则毫无兴趣。但是，这部对话反复暗示，他们的观点比看上去更切中肯綮。例如，在294e中，他们说他们知道一切，在他们还是小孩子的时候就已经知道了，而且其他所有人都处于这种幸福的状态。这种说法与《美诺》中苏格拉底的说法相似，即所有知识都是对我们已经知道的东西的回忆：我们只需要去回想，因为我们在出生之前就内在地拥有它。[2]再者，在与这些智术师的第二场对话中提出的问题："一个人如何能够说'不存在的'事物"，在后来的对话作品中得到更充分且更有成效的思考（例如《泰阿泰德》188d以下和《智术师》258—260）。这可以两种方式来看。有一种观点认为，其目的在于提

118 醒有见识的读者注意柏拉图在别处的论证，从而表明柏拉图的思想和苏格拉底的方法较智术师的浅薄更优越。这是一种强烈的整体论观点（unitarian argument），它基于这样一个假设，即读者能被预期在两部对话之间进行比较和相互参照。[3]这可能会遇到年代顺序上的困难，因为《欧绪德谟》通常被认为比最为关注存在和非存在问题的对话早得

[1] 见《泰阿泰德》183e和Sprague 13—14, 17f.等。关于巴门尼德思想的一般论述见KRS 239—262。

[2] 尤其参见H.Keulen, *Untersuchungen zu Platons Euthydem*(Wiesbaden 1971); 还有Friedlaender ii 184—186,Hawtrey 21—22,Chance,各处。

[3] 见第一章（原文第23—25页）对此处所提问题的论述。比较，例如Tigerstedt, *Interpreting Plato*,尤其是第5章。

多。柏拉图会参照还仅仅处于构想阶段的作品吗？[1]一种更谨慎的方式可能是，承认在柏拉图看来，比起智术师愿意（或能够）做的思考，这些问题值得更持久、更严肃的思考，但他自己的思想尚在发展之中。与往常一样，他让其他问题出现在一部对话的边缘，或者出现在论辩的间隙，以便感兴趣的读者去追究，如果他们愿意的话。按照这一论点，与柏拉图或其他人的学说的相似之处，不必表示具体的相互参照，而是表示持续的关注。这种情况在其他较短的对话中也可以找到（例如《伊翁》）：在其中，谈话对象不能胜任复杂的主题。无论是谈话对象还是苏格拉底，都间或被允许说出比他们所知道的更真实的东西。这就犹如读者被邀请（而非被强迫）加入到哲学探询之中，而不是满足于这辩证戏剧的令人愉快的不确定性。[2]

我们已经提到过《欧绪德谟》不同寻常的形式特征。这些特征中最引人注目的是结尾，克力同与苏格拉底之间框架性对话的重启和扩展。该结尾可以分为三个紧密关联的部分：过渡部分，包括苏格拉底对他的叙述具有反讽意味的热情总结，以及最后邀请克力同和他一道去智术师的“学校”上学（这是对克力同的一次考验吗？）；克力同的消极回应，与此结合在一起的是克力同汇报一个匿名批评者对哲学的拒斥；结尾的谈话，苏格拉底评论了这些拒斥的理由，并鼓励克力同关切他儿子的教育问题。我们很自然会问，对话的这最后几页在构成对话核心的戏剧部分之上添加了什么？以及这些内容，如果有的话，如何限定我们到目前为止对苏格拉底与那对智术师兄弟的优缺点的评价。

---

[1] Hawtrey 21ff.，以及在*Apeiron* 12(1978)14—18中，认为290b—c以类似方式暗指《理想国》卷七中为护卫者制定的课程安排。

[2] 比较例如T.Baxter, *The Cratylus:Plato's Critique of Naming*(Leiden 1992)13及各处。

这个结尾似乎有很多作用——也许太多了，因为至少有人怀疑，这最后几页引入了太多新的观念以至于使对话失衡，却没有什么效果。第一，苏格拉底最后对智术师说的话，与之前的话相比，更清楚地显示出他对他们的钦佩是反讽性的，因为在他们的方法中，他选来赞扬的
119 那些要点事实上都明显是缺点（没有羞耻，内在矛盾，以及他们的技巧学起来出奇地容易）。第二，这一结尾，和290e以下的插曲一样，有助于刻画克力同：他是一个单纯的人，一个老实的农场主和生意人（《欧绪德谟》291e8,304c4）。他不轻视哲学，但他关心的是苏格拉底不该在公共场合自取其辱。他虽然对学习有兴趣也很想让他儿子得到良好教育，但他没有敏锐的头脑，轻易地被那个匿名批评者的高傲态度迷惑。他需要苏格拉底在回答中给予他鼓励和良好的判断力。与对话戏剧部分中的克利尼亚一样，克力同也是在苏格拉底的友谊和提问下消除了疑虑并趋向哲学。[1]第三，柏拉图用这一场景来显示，在雅典，对哲学的恶意批评如何能既涉及苏格拉底的活动，又涉及像欧绪德谟和狄奥尼索多洛这类人的活动。哲学不仅会遭到贩夫走卒或者与贩夫走卒站在一起的谐剧诗人的攻击，而且会遭到知识人的攻击（因为那个匿名人物，无论是伊索克拉底或其他人，都明显代表了这一阶层）。这部对话某种程度上是面向此类批评者的，或许是为了帮助他们看明白对话中所揭示的不同教学类型之间的差异。

似乎难以否认，这个结尾也有引起争论的一面，这可能更多地与柏拉图的写作时间，而不是与苏格拉底所叙述之讨论的假定戏剧时间相关。苏格拉底对那个批评者及其所代表的群体的看法，那些“介于哲学与政治之间的中间地带”，是该对话中的一个新东西，而且似乎得

[1] 两个场景中出现的规劝语言的相似性强化了这些类比（比较《欧绪德谟》278c、282d与307a、307c）。

到了强调，这难以仅凭内部的理由来解释。那个批评者说研究哲学是一件浪费时间的荒唐事，毫无价值，苏格拉底应该为自己花时间与欧绪德谟和狄奥尼索多洛这样的人一起讨论而感到羞耻。正如我们所看到的，大家并非不知道，柏拉图对话中说出了对苏格拉底行为的严肃批评，但这里的评论似乎是自鸣得意和蛮不讲理的：首先，这些评论忽略了苏格拉底在对待克利尼亚时暂时扮演的教育角色，尽管客观环境并不顺遂。对话戏剧部分中的智术师与框架部分中的匿名人物之间有一个类比：两者都渴望得到智慧者头衔，都对看似天真无知的苏格拉底摆出轻蔑和优越的态度，都给他们遇见的人（克利尼亚和克力同）带来焦虑和犹疑，而不是给予他们帮助或启发。那位修辞专家的匿名，如上文已指出的，可能是为了避免年代错误（因为苏格拉底在世时，伊索克拉底还只是一个有希望的年轻人：见《斐德若》278e—279a）。但或许更重要的是，此人代表了一种类型：公共生活中的知识人类型。他们无暇从事哲学，但声称自己的特殊地位基于其他技能。[1]伊索克拉底显然属于这一类人，而且他的作品中似乎有很多地方可以被视为针对苏格拉底及其追随者，这或许激发了柏拉图的敌意。但伊索克拉底是展开论战（例如在他的《驳斥智术师》中），而柏拉图则是通过戏剧化来表达。因此，这部对话所呈现的不仅是从事哲学（和教育）之方法的对比，而且也是对这些方法之评价的对比。苏格拉底愿意与这些智术师交谈并试图从他们那里学到一些东西（虽然他以无所不在的反 120

[1] 关于这个匿名人物作为一种类型，参看Wilamowitz, *Platon* i.304,ii.165—167,Friedlaender i.194,Chance 199ff.。一个次要的点可能是，把伊索克拉底明确引入对话中会导致复杂化，因为伊索克拉底以一种不同的含义使用“哲学”一词，用来指他自己的教学（本书原文第251页）。另一方面，我们应该注意到在304e4—5有一处语言押韵：这看起来的确像是暗示高尔吉亚的学生伊索克拉底的风格。比较Norden,Kunstprosa i.115—119。关于个体与类型之间这种含混不清的关系，一个相似的情况见贺拉斯《书札》(*Epistles*) ii.2.91—107,在该处，那个无名的挽歌诗人很像普罗佩提乌斯。参见布林克（C.O.Brink）对这几行的评注。

讽使自己从他们的活动中脱离出来),那个匿名人物则既鄙视智术师的争辩术,也鄙视苏格拉底想要找到与他们的共同点的努力。克力同自己深信哲学是有价值的,而另外那个人却坚定地谴责哲学,两者的冲突令他感到困惑。见证了这场讨论并对这些评价有所估量的读者也得自己拿主意。

对话的这最后一部分某种程度上说是最直白的。反讽和拐弯抹角让位于克力同坦率陈述如何让自己的儿子接受恰当教育的焦虑:对他的儿子们来说,哲学是一件正确的事情吗?苏格拉底在此处说的话是简单明了的,他提醒克力同,无论哪种技艺,都有好教师和坏教师,重要的是要判断所教之科目的价值,而不是教师的优点。"勇敢并充分地检验它,如果在你看来,它是一件坏事,那就让所有人都远离它;但如果你对它的看法和我一样,那就让你自己和你的儿子们充满信心地去追求它,去实践我们所说的这门技艺。"(《欧绪德谟》307c,这部对话最后的话)。所有人都需要哲学,不只是克力同的孩子们需要,他们的父亲也一样。在此处,苏格拉底再次扮演了规劝者的角色。正如他从未明白地说出对那对智术师兄弟的谴责,他也没有堂而皇之地表示自己是这项工作的最佳人选,而是让克力同自己努力得出结论(虽然克力同明确表示,正是在苏格拉底面前时,他最强烈地感到必须重视他的儿子们的教育)。[1]这部对话的结尾,和对话的其他部分一样,提供了一种伦理模式:对克力同来说,苏格拉底是一位引导者和有影响的人,而不是一个权威。结果仍然是不确定的。

[1] 关于苏格拉底在场的重要性,比较《会饮》215c—216a,《泰阿格斯》130d—e等等。

第五章

《普罗塔戈拉》

在《欧绪德谟》中，苏格拉底遇见一对智术师，他们得到身边旁听 121
者的喝彩，但被听众中的克力同和那个像是伊索克拉底的人物斥为无足轻重的人，而在《普罗塔戈拉》中，他遇到的是智术师这一行中最杰出的人物之一，辩论也在一个完全不同的层面上进行。也许还有必要记得，后期的柏拉图非常郑重地对待普罗塔戈拉，以至于《泰阿泰德》的很大一部分内容都是在考察和探究普氏最著名的说法“人是万物的尺度”（残篇B1，《泰阿泰德》151—152，161—179）。因此，我们会惊讶地发现，在以其名字命名的对话中，这个智术师是一个稻草人。此外，这部对话比《欧绪德谟》篇幅更长，也更复杂。其中所提出的问题不是依靠琐碎的文字游戏或者明显离谱、虚假的推理。

不过，这部对话常常令柏拉图的研究者们感到疑惑和烦恼。读者的不确定感很大程度上与这部作品的统一性问题有关：不是说人们都严重怀疑这部作品是否确为柏拉图所作，以及是否完全符合柏拉图的特点，而是它在概念统一性的层面无疑存在令人不安之处。《普罗塔戈拉》的主题是什么？是关于什么的？主体的讨论似乎十分散漫，扑朔迷离，有些人会说有悖常理：从人类社会演化过程中的雅典民主制的性质，德性的统一性，对西蒙尼德斯的一首诗的分析，然后回到诸德性尤其是勇敢，接着驳斥将快乐和情感力量凌驾于理性之上的流行观念。

最后似乎没有解决什么问题。开场的事件有什么意义呢？先是苏格拉底与一个不知姓名的朋友之间的对话，然后是对话中被叙述的部分开始时，希珀克拉底与苏格拉底再到那个大智术师那里之前的对话。

不确定性的另一大方面与对话的最后阶段有关。在该阶段，苏格拉底奇怪地为通常被称为快乐计算法（the hedonic calculus）的原则辩护：也就是说，他支持快乐是好的论点，赞成理智的作用就是在各种快乐之间明智地权衡，就是实践一种测量的艺术，它使人能够权衡眼前的不适或痛苦与未来的快乐或利益。通过这种方式，苏格拉底巧妙地过渡到一种可见于柏拉图著作其他地方的学说，即没有人自愿地犯错；
122 犯错只是因为一个人错误地计算了他能够从某个行为中获得的快乐的相对量。苏格拉底真的持这种"享乐的"德性观吗？如果不是，那么柏拉图把苏格拉底描述成这种德性观的拥护者有什么用意呢？

间接的方式也许有助于接近这些主要问题，即着眼于对话如何展开，像前面的章节一样，考虑《普罗塔戈拉》中某些更具有戏剧性和修辞性的方面，包括人物形象、交流互动、说话腔调、修辞风格等等。[1]明显值得注意的一个方面是普罗塔戈拉本人的个性，特别是他如何自觉意识到自己的地位和声望（尤其是在与在场的其他智术师较劲或对抗中）。苏格拉底的叙述性评议经常强调他的自负（amour-propre）和不情愿被证明犯了错（《普罗塔戈拉》333d，335ab，338e，348b，348c1,360e）。和柏拉图的其他作品一样，参与者的个性和反应与讨论进展的方式相关。我们只需要考虑，苏格拉底如何评论普罗塔戈拉的不安和不快，某个论证没有结果如何经常的是由于苏格拉底机智的克

[1] 一般参看Stokes, *Plato's Socratic Conversations* 32—33；还有M.Schofield,见*Socratic Questions*, ed.B.Gower and M.C.Stokes(London 1992)122—136,他的路数在很多要点上和我的有重合之处。

制和他不愿意把自己的观点和盘托出(《普罗塔戈拉》332a，335a9ff.，比较362a)。这里与《高尔吉亚》有一个对比：在《高尔吉亚》中，尤其是在苏格拉底与卡利克勒斯的冲突中，是没有让步或妥协的：对抗是公然的，脾气是火爆的，观点的两极分化很严重。在柏拉图那里，论点和议题不会轻易脱离它们原本的设定。我们必须谨防对场景、个性和方法的忽视，这些因素会导致发言者采取特定的立场。

在某种意义上，我们是从结尾开始的。对话开场时，苏格拉底刚刚从这部对话所包含的那场讨论中回来，并向一位热心的朋友讲述事情的整个经过。这个“框架”设计似乎部分为了显示苏格拉底不完全是普罗塔戈拉的反对者或批评者。我们发现，苏格拉底没有因为可以坦率地说话就滔滔不绝地控诉普罗塔戈拉的无知，或者控诉他的方法和目的的无意义之类。反之，苏格拉底仍然对从他那里听到和看到的所有东西表现出赞赏和兴趣——不过不是无条件的，如以下交谈所示：

> “你真的觉得这个外邦人如此之美，甚至比克利尼亚的儿子还要美吗？”
>
> “我亲爱的朋友，最智慧的东西难道不是更美吗？”
>
> “莫非你刚才就和某个**智慧**的人(someone wise)在一起，苏格拉底？”
>
> “我们这个时代智慧的人中最智慧的，如果你觉得普罗塔戈拉最智慧的话。”
>
> “你说什么？普罗塔戈拉在城里？”(《普罗塔戈拉》*309cd*)

在此之前，普罗塔戈拉的名字一直被隐瞒：此时苏格拉底透露了最近 123
和他交谈之人的名字，而且，我们同时注意到意味深长的“如果”分句，它将评价交付于公开讨论。但是，我们不应错误地设想此处苏格拉底在笼统地反讽（仿佛他是在暗中嘲弄“哈哈，当今最智慧的人——简直是笑话！”），而且，这个不知姓名的朋友肯定不是这样理解他的。相反，这位朋友在听说普罗塔戈拉回到雅典的消息时和希珀克拉底一样兴奋。苏格拉底的反讽比“通常的反讽概念——例如，仅仅将某种肯定换成否定”更为丰富和复杂[1]；它不是表达对其对象的绝对摒弃或谴责，而是引起怀疑和疑问，就像苏格拉底在这里的做法。他将美与至高智慧相等同的说法，也应成为这样的问题。他的同伴错过了这个问题，反而匆忙提出了一个反问。苏格拉底具有挑战性地将美与智慧相等同的说法——这种等同只有在一个理想世界里才会是真的——就被悬置了；结果，阿尔喀比亚德的美和普罗塔戈拉的智慧都受到了质疑。

于是，苏格拉底的限制条件就对这个匿名朋友失去了作用；他是另一个希珀克拉底。近来的批评家已经注意到（而且我们也能在《高尔吉亚》和《斐德若》中看到），苏格拉底的谈话和气质如何经常是无效的，对听者没有产生持续的影响。[2]在当前的例子中，我们不会返回这个框架，因而也就不会知道这位朋友在苏格拉底讲完之后有什么反应（比较《欧绪德谟》）；关于希珀克拉底对他实际目睹的令人眼花缭乱的交谈有什么看法，我们也没有得到任何暗示。读者得自己去评判普罗塔戈拉的表现。

值得注意的是，开场对话最后强调了这位朋友和苏格拉底将从后者的复述中得到的愉悦：这一点通过恩惠（*charis*）一词的反复使用而

[1] Friedlaender ii.13。进一步参看Vlastos, *Socrates* 第一章，以及我在上文第三章（原文第77—78页）的评论。

[2] 见下文第六章关于《高尔吉亚》的讨论。

得到强调(《普罗塔戈拉》310a)。这或许并不重要，但一种可能的解释是它指向整部对话反复出现的主题：这场讨论中的快乐和从普罗塔戈拉高超的修辞能力中获得的快乐；普通人眼中或好或坏的快乐与苏格拉底所提出的更复杂也更具悖论性的或好或坏的快乐。柏拉图经常用关键词或文字游戏或半严肃的观点来引导一部对话，随着论辩的深入，它们的重要性和严肃性也越来越强。一个明显的例子是《希庇阿斯前篇》的开场，在那里，苏格拉底说："呀，这不是希庇阿斯吗，又英俊又聪明。"(《希庇阿斯前篇》281a)这与《普罗塔戈拉》中开头的交谈一样，一个疑问被提了出来：这两种品质是否可以并行？这种并行是普遍的还是只适用于希庇阿斯？[1]

苏格拉底讲述的事情是从晚上开始的，当时他自己在床上睡得正香，年轻的希珀克拉底来找他，把普罗塔戈拉到了雅典的消息告诉 124
他(其实这对苏格拉底来说并不是新闻)，还要求苏格拉底陪他去拜访普罗塔戈拉并把自己引见给这位大人物。一眼就能看出这里的描述既幽默又含蓄：希珀克拉底是在前一天晚上很晚才听说这个智术师在雅典，然后几乎是立即一路跑来把苏格拉底叫醒；苏格拉底早就知道这个消息，似乎无动于衷，他不想因为这事睡不好觉。从这个情节明显可以看出希珀克拉底的天真。他大概是个糊涂人(《普罗塔戈拉的》310c"我[本]想告诉你，我要去追我们家奴，但因为别的事就给忘了……")。他因这个重大消息而兴奋不已(比较310d3)，急切地想找机会接近普罗塔戈拉，但他承认自己从未见过此人，从未听过此人说话。按照苏格拉底的辩证法，这是一个警示标志：在《高尔吉亚》中，波卢斯挖苦地问苏格拉底是否会说马其顿的阿奇劳斯或者波斯大帝快乐或不快乐，苏格拉底回答说："我怎么知道？我又没见过他"(《高

[1] 比较伍德拉夫(P.Woodruff)编的柏拉图:《希庇阿斯前篇》36。

尔吉亚》470d)。这里的情形是类似的,虽然更加委婉,苏格拉底是亲切的,但持怀疑态度。时间尚早,这使他有借口在他们真的前往卡利阿斯家里——普罗塔戈拉住在那——之前先和这个少年聊一聊。苏格拉底利用这次交谈的机会播下了一些疑问。这些疑问所聚焦的核心问题是正出于狂热情绪中的希珀克拉底未能考虑到的:普罗塔戈拉到底是个什么样的人,他教的是什么东西,他对人们做了什么?在《高尔吉亚》中同样如此。当高尔吉亚同意与苏格拉底交谈时,苏格拉底向他提出的第一个问题看似简单,实则很重要:“他是谁。”(《高尔吉亚》447d)[1]普罗塔戈拉是谁和他教什么的问题在该对话中始终都很重要,而且可以说到最后也悬而未决。因为普罗塔戈拉不能给出一个唯一、充分和清晰的回答。

与希珀克拉底的交谈也有助于显示其立场的矛盾性。这种矛盾性反映了雅典人对待智术师的暧昧态度。[2]《高尔吉亚》中卡利克勒斯的嘲笑(《高尔吉亚》520a),《美诺》中阿尼图斯的辱骂(《美诺》91c,92ab),当然还有像阿里斯托芬的《云》中所模仿的保守思想家的看法,这些都是例证。希珀克拉底热切地想与普罗塔戈拉会面并向他学习,但是当被说到如果这样做他自己就会变成一个智术师的时候,他的脸涨得通红(苏格拉底说:“当时天已蒙蒙亮,他的脸清楚可见”)。[3]

[1] 比较索福克勒斯《俄狄浦斯王》413—415,欧里庇得斯《酒神的伴侣》506f.。这三段话都有意利用了古希腊基本道德命令——即“认识你自己”——的表面简单性。

[2] 比较Guthrie iii.32—34,38ff., Kerferd, *The Sophistic Movement* 20—22,以及上文第四章第一节。

[3] Friedlaender i.159—160指出,这是一种象征形式(“黎明到来了……”)。柏拉图笔下的年轻人经常脸红,有时这是别有含义的:尤其见《卡尔米德》158c,《吕西斯》204bc(比较213d,该处脸红的反应表示兴奋地参与到论辩之中,而不单纯是很礼貌)。完全不同的情况见《理想国》卷一350d“然后,我看到了之前从未见过的情况——忒拉叙马霍斯满脸通红……”(因为他的观点被推翻而感到尴尬和恼怒)。对这种现象的文学运用的广泛研究,见C.Ricks, *Keats and Embarrassment*(Oxford 1974)。

他承认如果自己变成一个智术师会感到羞耻，而苏格拉底亲切地表 125
示，也许普罗塔戈拉所教的并不是诡辩术（sophistry）的行当（它不是这样一种技艺，你学了它自己就会成为这门技艺的艺匠——好比学习当木匠），毋宁说，你学习它是为了接受那种针对普通城邦民和自由民的一般教化（《普罗塔戈拉》312b）。[1]这暂时平息了希珀克拉底的窘迫，但也意在表明普罗塔戈拉的宣称是如何含混和可疑，因为他的胸怀壮志的学生们无法确定从他的教导中能获得什么益处。此处，苏格拉底抓住机会给这个年轻人上了一课，关于心甘情愿且愚蠢无知地将自己的灵魂，自己最宝贵的一部分交给一个自己不了解的外邦人（foreigner）有多危险。他对待自己的身体是多么小心啊！

希珀克拉底的天真幼稚、不置可否的态度是应受责备的，而且，我们不能错误地认为苏格拉底是自命清高，或者怀疑他是出于嫉妒或较劲才对普罗塔戈拉吹毛求疵。他的目的毋宁说是为了使希珀克拉底意识到一种恰当的质疑态度：不是不加追究地认可普罗塔戈拉的声望，而是应该思考自己正在做的事情的意义，自己判断普罗塔戈拉是不是一个值得选择的好教师（比较《拉凯斯》180a—b）。换言之，苏格拉底希望他摆脱雅典人的流行观念，希望他独立思考。

这个开场情景中还有一段话值得评议，也是关于其道德含义，而不是严格意义上的哲学内容。“当我们到了大门口，”苏格拉底说：“我们停了下来，继续谈论我们在路上碰到的某些东西。为了不把话题半道撇下，以便可以解决了这话题再进去，我们就站在大门口继续谈，直到彼此达成了一致。”（《普罗塔戈拉》314c）。在《会饮》中可

[1] 比较卡利克勒斯对待哲学的态度：哲学作为教育的一部分是很好的，学习哲学对于一个自由的青年来说无疑是可取的；但是一个成年人不应该有继续追求哲学的想法（《高尔吉亚》485；比较多兹[Dodds]的评注，pp.272ff.,275）。

以找到与此十分相似的情节，当时苏格拉底在去阿伽通家里的路上落了下来，出神地沉思一个没有明说的问题，直到他得出了一个结论（《会饮》174d sq.）：按照阿里斯托得莫斯的说法，这种举动对他来说是习以为常的（《会饮》175b）。在《高尔吉亚》中，苏格拉底不止一次地表达了一种焦虑，即他们不应该使论证半途而废，或者“没有头”（without a head），像他在一次发言中说的那样（《高尔吉亚》505c10f.）。[1]这些段落似乎对比了苏格拉底的决心与次要人物的较为轻松或较少受约束的讨论方法。在《普罗塔戈拉》中，对于他们在路上想到的话题达成结论的决心应该与后来辩论的散漫和无结论形成对比，也与这场讨论改变路向或方法的明显倾向形成对比。苏格拉底和希珀克拉底一到卡利阿斯的家里，多变性和无序性就成为基调，
126 而且令人不安的是，（对话人）随时准备半途而废。对此，苏格拉底不止一次表达了焦虑（《普罗塔戈拉》347c1—2.348a9）；到对话的结尾，他仍然热切地想要继续讨论（《普罗塔戈拉》361d），但正是普罗塔戈拉不愿意，他宁可改期（《普罗塔戈拉》361e，“等下次”）。[2]此设定可能也有助于这一对比。苏格拉底和希珀克拉底的私下讨论达成了结论，那场讨论只有他们两个人（理想的辩证情境），而且在户外；与之相对照的是室内的混乱和喧哗，众人分作若干小团体，就像接下来那个有趣的段落所描写的那样（《普罗塔戈拉》314e—316a）。卡利阿斯显然认为能把尽可能多的智术师安置在他家里是一项重要的成就（据说他花在智术师身上的钱财比其他雅典赞助人加起来还要多；见《申辩》20a）。不过，正如我们可以预见的，由于每个智术师都各自高谈阔论，结果是荒唐可笑且混乱不堪的。如苏格拉底所言，他

[1] 比较多兹在此处的评注，关于其他四部对话中的类似情形。

[2] 比较本书第三章原文第82页对《游叙弗伦》结尾的讨论。

们在房间里面彼此斗嘴，尤其是普罗狄科，嗓音低沉洪亮，没法听清在说什么(《普罗塔戈拉》316a1)。这个最初的印象被随后的情节发展所证实，因为智术师们以不太讨人喜欢的方式彼此斗嘴，或为争胜或为炫耀。我们在317c和318e看到这一幕，后来，普罗狄科和希庇阿斯支持苏格拉底，反对普罗塔戈拉，是这种情况的再现。苏格拉底对这一场景的描述引用了《奥德赛》卷十中的很多措辞，将这三个大智术师比作冥府中的三个大罪人(《普罗塔戈拉》315bc)。这是相对随意的玩笑，显然不是自命不凡的谴责；不过，它的一个作用是引导我们对后面情形的预期和反应。

苏格拉底一将希珀克拉底介绍给普罗塔戈拉，并让后者选择私下讨论还是公开讨论(这一选择可能对他们讨论的进展有重要意义)，普罗塔戈拉就对自己做了一个大致的介绍。他解释说，他不像某些人羞于承认智术师的技艺，他也不认为掩饰是对付那些可能反对他的那些人的最好防卫手段。在这段讲辞中，他列举了各种诗人和类似祭司的人物以及其他先贤的名字，他们都将智术师的身份隐藏在别的称谓——诗人、搞音乐的人等等——后面。但他随时准备好声明自己是一位智术师和一个教授德性(*arete*，宽泛地说是“卓越”[excellence])的教师(《普罗塔戈拉》316c—317c)。这个宣称很有意思，因为它将智术师，尤其是普罗塔戈拉本人，与诗人结盟。相似之处很明显：诗人也被认为是拥有智慧和权威的人；他们经常被视为德性和德行(virtue and morality)的教师(普罗塔戈拉后来在325e暗示诗歌在学校中的这方面运用)；而且，他们当然也通过他们的表演提供快乐。智术师承袭了他们作为表演者和神话制作者的某些角色，正如普罗塔戈拉的讲辞将会显示的那样。提及西蒙尼德斯也为在后面对话中他对诗歌的批评做了铺垫：不过，在那一对话阶段，这

127 位智术师是充当批评者，并因此摆出了一副比诗人更优越的姿态（虽然并不明确，因为他自己的批评接着遭到挑战）。由此，普罗塔戈拉的讲辞把自己的行当置于一个高贵的传统之中，但也表明关于诗歌解释和评价的某些不确定性可能也适用于他自己的教学。在何种意义上诗人的确教育了他们的观众和听众，这从来不是一个简单的问题，而且是前5世纪晚期和前4世纪早期柏拉图和其他人激烈争论的话题。[1]关于普罗塔戈拉对自身行为准则的阐述，某些类似的疑问也将浮现出来。[2]

现在，我们转向普罗塔戈拉的主要讲辞。在该讲辞中，他最充分也最令人信服地描述了他对人类社会的观点和对自己作为一个教师所起之作用的看法。[3]我认为理所当然的是，虽然该讲辞与历史上普罗塔戈拉的观点无疑有某种关联，但它不是直接出自普罗塔戈拉发表的作品，无论是他的《论事物的原初状态》（*On the Original State of Things*）抑或是别的作品[4]，至多和《斐德若》中被归于“吕西阿斯”的讲辞一样，后者有可能是吕西阿斯的真作。不过，即使这些讲辞是真实可信的，是非柏拉图的，重要的问题仍然在于它们如何在柏拉图的文脉中发挥它们的作用：就当前的情形而言，普罗塔戈拉的这篇讲辞在《普罗塔戈拉》这部对话中处于什么位置呢？

---

[1] 比较阿里斯托芬:《蛙》1030—1036等处; M.Pohlenz, *Kleine Schriften* ii(Hildesheim 1965) 436ff.; H.Flashar, *Der Dialog Ion als Zeugnis platonischer Philosophie*(Berlin 1958);D.A.Russell, *Criticism in Antiquity*(London 1986)第六章。

[2] 关于这段话及其在该对话后面的呼应，亦参看M.Trapp，见*Homo Viator,Essays…J.C.Bramble*(Bristol 1987)41—48。

[3] 关于该讲辞本身以及关于它作为普罗塔戈拉真实看法的一种原始资料的价值，有大量的讨论。柯弗（G.B.Kerferd）在*JHS* 73(1953)42—45中的分析保留了它的价值；亦见Guthrie iii.63—67和尤其是泰勒（C.C.W.Taylor）的评注。

[4] 相关讨论见泰勒的评注77—79。

该讲辞是一篇特别智术师式的夸耀性或"炫示性"讲辞。它的线索和结构非常清晰：与高尔吉亚的《海伦颂》或《会饮》中阿伽通的讲辞一样，在这篇讲辞中，每引入一个新论点都会有清晰的分隔（《普罗塔戈拉》323c，324c5—d1，326e6f.，以及最后的小结，328c）。在预备阶段，普罗塔戈拉让听众在*muthos*（"故事"）与*logos*（"论证"）之间做出选择；当听众把选择权留给他时，他说，也许讲故事的方式会"更令人愉快"（《普罗塔戈拉》320c）。我们再次注意到对把快乐作为目的的强调，这是典型的夸耀修辞。进一步说，与苏格拉底的惯常选择不同，这一选择不是对必要且恰当的形式的选择，它似乎是任意的：无论选择何种形式，它对于要旨而言都并非不可或缺的。而且，事实上，通过在讲辞的第二个部分中转向论证（logos）或者说转向更为"时新的"（modern）论辩方式，普罗塔戈拉展示了他的多才多艺（或者他的缺乏稳定性？）（《普罗塔戈拉》324d）。

该讲辞意在说明为什么雅典人认为政治智慧为全体公民共同拥有是对的，以及为什么即便如此，政治智慧仍然是可教的，而且，普罗 128
塔戈拉是一位合适并且真正卓越的教师。也就是说，该讲辞结合了社会分析和自我宣传。苏格拉底提出的另一个看法（即名人们似乎没法通过教导使他们的儿子在政治上表现卓越）本质上是次要的，也许并不值得普罗塔戈拉在回应时给予此问题一席之地，因为一旦我们同意这种技能是可教的，那么，我们就不会惊讶于（如普罗塔戈拉在其讲辞最后所说的）某些人比其他人更擅长教授。该讲辞必须被看作是在一个特定地点对一系列特定问题的回应：如果普罗塔戈拉不是待在民主制下的雅典而是待在（例如）一个寡头政体中，那他可以有一个更简单的理由，因为他本可以不去理会这样的主张，即所有人都在某种程度上拥有政治德性（arete），并且宣称雅典人的做法搞错了。[1]在目前情况下，他面临一项具有挑战性的任务，他的回应坚定而有说服力。除了他的主要论点之外，他还通过有趣且富有启发性的观察或“话题”（talking points），例如对惩罚原理的评论（《普罗塔戈拉》324ab），来使自己的论据生动起来。他留给我们的印象是一个聪明、机敏和善于表达的人。

尽管如此，普罗塔戈拉的讲辞仍存在问题，这些问题我们无法在此全部处理。其中有四个难题可以专门列出，它们足以证明他的论据有缺陷：这里提出的一些要点将有助于展示对话的其余部分是如何建立在普罗塔戈拉这一主要阐述的效果之上的。

普罗塔戈拉究竟准备教给他的学生们什么东西，这一点直到该讲辞的结尾仍然远不明朗。这个问题在318e—319a只得到了部分解决：

> “在我这里，他将学到的只是他来这儿要学的东西。我教导的是对他自己的家庭事务的善谋，即如何最好地齐家，以及对城邦事务的善谋，即如何在公共事务上最有能耐（或最‘有效力’）地说话和行事。”
>
> “我跟上了你的话没有？”我说：“你谈的似乎是治邦术（*ten politiken technen*），而且许诺造就好的城邦民是吧？”
>
> “这正是我精通的行当，苏格拉底。”他回答说。

---

[1] 关于在不同地方的这种灵活性，比较品达：《皮提亚颂》i.75ff.；柏拉图：《希庇阿斯前篇》285—286中的希庇阿斯；G.Anderson, *Philostratus*(London,Sydney and New Hampshire 1986)34f.（比较St Paul, “all things to all men”）。如果把普罗塔戈拉看作民主理论首要的捍卫者是正确的，那么这一论证会被弱化：参见，例如J.S.Morrison, *CQ* 35(1941)1—16和C.Farrar, *The Origins of Democratic Theory*(Cambridge 1988)；但是关于这一点的证据似乎有些限制。关于极端的怀疑立场，可能走得过远，见P.Stadter, *ICS* 16(1991)111—124。

即便是在这一简短的交谈中，也有许多含混之处：普罗塔戈拉教授的是良好的判断力？社会技能？演讲的口才？抑或是“如何赢得朋友并影响人们”？在讨论中被排除出去的“家庭事务”方面有着怎样的重要性？苏格拉底的回应是以道德含义使用“好”这个词吗？它是以普罗 129
塔戈拉所言说的为前提呢，抑或是有某种意义的新的要点？

如果通过普罗塔戈拉的讲辞来追究这一定义问题，我们几乎找不到进一步的说明。*Arete*（德性）继续作为首要术语使用，有时带形容词“政治的”，有时不带。但在神话中，宙斯让赫尔墨斯将*aidos*(羞耻）和*dike*（正义）带给人类，而且，在其他地方，*dikaiosyne*（正义）和*sophrosyne*（节制）被当作政治*arete*（德性）的组成部分（《普罗塔戈拉》323a），*adikia*（不义）和*asebeia*（不虔敬）则作为其反面。在324d中，重点看起来是在政治上的成功（这有可能需要道德威信，但不是必定需要），而在325d和326a—c中，强调的重点却是道德意识。在328b他的最后小结中，普罗塔戈拉声称他的本领在于“帮助别人成为一个良好的绅士”（*kalon kai agathon*），这个短语众所周知是指在社会和世俗中的地位而不是指道德上的卓越。[1]简而言之，即便是*arete*这一个词似乎就掩饰了至少三种概念之间的含混：事业上的成功（或获得这种成功的能力）、政治技能和判断力、公共生活所要求的道德意识。这些含混对于普罗塔戈拉作为一个教师的自我展示来说至关重要。[2]

前面已经提到的这篇讲辞的*muthos*（故事）与*logos*（论证）的划分也带来问题。虽然普罗塔戈拉以智术师的方式将神话现代化了（例

---

[1] 比较de Ste Croix, *Origins of the Peloponnesian War*（1972）371—376。

[2] 我的同事琳赛·贾德森（Lindsay Judson）向我指出，普罗塔戈拉的总体的哲学立场可能与此处有密切关系：他作为一个相对主义者能够做出这种区分吗？换言之，对于某人来说的卓越和成功可能未必对别人来说也是如此。比较弗拉斯托斯的《普罗塔戈拉》（1956）导言，尤其是liv。

如，引入粗野的原始人的概念，以及在320e—321b提到关于族类之间自然竞争和冲突的理论)，但仍然有相当多的神话残留，而且似乎很难——如果不是不可能的话——实现完全的理性化，即将这个神话转换为一套内在一致的非神话的解释。[1]例如，在神话中，宙斯将珍贵的礼物——羞耻和正义——授予人类，从而保证人类的生存；但从非神话的角度看这意味着什么呢？人类先天的道德潜能如果不是出自某种超自然的来源的话到底来自哪里？而且，如果不是来自超自然，那么最初讲述这个神话故事的目的是什么？还有，在*logos*（论证）部分，在提到引导城邦民过有德性生活的法律——作为"善好的古代立法者的发现"(《普罗塔戈拉》326d6）——时，没有解释这些立法者的"善好"(goodness)从何而来，以及他们如何取得这些特别的发现。

普罗塔戈拉答复苏格拉底的核心论证是：任何一个不是完全野蛮的人都拥有基本的*arete*（德性)，否则他将无法在一个共同体中生存；
130 不过，他仍然能够在一个更高级的水平上使自己成为*arete*（德性）的教师(他还断言，学校里的工作，对诗人的研究，以及对法律的服从逐步培养了*arete*)。但这一论证似乎又一次在不同的*arete*（德性）观念及其完全不同的程度之间游移。伦理和社会的德性，或政治上的成功，哪种是普罗塔戈拉主动要教授的东西？它们彼此之间有什么必要的关联吗？他的论证不是将一个普通雅典人所具有的政治*arete*（德性）观念降低到一个不可接受的低级水平上吗？这种对社会规范最低限度的遵守，真的可以被称作*arete*（德性）吗，就像普罗塔戈拉宣称他所教导的如何在社会上表现卓越那样？[2]进一步说，即使我们接受普罗塔戈

[1] M.J.Edwards, *SO* 67(1992) 89—102对普罗塔戈拉的神话的缺陷，及其与柏拉图著作其他地方苏格拉底所述神话的对比，作了有价值的论述。

[2] 比较泰勒的评注82—83。

拉的论证，他也降低了自己的贡献。他从未声称能够教导以前没有过的*arete*（德性），而只是说他能提升人们已经具有的基本潜能（在《高尔吉亚》中也是如此，这表明，与对世俗成功的关注相比，这个智术师对道德教育原则的关注是漫不经心的）。

苏格拉底最初的问题有关雅典人的民主假设，即所有城邦民，不只是专家或老者，都有能力和资格为公民大会中的政治争议建言。普罗塔戈拉在答复中不止一次提到雅典人和一般意义上的人的信念（《普罗塔戈拉》322d，323a，323c，324c等）。这个论辩形式可能是成问题的，因为它不是简单地问雅典人相信什么，而是问那些信念是否正当。但更为重要的是，普罗塔戈拉在此处接受了多数人或一般人的看法：雅典人或所有人都想X或做X，因此X至少有可能是对的。[1]这与他在此处的论点相搭配，但并不是他的惯常立场。我们可以对比后面的很多段落，那些段落表明他对“大众”（the masses）持更为轻蔑和鄙视的态度（尤其是《普罗塔戈拉》352e3—4,353a7—8）。[2]

苏格拉底对普罗塔戈拉讲辞的回应提供了另一组重要的词语和比喻：

> 在做完如此长度和如此方式的演示之后，普罗塔戈拉结束了讲辞。而我入迷地坐着，继续望着他好半天，盼他再说一些，我热切地想要听。（《普罗塔戈拉》*328d*）

此处有一个强烈的暗示：在苏格拉底看来，某种至关重要的东西

[1] 关于“共识性论辩”（consensus-argument）的历史，见A.S.Pease对西塞罗《论神性》i.1的注释，D.Obbink, *OSAP* 10(1992)193—231。

[2] 进一步比较《泰阿泰德》162de，尤其是162e2；172ab。

被遗漏了——也就是，*arete*（德性）的定义及对其清晰连贯的理解，它的来源和功能，以及它以何种方式被传授。“入迷”（spellbound）一词重复了一开始描写普罗塔戈拉的措辞，当时苏格拉底和希珀克拉底刚到，普罗塔戈拉正在用像俄耳甫斯那样的声音使他的听众入迷（《普罗
131 塔戈拉》315a：该处用了同样的动词，*keleo*）。柏拉图经常用这种词语描写智术师的诗意散文[1]和他们对听众情感及爱好享乐的特点的高度关注。在这两个方面，他都可以把高尔吉亚的《海伦颂》当作先例和正当理由，因为《海伦颂》对言辞的心理影响的解释令人难忘。[2]因此，苏格拉底对普罗塔戈拉讲辞的回应承认了智术师的说服技巧，但与此同时也暗示了怀疑，怀疑文体和智力上的魅力可能掩盖了基本的混乱。

正是从这时起，辩证术及其所包含的伦理和方法论问题在该对话中变得越来越重要，并影响了对话的形式结构。对话的其余部分讨论了在普罗塔戈拉的夸耀性讲辞之后苏格拉底仍然想知道的“一丁点事情”：即诸德性是如何关联的？正义、节制、虔敬和勇敢都是*arete*（德性）的组成部分吗？一个人拥有了其中一种德性就是拥有了它们全部吗？但这一对德性的统一性和多样性的探询并没有直截了当地进行。以下显示了《普罗塔戈拉》其余部分的结构：

328d—334c：紧接着普罗塔戈拉的讲辞，苏格拉底向普罗塔戈拉询问关于德性的问题。

334c—338e：方法论穿插。长篇讲辞vs简短讲辞等。普罗塔戈拉承担提问任务。

338e—347a：对西蒙尼德斯诗作的讨论。普罗塔戈拉批评该诗前

[1] 比较《美涅克塞努》234c—235c，《会饮》198；J.de Romilly, *Magic and Rhetoric in Ancient Greece* (Cambridge Mass 1975)第1—2章。

[2] 关于文本和翻译，见麦克道威尔（MacDowell）1981年的版本及其参考文献。

后矛盾，苏格拉底为该诗辩护并作了解释。

347a—348c：第二次方法论穿插，在此之后，苏格拉底开始提问。

348c—360e：重新开始诸德性关联性的探询，并特别涉及勇敢。

360e—362a：苏格拉底总结；在普罗塔戈拉的要求下结束讨论；道别。

即便是这样简要的概括也能清楚地表明《普罗塔戈拉》在形式上不简单。在普罗塔戈拉的表演之后，我们更多地转向问答这种苏格拉底偏爱的形式。苏格拉底先当提问者，然后是普罗塔戈拉，然后又是苏格拉底。德性的统一性这个主要话题，在334c由于普罗塔戈拉越来越强烈的不满而被放弃了，直到很久之后才恢复。在这中间，苏格拉底、普罗塔戈拉以及其他人议论了长篇讲辞和短篇讲辞的优劣以及讨论的其他方面。我们也有机会听到出现在卡利阿斯家里的其他人说的话。普罗塔戈拉最终同意以简短的问答方式继续讨论，但必须只有他当提问者而且只谈论他选择的话题，即诗歌：对西蒙尼德斯诗作的讨论开始了，这个话题似乎是凭空而起，虽然它的*arete*（德性）主题使它与对话的其余部分有某种表面的关联。从苏格拉底在该部分最后的评论可以清楚地看出，对他而言，整个诗歌讨论都是无谓的题外话。在就方法进行了进一步交谈，并且在其他人对其施加了相当大的压力之后，普罗塔戈拉才打算再次接受苏格拉底就所谓主要话题对他的盘问；而且，即便在那一阶段，普罗塔戈拉也制造了一些麻烦。 132

简而言之，该对话的结构与对话参与者的品性有密切关联，而且，和《拉凯斯》或《欧绪德谟》一样，这结构本身有助于说明进行一次有关伦理或其他任何主题的讨论的正确和错误的方式。[1]与柏拉图笔下

[1] 关于辩证术的伦理准则见上文第三章（原文第76、79页）以及G.E.R.Lloyd, *Magic,Reason and Experience*(1979)100—101。

其他雄辩的或职业的演说者（《高尔吉亚》中的卡利克勒斯，《理想国》卷一中的忒拉叙马霍斯）一样，普罗塔戈拉完成了他的固定套路，富有表现力地将神话和论证结合起来，并且希望停留在既得的成就上，或者至少继续掌控讨论。他很不情愿成为被提问者，成为苏格拉底盘诘的牺牲品，不情愿暴露出其立场中的前后矛盾或古怪反常之处——尤其是在他的智术师同伴面前，以前他乐于在他们面前卖弄（比较苏格拉底在317cd似乎合理的分析："我怀疑他想在普罗狄科和希庇阿斯面前演示和卖弄一番，因为我们都称赞他……"）。这也引领我们去理解该对话的统一性问题；因为这场论辩似乎不可能有严格意义上的统一和线性的发展，因为其中包含了相异的观点和态度。普罗塔戈拉对自己声望的担心使他不能像苏格拉底那样全身投入对真理的追求。他很自然地不愿承认他起初的炫耀性讲辞（epideixis）从根本上是有缺陷的。此外，智术师们以及其他在场者关于如何进行这场论辩的分歧说明了，在这么多吵吵闹闹、妄自尊大的人在场的情况下，进行一场讨论是多么困难。正如上文已提到的，我们可以对比这种情况与苏格拉底和希珀克拉底在途中一对一的更为亲密的交谈。

详细考虑所有这些细节会是冗长的。我将有选择地首先评议334c—338e的方法论穿插，然后评议对西蒙尼德斯的讨论，最后评议该对话中最令人困惑的部分，即那个关于"快乐计算法"的最后部分。

关于*makrologia*（长篇大论）及其对立面*brachylogia*（简洁）的交谈发挥了一个在柏拉图著作中其他地方也能找到的主题，即对恰当形式的关切。[1]普罗塔戈拉希望继续用长篇精致的讲辞，但苏格拉底抱
133 怨说自己跟不上，更喜欢简短的辩证性问答。这一争论是由普罗塔戈拉发表的一段冗长且大体无关紧要的炫示讲辞引发的，这段讲辞的文

[1] 比较《高尔吉亚》449c以及多兹的注释。

风和概括带有浓厚的智术师式套路的味道(《普罗塔戈拉》334a—c;比较,例如《高尔吉亚》448c4ff.,下文[原文第145页])。当苏格拉底表示反对时,普罗塔戈拉作了抵制,并且最后清楚地表现出拒绝妥协的恼怒之意:

> "苏格拉底,我曾和许多人舌战过,如果我过去是按照你要求的那样做,按我的对手所要求的方式去谈论,那我就既不会显得比任何人更胜一筹,我普罗塔戈拉的名号也不会名满希腊啦。"
>
> 我意识到他对自己之前的回答不满意,而且不打算心甘情愿在我的提问下交谈……(《普罗塔戈拉》335a)

此后,苏格拉底自己对比了普罗塔戈拉关于如何讨论的观念和他自己的观念:"我觉得,在一起相互交谈与公开演说有所不同。"(《普罗塔戈拉》336b)普罗塔戈拉提到的竞赛和优越感暴露了他想独占鳌头的焦虑,正如他对事先精心准备好的讲辞的偏爱更多地体现了演说术的好斗而不属于辩证术。

再者,这是一个意味深长的对比,而不是一次方法上的论争和冲突或者仅仅是苏格拉底与人为难的例子。在柏拉图看来,智术师的长篇独白同时遭到形式上和道义上的反对:这种风格的阐述可能会带来精美的修辞,但它较难理解,而且容许引入更多可疑的陈述和过渡,以及华而不实的委婉之辞(比较《理想国》卷一348ab)。与政治演说的比较,和此后对诗人与书籍的比较一样,不可能是称赞。此外,苏格拉底在334a指出,这些智术师声称能够以任何篇幅给出答案(这是他们技能多样、随心所欲的另一例证)[1];因此,苏格拉底的要求并非不公

[1] 比较《斐德若》267b中的普罗狄科;上文第三章原文注释22。

平，尽管我们可以理解普罗塔戈拉的感受，即这一限定束缚了他的言说风格。

由于苏格拉底起身并威胁说要离开，随后的讨论就为在场的其他人提供了一次表达观点并说明他们言说方式的机会。卡利阿斯亲切友好的调停无需多论：他只是试图平息事态，并且强调他们玩得多么开心——快乐再次胜过教导。在他之后是阿尔喀比亚德，苏格拉底的所谓爱人，插话进来支持他的朋友（《普罗塔戈拉》336b7）。这是阿尔喀比亚德第一次发言，虽然在开头苏格拉底与朋友的交谈中和在316a（场景设置）都提到过他在场。阿尔喀比亚德在此处和在347b的参与
134 想必展示了苏格拉底在开头说的他从阿尔喀比亚德那里得到的帮助。在这两处，他都引导谈话回到更具有苏格拉底辩证术特点的方向上。他对情况的分析并非没有瑕疵，因为他也使用了竞争的语词（尤其是《普罗塔戈拉》336c2—4），这就普罗塔戈拉而言是对的，就苏格拉底而言则是错的。他暗示了苏格拉底的方法（《普罗塔戈拉》336c6—7），并且识破了苏格拉底的假装健忘，称之为"开玩笑"（《普罗塔戈拉》336d3）。（在《普罗塔戈拉》中，）阿尔喀比亚德对苏格拉底品性的洞察可能不如其在《会饮》中的洞察那么深刻，但和在《会饮》中一样，他看得比其他在场者更清楚。

普罗狄科是介入调停的人中最有意思的一个。他作了敏锐且事实上极为难解的区分（《普罗塔戈拉》337a—c）。和柏拉图笔下的很多讲辞一样，他的讲辞不对头，但并非仅仅是荒谬的。他的区分和他的论点不适合那个场合，但暗示了真理。因此，苏格拉底在稍后的讲辞中重提了他的共同参与而不是平等参与的倡导（《普罗塔戈拉》337a3）。他对于争辩术（eristic），即热衷争吵和得分的辩论的告诫，与苏格拉底在其他地方的很多说法相似，因为争辩术可以被视为对辩证术的歪曲

或拙劣模仿。这是我们在《欧绪德谟》中发现的，其中的论辩缺乏彼此的善意和前后的一致。普罗狄科最后的意见也令人惊讶，这部分是因为它讨论了“快乐/享乐主义”的主题。

> ……这样的话，我们这些听的人也会非常愉悦，而不是快乐（*euphrainoimetha*与*hedoimestha*相对）：因为人们获得愉悦是通过学习或者纯粹心智的训练，而获得快乐是通过吃东西或其他舒适的、纯粹身体性的经验。（《普罗塔戈拉》*337c*，泰勒[Taylor]译文，略有改动）。

普罗狄科的讲辞完全不符合标准希腊语的用法，这表明任何这种对立都是人为的。事实上，这些发言人，包括苏格拉底在内，都在实际讨论中经常谈到他们的快乐（例如《普罗塔戈拉》335c6,361d6），而且，富于辞藻的文学作品所带来的愉悦特别经常被比作或隐喻性地表达为吃、喝等感官体验的愉悦。[1]因此，普罗狄科的讲辞表明了这场讨论是怎样不尽如人意。[2]

希庇阿斯的讲辞更精致得多，文体形式也更丰富得多：诸如“智慧的主席团大厅”（《普罗塔戈拉》337d6）的花哨比喻和倒置、冗言（《普罗塔戈拉》337e3,338a8f.），以及结尾处不必要地过分修饰的航海喻。他的发言再次强调了他们正在从这场讨论中获得的快乐，而且，将在场这些人说成是“希腊人中最智慧的人”，也突出了他的自鸣得意。希庇阿斯最后提议：“我们选一个裁判或主持人或主席来使你们各自的

[1] 比较J.C.Bramble, *Persius and the Programmatic Satire*(Cambridge 1974)50—51,和E.Gowers, *The Loaded Table*(Oxford 1992)41—46。

[2] 关于苏格拉底对普罗狄科的态度，进一步参看M.Burnyeat in Berson(ed.), *Essays on the Philosophy of Socrates* 56和63注释9。

135 言辞保持适中的长度。”不管怎样，这一彼此“文明地”让步的温和主张得到了除苏格拉底之外的所有人的接受。苏格拉底的回应颇为严厉，他说这没有用，因为他们的智力和判断力有差别；但他是以恭维普罗塔戈拉的方式发表这一意见的，从而保持了礼貌（《普罗塔戈拉》338c2—3）。一个反复出现的问题显示了讨论的困难，即参与者彼此有多少相似之处。普罗狄科说，他们应该不偏不倚地听取发言人的话，但不是均等地听取；希庇阿斯称其他人为他的同族者或自然的同胞："相同的与相同的凭借自然彼此亲近。"（《普罗塔戈拉》337d1）苏格拉底反而关注他们中的差别："对你们来说，不可能选出一个比普罗塔戈拉更有智慧的人，而如果你们选了个更差劲的人，却假装更好，那这对普罗塔戈拉会是一种耻辱……"（《普罗塔戈拉》338c）这个反对理由不只是要把普罗狄科压下去；它的必要性还在于提醒大家两种讨论方式的关键差别，而不是像卡利阿斯和希庇阿斯所提议的那样把整个过程无规则地混在一块。苏格拉底最后说没必要设一个仲裁人，而是所有人共同充当仲裁人（《普罗塔戈拉》338e2）。这是一个悖论，而且也许是一个令人担心的悖论：在接下来的内容中，听众的共同判断无疑没有达成实质性的决定或结论。但苏格拉底的提议与希庇阿斯的不同在于，它悄悄指出了一个真理——即所有人都需要自己去判断讲辞和主题，而不应只是不假思索地鼓掌喝彩或者依赖所谓更有智慧的权威判断（《理想国》卷一348ab中的一个说法有几分相似且更明确：大家必须有自己的主张和判断）。

讨论以普罗塔戈拉的提问重新开始；现在他开始了关于西蒙尼德斯一首论好人的诗的著名讨论。[1]他引入这一话题的方式（《普罗塔戈

[1] 参见D.L.Page, *PMG* 注释542；译文，例如R.Lattimore, *Greek Lyrics*(第二版，Chicago 1960)55f.；C.M.Bowra, *Greek Lyric Poetry*(第二版，Oxford 1961)326—336讨论了这首诗，此后对此问题的讨论就很常见了；见P.E.Easterling, *PCPS* 20(1974)41f.；M.Dickie, *HSCP* 82(1978)21—35。

拉》338e）是坦率的："苏格拉底，我认为，教育一个男人，最主要的是让他在言辞方面聪明（不是行为或实际情况方面）。"由此，这个智术师就将阵地转移到了苏格拉底不太感兴趣的领域。苏格拉底的不感兴趣可以从他在这部分结尾处的评议看出（《普罗塔戈拉》347c—348a；比较《会饮》176e）。[1]普罗塔戈拉的思路转变显然是因为他发现苏格拉底的讨论方式太令人难受。在这一部分中，他利用这首诗做替罪羊：他变成提问者，但不是直接与苏格拉底讨论，而是拿这首诗开涮，挑毛病，这首诗却不能回答。这或许非常准确地反映了智术师式的文学批 136
评方法。我们知道，普罗塔戈拉和普罗狄科都非常关注词语的正确使用，而且普罗塔戈拉曾发现《伊利亚特》第一行诗的错误。[2]不过，在此处，批评的方式具有更尖锐的道德视角。普罗塔戈拉不仅改变了主体讨论的话题，而且试图避免进一步陷入难堪。他反而指责这个诗人自相矛盾，这种毛病正是苏格拉底式盘诘想要揭露或解决的[3]，也是他自己似乎犯的毛病。与在其他对话中一样，当这些智术师指示了方向，苏格拉底就准备跟着走；但他的特点是，他以不同的方式承担这个阐释任务。[4]他没有诋毁这个诗人，反而为他的一致性辩护，而且事实上使西蒙尼德斯变成一个有几分像苏格拉底的人物，他认识到人类的局

[1] 特别值得注意的是，这种讨论形式将探究从直接接触道德问题转换为考察一个诗人对道德问题的看法。这种考察不仅本身是困难的，而且，如果我们不承认西蒙尼德斯是一位"权威"的话，那么，这考察也是无益的。比较柏拉图著作其他地方对作为"教师"的诗人的批评：参见，例如多兹对《高尔吉亚》501d1 sqq.的评注，pp.320—322。

[2] 普罗塔戈拉 80A29D-K（=亚里士多德《论诗术》19.1456b15以下），等等；C.J.Classen, in *Sophistik* ed.Classen(Darmstadt 1976)215—247(=*PACA* 2(1959)33—49);R.Pfeiffer, *Hist.of Classical Scholarship* i(1968)32—39。比较C.Segal, *RhM* 113（1970）158—162。关于普罗塔戈拉之批评的一个不同侧面，见A30 D-K=P. *Oxy* ii.221（Guthrie译iii.269)。

[3] 参见，例如《高尔吉亚》482b—c，以及多兹的注释；Lloyd, *Magic*…101,注释233—234。

[4] 关于这个论诗歌的插话的其他讨论，见D.Frede, *Rev. of Metaphysics* 39(1986)729—753,和R.Scodel, *Anc.Philos*.6 (1986)27—37,他们的视角非常不同。

限性和不完美，并表现出一种悲观但现实的人格。诗人与哲学家之间特别明显的类比是在344b，在那里，苏格拉底坚称，西蒙尼德斯的这整首诗实际上都是对匹塔科斯的说辞——该诗是从这一说辞开始的——的盘诘（elenchus）。换言之，按照苏格拉底的说法，西蒙尼德斯扮演了一个苏格拉底式的角色，对匹塔科斯做了一次审问，检验他的智慧并揭露他的装模作样。[1]同样地，在345de，苏格拉底对西蒙尼德斯的评析是将典型的苏格拉底原则赋予他，即没有人情愿犯错。关键不在于苏格拉底对西蒙尼德斯的解读是否比别人的更加言之有理——事实上，苏格拉底的解读明显有一些牵强附会之处。毋宁说，差别在于他从中学到了何种教训；普罗塔戈拉对这首诗摆出一副屈尊俯就的姿态，苏格拉底则问从这首诗可以看出它包括或暗示了什么道理。[2]

对这首诗的讨论一结束，普罗塔戈拉就很明显表现出心神不定，不愿意继续谈：在348b他不满地保持沉默，并拒绝坦率地表态（《普罗塔戈拉》348b1—2,5）。阿尔喀比亚德再次插嘴干预，让他蒙羞，从而重新加入谈话中（《普罗塔戈拉》348c1ff.）；于是，在苏格拉底的另一次关于方法的题外话之后——在这题外话中，他向普罗塔戈拉保证不是要哄骗或愚弄他——主体讨论的最后一个阶段，即关于诸德性的统一性问题，开始了。

接下来的论辩，作为苏格拉底与普罗塔戈拉之间的一次论辩，根
137 据普罗塔戈拉先前声称或试图证明的一切，必须放在文脉之中来看待。现在应该很清楚，这部对话的核心话题是普罗塔戈拉自称教授的 *arete*（德性）有什么性质。此问题又带来其他问题：*arete*（德性）与知

[1] 一种不同的看法见M.Trapp，上引文章(n.12)，他将普罗塔戈拉看作是当代的西蒙尼德斯，把苏格拉底看作是匹塔科斯和七贤的继承人——苏格拉底在343a—b中赞赏了他们的简奥。

[2] 比较在《斐德若》229c—230a（下文原文第173—174页将引用）中他对神话的态度。

识或智慧的关系是什么？它们有何用处或力量？智术师所传授的智慧（*sophia*）如何能够有效地控制人性以及快乐和痛苦的自然欲求？——按照流行观念，苦乐的自然欲求总是支配并拒绝理性的力量。

论辩的一个重要方面就是这一关于流行观念、大众看法的主题。与之前评论诗人西蒙尼德斯一样，在这里，公众也被当作审问的替代对象，这一次是由苏格拉底来审问。这某种程度上是机智的，可以缓和普罗塔戈拉的处境，某种程度上则可以使他在论辩中耍些花招。[1] 但最重要的无疑是为了质疑普罗塔戈拉与流行观念的关系：他是超越于流行观念之上，在一个完全不同的层面活动吗？抑或他其实接受并陷于流行观念之中？与在该对话的其他地方一样，普罗塔戈拉的态度是含混的。[2]他有时声称不屑于关注流行观念（《普罗塔戈拉》333c1—3,352c8—d3,352e，353a7—8），但更早时他曾诉诸普遍看法来支持自己的观点（《普罗塔戈拉》323a5ff.，等等；见上文原文第130页），而且，在351b—d中，在经过犹豫之后，他赞成了对好的快乐和坏的快乐的流行区分，（因为他）对于同意快乐本身永远是一件好事显然很不安。到359c，他再次试图诉诸——或者是将问题推给——“人们所说的”，但在那里，苏格拉底坚持把问题带回给“你”（《普罗塔戈拉》359d1）。[3]

苏格拉底引述了大众的看法，即知识是脆弱的，它不稳固，容易被

---

[1] 很难否认，苏格拉底在论辩中经常（包括在这里）有一些不合规的举措，而且可以设想苏格拉底对此心知肚明。但是指出谬误不是探究的结束，而是开始。亦见Vlastos, *Socrates* 第五章（尤其是135—139，关于该对话中对诗歌的讨论）。他的一些看法是有说服力的，有些段落可以不同方式解读，但他提出了重要的问题。

[2] 比较Stokes(注1) 353f.。

[3] 比较《理想国》卷六493a中一个重要段落：“那些私人的教师，那些民众称为智术师的人……他们教授的其实不过是民众聚集在一起时所表达的看法。这就是他们称之为他们的智慧的东西。”

快乐征服。很自然地，作为知识的鼓吹者和售卖者，普罗塔戈拉断然抵制这种看法（《普罗塔戈拉》352c9—d3：“如果所有人都不把智慧和知识当作人间事务中最强有力的东西，这对我来说会是特别可耻的”）。但是，他和其他智术师都很愿意接受苏格拉底拐着弯地告诉他们的这个看法的修改版（《普罗塔戈拉》358a），即人们被快乐征服是由于无知：他们只是没有正确领会眼前和较遥远的经历所具有的快乐的相对可能性，因此做了错误的选择。不过，这虽然得到他们的同意，但对于
138 让知识发挥更可敬的作用而言，这是一种降了格的知识观，而且把快乐当成了首要原则，当成了选择所依据的目的（*telos*）——这无疑是这个流行态度最令人不安的特征。[1]

苏格拉底对快乐计算法的使用因而不应该被过于字面地解释为是在表达他自己对知识与快乐之关系的看法。[2]毋宁说，该论点是用来再次揭示普罗塔戈拉对其职业及其知识基础的看法的缺陷。普罗塔戈拉陷入困境，至少部分是因为他缺乏一种批判的或辩证的方法；也就是说，他没有分析他和大众共同使用的术语，例如“快乐”“知识”以及最为重要的*arete*（德性）。这一缺陷无疑根源于他的相对主义：苏格拉底寻求绝对标准，而普罗塔戈拉则说过，某个事物对一个人来说是

---

[1] 我发现，M.Nussbaum, *Fragility of Goodness*(1986)，尤其是106—117中的看法引人注目，即认为苏格拉底会认可需要一种衡量的艺术来区分不同的目标，但他没有让自己接受以下看法，即快乐应该是由此种艺术来衡量的可量化的准则。至于她的另外一个意见（112,450），即快乐主义无论如何在伦理上都是可敬的，我觉得毫无历史依据，无论是就一般的古希腊文化来说，还是专就柏拉图来说，进一步参看Dover, *GPM* 124—126,208—209。

[2] 比较Stokes(注1) 358—370，和尤其是D.J.Zeyl, *Phronesis* 25(1980)250—269；还有R.Weiss, *Anc.Phil*.10(1990)17—39。关于苏格拉底的确接受这一学说的看法，尤其见泰勒的评注208—210，和J.C.B.Gosling and C.C.W.Taylor, *The Greeks on Pleasure*(Oxford 1982)45—68。（有一种变体持以下立场：苏格拉底或柏拉图或他们俩其实都经历过相信这一原则的阶段[比较，例如Dodds,Grg.p.21；但参见Guthrie iv.231]。不过，如果是这样的话，这一观念会仅限于一部对话吗？）

甜的（或令人快乐的，或好的），但对另一个人来说就可能相反（尤其是B1）。纵观《普罗塔戈拉》，对于普罗塔戈拉所教授的东西和他是如何做的，我们找不到一个明晰的原理阐述。在苏格拉底看来，他的教学没有内核；因为真正的道德准则会参照一种高于快乐的目的（*telos*）来引导对快乐的选择，而且这正是苏格拉底在他与民众的对话中不断提出的要求。例如354b7以下："……或者，当你们盯着这些你们所说的好东西时，除了快乐和痛苦，你们还能指出什么别的目的吗？我觉得他们会说没有"；又如354d2,8,354e8ff.："但是，即便是现在，你们仍然可以后退一步，如果你们能用快乐之外的东西来解释好，用痛苦之外的东西来解释坏。或者，你们是否想说，好就是过一辈子没有痛苦的快乐生活？"再如355d6，8。所有这些段落都将问题敞开了，但都令人不安地暗示了所给予的回答的不足。[1]

与苏格拉底对西蒙尼德斯诗歌的解释一样，"快乐计算法"理论没有回答对话中到目前为止提出的任何问题，而只是将一个特定阶段的讨论导向无论是苏格拉底还是普罗塔戈拉都不会满意的结论。在使这个智术师同意勇敢是一种知识之后，苏格拉底的讲辞表明他并不满足 139
于这一"胜利"；他反而强调了他们的结论中自相矛盾的方面，并坚持认为对*arete*（德性）的定义的探求才刚开始（《普罗塔戈拉》360e7—8）。在这一讲辞中，他重提普罗塔戈拉先前长篇炫耀性讲辞的神话部分，这可能是对普罗塔戈拉的恭维，但也可能是表示可以从神话中汲取某种个人经验和道德教训。

> 我啊，普罗塔戈拉，当我看到我们的所有这些讨论统统如此混乱不堪的时候，我就一门心思要使它变得清楚起来。在我们完

[1] 弗拉斯托斯1956年的导言，p.xl n.50，在我看来，淡化了这些限定的重要性。

全经历过这些事情之后，我已准备好去考察*arete*究竟是什么，然后思考它是否可教。……在你的那个故事里，我更喜欢的是普罗米修斯，而不是厄庇米修斯；我在忙于所有这些问题时，以他为榜样，先把我的整个人生想清楚。要是你打算加入的话，就像我在开头说过的那样，我会非常高兴和你一起去探究。（《普罗塔戈拉》*361cd*）

不过，普罗塔戈拉的回应虽然谦恭却是不合作的。在称赞了苏格拉底的热忱和能力之后，他宁愿把更深入的讨论推迟到下一次。“这会儿我该去办别的事情了。”（《普罗塔戈拉》361e6）苏格拉底同样礼貌地接受了，但我们不禁感到普罗塔戈拉没有通过考验：他缺乏决心，缺乏对真理的关切，这关切本可以使他忽略自己的失败或错误举措并专注于眼前的探究。[1]苏格拉底在发现普罗塔戈拉不愿意继续探究之后马上想起别处的一个约会，然后离开了（《普罗塔戈拉》362a2，比较335c5—6）。

现在很清楚了，《普罗塔戈拉》的篇名恰如其分；也就是说，它不能被简单地冠以（例如）“论政治德性”（*On political arete*）之名。[2]普罗塔戈拉所扮演的部分，他的雄辩、声望、虚荣、体面和易怒，所有这些都是论辩的形式和发展所必需的。同样重要的是赞助人、同行竞争者以及潜在的弟子这些听众的一直在场。与之相关的还有，这场谈话发生时，苏格拉底还是一个相对年轻的人（尤其是《普罗塔戈拉》

[1] 巴克博士（Dr.A.Barker）指出，此处的普罗塔戈拉缺乏继续讨论的勇气，这是恰当的，因为对话迄今特别注意到勇气相对于德性的其他部分的地位。一种类似但更加明确的自我参照的形式，见《高尔吉亚》505c（参见本书原文第156页），并进一步比较《拉凯斯》194a，《卡尔米德》162c3—4，《斐多》73a，92c5，《理想国》卷一336e，卷四442e1，《斐德若》277b4。

[2] 第欧根尼·拉尔修《名哲言行录》iii.59提到另一个题名“智术师”——更可接受？

317c——普罗塔戈拉的年纪足够当所有在场者的父亲；361e）。因此，苏格拉底与普罗塔戈拉并不是平等地交谈。人物个性影响了讨论；普罗塔戈拉多次躲避审问，苏格拉底则作出让步或者虚与委蛇。所有这些的结果就是该对话无法成为关于*arete*（德性）的辩证性论辩的理想样式。它被其他的动机和方法污染了，受到了智术师们好斗倾向的影响，至少有一个方面因*philonikia*（获胜的欲望）[1]而被败坏，而且，作为背景的那些观众想要的是一出好戏，而不是哲学上的正确解答。因此，对话最终没有结论并不令人奇怪。我已提到过，那次我们没有听到的交谈，也就是苏格拉底和希珀克拉底在去卡利阿斯家途中进行的私人对话，提供了纯粹辩证讨论的一个理想样式，它的确达成了一个结论。从那之后，我们可以说，事情就只是在走下坡路了。当苏格拉底开始审视卡利阿斯家里的情况时，他将这三个智术师比为《奥德赛》中哈得斯里的三个大罪人；他由此开启了进入冥府的一次下降之旅（《普罗塔戈拉》315bd）。《理想国》中看见上界真相的哲人必须返回洞穴，尝试教育他昔日的囚徒同胞（《理想国》卷七，514a—520d），也正是如此；与囚徒同胞拒绝他启迪他们的努力一样，卡利阿斯家里的众人最后也未能达到辩证的理想，（尽管）苏格拉底在自己的表演中提出了这种理想并努力（不完美地？）作了示范。 140

[1] 关于这个重要的词，见下文第六章，原文第148页。

第六章

《高尔吉亚》[1]

1. 导言

141 《普罗塔戈拉》与《高尔吉亚》有很多共同之处。两者都描写了苏格拉底与当时大智术师的较量，故事都发生在富有的雅典主人家中，周围是一群热情参与的听众。在讨论的过程中，两者都加入了相当多的方法评论，间接地揭示了苏格拉底的辩证方法。有两个主要的差别会使我们明白柏拉图为什么要用这一模式写两部而不是一部对话。首先，《高尔吉亚》通篇采用戏剧形式，而在《普罗塔戈拉》中，在仅有一页篇幅的导入性对话之后，苏格拉底就接过情节叙述者的角色，而且我们再也没有回到与匿名朋友的"框架性"对话场景中。其结果是，我们看到，在《普罗塔戈拉》中，事件很大程度上是经由苏格拉底的眼睛展现的：正是他的话安排了场景，评论了情绪和反应，并且控制着我们

[1] 多兹对《高尔吉亚》做了出色的校订，并有内容广泛的评注（Oxford 1959），也许是对柏拉图著作的最好的现代评注。欧文译的克拉伦登柏拉图（The Clarendon Plato）也值得钦佩，虽然基本上是哲学化的，但没有忽略文学方面。进一步参见C.H.Kahn, "Drama and dialectic in Plato's *Gorgias*", *Oxford Studies in Ancient Philosophy* 1(1983)75以下。关于对该对话中柏拉图的整体修辞方法的一个有力批评，见B.Vichers,In Defence of Rhetric(Oxford 1988)第二章。高尔吉亚自己流传下来的作品，可见于Diels-Kranz,no.82和Radermacher, *Artium scriptores* 42—66。残余部分的翻译见R.K.Sprague, *The Older Sophists* 30—67。这些当中最重要的《海伦颂》，由麦道维尔（D.M.MacDowell）校订、翻译并注释（Bristol 1982）。对《海伦颂》最近的讨论及参考文献，见J.I.Porter, *CA* 12(1993)267—299。

的视角；而在《高尔吉亚》中，我们是没有向导的观众，没有一个权威编者来为我们的判断作提示。对我们来说，与苏格拉底保持一致就不那么自然了：他不是作为一位引起我们同情的亲切的叙述者出现。其次，《高尔吉亚》与《普罗塔戈拉》的更明显区别体现在作为篇名的人物所起的作用有限。在《普罗塔戈拉》中，普罗塔戈拉一直很突出，而在《高尔吉亚》中，高尔吉亚只与苏格拉底交谈了很短的时间，此后，高尔吉亚就把舞台让给了其他对手，先是波卢斯，后是卡利克勒斯。当波卢斯在461a介入之后，高尔吉亚就很少在对话中发言，除了进行和悦友好的评议并在讨论越来越激烈或者有中断的危险时努力维和（《高尔吉亚》463d—464a，497b，506ab）。因此，这篇对话可分为篇 142
幅递增的三个部分：苏格拉底与高尔吉亚的部分；苏格拉底与波卢斯的部分；苏格拉底与卡利克勒斯的部分。

这一不同寻常且（从标题来看）出人意料的结构值得详细关注。苏格拉底为什么接连面对三个对话人？这个顺序基本上是一个累加的力量：交谈依次加长，且愈加紧张甚至愈加激烈；每个新发言者都走得更远，引得苏格拉底说得更多，也更深刻地挑战了他。苏格拉底的每一次回应都达到了更高的修辞高度，最后采取了一种对他来说比平时更加郑重和激烈的谈话方式。进一步说，高尔吉亚—波卢斯—卡利克勒斯这一次序体现了修辞史及其社会和政治影响的三个阶段。高尔吉亚是修辞术这门学科的元老——受人尊重，文雅练达，略显自负，有点屈尊俯就的姿态。他的生活方式根深蒂固，而且他对此感到满意，甚至有些自鸣得意，是“一个好心但脑子有点糊涂的老绅士”。[1]波卢斯比较年轻（例如《高尔吉亚》461c，463e），也是

[1] 多兹，p.9。

一个职业的修辞教师[1]，来自西西里，与高尔吉亚及其前辈一样。波卢斯本身不是一个政治家，但他的眼界比高尔吉亚更宽，更懂得抓住机会：虽然他本人无意于政治权力或僭政，但他赞赏和羡慕得到政治权力的人或僭主，而高尔吉亚则谴责那些为了不正义的目的使用修辞术的人。我们可以猜想，波卢斯会认为只要能逃脱惩罚，他们就有理由这么做，虽然他的道德立场显得有点混乱，而且对作恶者，他绝没有完全摆脱习俗的反对意见。[2]卡利克勒斯是这三个人中唯一的雅典人，也是一个年轻人，或许比波卢斯更年轻。他很富有，是一个自命不凡的贵族，即将在雅典开始他的政治生涯（《高尔吉亚》484c sqq.，515a，以及这之后的很多地方）。他把修辞术视为实现其贪婪野心的工具，对于自己想从修辞术中得到什么，他的头脑也更加清醒。他在蓄意无德（deliberate immorality）的道路上比波卢斯走得更远得多，因为他的讲辞从480开始在这一点上就非常清楚了。

这个概要说明，与《理想国》一样，这部对话是从一个较小的问题（关于修辞术和高尔吉亚的职业的界定）走向一个更大得多的问题——事实上，在相对较晚的阶段，苏格拉底将他们的主题界定为"谁是幸福的，谁是不幸福的"（《高尔吉亚》472c8 sq.），后来又再次界定为"一个人应该如何生活"（《高尔吉亚》500c3）。有些特别的是，这个看来很学究式的讨论对于所有参与者，尤其是对于苏格拉底和卡利克勒斯，都变得至关重要。整篇对话，尤其是他们的交谈，呈现了两种生活方式的冲突，即哲人的生活方式和演说家—政治家的生活方式的冲突。苏格拉底和卡利克勒斯都充满热情地致力

[1] 见Radermacher 112—114,残篇。

[2] 比较C.Kahn, *OSAP* 1(1983)95。

于为各自的选择辩护并力图使对方相信自己是正义的。不过，把这篇对话的主题描述成“哲学对抗修辞术”或“哲学对抗政治”是过于简单的。苏格拉底并没有退入理论的世界之中并将公民大会的喧哗完全拒之门外：毋宁说，他是深深地介入和关注雅典城邦，[1]甚至把自己表现为政治技艺的唯一真正的实践者（《高尔吉亚》521d）。他对修辞术的拒斥也不简单，因为他自己在对话中的发言越来越有修辞色彩（他不止一次地评论了这一点；我们可以设想，柏拉图想让这一点引起注意）。事实上，在另一层面上，即方法的层面上，这部对话巧妙地对比了修辞和苏格拉底式辩证术的技巧、目的和效果：《高尔吉亚》中论辩的方法和道德性（morality）甚至比在《普罗塔戈拉》中更为突出（在《普罗塔戈拉》中，这一主题主要见于334c—338e和347a—348c两个穿插）。最后，由于苏格拉底雄辩有力地坚持自己的立场和生活方式，我们很容易将该对话看作主要是苏格拉底的申辩（类似于色诺芬的《回忆苏格拉底》）。不过，我们会再次发现对这样一种通则（formula）加以限定的理由。《高尔吉亚》的一个重要特点是苏格拉底最终没能达到说服目的：辩证术和苏格拉底式的修辞结合起来仍然没有说服卡利克勒斯，而且，对话结尾因为对苏格拉底最终受审和死去的预示而蒙上了阴影。对话的戏剧形式在这里再次变得极为重要：我们恰好目睹了主要发言人之间的冲突，没有框架性对话所营造的拉开距离和令人安心的效果；结尾不是温和的“结语”或客气的总结，而是苏格拉底的一个强烈诉求，但没有得到回答。 143

[1] 虽然参见Vlastos, *Socratic Studies* 第四章和结语，关于一个有力的论点，即苏格拉底对雅典的关注没有走得足够远。比较本书第二章原文第60页。

2. 高尔吉亚

与其他对话一样，开场的交谈有相当大的重要性。卡利克勒斯首先说：

> 卡利克勒斯：这就是他们说的你参加战争或“战斗的方式”，苏格拉底！
>
> 苏格拉底：你的意思是我们赴宴迟了吗？
>
> 卡利克勒斯：是的，而且是一场非常高雅的盛宴。高尔吉亚刚刚给我们展示（*epedeixato*）了很多好东西。

在（苏格拉底和凯勒丰的）一番道歉和解释之后，卡利克勒斯说，高尔吉亚将在他家里给他们另外作一次展示（*epideixis*），高尔吉亚就住在他家里。苏格拉底回答说：“真是好消息，卡利克勒斯；但他愿意和我们讨论吗？”（《高尔吉亚》447b9—447c1）这里有一个自相矛盾的要点：大多数人都预期智术师的展示（epideixis）会是一个精致的
144 样品，一篇精心的杰作，不仅大大优于日常谈话，而且比日常谈话难得多，要求也高得多。高尔吉亚的修辞术与苏格拉底的辩证术之间的对比立即出现了。苏格拉底对高尔吉亚所演示的展现式演说没有兴趣：他想要的是与他交谈，而非让人议论。

此外，将战争、战斗与宴席、食物相对照的俗谚，是一个不经意的开场比喻，该喻象在后来的对话中变得重要起来，尤其是当苏格拉底将智术师修辞的阿谀奉承和讨人喜欢比作糖果商用甜食吸引小孩，却不关心他们的健康。与之相比，辩证术，或者苏格拉底所实践的谈话，

是一种不太舒服、不太宽容的交流形式，其目的在于揭示矛盾，而不是掩饰矛盾。它会变得咄咄逼人，甚至与人公然对抗，而高尔吉亚的展现式修辞几乎不会如此；但是，那种对抗不是我们在古希腊法庭演说中可以看到的那种恶意的和破坏性的对抗。即便是在最严厉的批评式讲辞中，苏格拉底也在试图帮助他的对话人看到他们的错误并回到正确的道路上。简而言之，一开始引出的对比随后在对话中表现出来：从高尔吉亚的轻松、肤浅，甚至是任性的表演，转入严肃的争论和冲突，真正的问题在其中较量。在政治层面上也将出现与这一讨论形式的对比相似的对比，关于修辞在公共生活中的作用。那些伟大的政治领袖（其中一些是智术师的学生）是糖果商，他们纵容和奉承他们的听众，听众也非常乐于接受这种纵容和奉承（《高尔吉亚》518b sqq.，等等）；而在苏格拉底看来，一个真正的政治家会与他的人民的不健康的欲望作斗争（例如《高尔吉亚》521a）。

卡利克勒斯继续描述高尔吉亚刚才的表演：他要求在场的人向他提问，并回答了每个人（《高尔吉亚》447c）。苏格拉底乐意接受这一提议，并把凯勒丰当作中间人，接着向高尔吉亚提问，问题就是“他是谁”（《高尔吉亚》447d1）。这一看似简单的询问，虽然一时把凯勒丰搞蒙了，但浓缩了苏格拉底直奔主题的做法。该提问方式同时包含对高尔吉亚的道德品质和职业的提问。这一询问还引入了无处不在的苏格拉底式技艺类比（craft-analogy）：高尔吉亚作为大师擅长的是什么技艺（*techne*）？他是干什么的，他到底教什么？我们很快就会知道，苏格拉底非常怀疑修辞术到底能否被称作技艺。

在448a，我们看到了一个合意的例证，关于高尔吉亚的自满（“已经很多年没有人问过我什么新问题”）；然后，这个询问被桀骜不驯的波卢斯暂时转移了，他插嘴进来并接过了回答问题的任务——表面上是因为高尔吉亚累了，但实际上是因为波卢斯急切地想干预。在此处和后面，波卢斯表现得有几分像个莽汉，或者像苏格拉底对他的一语双关的称呼，“一匹小马驹”（《高尔吉亚》463e）。他的插话大部分具有高尔吉亚式的带节拍的风格特点，这很难用英语再现：

> 145 凯勒丰，人们发明的很多技艺，是通过技巧巧妙地创造出来的：因为技巧使生活沿着技艺之路前进，而缺乏技巧则会使生活按照运气摸索。不同的人以不同的方式用不同的范例享有这些不同的技艺。最优秀的人分享最优秀的技艺，其中之一就是这里的高尔吉亚，他享有最为卓越的技艺。（《高尔吉亚》*448c*）

正如苏格拉底小心翼翼地指出的，波卢斯给出的是修辞术的一份颂辞，而非一个界定（《高尔吉亚》448e）。而且，颂辞（encomium）这个词让人想起这一类型演说的全部虚假和夸大（尤其比较《会饮》198）。也许值得注意的还有，对修辞术的颂赞本身是智术师文学的一个母题，十分贴合高尔吉亚在自己的《海伦颂》中对逻各斯（*logos*）的称颂，而且在高尔吉亚后面的讲辞中也得到了示范（《高尔吉亚》452d5ff.）。[1]波卢斯对苏格拉底的问题的反应是径直使用这个演说家的惯用言辞（stock-in-trade）；但他的优雅风格意在给人留下深刻印象，而不是指导。他缺乏辩证的能力，这直接表现在他不知道自己的答案有什么问题。

在开场的交谈中，另一个重要的喻象需要评论，即医疗喻，该喻象贯穿整部《高尔吉亚》，它对于苏格拉底的哲学思想和政治才能的思想

[1] 进一步参看伊索克拉底 3.6以下，4.48以下（以及比代[Budé]版本中G.Mathieu的注释），15.253以下；西塞罗《论演说家》i.31—32；Radermacher, *Artium scriptores* p.167。

其实都是基础性的。[1]医疗喻在447b1就已经出现，当时苏格拉底和凯勒丰迟到，凯勒丰保证要改正错误，或者更准确地说是要“医治”或“补救”迟到。这看起来是这种比喻的微不足道的运用：凯勒丰只是一个好心的调解人。比较有意思的是谈到高尔吉亚的兄弟希罗狄库，他是个医生。凯勒丰通过这个医生的类比来说明苏格拉底对高尔吉亚之技艺性质的询问（苏格拉底已经用了鞋匠的例子，但凯勒丰巧妙地将其升了级）。医药可以看作与修辞术相似，高尔吉亚本人就曾在《海伦颂》中使用这种比喻：

> 言辞之于灵魂的作用可以比作药物之于身体的作用。因为正如不同的药物祛除人体内的不同分泌物，有的药物终结疾病，有的则终结生命，言辞也是如此，有的令人痛苦，有的使人高兴，有的引起恐惧，有的使听者大胆，有的用一种邪恶的劝说麻醉或蛊惑灵魂。（*14*）

在对话中，高尔吉亚自己在描述修辞术能够带来的好处时使用了这一比喻。因为他和他的兄弟经常去探访需要治疗的病人，当希罗狄库无法说服病人接受治疗时，高尔吉亚就发挥了他的说服能力。不过，高 146
尔吉亚在《海伦颂》中所用的这个比喻有助于让我们看到是什么令柏拉图感到不安：因为高尔吉亚在该处将劝说说成是一种药（或毒药，*pharmaka*），它在病人体内带来非理性的，有时是危险的改变。这意味着医生可能无力对抗修辞家的虚假劝说，无知者会觉得修辞家的话更可信，更吸引人。对柏拉图而言，医疗应该是一个基于知识的理性过

[1] 比较H.Ruess,Gesundheit, Krankheit, *Arzt bei Plato*(diss. Tübingen 1957); V.Pöschl, *Bibliographie zur antiken Bildersprache* (Heidelberg 1964)521。

程，病人要么分享，要么自觉地接受和尊重知识。柏拉图把医疗喻转移到哲人，灵魂的外科医生那里：与智术师的供养和讨好不同，苏格拉底深深地切入和疗治疾患。同样，真正的政治人必须治疗政治体的疾病（《高尔吉亚》464b sqq.，在518e—519a、521d sq.有发挥）。在478a，波卢斯承认，身体有病的人应该送到医生那里，由此类推，不正义和不节制的灵魂应该受到审判并接受公正的惩罚。在该对话的最后一部分，即阴世神话中，这一类比达到了最冷峻的阶段：道德上有病的灵魂被描绘成是有疤痕和畸形的，当它来到哈得斯中的审判台前，就不再能够在美丽的外表下隐藏其腐败。

另一个话题是关于讨论的恰当形式，尤其是简短讲辞对长篇大论，即*brachulogia*（简述）与*makrologia*（广论）的问题。苏格拉底要求高尔吉亚简短地回答，不要用事先准备好的讲辞（比较《普罗塔戈拉》334c—335a）。高尔吉亚答复说，对有些问题的回答需要较长篇幅，但他暂时答应了（苏格拉底的要求）（《高尔吉亚》449bc）。苏格拉底当然更喜欢简短的辩证的交流，所以选择了*brachulogia*，虽然稍微修改了它的含义：这些智术师指的是修辞上的简洁，他则指辩证术。此处，和以往一样，形式上的和实践上的考虑渐渐变成伦理上的考虑。在柏拉图和其他人那里，长篇修辞演说之所以可疑，是因为无法对这种演说的每一环节进行质疑和检验。听者入了迷，忘掉了细节。苏格拉底对*makrologia*的疑虑还从以下事实中找到正当理由，即某些智术师似乎认为，只要发表了事先准备好的激动人心的有力演说就万事大吉了；事实上，《理想国》卷一中的忒拉叙马霍斯在发表了关于强者权利的令人印象深刻的演说（*rhesis*）之后就准备离开，但被其他人阻止了（《理想国》344d）。同样，在《高尔吉亚》中，高尔吉亚和卡利克勒斯都更乐意以庄重的方式宣布他们的原则，或者用合适的最高级（superlatives）

来总结这些原则(《高尔吉亚》451d7—8,452d5—8),而不愿真的接受苏格拉底对这些原则的点对点的提问。

让一些批评家感到困惑的是,苏格拉底在质疑了*makrologia*的价值之后,他自己却打算在后面的对话中采用它;而且,苏格拉底自己注意到这一反常情况(《高尔吉亚》465e,519e)。不过,这是这些对话的一个共同特征,因为苏格拉底调整自己的方法甚至是话语形式以适应对话人(如在《会饮》中以颂辞的形式);他的辩证术是针对个人的
(*ad hominem*)。但这并不是一个直截了当的过程。重要的是,苏格拉 147
底给出的长篇讲辞是为了供提问和研究,而不是期望这些讲辞被囫囵吞下;也就是说,他的讲辞在精神上是苏格拉底的,无论历史上的苏格拉底是否当过演说家。不过,虽然苏格拉底运用修辞技巧是为了达到道德目的,但可以说他也被卡利克勒斯的演说"感染了",并以自己的方式回应,而这种方式必定仍然容易受到一般性的批评,也就是对作为一种论辩形式的长篇大论的批评。卡利克勒斯指责他"哗众取宠地演说(playing the mob-orator)","像一个孩子一样卖弄"(《高尔吉亚》482c)。虽然这些抱怨性的攻击令人反感,但由于所处环境和对手的个性,苏格拉底被迫背离了理想的哲学方式,这也许是真的。

高尔吉亚的第一次实质性的讲辞是为修辞术辩护(《高尔吉亚》456—457c)。他采取的立场与我们所知的他的一般态度相符:《美诺》(95c)中提到高尔吉亚从未像某些智术师那样声称教授*arete*(德性),反而嘲笑这种说法,"他认为他的工作是使人们成为聪明的演说家"。他的辩护可与亚里士多德在《修辞术》前言中的说法相提并论:修辞术当然会被误用,但它本身不是一件坏东西,它是中性的。除了德性本身以外,任何东西都可能被误用并造成危害。因此,责备教师是不公平的。但这一辩护,以及他所给出的关于修辞术的良好用途的

例子（他如何让他兄弟的病人接受治疗），并不太符合他在早先的一次回答中（452d）对苏格拉底作的解释，关于修辞术更美妙也更险恶（sinister）的解释：

> （修辞术）确实是最伟大的善，它是人类本身自由的源泉，同时，它也是每个人在自己的城邦中统治其他人的力量之源。[1]

这段话引入了修辞术的政治方面，把修辞术当作在城邦中获取权力的一种工具；此外，它暗示了绝对权力甚至僭政（tyranny）的可能性，因为拥有这种技能从而赢得绝对权力的人会奴役那些没有这种技能的人。高尔吉亚自己显然对权力没有兴趣；但僭政对于波卢斯来说是一个诱人的理想，对于卡利克勒斯而言则是潜在的目标。

此外，高尔吉亚的辩护所用语言暗中破坏了他的理由，或者至少引入了干扰因素。在456c8中，他承认修辞术是一种竞争性的技艺，而且用了一系列类比来发挥这一观点，包括拳击手、摔跤手和全副武装的战士，一个人学会这些技能是为了使自己既比朋友强也比敌人更强。
148 高尔吉亚解释说，这样的人不应该去殴打他的朋友或父母（我们记得《云》中斐狄庇得斯的所作所为）；但他完全没能指出为什么他不会这么做的理由。[2]而且，虽然开始时他坚持说修辞术在医疗方面做了有价值的工作，但在457b中，他承认了在论辩一开始就暗含的意思，即演说家能够让人不相信一个好医生，剥夺其声誉与提高其声誉一样易如反掌。如果正义和不正义如此紧密地与修辞术捆绑在一起（其实是

[1] 比较《斐勒布》58a=《高尔吉亚》A 26 D–K，“我经常听高尔吉亚说，修辞的技艺与所有其他技艺都不相同。在它的作用下，所有事情都是心甘情愿去做的，没有强迫的奴役。”

[2] 关于此类忧虑在这一时期的普遍性，参看Ostwald, *From Popular Sovereignty* 229—238。

修辞术的主题,《高尔吉亚》454b7),那么,在苏格拉底看来,高尔吉亚及其同道就不能维持高傲的道德中立。他们必须更严肃地对待修辞术所引发的伦理问题,而且必须在他们的教学中纳入伦理的层面。[1]这是高尔吉亚随后被迫承认会做的事情(《高尔吉亚》460a),但很明显,他这么说只是出于尴尬和羞耻心(见下文)。对于如何进行这种教导,他显然没有任何思想。即使是他给出回答的方式也显示了他的含糊其辞:“好吧,苏格拉底,要是他真的不懂(即关于正义和不正义的知识),他也可以从我这里学到这些事情。(通过消极吸取吗?)”

苏格拉底对高尔吉亚的回应(457c4ff.)采用了一种不同寻常的形式。他没有马上回应,而是开始一次谨慎的申辩,关于方法,关于应该如何进行辩证讨论以及应该努力避免什么的看法(比较453b—c已经表达的说法)。在此处,苏格拉底预示了《高尔吉亚》这部对话本身实际会发生的事情:分歧、暴躁、辱骂和愤怒地离开。他预见到他们很容易陷入困境,虽然眼下讨论是令人愉快、彬彬有礼的,但继续下去就有得罪人的风险。*Philonikia*,即好胜(457d4),在这种类型的文脉中是一个重要的词(比较《普罗塔戈拉》360e,《斐多》91a)。在苏格拉底式的讨论中,人们不是为了获胜而战斗,而是为了揭示真理。这一点鲜明地将辩证术区别于法庭上的修辞,在法庭上,获胜当然是最重要的,而真理只能排在讲求实效的歪曲之后。在后面的对话中,卡利克勒斯指责苏格拉底自己“热衷于取胜”,但苏格拉底否认这一点:“我问这些问题,不是出于想赢,而是因为我真的想知道。”(《高尔吉亚》515b)此外,在505e,他故意曲解了胜利的语言,说“我想,我们全都应该热切地赢得知道什么是真、什么是假的比赛”。按照苏格拉底在这段话中

[1] 比较哈利韦尔(S.Halliwell)的文章,见I.Worthington(ed.), *Persuasion* (London 1994),224—234,尤其是228—230。

的说法，他攻击的不是高尔吉亚这个人，或者是想羞辱他，而只是想让论证变得清晰。他自己既乐意当反驳者，也同样乐意被反驳，而且，如果有人能够消除他的错误观念，那他会表示感谢。虽然，如我们所看到的（见本书第三章，原文第79—82页），他的许多对话人对这些声明越来越不耐烦，如果我们跟着批评和指责他的人一道相信这是一种虚
149 伪的姿态或者一种欺骗性的论辩伎俩，那我们就对苏格拉底不公道了：这是苏格拉底为之生、为之死的事情（《申辩》38a）。

在这一阶段，讨论处于悬而未决的状况。苏格拉底给了高尔吉亚一个机会，如果他不打算坚持到底地考察已提出的问题，那可以就此结束。事实上，高尔吉亚的回应相对冷淡。他表示，他已经为大家作了一次很长的展示（*epideixis*），他们可能也很累了；也许他和苏格拉底不应该阻碍他们去忙别的事。看来，高尔吉亚此时是想体面地退出讨论。然而有人热烈地坚持继续讨论（虽然不久之后，高尔吉亚为波卢斯所取代）。卡利克勒斯在这个节点的作用很有意思：他说他曾参与过许多讨论，却从没有像现在这样高兴（《高尔吉亚》458d）。他说，就算你们讨论一整天，你们都会让我感到快乐。很明显，这与后来他变成苏格拉底的盘诘对象时的愤怒截然相反。而且，他所用的两个动词似乎是刻意选择的，用来强调他的回应中的快乐因素，从而也许预示了后面他所阐述的快乐论。

3. 波卢斯

我们已经预料到与高尔吉亚论辩的进一步发展。这个智术师被迫承认，如有必要他会在其课程中纳入某些道德教导。正是从这个地方，该对话的第二部分开始了，当时波卢斯以其特有的鲁莽打断了讨论

（在461b）。这第二阶段持续到481b，在那里，卡利克勒斯比较有礼貌地插嘴进来，低声向凯勒丰表达了怀疑。这两次介入构成有意为之的对应。特别是，波卢斯指责高尔吉亚耻于说不会教授道德（如果学生不知道的话），或者太过拘谨；后来，卡利克勒斯注意到波卢斯落入了同样的圈套。正如卡利克勒斯所看到的，由于承认了犯错比承受错误的对待更可耻，波卢斯也陷入到习俗的价值观之中，他所说的不是真正心里所想的（《高尔吉亚》482c sq.）。

这种羞耻观，即不能坦言，不愿意出示真实信念，是该对话的另一个重要母题。这个母题在对话的较早时候，在455c8就被不经意地引入，当时苏格拉底要求高尔吉亚坦率地说明他的职业到底是什么，因为在场的很多人可能都想成为他的学生，但他们羞于直率地问他。在460a1，他继续同样的询问，请求高尔吉亚"揭开"修辞术的力量，去掉遮蔽物。这种比喻在柏拉图著作的其他地方也有发挥；这也是几部对话的场景都设置在健身场和体育馆的一个原因，因为脱衣和暴露，以及与之相伴随的令人愉快的同性恋嬉戏和玩笑，都反映在形而上学和道德的层面上。苏格拉底说，对话人需要出来展示自己，袒露自己的灵魂。[1]所有此类表述的目的都是为了识破含糊的或作壁上观的回应，为了让发言人陈述真实的看法，说出自己最深信不疑的观点，并让这些观点得到检验。在早先的对话中，苏格拉底一开始提出的问题就部分地暗示了这一点：高尔吉亚是谁？最后的神话也如此，灵魂赤裸地接受审判，被剥去遮蔽物和伪装。因此，在此种意义上，苏格拉底是和波卢斯以及卡利克勒斯站在一起的，即他希望并坚持坦率直言，不希望别人用四平八稳的正统道德观念掩盖他们的真实想法。他 150

[1] 尤其比较《卡尔米德》154de，《阿尔喀比亚德前篇》132a，《泰阿泰德》162b以及169ab。亦见《普罗塔戈拉》352a9—352b1，对比348b等。

不止一次地因为这种虚伪的羞耻心而批评他的对话人(《高尔吉亚》489a2,494cd),而且他特别称赞了卡利克勒斯的坦率(《高尔吉亚》487各处,尤其是487d;比较492d)。简而言之,他希望他的朋友有维护自己信念的勇气,像卡利克勒斯和忒拉叙马霍斯那样畅所欲言;但这并不就万事大吉了。他们的信念还必须接受检验:这些信念可以兼容吗?经得起仔细审查吗?或者,辩证过程有没有揭示出他们未曾怀疑的信念中的矛盾?因此,卡利克勒斯的慷慨激昂的修辞,以及其诗意的渲染,还有其中关于能力非凡者的生动形象,这些都很好,但没有解决任何问题;真正重要的是,这一观念,以及卡利克勒斯自己,将如何经得住辩证术的质疑。

回到波卢斯的情节,我们需要,虽然是简要地,考虑某些风格和形式方面的因素,这些因素使他具有作为一个人物和一个对话人的特征;因为,在《高尔吉亚》中,与在柏拉图其他作品中一样,人们对苏格拉底的谈话的反应或回应反映了他们的生活方式和态度。正如我们已经看到的,像苏格拉底宽厚地说的那样,波卢斯有点像蛮汉或“小马驹”。他对辩证术完全没有经验,这体现在他充当提问者时漫无边际的发言。他倾向于高谈阔论,这是他的职业的自然后果;他的提问常常没有实质的探询,而是修辞性地感叹和表达怀疑之心。他反应迟钝——特别是,他花了好一会工夫才理解了苏格拉底对“人们所欲求的东西”和“看起来对他们最好的东西”的区分,后者即他们以为他们想要的东西,在466d以下逐步解释;即便是在那之后,在469c7那里,他似乎忘记了或者说没能应用这一区分。他没有仔细倾听,而且记错了:见466a,“你说什么?你觉得修辞术是奉承吗?”“我说它是奉承的一部分,你不记得了吗,波卢斯,你这个年纪?以后你要怎么办?”(即当你

年纪大了之后)[1]

波卢斯与苏格拉底的交谈也有反复表达怀疑之叹的特点,例如 151
467b10“你的话真是太荒谬,太过分了,苏格拉底”,对此,苏格拉底回应说,“别攻击人,波卢斯”;要是你能做到,就向我提问,证明我说的是错的。换言之,无论是修辞性的质疑还是感叹抑或谩骂都不构成反驳,不管这些在演说中可能多么重要。但波卢斯似乎不愿意或者没有能力从苏格拉底那里学到任何东西,因为他在后面反复发表这种意见(473a1,473b8—9,480e1),反复说苏格拉底的看法古怪或不可思议。尽管这些智术师经常强调他们技艺的新颖,但他们似是而非的说法似乎比表面上更加保守的苏格拉底更少极端。

波卢斯在对话中的主要作用是他对修辞为其使用者带来的权力的强调,这种修辞是与某种精明的欺诈或冷酷结合在一起的。到了《高尔吉亚》的这一部分,我们开始越来越远离纯粹和简单的修辞,而进入到它的代表性领域,即不道德的野心。卡恩(Kahn)很好地分析了这里波卢斯的态度中存在的基本矛盾。[2]他赞美成功、权力和财富,不管如何得到它们;但他也谴责和惧怕犯罪行为或公然的不义。因此,他羡慕和称赞马其顿的僭主阿凯劳斯,他通过一系列血腥而歹毒的行为不义地攫取了权力。[3]但是,当苏格拉底生动地将通过杀戮获得权力的想法落实到更私人的层面,假想他自己是一个疯子,站在广场上,

[1] 这也许是拿记忆术开了一个玩笑。记忆术是修辞训练的一个方面,很可能也是波卢斯自己的技艺的重要部分:正如柏拉图在其他地方所规定的,它也是哲人所需要的,而且,即使是《云》中的苏格拉底也坚持要求这一点,尽管他和斯瑞西阿德斯相处得很费劲(阿里斯托芬:《云》129, 414,631)。

[2] 上引论文in n.1 at pp.84—97。对卡恩(Kahn)的讨论的评论见T.H.Irwin, *Rev.Internat.de Phil.*40(1986)49—74.关于波卢斯的讨论亦见C.N.Johnson, *Phoenix* 43(1989)196—216。

[3] 有些人认为柏拉图对他登上王位的描述是夸大或鼓吹,参看N.G.L.Hammond and G.T.Griffith, *History of Macedonia* ii(Oxford 1979)133—137。

斗篷下藏着匕首(《高尔吉亚》469c sqq.),此时波卢斯的反应是诧异,而且更带有批判态度。在这里(与后面应对卡利克勒斯的享乐主义一样),我们看到苏格拉底将模糊的想法或理想赋予了现实生活的确切性:这在实践中会如何起作用?如果这发生在你身上,你会有何感受?

在进一步研究之前,有必要说一下前5至前4世纪雅典民主时代僭政观念的重要性,因为这一观念在该对话的卡利克勒斯部分将更加突出。作为一种与民主制截然对立的政体理想,僭主制令雅典人着迷;而且,僭主制,连同寡头制,都是近在眼前的经常出现的怪物。雅典的民主派特别害怕内部变革会导致寡头制或僭主制的复辟,后者是更为极端的情况,它的确发生过,虽然只是短期的而且受到巨大的压力,在前411年和前404年。[1]阿里斯托芬的作品反映并经常讽刺了这种焦
152 虑(例如《马蜂》345,488ff.)。它有一个真实的基础,那就是雅典的贵族绝不会对民主制完全满意,特别是当伯罗奔尼撒战争削弱了他们的财源,损害了他们的财产的时候(修昔底德《伯罗奔尼撒战争史》卷二65.2):我们在卡利克勒斯那里看到他们的几分野心和暗中对民众(*demos*)的轻蔑。阿尔喀比亚德也被怀疑想当僭主(修昔底德《伯罗奔尼撒战争史》卷六15.4,28),而且,修昔底德说他逃到斯巴达之后厚颜无耻地将民主政府贬斥为"一种公认的愚蠢"(修昔底德《伯罗奔尼撒战争史》卷六89.6)。在肃剧中,我们可以看到许多十足的僭主,他们心怀最大的敌意:《被缚的普罗米修斯》中的宙斯、欧里庇得斯的《疯狂的赫拉克勒斯》中的吕科斯、《安提戈涅》中的克瑞翁、《酒神的伴侣》中的彭透斯(有一些附加的复杂性或复合性)。各种肃剧人物,尤其是欧里庇得斯笔下的肃剧人物,将僭政颂扬成至高抱负和最大快乐的源泉:例如《特洛亚妇女》1169"僭政(tyranny),可以说是神圣

[1] 进一步参看Ostwald, *Popular Sovereignty*,对意识形态及其历史的详细而权威的解说。

的”。[1]《理想国》中的苏格拉底在解释僭政时引用并尖刻地批评了这句话(《理想国》卷八568b)。与《高尔吉亚》在很多方面都特别接近的是欧里庇得斯《腓尼基妇女》中的一场戏(503ff.),在其中,邪恶的埃特奥克勒斯以卡利克勒斯式的狂热和坦率说道(503“我要大声说出来,一点也不隐瞒……”)“我愿去到太阳和星星升起的地方,去到大地的深处——如果我能做得到——去获取王权([译按]tyranny,即僭政),这最为神圣的东西!”[2]

一般而言,古希腊人在僭政中发现的特别迷人之处似乎是完全自由的观念:僭主是这样一种人,他不需要回答任何人,不需要遵守任何更高的法律或权威:他可以放任任何欲望或一时的兴致,不必害怕受到惩罚。[3]僭主,例如波斯王——在此类文脉中经常用波斯王作例子——不向任何人负责。这种不用负责恰恰与雅典民主制的原则相反,在后者中,所有执法官在任期结束时都必须述职。因此,在埃斯库罗斯的《波斯人》中提到,薛西斯就算失败了也“不用向城邦承担责任”(《波斯人》213;比较希罗多德《历史》卷三80.3和6),在这部戏的后面,在大流士威严的讲辞中,有一处尖锐的呼应,惩罚傲慢凡人的宙斯被说成是*euthunos barus*,“一个严厉的督管者”(《波斯人》828):正是宙斯要求国王作出解释。在《被缚的普罗米修斯》中,正是宙斯自己,奥林匹斯的新僭主,拥有这种不容置疑的权威(《被缚的普罗米修

[1] 比较阿里斯托芬《马蜂》619以下,关于把僭主视为神。

[2] 还可以发现这一场与《高尔吉亚》的其他类似之处:对羞耻心的强调,坚持认为不去追求此目标是一种*anandria*(怯懦);伊奥卡斯特的有意思的回应,对平等(*isotes*)的赞美——不只是民主,而是一种宇宙秩序和几何正义。这最后一段话非常类似苏格拉底在《高尔吉亚》507e中所说的话。这一有趣的类似可能表明柏拉图记得这段话,或者,更可能的情形是两位作者都借鉴了某些更早的思想家,如毕达哥拉斯派思想家。

[3] 进一步可参看K.Raaflaub, *Die Entdeckung der Freiheit*(Vestigia 37,Munich 1985)第五章;C.Tuplin,in *Crux*(Fest.G.de Ste. Croix),ed.P.Cartledge and F.D.Harvey(Exeter 1985)348—375。

153 斯》324)。我们在《马蜂》中发现了一个谐剧性说法：陪审员不像执法官，他们不被要求给出解释，这使他们拥有专横得像神一样的权力(《马蜂》587—589；比较《骑士》1111ff.，关于民众[Demos]的说法)。菲罗克勒翁放纵权力的漫画像生动地表达了柏拉图在《理想国》中也关注的观念，即拥有完全自由的人将沉溺于对快乐无节制的追求。波卢斯假设了这一点，卡利克勒斯则明确肯定这一点。苏格拉底在《高尔吉亚》和《理想国》中的意图都是为了表明这一理想搞错了，为了表明追寻这种虚假理想的人不仅是错误的而且必定不幸福。因此，《理想国》(卷八至卷九)中对僭主的讨论的结论是证明了他不是最幸福的人，反而是最邪恶和不幸的。和别的地方一样，在这里，《高尔吉亚》似乎是以较小的规模尝试了将在《理想国》中进一步发挥的主题。例如，两部作品都发挥了一个观念——它无疑是一个真实而重要的限定——即僭主的权力和自由因其永久的恐惧而有缺陷：波斯王和希腊僭主都遭遇了谋反和刺杀；而且，僭主，如希罗多德的故事中(《历史》卷五92η)的柏里安德，必定会害怕并杀死最能干的盟友和最亲密的支持者。[1]这与《理想国》中的一个要点有关：如果所有人都充分竞争，力图胜过彼此，那么人类社会就无法组织；任何一个人类共同体，甚至是一群盗贼，其团结和安全都要依赖通常被视为德性的品质：忠诚、守信等等(《理想国》卷一351)。法律和*nomoi*(礼法)体系对于一个社会的生存是必要的。但柏拉图想要走得更远：残暴和自我中心的行为——这被认为是僭主的一贯行为——不仅危害那些在他身边的人和社会，也危害了他自己：即便他的罪恶行径在实践中对他有利，它们也

[1] 见《高尔吉亚》510b，《理想国》卷八567bc，卷九578a；亦见埃斯库罗斯《被缚的普罗米修斯》224f.，欧里庇得斯《请愿的妇女》(*Suppl.*)445ff.，亚里士多德《政治家》卷八1311b23ff.；西塞罗《论义务》ii.23,iii.84，塔西佗《编年史》(*Ann.*)vi.6。亦见D.M.Lewis, *CAH* vi^{2} 153—155,关于僭主狄奥尼索斯一世。

会在精神上摧毁他。但这在波卢斯部分只是有所暗示或略为勾勒；在这部对话的后面部分，以及在《理想国》中，才更加充分地发挥出来。

在此背景下，我们可以考虑波卢斯在《高尔吉亚》本身中对僭主主题的运用。这个主题首次出现在466b10，在该处，波卢斯谈到，演说家（*rhetores*，这个词既指导师，也指政治家）能够杀死、掠夺和流放任何人，只要他们想这么做，“就像僭主一样”。稍后，他明确说，他认为这种权力是值得羡慕的，无论它是否被正义地使用（《高尔吉亚》468e—469a）。他数次吁请苏格拉底本人：你不接受这种权力吗？你不羡慕拥有这种权力的人吗？（《高尔吉亚》468e6，比较469b，c“你的意思是你不会接受僭主的权力？”）他的怀疑激发了苏格拉底貌似古怪和不同寻常的态度。如我们已经提到的那样，苏格拉底把自己比作一个带着匕首的疯子，以此来反击——这匕首不就代表权力吗？这一怪异和令人不安的描述使波卢斯感到惊讶，他的回答显示出他粗浅而 154
谨慎的观点——这样的人必定要被抓起来并受到惩罚。这是不是真的，我们可以怀疑，但它向我们表明，对波卢斯来说，重要的是你能否逍遥法外。犯了大案的不法之徒比雅典广场上的小罪犯更有这样的机会：他也更富有魅力，更令人兴奋。波卢斯过于认为人皆自私，以致无法接受苏格拉底的观点，即有些事情是对的，有些是错的，不管结果如何，也不管你的身份地位如何。对波卢斯而言，把“正义的”等同于“好的”，把“不义的”等同于“坏的”是不切实际的天真：

> 哦，要驳斥你是件难事，苏格拉底。（但是）你难道不知道就连小孩也能证明你是错的？（《高尔吉亚》470c）

把苏格拉底比作天真小孩的比喻与这部对话整体的隐喻模式有关：在

他的对手看来，苏格拉底似乎是幼稚的，而且，卡利克勒斯将充分利用这一点，力劝他放弃对哲学的幼稚追求，“做一个男子汉”；但在糖果制造商和医生的比喻中，想要被宠溺，不服从正义和管教的儿童恰恰是雅典民众。

在471中，波卢斯通过援引当世的例子[1]，即僭主阿凯劳斯，对苏格拉底展开了一次全面的讽刺性回应。这是对阿凯劳斯之不义的一种疯狂赞歌，描述了他的罪行而非证明了他的幸福（苏格拉底说，如果阿凯劳斯是不义的，那么他必定是不幸的。波卢斯承担了证实其不义的任务，而没有解决关于其灵魂状态的更艰巨问题）。波卢斯的阐述有一种狂热而混杂的品质，因为他狂乱地堆砌细节。这种草率匆忙、激动不安的风格再次反映了性情。他对苏格拉底的矛盾开了很多玩笑：“那么，照你的说法，他过去是个奴隶，而且是幸福的，但现在他神奇般地变得不幸……”，又如“他做了这些不义的事情，还没有意识到自己变得完全不幸了”；“他不想变成一个幸福的人”（《高尔吉亚》471a7ff.；471b6,471c2）。但这些在波卢斯看来似乎荒唐可笑的说法，在苏格拉底的精神图景中却完全说得通：如果阿凯劳斯犯下了所有这些罪行，那么无论他知不知道，他必定是不幸的。任何表面的成功或安乐都只是自我欺骗。因此，波卢斯的攻击偏离目标老远去了，因为他只是为苏格拉底的未曾改变的判断提供了证据，与此同时，他对这种人的赞赏和羡慕则向读者显示了他自己的精神贫瘠。

需要评议一下对话中有关波卢斯的其他一两段话。在473b12以
155 下，他对在野心勃勃的权力斗争中落败的不义之人或僭主所受的惩罚

[1] 智术师以及受智术师影响的其他作者在素材上追求新奇：见高尔吉亚《海伦颂》；阿里斯托芬《云》547,《马蜂》1044；修昔底德《伯罗奔尼撒战争史》卷一73.2,卷二36.4,卷七69.2。

作了一次可怖的描述：如此一来，失败的僭主就和成功的僭主并置在一起。修辞的技巧（*enargeia*）突显了施行拉肢酷刑和毁伤器官的骇人细节。波卢斯的很长的修辞问句暗示任何一个神志清醒的人都不会对答案有所怀疑。但苏格拉底以一贯的坚定回应说："好波卢斯哦，你是想让我毛骨悚然，而不是在质疑我；刚才你是在召唤证人（例如错误地赞同波卢斯的许多雅典人）。"换言之，描述这些折磨和虐待的恐怖景象制造了很好的修辞效果，但并不是对苏格拉底的立场的严肃审查。[1]波卢斯试图使苏格拉底动摇，但这不是一个论证的好办法。

接下来的交谈有一个类似的要点。苏格拉底陈述了他的立场：逃脱了惩罚的僭主是更加不幸的人。他在这里停了一下，问波卢斯为什么笑；当别人说出某些看法的时候就笑他，而不是向他提问，这是一种新的驳斥方式吗？此处的评注指出，波卢斯是在效仿高尔吉亚的准则：高尔吉亚说过，在法庭上，你应该用笑来消解对手的严肃，用严肃来破坏他的笑（残篇21 Rad.，未收入Diels-Kranz中）。不过，波卢斯对这一技巧的使用实在并不老练；至多只是表示了怀疑和嘲讽。在这种技巧与苏格拉底自己惯常使用的更为巧妙、灵活且形式多变的幽默之间，在作为一种嘲弄或诋毁手段的笑（这种笑使你回避你不想去理解的事情）与建立在过往的亲密关系上并创造了联系纽带，而不是加深对手之间隔阂的那种幽默之间，有一个对比。[2]后者并不是苏格拉底所使

[1] 比较《克力同》46c，在该处，同一个动词*mormoluttomai*（吓唬，上文表述为"想让我毛骨悚然"）被用来描述民众如何"想出很多令人害怕的东西来吓唬我们孩子般的心灵，把我们监禁、处死、没收财产"；在苏格拉底看来，这些事情只是对小孩子来说才是恐怖的；它们不会也不应该影响我们对相关原则的判定。只有我们之中的小孩子才会害怕（比较《斐多》77e，死亡被当作一个妖怪）。

[2] 进一步参看H.D.Rankin, *C&M* 28（1969）186—213；G.J.de Vries, *Mnem*.ser.4,38(1985)378—381。与背景更一般相关的参考是S.Halliwell, "The uses of laughter in Greek society"（《希腊社会对笑的运用》），*CQ* 41(1991)279—296。

用的唯一一种幽默，但它是苏格拉底式幽默的重要方面，而且，其基础在于进行辩证交谈的伙伴之间的友谊和坦诚。与之相比，苏格拉底的对手们的笑经常意味着未能坦诚，或者未能理解可能看起来荒唐的事情并从中学到东西。

在与波卢斯交谈的最后，苏格拉底得出了关于修辞真实功能的典型的悖论性结论。他认为，修辞的真正价值在于确保一个人为他自己和任何他所关心的其他人取得惩罚：也就是，演说家必须用他的能力揭露他自己和其他人的罪行并赢得恰当的处罚。像之前的波卢斯一样，他在一连串平行分句中堆砌细节："他应该首先谴责他自己，然后谴责他的任何可能犯了错的家人和朋友；他不应当隐瞒他的不义行为，而要将之公之于众，这样才可以让罪人得到应有的处罚并重获健康；他应该迫使自己和其他人不要像一个胆小鬼那样畏畏缩缩，而要咬紧牙关，高贵而勇敢地面对，就好像接受外科医生的手术和烧灼；他应该追求善的和可敬的东西，不在意痛苦。如果他的不义行为应受鞭打，那他就应当让自己接受鞭打，如果应坐牢，那就去坐牢……"（《高尔吉亚》480cd）。苏格拉底刻意尽量减少与演说家通常行为的相似度，他们经常说而且无疑有时候也会相信他们是在让人们接受应得的惩罚。他本可以更加强调演说家追究罪恶的职责，但他反而引入了另外一个悖论，关于演说术如何用来针对敌人：如果一个敌人犯了罪，我们应当竭尽所能使他免受惩罚，还要让他尽可能长命。最好的事情是让这个敌人不死，永远活在邪恶之中！（《高尔吉亚》480e5ff.）但这种让敌人的不义行为免受惩罚以便对其施加报复的恶作剧式想象，并没有很严肃的意味；它是通过一个看似随意的插入成分而引入的："如果一个人真的就应该去伤害某个人，某个敌人或其他任何人。"（《高尔吉

156

亚》480e5）这只是一个假设[1]，而且，根据柏拉图著作的其他地方，我们有充分理由设想苏格拉底并不会接受这种假设（尤其比较《理想国》卷一335e—336a）。

关于苏格拉底的悖论性结论，最令人震惊的或许是他重新界定修辞术的方式，目的是使它变得与辩证术相似。在一个理想的世界中，哲人演说家会确保正义恰当地发挥作用，并且保证他自己和所有他关心的人都得到他们所需要的治疗，即便这种治疗是令人痛苦和不快的。这就是苏格拉底想要在《高尔吉亚》中做的事情——把他的对话人引入到这样一次讨论中：它是公平公正的论辩，将提升对话人的心智和精神健康，而且可能令人不适。他也准备让自己接受质疑和治疗：他想得到纠正、教导和惩治。与之相比，波卢斯和卡利克勒斯不愿意忍受这样的治疗：就卡利克勒斯的例子而言，苏格拉底强调，即便正好是在关于惩罚主题的讨论中他也不会接受惩罚。（*kolazomenos*…*kolazein*，《高尔吉亚》505c）

苏格拉底将修辞术转换为一种关于惩罚和自我提升的辩证艺术。这是更加令人惊讶的，因为修辞术经常被智术师及其弟子说成是最好的自保的艺术；正如卡利克勒斯在其主要讲辞（《高尔吉亚》484d，486a sq.）中所强调的，它是保护一个人生命和财产的一种手段。后来，苏格拉底在修辞教师—出庭辩护人与船只的领航员之间作了一个 157
类比。正如领航员不可能知道他将之安全带到岸边的人们是否真的值得搭救，修辞学家也可以打赢官司，挽救生命和财产，但是他用什么来保证被告受到惩罚或死掉不会更好些（《高尔吉亚》511c sqq.）[2]？简

[1] 注意480e5处*ara*一词的使用，表示这是一个错误假设。参见J.D.Denniston, *The Greek Particles*（Oxford 1954，第二版）38。

[2] 比较《希庇阿斯前篇》304a sq.的类似论证。进一步参看《法义》卷四707cd，阿里斯托芬《骑士》1377，索福克勒斯《菲洛克忒忒斯》108f.，塔西佗《演说家对话录》5.5ff.。

而言之，柏拉图又一次运用悖论和幽默表达了一个严肃的观点：演说家，以及一般的雅典人，高估了生命本身，却不在意它的品质：自我保存和财产被置于精神幸福之上。真正的修辞术，作为这门艺术的一种理想形式，不会造成这种误判。那个时代修辞术的浅薄就这样被揭示出来：它不像辩证术能够做到的那样，深入到表层之下，寻求精神上的提升或启示。

不过，苏格拉底的悖论性设想是一把双刃剑。很明显，它通过与一种理想世界的对比给出了对真实世界的批评；但是，整个章节是令人不安的，这正是由于它如此不在意不义的修辞术在现存社会结构中的真实潜力。苏格拉底在480e7对此有轻微暗示：一个人必须提防受到敌人的不义对待。但正如这部对话反复提醒我们的，苏格拉底最终被判有罪；而且，他的理想图景预设了一个完全正义的社会，而雅典并非如此。后来的陈述表明他意识到了这一点（例如《高尔吉亚》521cd），但也许我们注定要把他视为某种意义上的太好的人，这个世界配不上他。《高尔吉亚》的强烈苦味很大程度上源于苏格拉底与这个世界不幸的本来面目之间的鸿沟。柏拉图让我们非常清晰地看到，这样一个人既不能实现他的理想，也不愿委曲求全。整部对话都是关于苏格拉底的生命选择，以及这种选择所导向的东西——一种殉道；它留给我们一个令人难忘的问题，甚至是以肃剧方式说出的问题，没有一个温和的或理想化的解决方案。

4. 卡利克勒斯

当卡利克勒斯再次进入讨论的时候，他仍然是一个彬彬有礼的雅典绅士，像我们在《高尔吉亚》开头所看到的那样举止谦恭。到目前为止，我们还看不到任何狂热和敌意即将到来的迹象。他没有像波卢斯那样打断谈话，而是以礼貌但不解的口吻问凯勒丰：苏格拉底是在说真心话吗，或者只是在开玩笑（《高尔吉亚》481b）？显然，这对比太极端了。卡利克勒斯不明白苏格拉底可以在开玩笑、建立悖论和创造空想的同时，在另一个层面上，非常认真地对待这种“游戏”所暗示或传达的东西。不过，凯勒丰也认为苏格拉底必定非此即彼，而且他向卡利克勒斯保证苏格拉底是完全认真的，并补充说“你最好还是问他”。
这一措辞呼应了开头的场景，在开头，这种措辞指涉的对象是高尔吉 158
亚（《高尔吉亚》481b9—447c5）。这一定是有意为之的：此时苏格拉底移至舞台中央，显明自己是比高尔吉亚卓越得多的人；卡利克勒斯原先是一个自满的保护人，此时则变得惊讶和好奇。他接着径直质疑苏格拉底：如果他的意思确实是他说的那样，那么无疑整个世界都会颠倒过来。

苏格拉底的回答起先涉及交流的可能性，这是该对话的一个关键主题。“如果人们并没有共同的感受，而是有些人分享一种感受，有些人分享另一种，但我们中的一部分人有某些独特的感受，没有与别人分享，那么，一个人要向他人展示自己的经验就不是一件容易的事情”（《高尔吉亚》481c）。这是针对像高尔吉亚那样的理论的反论（counter-claim），即知识是不可交流的，所有的经验都依赖*doxai*（意见）。它也指出，如果交流（包括辩证交谈）存在的话，那么就需要建立共同的基础。苏格拉底没有说每个人都一样，都有同样的经验，这是不真实也不现实的。不过，他的确认为所有人都分享某些感受或经验，问题在于识别这些感受或经验并以之为基础。辩证术需要离开共有的信念，因为它寻求自愿、自觉和理性的回应，不像修辞术那样仅仅为了取胜，为了证明（对方）有罪而不择手段，包括撒谎，利用成见，运用未经证实的假设等等。

苏格拉底找到的作为他自己与卡利克勒斯的联结纽带的类似经验是爱；这一对比有丰富的含义，对后面的全部讨论都有影响。他说，他们两人不仅都在恋爱，而且都在爱着两个不同的对象：苏格拉底爱的是阿尔喀比亚德和哲学，卡利克勒斯爱的是雅典的demos（“民众”）和皮里佩兰的儿子“德莫斯”（Demos），此人是当时的一个漂亮的男性贵族青年（比较阿里斯托芬《马蜂》98）。[1]这双重的激情是矛盾冲突的潜在来源：分裂的目标和相矛盾的欲求在柏拉图那里是常见的主题，无论是在日常生活层面还是在哲学层面。但是，苏格拉底与阿尔喀比亚德的真实关系，如《会饮》所显示的，是被追求者与追求者的关系，与所有的预期和流行的想法相反（尤其见《会饮》217c，222b）。他对爱的选择是坚定的；他其实是哲学的热爱者，哲学说的话永远始终如一。他的激情是始终如一的。与之相比，卡利克勒斯既追求雅典民众又追求男孩德莫斯，此两者都是善变无常的。苏格拉底在这里说的话应该与卡利克勒斯的双重野心联系起来。这双重野心在接下来的讨
159 论中揭示出来：在民主的雅典成为一个成功的政治家，这需要向民众“献殷勤”；[2]实现其更阴险的目标，即成为一个视雅典民众为贱民的贵族，他渴望无上权力，也就是当僭主。[3]做男孩德莫斯的有情人是与后面这个野心有关的，这个男孩是雅典一个最有势力的贵族家庭的成员

[1] 进一步参看*APF* p.30。苏格拉底在487c提到另外几个与卡利克勒斯关系亲密的人，尤其是安德隆（Andron），他们可能与寡头政治家有关系（见多兹的注释以及Ostwald, *Popular Sovereignty* 246）。

[2] 关于把政治家比喻为“民众的有情人”，比较阿里斯托芬《骑士》732,734,1341以及尼尔（Neil）的注释；德谟斯泰尼 *Proem* 53.3；A.Burckhardt, *Spüren der athenischen Volksrede in der alten Komödie* (diss. Basel 1924)40ff.；W.R.Connnor, *The new Politician of Fifth Century Athens*(Princeton 1971)96ff.。《阿尔喀比亚德前篇》131e—132a中的场景可能是对《高尔吉亚》的一个模仿。

[3] 对比G.B.Kerferd, *PCPS* 20(1974)48—52，他强调了卡利克勒斯的民主精神方面。

（这个贵族家庭其实与柏拉图本人的家庭有关联）。因此，这个玩笑虽然始于一个双关语[1]，但它有更深入的含义：苏格拉底已经在暗示卡利克勒斯的内在矛盾，他在这段讲辞的最后传神地强调了这一点并随后揭露出来。

卡利克勒斯的情事在更深层面上与坦诚或开放的主题有关。正如苏格拉底在此处所暗示的，他的爱使他倾向于隐藏信念并奉承他的爱人，这是苏格拉底所谴责的做法，无论是在情爱中，还是在生活的其他层面（尤其比较《吕西斯》204eff.，210e，关于情爱的伦理；《情人》132d，关于虚伪）。这就预示了卡利克勒斯的*kolakeia*，即卑贱奉承的行为会暴露出来，这种行为的目的是取悦而非提升或教导爱人（《高尔吉亚》502—503,515ff.，521b等等）。想要与僭主或残暴的民众一起赢得权力的人必须让自己尽可能像他的主人那样，千方百计奉承和安抚他。这实际上就是卡利克勒斯所赞美的“政治生活”。在这方面，阿里斯托芬可以帮助我们注解柏拉图，因为他描写了相互竞争的政客们在脾气暴躁的德莫斯面前卑躬屈膝，以最虚伪和不光彩的方式娇惯他，奉承他。[2]

苏格拉底的讲辞最后呼吁卡利克勒斯不要对哲学、对他说的话置之不理，而要检验并认真考虑她的关于做错事受惩罚的结论。他的强烈关心（部分由誓言表示出来，部分则由其结尾的精致结构表示出来）典型地造成了更大的悖论：“如果你不考虑这个问题，那么，以狗，埃及人的神的名义起誓，卡利克勒斯不会同意你卡利克勒斯的观点，他反而将终身与你不合。而就我自己而言，我的大好人，我想就算是我的

[1] Vlastos, *Socratic Studies* 94奇怪地将其污名化为“残暴”（atrocious）。

[2] 参见《骑士》763—973那一整场戏，例如904—905（“我告诉你，德莫斯，我会给你一碗城邦津贴，为你无所事事地闲逛买单！”），910—911（“擦一下你的鼻涕，德莫斯，就在我头上揩揩手！”——“不，在我头上！”）。

竖琴或者我赞助的歌队跑调了，不协调了，或者大多数人都不同意我的观点，与我对立，但这些对我来说也比我单独一个人与自己不合调，跟自己对着干更好。”（《高尔吉亚》482bc）因为辩证术不仅仅是不同个体之间的交流或竞争，不仅仅是一个人纠正另一个人；它也关心自我。此处，要点在于卡利克勒斯认为自己有必要弄清楚这些问题。苏
160 格拉底对卡利克勒斯双重情事的戏弄性解释已经揭示了其目标的某种分裂，而此处，苏格拉底也迫使卡利克勒斯显露出他与苏格拉底不一致的根据——在苏格拉底看来，这种不一致必定与卡利克勒斯更好的自我相冲突。[1]

卡利克勒斯在482c—486c的讲辞，是这部对话中最长的讲辞之一，也是对苏格拉底的精神立场的最有力挑战。这里我只挑选了其中几段。这几段话传达了它的几分激情和力量；但接下来的讨论要求读者熟悉整篇讲辞。

> 我的观点是，那些制定法律的人是弱者，是多数人。他们制定方便他们自己，对他们自己有利的法律。他们的表扬和责备也是按照同样的原则。他们吓唬人群中的强者，那些有能力得到更多的人，告诉他们占有欲是可耻和错误的，试图得到比别人更多的利益就是不道德的行为……自然本身揭示了以下真理，即较优秀和较强大的人比较低劣和较弱小的人得到更多是公正的事情。有许多证据证明，在其他动物中，在所有城邦中，以及在人的种族里，强者统治弱者并且比弱者拥有更多，都是被判定为正当的。薛西斯发兵侵略希腊，或者他的父亲侵略西徐亚，凭的是何种“正

[1] 有一种观点试图将这一奇怪的坚持解释为，他的对手在现实中是和他意见一致的，参见Vlastos, *Socratic Studies*第一章，尤其是17—29。

当性”？这样的事例不胜枚举。这些人做这种事情其实就是根据公正的自然法则，对，宙斯在上，依据自然的法则，即便它也许不是我们所制定的传统法律。

我们所做的事情是改造我们中间最优秀、最强大的人，在他们还像幼狮一般年少的时候把他们抓来，用符咒和魔法迷惑他们，使他们成为奴隶，告诉他们人们必须平等分享，这才是高尚和正确的。但我相信，性格足够坚强的人应该站起来，他会摆脱、打碎并逃脱所有这些桎梏，把我们的著作、法术、咒语和法律，把所有这些违背自然的东西都践踏在他的脚下。这个从前的奴隶现在起来成了我们的主人，自然的正义之光立即在这里闪耀。在我看来，品达在他的那首诗中也表达了我正在说的事情，他说……赫拉克勒斯赶走了革律翁的牛，却没有付钱，革律翁也没有把这些牛送给他作为礼物，因为这其实就是自然公正的事情，低劣者和弱小者的牛和其他财产都应该属于较优秀和较强大的人……

……不过，我亲爱的苏格拉底，请别生气，因为我说这些是出于友谊。我认为你们——你和其他那些在哲学上走过了头的人——所走的这条道路对你们来说难道不显得可耻吗？因为如果现在有人把你或者其他像你这种类型的人抓住并投进监狱，声称你犯了罪，尽管你是无辜的，这时你就知道你没有任何可以帮助自己的手段了。你会倒吸一口凉气，然后张口结舌，什么话也说不出来。当你被送上法庭，如果碰巧遇到一个非常卑鄙、恶毒的起诉人，如果他想把刑罚定为死刑，你就会被处死。但是，苏格拉 161
底，这怎么会是聪明的技艺，它“把出身优越的人带走，使他变得差劲”——使他既不能保护自己也不能拯救自己和其他人，使之摆脱极端危险的处境，反而让他被敌人夺去全部财产，在城邦里过着完全没有尊严的生活？粗俗地说，对这样的人，你甚至可以打他的耳光而不会受到惩罚。（《高尔吉亚》483b4—484c3，有一些省略，486a4—486c3）

有人——至少有像多兹这样的杰出学者[1]——主张，卡利克勒斯在某种意义上是柏拉图的另一个自我，即从政的柏拉图，因为如果不是对雅典感到幻灭的话，他本会如此。多兹肯定地引用阿兰（Alain）的话："柏拉图在此处描绘了他自己原本会成为的样子，也是他害怕成为的样子。"这似乎有点夸大其词。它部分是依据多兹在《高尔吉亚》与《第七封信》中的一段话之间搭建的联系，在那段话中，柏拉图表达了他的从政意图，就像他的其他家庭成员一样，也表达了他对三十僭主的统治和复辟的民主政治都不抱幻想，这阻止他从事任何这种事业。不过，如果我们保留对《第七封信》真实性的判断，并同时记得，无论是把《高尔吉亚》的写作时间确定在柏拉图决定完全放弃政治生涯的希望前后，还是确定在写作这封信的时间前后，其理由都是多么脆弱，那么也许我们就能以更加客观的眼光看待卡利克勒斯，把他视为一个精彩且令人难忘的人物形象，但肯定不是柏拉图曾经所是或者希望成为的那种政治家。这并不是否认，至少在较早的讲辞中，卡利克勒斯的话是雄辩和诱人的；但他的关于强者的光辉理想有其内在弱点。在辩证的追问下，他崩溃了，开始尖声辱骂，愤愤不平，然后乱喊乱叫，冷嘲热讽，最后是闷闷不乐地沉默。毫无疑问，到对话结束时，柏拉图想让我们厌恶卡利克勒斯并相信他犯了危险的错误。[2]

---

[1] 见他的评注，267；比较引言，pp.14,31。亦见Friedlaender i.167。

[2] 多兹把卡利克勒斯理解为柏拉图的第二自我的看法也受到格思里（Guthrie）的批评，见Guthrie *HCP* iii.106—107,iv.296。

接下来对卡利克勒斯讲辞的讨论将考察其中一些主要的论证和弱点，同时也要看一下这些论证如何在该对话后面的部分中被批评或跟进的。我们不可避免地会省略或者选择性地讨论很多内容。

（1）*physis*—*nomos*（自然—礼法）之辨。这一论争（在某些方面可与同样有名的遗传与环境、自然与文化的现代论争相比较）起源于希腊人对异质文化的接触，这些异质文化有不同的*nomoi*（习俗、法律）。希珀克拉底医学派的作家们，特别是《论空气、水和地域》（*On Airs, Waters and Palces*）的作者，用环境决定论来解释不同文化之间的差异。希罗多德在对不同民族的扩张和民族性的研究中大量采用这 162
种思路。[1]此类论述鼓动了文化相对论：扩展到道德和宗教层面，这就引起了对绝对价值的广泛质疑。这些绝对价值具有对外的有效性吗，或者它们是人类制造出来的，有可能被人类取消、破坏或转换？智术师式的作者对人类学很感兴趣，尤其关注人类社会的起源，礼法（*nomoi*）是如何产生的？它们是否符合自然（*physis*）的需求？[2]“社会契约”理论就是使用这样的分析：卡利克勒斯此处的说法相当简略和偏激，而《理想国》卷二中的格劳孔和阿狄曼图则给出了更充分也更令人愉快的说法。早期的智术师似乎只注意到法义的相对性，他们制造了关于社会起源及其基本动因的理论，却没有对礼法产生实质的怀疑。换言之，没有证据表明普罗塔戈拉或高尔吉亚有更进一步的思想，即扫除传统的道德标准和约束，并且断言这是因为它们都是人为的和没有意义的。这一步是由他们的弟子和后学们迈出的，像卡利克勒斯

[1] 《论空气、水和地域》16.10ff., 23.30ff.；希罗多德《历史》卷二35.2，卷九122；比较卷三38关于*nomos*作为一切事物的统治者。进一步参看F.Heinimann, *Nomos und Physis*（Basel 1945）；Guthrie *HGP* iii.第四章；Dodds, *Ancient Concept of Progress* 第六章。

[2] T.Cole, *Democritus and the Origins of Greek Anthropology*(Western Reserve Univ.Press 1967)。进一步参看第四章注13。

和《理想国》卷一中忒拉叙马霍斯这样的人,《云》中的“歪理”(the Unjust Cause)和他所可能代表的聪明的雅典人也是如此。[1]在这里,柏拉图必定再次被视为一个重要的智术师式论争的继承者。《理想国》描述了一个基于人类需求的理想社会的理论结构(比较《理想国》卷二369c sq.);更宽泛地说,那里的计划是为了恢复绝对价值,为了表明法义是一种扎根于人类本性和宇宙法则的力量,而没有回到如今已无法复原的前智术师的幼稚的世界观。

卡利克勒斯引入*physis—nomos*(自然—礼法)之辨是因为他认为苏格拉底在玩弄不合法的逻辑花招,认为苏格拉底使用了双重标准并从一个标准偷换到另一个——亚里士多德分析了这一策略并确定了它的形式(亚里士多德《修辞术》卷二23.1399a30,和《论辩驳》(*Soph. El*)173a7ff.,其中提到了《高尔吉亚》)。卡利克勒斯的意思是苏格拉底误导了波卢斯,使他的回答妥协于习俗观念——即做错误的事情比承认错误的事情更坏——进而把这当作自然中的真实情况,而非仅仅是被普遍认为的东西。在卡利克勒斯看来,礼法所规定的是在自然中没有任何基础的事情。但是,如果我们像柏拉图那样拒绝这一假设,那么苏格拉底的策略就不是那么脆弱,尽管仍然是机巧和狡猾的。正如通常所认为的那样,苏格拉底与卡利克勒斯在许多方面都是相似的[2]:他们都既不满于很多流行的观念,也不满足于不假思索地接受传统信条;他们都想了解人们的真实想法及其真实原因。但是,卡利克
163 勒斯断然否认礼法在现实中有任何基础,在人类本性中有任何根源,这是一种幼稚且不切实际的看法。而且,他对那个时代各式陈腐论争

[1] 见《云》1039ff.,1071ff.,尤其是1074,1077ff.进一步比较索福克勒斯《菲洛克忒忒斯》120,修昔底德《伯罗奔尼撒战争史》卷五105等等。

[2] 例如安纳斯(J.Annas)对欧文的评注的看法,见*Mind* 91(1982)126。

的大量借用也表明了其立场的混乱，他的急躁和愤怒也是如此。

苏格拉底立即指出了其理由的一个缺陷；[1]卡利克勒斯用的是“强权即公理”的表达方式，即强者自然统治并有权尽其所能地统治的学说。换言之，他似乎致力于这样一种观点，即根据“自然”，弱者按照必然性法则将永远受强者的支配。和《云》中的斐狄庇得斯一样，他也用了动物世界的类比来支持这一观点（《高尔吉亚》483d；《云》1427）。但苏格拉底把这个论据反过来针对卡利克勒斯，他指出，在一个民主政体中，民众（*demos*）是更强大的，因此，这就是自然法则，就是正当的，因此民众应该统治。卡利克勒斯愤怒地拒斥了这一说法。他的反民主的成见此时充分显示了出来（《高尔吉亚》489bc）。他试图重新表述他的理由：应该统治的是*更好的*人，更聪明的和更优秀的人。稍微想想，这是一个非常不同的立场。卡利克勒斯的心思仍然没有完全摆脱混乱，但是整个一系列论证清楚地表明他最初的说法是不充分的，是冠冕堂皇却混乱不堪的。与之相伴随的是他的例子事实上与他要论证的东西并不搭配。他提到波斯的军事行动：“薛西斯发兵侵略希腊，或者他的父亲侵略西徐亚，凭的是何种‘正当性’？”（《高尔吉亚》483d）这两次远征都失败了，所以它们很难作为恰当的或者振奋人心的例子来支持蔑视法律和约束的超人。同样，卡利克勒斯还误用并错误地阐释了品达的话，所有的现代学者都同意这一点。[2]他对欧里庇得斯《安提俄珀》的引证也很容易受到批评（见下文第三点）。

卡利克勒斯对强者权利的拔高可以归结为一个引人注目的短语“根据自然的法则”（《高尔吉亚》483e）。也就是说，他把习俗的对立

[1] 关于它的一种现代解释见Kahn，上引论文98ff.。

[2] 总体研究参见M.Ostwald, *HSCP* 69(1965)109—138，再版见*Pindar und Bakchylides* ed.W.M.Calder III and J.Stern(Darmstadt 1970)；还有H.Lloyd-Jones *HSCP* 76(1972)45—56=Academic Papers i(Oxford 1990)154—166。

面集中起来，宣称它们都是相同的——唯一真实的*nomos*（法）就是*physis*（自然）的*nomos*（法）。柏拉图也相信礼法与自然的对立最终是一个虚假的对立："社会的秩序和自然的秩序都是同一种神圣法则的表达"[1]；但是，正如在507—508最清楚地显示出来的，他相信这个世界的自然是基于秩序（*cosmos*），而不是基于混乱（*akosmia*）。他在那段效仿*isonomia*（"法律面前人人平等"）的民主理想——这是卡利克勒斯所摒弃的——并赋予其更深刻含义的话中强调了"平等"（《高尔吉亚》483c），其要点正是在此。欧里庇得斯《酒神的伴侣》中的歌队，在一段难解但富有启发性的话中，也将这两个对立的原则结合在一起：真正*nomos*的东西存在于*physis*之中，而且首先与狄奥尼索斯
164 神，与生命中神圣的力量有关。歌队在这神圣法则的权威面前降卑自己："那由长久的习俗所认可的，并且也是永远自然的东西"（欧里庇得斯《酒神的伴侣》895—896）。在这里，柏拉图更接近歌队而非卡利克勒斯。[2]

（2）"强者的权利"。在法义与自然的话题下已经说到的内容大部分也与此有关；但这一话题可能有助于集中关注卡利克勒斯实际想要的东西，以及他如何描述他的抱负。我们首先注意到比较级词语的非常频繁的使用，而且这些比较级词语彼此之间的联系相当自由、随意：483c1"比较强大的人"，483c1—3"获得比较多的"想法，483d1"比较好的人"，483d2"比较有力量的人"，483e4—5"最好和最强有力的人"。还有对"做一个男人"或"男子汉气概"的格外强调，既是指成长和不在孩子般的哲学问题上浪费时间，也有*andreia*（勇气和决心）的含义，他很快就将这一点融入到那位伟大人物的形象中（尤其是《高尔吉

[1] Dodds, *Gorgias* p.338.

[2] 进一步参看柏拉图《法义》卷十890d。

亚》491b)。在489e中,他同意他所说的人是"更好和更优秀的,他也是更聪明的"。他似乎没有想到,一个人可以比较强大或比较勇敢,却未必是比较聪明的,或者在某种意义上说,未必就是比较好的;他只是混合了所有他所赞赏的品质,他显然把自己视为未来的伟大人物,这并不令人惊讶。但是,虽然他似乎一开始将权力本身理想化,但苏格拉底向他表明,把道德准则排除在外不是那么容易的事情。如果他想说强横的人应该统治人民,他就不得不更多地使用评价性词语,诸如"更好的"或"更聪明的"。在后面关于快乐的讨论中,我们仍然会看到他的快乐主义是与他的野心相冲突的;在对奉承的讨论中,卡利克勒斯式的"超人"又被进一步挫了锐气;他必定是一个阿谀奉承者,甚至是个娈童,如果他想要成功的话(《高尔吉亚》510,尤其是c—d)。[1]

于是,苏格拉底的辩证术揭露了隐藏在卡利克勒斯宏大而美好的辞藻之下的不一致性和令人不适的现实。这也表明,一个人要切断其教养和社会环境所塑造的作为其自身组成部分的信念、前设和思维方式不是那么容易的事。因此,像卡利克勒斯这种对*demos*(民众)的狂傲心态,就其根源而言,势利和贵族式傲慢的成分至少与经过深思熟虑的关于谁应该统治的道德原则的成分一样多。[2]

随着对话的发展,*andreia*(勇敢和男子气概)的理想也有所发挥,并在某种程度上转而针对卡利克勒斯。比较下面几段话就明白了:

(a)483a—b:卡利克勒斯认为,没有人愿意让自己受别人虐待; 165
只有奴隶才会有这样的行为,对奴隶来说,死去会比活着更好。

(b)484c—485e(尤其是485d3—485e2):按照卡利克勒斯的

---

[1] 521b2以下显示了卡利克勒斯对前景感到羞耻和不安;亦见494de,关于与娈童的比较。见下文,原文第170页。

[2] 关于他的势利,见苏格拉底在512cd的评论:卡利克勒斯不会把女儿嫁给一个工程师。

说法，男人=政治人，男孩或儿童=哲人。

（c）491b：卡利克勒斯（所说）的完美之人是*andreios*（勇敢的人）。

（d）494b：苏格拉底强调卡利克勒斯应该在辩证讨论中坚持下去，“因为你是个勇敢的家伙”。换言之，卡利克勒斯现在需要以其行动显示出他在更大的政治领域中所宣称的品质。事实上，卡利克勒斯明显没做到：他变得烦躁起来并且想要退出，所以讨论就失败了。

（e）522e展示了该主题的一个反转，因为苏格拉底把卡利克勒斯的警告转用到他身上。在卡利克勒斯看来，修辞是一种自我保存的必要方式：没有这种方式，你就可能受到不公正的指控，可能被处死。苏格拉底在这里回答说，如果不是完全“没有理智和怯懦”（*anandros*），没有人会真的怕死。这样，他就揭示出卡利克勒斯的“自我保护”是一个低级的、谨小慎微的目标，这个目标无论如何太过高估性命本身了。

在483e6，卡利克勒斯在强大者与狮子之间作了一个令人印象深刻的比较。按照卡利克勒斯的思考方式，社会把狮子般的人的狂暴本性从其出生开始就催眠和抑制了，而且这种催眠和抑制通常是成功的；但是，如果他具有足以胜任这个任务的本性，他就将摆脱社会教养和人为法律的锁链，将所有约束践踏于脚下。年少时驯顺但最终复归本性的幼狮是一个寓言，埃斯库罗斯《阿伽门农》中一段华丽的合唱曲有类似的寓言（《阿伽门农》737ff.）；但柏拉图在使用这种寓言时根据动物喻象添加了要点。他经常借助动物喻象来刻画人类灵魂的不同方面，首先是激情和欲望（例如《斐德若》246a—b，253c sqq.）。就像《理想国》中忒拉叙马霍斯被比作一头野兽一样（《理想国》卷一336b，比较336de），在《高尔吉亚》中，这一描写技巧也有寓意的成分：卡利克勒斯凭没头没脑的野性谴责了他自己，他还会凭着这狮子般的野性撕裂养育了他的社会。[1]

卡利克勒斯自我“削弱”（undercutting）的最后一个例子出现在484cd。在该处，他说，有高贵精神的人如果在哲学上蹉跎太久的话，其结果就肯定是对所有对于“打算成为一个绅士（*kalon kagathon*）和有名望的人”来说应该熟知的东西一无所知。而且，相当令人惊讶的是，他接着说，这样的人必须知晓城邦的*nomoi*（礼法）和其他公共事务。显然，比起他含混表示的要把*nomoi*（礼法）以及诸如此类的东西踩在脚下的期望，这体现了一种更为现实的态度（《高尔吉亚》484a）。166
进而言之，这导致了卡利克勒斯整个论辩的一个缺陷：修辞术和政治预设了一个具备法律和既定行事方式的有秩序的社会，在这个社会中，比较精明和自私自利的政治人可以操纵和利用合乎习俗的法律。即便是卡利克勒斯这样的人也无法在一个充斥着无政府暴力的原始、混乱的环境中生存下来，而如果他自己想要成为一个僭主的话，他也会希望制定法律，即便这些法律是由“强者的权利”来实施的。因此，他不会热衷于撒播诸如*nomoi*（礼法）是无意义的这样的消息。虽然他乐于嘲讽习俗道德，但他实际上依赖习俗道德：他需要一个文明的社会，而不是一个里面全住着像他自己那样的自然（*physis*-type）人的丛林。他的想要出类拔萃的期望也是用传统词汇来表达的：他想要成为“一个绅士和有名望的人”，也就是说，与传统的雅典贵族差不了多少。在这里，我们再次看到他并不是他所想象的“自由”人，而是纠缠于他的社会及其价值之中。而且，又一次，正是这个迂腐守旧、天真幼稚的苏格拉底，这个不起眼的哲人，被证明在更改传统价值和措辞方面更加

[1] 关于更多的动物形象，见《斐德若》230a（堤丰）；《理想国》卷九588b以下；《蒂迈欧》70e；并且参看C.Segal, *Hermes* 106 (1978)332，他指出变形的神话背景（如在《奥德赛》中，喀耳刻和她的猪）以及古代对它的寓意阐释。亦注意赫西俄德《劳作与时日》276ff.，和我的《马可·奥勒留〈沉思录〉研究》（*Meditations of M.Aurelius: A Study*）149。

激进：见512b—e。在该处，苏格拉底指出，如果卡利克勒斯完全遵循他自己的原则，那么他的势利是没有任何位置的。在527d，苏格拉底竭力主张，法庭上的羞辱和身体的暴力不会对卡利克勒斯造成任何伤害（在更深的意义上）“如果你真的是一个*kalos kagathos*（绅士）”[1]，尽管卡利克勒斯声称揭穿了习俗和传统的东西，但他仍然非常关心体面和外表，而苏格拉底则看破一切，除了他视为真实的东西之外。

（3）对欧里庇得斯《安提俄珀》的对驳场（*agon*）中诗句的使用。[2]卡利克勒斯在主要讲辞中用这部戏来表明他与苏格拉底所遵循的不同生活道路：“欧里庇得斯的一句话很适合这一点：‘每个在这一领域成就卓著的人，都在其中全力以赴，度过他一天中的大部分时间，而这个领域的事情是他最擅长的’——但一个人无论在哪件事情上是低劣的，他就会回避它，辱骂它……”（《高尔吉亚》484e）又有一次，说得更清楚：“我是你相当好的朋友，苏格拉底，此刻我对你的感觉就是欧里庇得斯剧中泽苏斯（Zethus）对安菲翁（Amphion）的那种感觉——我刚刚提到过他的话。因为这就是我想要对你说的那种事情，就像泽苏斯对他兄弟说的那样：‘苏格拉底，你忽视了你应当关注的事情，你正在歪曲你灵魂的本性，这本性原来是高贵的，却穿着孩子气的衣服；在对正义的审议中，你不能提出合理的理由……我的好哥们，听我的话。
167 停止你的提问，去做让这世界的诸多事务融洽的事情，去从事将给予你理智之声名的技艺，把这些精微的东西留给别人吧——无论我们应

---

[1] 亦比较515a。

[2] 参见Dodds,pp.275—276;D.L.Page, *Greek Literary Papyri*（Loeb edn.）注10; J.Kambitsis所撰的残篇带注释的法语版（Athens 1972）。其他资料来源见“阿波罗多洛斯（Apollodorus）”*Bibl.* iii.5.5,附弗雷泽（Frazer）的注释。关于柏拉图对这一场戏的改写，近来有很多讨论，参见A.Wilson Nightingale, *CAntiq*.11(1992)121以下; S.R.Slings,见*Fragmenta Dramatica*, ed.A.Harder and H.Hoffmann(Göttingen 1991),137—151,以及J.A.Arieti, *Interpreting Plato:The Dialogues as Drama*(Savage, Maryland 1991)第五章。

该称之为胡言乱语或者只是鸡毛蒜皮的琐事'——'你会因为它们而独居空屋。'别去效仿那些在这些微不足道的事情上质疑了别人的人,而要效仿那些享有真正的生命、名望和其他许多好东西的人。"(《高尔吉亚》485e—486a,486cd)后来,苏格拉底自己也提到这部戏剧:"行,高尔吉亚,我自己是乐意和卡利克勒斯在这里继续讨论的,直到我把安菲翁的话送给他,作为对他送给我的泽苏斯的话的报答。"(《高尔吉亚》506b;比较489e)

这部戏与《高尔吉亚》的联系并非偶然。简单说,这部戏的情节看起来大致如下:宙斯追求西科扬(Sicyon)的一个公主安提俄珀;她生下了一对双胞胎儿子,使他们蒙羞。在意料之中,他们被一个牧人救起并养大,被命名为安菲翁和泽苏斯。与此同时,僭主莱克斯(Lycus)接管了西科扬,他们的母亲成为奴隶。她逃脱了,并最终被她的儿子们认出。于是,她的儿子们向僭主和他妻子复仇。赫尔墨斯把剩下的困难都解决掉了。但这部戏中最有名的部分是*agon*(对驳)或竞争性讲辞,在其中,务实的泽苏斯,运动员兼牧人,与他的爱好音乐的兄弟安菲翁辩论:本质上说,这是积极的生活方式与沉思的生活方式之间的争论。很难设想,这一段交谈与该剧其余内容之间有什么非常密切的关联。

柏拉图改写了这一争论,使知识人的意义更强烈。两个争论都明白地体现了作者的兴趣:在欧里庇得斯那里是诗和音乐,在《高尔吉亚》中是哲学论辩。但两个重要的对比似乎是清楚的:在《安提俄珀》中,*agon*(对驳)的结果是安菲翁屈服了(正如贺拉斯在《书札》i.18.43中所证实的),而苏格拉底当然没有。该剧结尾处赫尔墨斯长篇讲辞的残篇(残篇48Kambitsis)表明,尽管如此,安菲翁及其技艺得到剧中机械所降之神(*deus ex machina*)的维护,因为赫尔墨斯预言,忒拜的神奇创立，是石头伴随着竖琴的音符：为艺术作了一次出人意料的实际辩护。这同一段讲辞其实任命安菲翁为国王（残篇48.97）。换言之，在欧里庇得斯那里，我们看到的是一个夸张的悲喜剧，有一个快乐的结局和一种对两兄弟之争的古怪解决；在柏拉图那里，情况要黯淡得多。苏格拉底不会屈服，而且将为之赴死，没有任何神的干预，没有人为哲学的永存价值说话。在这里，可以认为柏拉图胜过了诗人：他的戏剧更具悲剧性，更无望；他的两种对立理念之间的交锋更具有持久性，更实在地介入并支配对话，而且统一协调，这是欧里庇得斯那场戏基本没有做到的。在欧里庇得斯那里，泽苏斯的辩词被神的权威明确驳斥了：诗歌的确有其价值；在柏拉图那里，情况要含混得多。

如果我们接受多兹的推测，[1]那么这种含混就更显著了。多兹推
168 测说，卡利克勒斯本人——除了《高尔吉亚》之外，我们对他没有任何了解——可能在他接下来的政治生涯中遭了难，这也许是历史记载阙如的部分原因。[2]更实在点说，这可以进一步说明519a7：“也许他们[雅典民众，当他们愤怒的时候]会对你下手，要是你不小心的话，也许还会对我的朋友阿尔喀比亚德下手，当他们不仅失去新近得到的东西，而且失去原本拥有的东西时，尽管你对这些罪恶不负有全部责任，但也许有一部分责任。”如果这个理论是正确的，那么，苏格拉底和卡利克勒斯都是雅典民众怒气的牺牲品。对于这部对话最初的读者来说显而易见的是，高尔吉亚式的修辞并不能为卡利克勒斯提供安全和自我保护，而卡利克勒斯向苏格拉底推荐这种修辞正是因为他认为它能提供这种安全和自我保护。另一方面，苏格拉底（后来）被判了刑是人们

[1] 《高尔吉亚》评注引言，p.13。

[2] 麦道维尔（D.M.MacDowell）在他编的安多基德斯(Andocides)的演说辞《论秘仪》（*On the mysteries*）（Oxford 1964）中通过对127的校勘介绍了卡利克勒斯这个名字。这个意见现在得到了M.J.Osbornes and S.G.Bourne, *Lexicon of Greek Personal Names* ii(1994)247的赞同。

都知道的事情，而且在对话中预示了。因此，做出哲学与修辞之间的抉择必定还有其他标准，除了它们的自我保存的价值之外。

因此，对这场戏的改写，其含义就远不止是插入了一段古怪而生动的引文。不过，尽管有其对抗性，但这几段讲辞的核心谈话并未构成一种散体的*agon*（对驳），因为苏格拉底实质上没有立即给予卡利克勒斯充分的回答。在487—488b，他自己的讲辞不是对卡利克勒斯的论证的回应，而是请卡利克勒斯着手进行可以给出可能回应的探究。他确实在这部对话的其余部分发表了相当数量的长篇讲辞，而且，这些讲辞的确采用卡利克勒斯的论点、措辞和例子，就像欧里庇得斯戏剧中的辩论方式（*agon-style*）；但不同的是，这种情况遍及对话的其余部分。没有哪一篇苏格拉底的讲辞是全部（*en bloc*）或者点对点地回应卡利克勒斯引述的那些话。这是修辞术—辩证术之对照的一个更深入的方面，而且，通过这种方式，苏格拉底保持了他对于辩证方法总体原则的忠实。他不信任一个讲辞以争论形式回答另一个讲辞：这种方式丢失了太多东西（比较上文原文第132页以下）。他也没有一种可用来马上回应卡利克勒斯的立场的现成的“苏格拉底立场”；他需要考察卡利克勒斯的论证，以便逐步形成并明确说出一种回应。因此，批评者对于苏格拉底在《高尔吉亚》中的长篇大论（*makrologia*）所感到的担忧可能是由于过于根据讲辞的篇幅来看待问题。更重要的是这些或长或短的讲辞如何被使用；从这个角度来说，苏格拉底的方式仍然是辩证的，尽管当卡利克勒斯退出谈话时，他遭遇了困难（尤其见《高尔吉亚》505d—506b）。

（4）作为朋友的卡利克勒斯。虽然卡利克勒斯发现苏格拉底的观点令人难以信服，而且对苏格拉底感到不耐烦，但他仍然坚决表示了他的善意和友谊（《高尔吉亚》485e，486a）。我们不是在对付一个像 169

阿尼图斯——在《美诺》中，此人离开时表达了露骨的威胁——那样的未来敌人。苏格拉底对其风流韵事（*amours*）的了解以及先前和朋友们的交谈都证实了他们的亲密关系；而且，在一段重要的话中，他提到了他们二人的纽带：

> 我认为，一个要恰当地检验灵魂，看它是否公正地生活的人需要拥有三种品质，而你全都具备，它们就是知识、善意和坦率发言的意愿。我遇见过很多人，他们不能检验我，因为他们都不像你这么聪明。其他一些人是聪明的，但不愿意把真相告诉我，因为他们不像你那样关心我。至于这两位外邦的来访者，高尔吉亚和波卢斯，他们是聪明的，也是我的朋友，但他们缺乏坦率，显得过于害羞……如果在我们的讨论中你我在任何一点上意见一致，那么这一点就是被你我恰当地检验了的，我们就没有必要再进一步检验它。因为你决不会在任何问题上由于缺乏智慧或者过于害羞而同意我的看法，也不会假装同意以欺骗我；因为你是我的朋友，就像你自己说的。（《高尔吉亚》486e—487b，487e）

这一主题在后来的讨论中反复出现（例如苏格拉底以“友谊之神”宙斯[*philios*]的名义要求卡利克勒斯，《高尔吉亚》500b，519e）。

因此，苏格拉底与卡利克勒斯之间的关系，以及卡利克勒斯的品性，对于对话的发展来说都极为重要。柏拉图笔下的苏格拉底通常是与朋友一起交谈，这样做的一个原因在于，作为朋友意味着有责任开诚布公地说出自己的想法。苏格拉底并不想要那种和他一起玩，为了让他高兴而赞同和承认他的观点的朋友。我想要在一个真实的层面上参与交谈，接受挑战，并致力于共同的探索。理想的辩证应该是彼此挑战、彼此支持，互相检验知识（《高尔吉亚》514d5）。简而言之，苏格拉底想要一个真正的朋友，这样的朋友是一个批评者，而不是一个奉承者。

这反过来也是苏格拉底对每个提问者的期望，但首先是对卡利克勒斯的期望。然而，事实上卡利克勒斯远远不具备"三项必要的东西"，他被证明在每一项上都只是次好的。他的"智慧"实际上和世俗的智慧差不多，只是装点了一些新潮的理念：我们已经看到，他的学说，即便是最初的构想，也是多么脆弱，而且当他竭力为他的学说辩护并对其加以修饰时，其脆弱性就更加暴露出来。

由于他们之间的"友谊"，苏格拉底相信卡利克勒斯不会欺骗他（《高尔吉亚》487e，前文），但是当卡利克勒斯回避问题并且在论证中改变了根据时，他的希望落空了：

> 我听你讲好一会了，也同意你说的，苏格拉底，我注意到，即便有人开玩笑似的向你承认了一些东西，你也会像一个小孩那样急切地抓住他。就好比你真的以为我或者其他人不相信有些快乐是比较好的，有些快乐则是比较坏的。
>
> 哦，卡利克勒斯，你可真是个无赖。你对待我就像对待小孩，一会说事情是这样的，一会又说事情是那样的，你是在欺骗我。我不认为你从一开始就故意骗我，因为我想你是我的朋友。（《高尔吉亚》*499bc*，比较*500b*："友谊之神宙斯在上，卡利克勒斯，你可别想跟我开玩笑，不要随便用什么与你自己的观点相反的看法来回答……"） 170

卡利克勒斯嘲笑苏格拉底的哲学游戏，但他自己却以一种更有害的方式玩弄苏格拉底,他欺骗苏格拉底并且隐瞒了真实的想法。因此,他没有做到他所声称的他是苏格拉底的朋友。

至于"坦率发言",坦诚,这里的卡利克勒斯也不能令人满意。在分析卡利克勒斯的快乐主义时,羞耻主题重新出现。他首先指责苏格拉底,说他玩弄论证,对前后不一致穷追不舍的行为是可耻的:你不觉得羞耻吗,苏格拉底,这把年纪还做这种事?(《高尔吉亚》489b)他还厌恶并反对苏格拉底琐碎甚至粗俗的例子(尤其是《高尔吉亚》494cd)。当苏格拉底提出抓挠的例子,以及男妓有极大快乐的观念时,卡利克勒斯也被迫陷于尴尬和羞耻,虽然他以带着嫌恶的责备回击了苏格拉底:"你把讨论引到这样的话题上来,你不感到羞耻吗,苏格拉底?"(《高尔吉亚》494e)从某种角度说,卡利克勒斯在此处的反应是不恰当的,是一种假羞耻,既然他反对苏格拉底使用日常的例子,如制鞋匠之类,因为这些例子不符合他对天命之子的浮夸描述;它们冒犯了修辞礼仪(比较《高尔吉亚》521b2—3)。因此,苏格拉底的策略是针对个人(*ad hominem*),揭穿装模作样,探究卡利克勒斯的理想在日常、实际的层面上到底意味着什么(反复地把政治家说成是奉承者,也是依照同样的策略)。[1]但是,从另外一个角度说,卡利克勒斯的反应不仅仅是审美性的;它也具有道德上的意义。他对娈童之例的不满表明他并不是一个一贯的没有道德观念的快乐主义者,也表明,无论他的意图是什么,他都没有——也许,在柏拉图看来,也无法——完全使自己脱离习俗道德。这也提出了一个问题:是否其他人也会如此;以及自由人、狮子般的人的形象是否现实。

当对话进入到最后一个阶段,卡利克勒斯的坏脾气和愤怒变得越来越明显;完全是在高尔吉亚的劝说和请求下,他才继续参加讨论

[1] 比较第三章,原文第80—81页。

(《高尔吉亚》497bc),到最后,他的回应都是简短冷淡、闷闷不乐的,而且重要的是,没有诚意(例如510a1“那就这样吧,苏格拉底,这样你可以完成这个论证”;513e1“就算是吧,如果你喜欢”;516b“是,当然——为了让你满意”)。他已经完全放弃了与苏格拉底对话的尝试,或者说放弃了向苏格拉底学习的打算;他试图进行更长的干预,但没有提出任何新的论点,而只是重申在中心讲辞中已经说过的观点。[1] 171
既然卡利克勒斯不听劝告,苏格拉底就不得不依靠自己的办法。他采用了自问自答的独特方法,既扮演他自己的角色也扮演卡利克勒斯的角色。辩证的进程似乎被毁掉了(比较《高尔吉亚》500bc,501c,505c—506c,519d)。《高尔吉亚》后面部分的讨论,在关于宇宙和谐的更具有形而上意味的段落中,也指出了原因,尤其是507。那种只追求满足贪得无厌之欲望的人无法过正常的生活;这种人像盗贼。“因为这样的人不会亲近其他人,也不会亲近神。因为他无法过群体生活(*koinonein*;比较506a,527d2“共同的”),而且,这种没有共同情感的人无法拥有友谊”(《高尔吉亚》507e)。虽然这之后的句子介绍了一连串不同的喻象(毕达哥拉斯派的几何等式观念),但这个思想被充分整合进对话的其余部分:僭政和权力作为目标,就像以自我为中心的快乐主义,只能够将追求它们的人与其同伴相隔离;因此它们与友谊的理想相矛盾,与在苏格拉底看来最为重要的对真理的协同探索相矛盾。

在这部作品的尾声中,苏格拉底竭尽其口才,又一次试图在他与卡利克勒斯之间搭建桥梁。也许这是他还要引入神话的一个原因,作为最后的手段。他多次回应卡利克勒斯的警告,从而压倒了后者的讲辞,并且再次试图使这个年轻人同意他的看法,例如使用复数形式的

[1] 参见,例如511a5ff.,521b3,521c3ff.,以及苏格拉底在这些情况下的回应。

"共鸣心"。[1]但是，卡利克勒斯最后的沉默并不表示他的赞同，而是表示苏格拉底的失败；苏格拉底的话徒劳无功。在这部对话中，我们所听到的也许大部分是辩证的方法，因此它应该是一部苏格拉底在其中如此明显地没能达到说服目的的作品，对话中的辩证术没有获胜，即使它已参照与修辞术相反的方法（counter-methodology of rhetoric）得到了改进。这并非偶然之事。就这样，柏拉图把苏格拉底的道德乐观主义和坚定信念置于一种悲观的，甚至是刻意的悲剧性的场景之中。

5. 神话[2]

> 像人们所说，现在来听一个很好的*logos*（论证或解释）吧。我想你会认为这是一个*muthos*（故事），但我把它看作是一个*logos*（论证或解释）。我在讲的时候会把它当作真的来告诉你（《高尔吉亚》*523a*，比较*524a8—524b1,527a*）。

172 这是该对话中苏格拉底最后的讲辞的开头；我们听不到他的对话人的任何声音。这篇很长的讲辞最主要的内容是冗长地讲述死后灵魂的命运。这是我们讨论的第一篇以一个神话结尾的对话，与在对话途

[1] 527de；进一步参看麦克劳德（Macleod）对荷马《伊利亚特》24.600的评注。亦注意在527e7的最后呼语，这部对话的最后几个词。

[2] 关于柏拉图主要神话的一般论述，参见L.Edelstein *Journ.Hist.Ideas* 10（1949）463—481；Friedlaender i,第九章；J.Annas, *Phronesis* 27(1982)119—143；哈利韦尔（S.Halliwell）的《理想国》评注10（1988）17ff.。更充分的，成书的研究包括L.Brisson, *Platon,les mots et les mythes* (paris 1982)[译按：中译本参见布里松，《柏拉图：语词与神话》，陈宁馨译，华东师范大学出版社，2020]，附有1835年以来按年代顺序排列的参考文献；W.Hirsch, *Platons Weg zum Mythos*(Berlin 1971)更抽象些。F.Graf, *Greek Mythology*(1987年初版，John Hopkins 1993年英译版）178—191在更广泛的背景下对哲学神话的讨论是有帮助的。第欧根尼·拉尔修《名哲言行录》iii.80暗示有些权威人物批评柏拉图过度使用了神话。

中或附带地使用神话不同。在这方面,《高尔吉亚》可与《理想国》相提并论,后者以厄尔神话结尾。《高尔吉亚》更接近《斐多》,《斐多》中正式讨论的结尾也是苏格拉底的神话讲辞,但最后是现实中的去世场景。《斐德若》和《治邦者》在两个方面(与《高尔吉亚》)有极大的差异:《斐德若》中的神话只是部分地与死后生活相关,《治邦者》中的神话则完全与死后生活无关;在这两部对话中,神话都是出现在对话中途,而不是作为精心安排的结尾。虽然神话性的典故和比喻在柏拉图著作其他地方很常见,但如何评价这三个神话,对阐释者们来说总是一个特别的问题。而且,《高尔吉亚》——在其中,这个故事被坚称为可信的——以一种激烈的形式引发了下述焦虑:在何种意义上,苏格拉底把这个神话当成真的?柏拉图也像他那样把这个神话当成真的吗?我们该如何理解这一结尾,以及先前的论证如何受其影响,如果有的话?

这些问题有时候被过分地与柏拉图对其他准神话表达、寓言及"故事"的使用隔离开来:*muthos*一词的含义可能比英语的"神话"(myth)更宽泛。*muthos*与*logos*之间的相对,[1]也是上引段落所强调的对比,这整个问题是有关柏拉图自身技艺的大问题的一个方面:他是一个什么类型的作者,是哲人还是诗人抑或两者皆是?这对他的作品及其知识位置意味着什么?虽然下述讨论将回到《高尔吉亚》中的神话,但旨在与这些更广泛的问题相关联,并在后面的章节中与其他对话(尤其是《斐德若》)对神话的处理相关联。

首先是关于智术背景——此书另一个主导性主题——的几句话。

---

[1] 关于这一对照,比较W.Burkért, *Structure and History in Greek Mythology and Ritual*(Berkeley and L.A.1979)3和注释14;M.Detienne, *The Creation of Mythology*(Chicago 1986)44ff.;亦见亚里士多德《形而上学》1000a9—22。

对神话的道德质疑有更早的渊源：我们在克塞诺芬尼和赫拉克利特的著述中就可以找到对荷马使用有关神的不道德故事的攻击，在品达那里也有对神话的修正，这些修正无疑是出于道德关注而不仅仅是追求新奇（参见，例如《奥林匹亚颂歌》i）。与之密切相关但在方式上略有差异的是，以一种新鲜的而且相当精致的眼光思考神话——辨识逻辑矛盾和不可能性，甚至纠正它们；神话的理性化和历史化；把古老的故事更新，赋予它们一种新式的，甚至与时代不相合的闪光点。智术师们在所有这些方法上都试过他们的巧手。智术师们使用神话，但他们并不觉得有必要遵循其原初的形式和格调；因此，如果柏拉图的对
173 话可信的话，普罗塔戈拉可能修改了普罗米修斯和厄庇米修斯的故事，以便使之成为他对人类社会演化的总体解说的一部分，这总体解说的大部分内容与传统神话没多少关系。我们也有证据表明普罗狄科写过一个道德化的神话，他描述了赫拉克勒斯在善与恶之间——以鲜明形象呈现的对照——的人生选择（普罗狄科B2D-K=色诺芬《回忆苏格拉底》卷二1.21—34，很可能原始版本的辞藻更华丽）。[1]希庇阿斯也出于道德目的使用神话，如在《希庇阿斯前篇》中他对苏格拉底讲的神话，他描述了一篇作品，其中写到涅斯托耳（Nestor）忠告涅俄普托勒摩（Neoptolemus）说什么活动是光荣的，能使他获得最高的声望。显然，这也是一篇富于辞藻的文章，可能既是为了突出老涅斯托耳之言，也是为了宣传希庇阿斯的课程！还有高尔吉亚关于海伦和帕拉墨得斯的*paignia*（“玩物”，思想游戏），他修改了神话，为其披上新式的适用于法庭辩论的外衣。至于其他文体，我们可以在欧里庇得斯的新颖且详尽的神话中（特别是在那些其笔下人物批评或嘲笑传统母题和神话资

[1] 也许与柏拉图所提到的赫拉克勒斯散体颂辞是同一篇作品（《会饮》177b；比较Guthrie iii.277f.）。比较上文第一章原文第13页。

料的段落中）看到智术师修正主义的影响[1]；在散文方面，希罗多德提供了许多去神话化或改编神话的复杂例子（例如，希罗多德《历史》卷一122，卷二55f.，112ff.，尤其是120.1—3；比较赫卡泰俄斯 *FGH* 1 F 19,26,27等）。

回到柏拉图，我们可以看到他很熟悉这种理性化的变通手段。他在《理想国》中似乎想到了某种宇宙寓言，当他说克洛诺斯阉割了他父亲的故事是不可接受的，尽管这是一个寓言（*huponoia*，字面义是"事情下面的真义"[sub-meaning]），因为年轻人不理解寓言的寓意是什么，而只是记住这个故事（《理想国》卷二378de）。[2]更有暗示意味的是《斐德若》开场中那段精彩的内容。在那里，斐德若说到北风神波瑞阿斯（Boreas）就是在他们正在散步的地方附近劫走了雅典公主俄里蒂亚，还问苏格拉底是否相信这个传说。苏格拉底的回答如下：

> 按照那些知识人的风气，如果不相信它，我并不会显得不同寻常。我能够作一个聪明的合理化解释，我可以说，当俄里蒂亚在和法玛西娅（Pharmaceia）一起玩耍时，正是北风（North Wind）把她吹下附近的山崖，她这样死了之后，人们就说她是被"波瑞阿斯掠走了"……但事实上，斐德若，我认为，虽然此类解释非常诱人，但它们真的适合一个有独创性而且劳神苦思的人，我一点儿也不嫉妒他，因为——只要开了这一个头，他就不得不去合理解释半

---

[1] 尤其参见欧里庇得斯《厄勒克特拉》513—546；R.P.Winnington-Ingram, *Arethusa* 2(1969) 127—142。

[2] 关于诸如荷马史诗中诸神之战的宇宙寓言，参看忒奥格尼斯 8A 2 Diels-Kranz，以及德维尼纸草文献（Derveni papyrus），对"俄耳甫斯教"神谱的一种寓意化解释（ZPE 47[1982],从第300页开始）；进一步参看N.J.Richardson, *PCPS* 21(1975)65—81；D.C.Feeney, *The Gods in Epic*（Oxford 1991)第二章。

> 人半马怪物（Hippocentaurs）的体形，然后是喀迈拉（Chimaera），以及成群结队而来的戈耳工、帕伽索斯（Pegasuses）以及其他许
> 174 多难以处理的怪物，它们的性质稀奇古怪，不可思议。如果有人要继续他的怀疑心，要按照使之具有可能性（eikos）的标准，以一种有点粗糙的创造力，去一个一个加以解释，那他就需要花费大量闲暇时间。至于我，他肯定没有工夫去做这种事情，其原因，我的朋友，是这样的。我还没有认识我自己，如德尔菲的神谕所训示的那样。对我来说，在我还对此一无所知的时候就去研究这些超出我的理解范围的东西，那就显得荒唐可笑了。所以，我把这些问题置之高阁，接受习俗的看法，就像我刚才说的，我要考察的不是这些，而是我自己。我正在试着弄清楚我是比堤丰（Typhon）更复杂、更自命不凡的野兽，还是一个比较温和、单纯，天生好命，较少狂暴之性的生灵。（《斐德若》229c—230a）

在此，苏格拉底的幽默照例是尖锐而双刃的。那些寓言家和理性分析者的所谓复杂巧妙（sophistication）事实上是*agroikos*（自傲的，幼稚的，笨拙的）；苏格拉底不置可否的态度并非像看起来的那样是懒惰和老派的，因为他不是不知道新潮观念，而且，他能够和别人一样编造理性化的阐释。这意味着我们必须认真考虑他自己的追求和其背后的原理。那些所谓“知识人”（*sophoi*）的巧智而滑稽的做法忽略了最切身的东西，即似乎显而易见而且看起来简单的自我认识和自我批评的目标。此外，关于怪物堤丰以及欺骗、虚荣和烟这些类似的希腊语词的多重文字游戏一语双关地表达了有关人性的严肃观点。苏格拉底问的是，他是否不是一个像这些神秘野兽一样奇特、怪异的生灵。这为《斐德若》中后来关于分裂的灵魂、马车夫以及他的马的比喻作了铺

垫。在柏拉图解说灵魂的其他地方也能找到这一系列喻象，尤其是据《理想国》(588cd)所说的由潜伏在灵魂之中的人类、狮子和多头野兽组成的合成体。灵魂的“多性”(many-ness)，即苏格拉底自己是不是比堤丰更多重、更复杂的问题，是另一个有所指向的玩笑，因为单一、统一是苏格拉底的目标，也是他试图引导他的朋友达到的目标。简而言之，在《斐德若》中，我们看到苏格拉底对这些智术问题和悖论的使用，是将其当作对他自己和他人的目标之精神探索的一个出发点，这种探索既具有自我反讽性然而又是极为严肃的。

因此，苏格拉底对理性阐释者的批评不是基于相信所有神话都是真的——事实上，他说他对此没有任何意见。准确地说，他认为这种阐释是一件无穷无尽且徒劳无功的工作。他关心的是从神话中学到一些东西，就像从任何来源中学习一样，他可以把学到的东西运用到自己身上。此外，这也符合他的个性，符合他对这些神话及其流行阐释者采取一种相当老派、假天真的看法的一般态度。苏格拉底的新奇思想不像智术师的大胆的新理论那样要向全世界宣布；他的真正独创的东西往往是在他那些更为新式的对话人把他当作一个老克洛诺斯(也就是老糊涂，《欧绪德谟》287b)打发之后才逐渐并且令人惊讶地显露 175
出来。他不认为一个激动人心的新方法仅仅因为它是新的就会产生最好的结果。虽然他很熟悉智术师的教学，但他的方式之一就是与之背道而驰，经常诉诸更古老、更简单的例子和权威(《高尔吉亚》527a，512e；比较贺拉斯《讽刺诗集》ii.6.77以下)。关键不在于他以为老派看法总是最好的，而在于它们的优缺点值得考虑，而不是将其草率摒弃(比较《斐德若》275bc)。

死后生活的神话在伦理上极为简单(尤其是《高尔吉亚》结尾的神话)；不过，在文体和修辞上，该神话比苏格拉底通常所达到的层次更高。在《斐多》中，这种神话被称为一首抒情诗（*epode*），一种苏格拉底的朋友们会吟唱给自己听的魔咒，以便使他们自己消除对死亡的恐惧；也就是说，它作用于情感，比起对话中的辩证部分，较少纯粹的理性内容。在这里，我们看到的也许是一种更纯粹的修辞，一种服务于哲学的对神话的劝说式运用；但它既不是结论性的也不是论辩性的，而且，《斐多》中的类似段落对其真实价值作了一个明确的限定：

> 现在坚持说这些事情就是我所描述的那样，这对于一个有理智的人来说是不恰当的；但是，假定灵魂是不朽的，那么，对我们的灵魂及其居所而言，这件事或其他类似的事情就是如此。我认为，这是合适的，而且值得人们冒险去相信——这种冒险是高尚的——相信的人们应该反复地对自己讲述这些事情，像念咒语一样。这其实也是我拉长了这个故事的原因。（《斐多》*114d*）

比起在《高尔吉亚》中苏格拉底更慷慨激昂地承诺他所述神话的真实性，这显然是一个更有限定性的声明，而且这表明，虽然少许概括是可能的，但柏拉图的神话不应该被过于随意地混在一起来谈；它们需要被放在各自所处的对话文脉中来看待。也许，在《高尔吉亚》中，苏格拉底强烈而坚定地坚持他对死后生活的立场，这是与之前讨论的激烈相搭配的。相比之下，例如在《斐德若》中，气氛轻松得多，两个朋友之间的关系更为和谐，甚至神话的庄重性也由于不协调的修饰而时不时被弱化，并随后被斥为“游戏”。

当我们考虑不同对话引入神话的方式时，这一看法得到了更多支持。当苏格拉底打算对灵魂的哈得斯之旅加以解说的时候，卡利克勒斯的反应是粗鲁、无礼的：“行，既然别的事情你都讲完了，也把这事讲完吧。”(《高尔吉亚》522e)这与在其他地方苏格拉底的听众所表现出的高度热情完全不同:在《理想国》中的一个相似位置,格劳孔称“你告诉我的事情能使我得到莫大的快乐”。(《理想国》卷十614b1,比较《斐多》110b,《斐德若》243b)

《高尔吉亚》中的神话在主题上与先前的讨论相关,因为它是关于死后生活的审判的。这符合这部对话的法庭修辞主题。与之相比,在《斐多》中,审判几乎没有被提及;《理想国》中的神话,和该作其余部分一样,聚焦于人的生活选择及其后果:“选择的人承担责任;神不负责任。”(《理想国》617e,比较619c4ff.)《高尔吉亚》的神话也重复、呼应、有时颠覆对话早先部分的各种主题,其中一些我们已经提到过。它用许多呼应的话回应了卡利克勒斯的指责,特别是在526e—527a。该处回答了卡利克勒斯的警告,即依照目前情况,苏格拉底将无法在法庭上为自己辩护(《高尔吉亚》486b)。在哈得斯中,卡利克勒斯将处于同样的境地: 176

> 我能够挑出你的毛病,因为当你接受我刚才说的这种审判的时候,你不能够保护你自己。伊齐娜之子啊,当你来到法官面前,当法官抓住你,把你带走,你会张口结舌,倒吸凉气,就跟我在这里的表现一模一样,也许有人会揍你,扇你的耳光,侮辱你,总之让你蒙羞。

灵魂赤裸的主题使人想起苏格拉底关于要坦率、诚实而不是隐藏自我、隐瞒自己真实感受的倡议。那些在哈得斯中被判处永久刑罚的国王和僭主相当于波卢斯和卡利克勒斯心中的理想典范(特别提到了那位[波斯]大王和马其顿的阿凯劳斯);充满“不对称性”的灵魂使我们想起

507e中对平等和宇宙秩序的赞颂；523c中那些曾为富人作证但现在被禁止帮助富人的“许多证人”，使我们想起苏格拉底与波卢斯在471e以下的交谈，在那里，波卢斯强调说所有人都会同意他；苏格拉底的回应则坚持认为，即便波卢斯能够召集无数认同其观点的尊贵的证人，这种反驳就辩证术而言也是毫无意义的。要紧的是一对一的观念交锋和比较（《高尔吉亚》472b）。最重要的是，柏拉图对这个古老神话所作的主要创新，即赤裸灵魂的疤痕喻象——当他们在法官面前受审时这些疤痕是可见的印记——表明苏格拉底相信做坏事对自己、对自己的灵魂有害，即便是在你还活着的时候。即便不存在死后的生活，这仍然适用：这些疤痕不是死后惩罚的结果，而是在人生过程中由灵魂的主人加诸灵魂的。“对于灵魂来说，带着斑斑劣迹抵达哈得斯，是最最坏的事情”（《高尔吉亚》522e）。

虽然这一点或其他细节可能是柏拉图本人的发明，但《高尔吉亚》中对哈得斯的描述是他的大型神话中最传统也最直白的内容。它的神话背景明显是荷马式的：宙斯和其他神祇，忒耳西忒斯、弥诺斯与《奥德赛》卷十一中的一样，那些大罪人也出自那一卷（《高尔吉亚》525d，
177 该处引述了荷马）。与之形成鲜明对比的是《斐多》中更为精心设计的宇宙地理学，其中有对大地表面和内部的极其复杂的描绘，使用了荷马史诗中的河流（斯提克斯河[Styx]、考西图斯河[Cocytus]等等），但其环境变得多彩而奇幻。在《理想国》中，命运神（Fates）是很传统的，但我们发现，她们是*Ananke*（必然）这个更新式的法则的女儿[1]；赫西俄德的《神谱》与此明显不同，在《神谱》中，她们是黑夜（Night）的女儿（《神谱》217ff.）。概括而言，《理想国》中的神话非常随心所欲地处理传统的神话和宇宙论，特别是对必然之神（Necessity）的纺锤的描

[1] 比较Dover对阿里斯托芬《云》377，1075的评注。

绘。这显然源于把命运神视为纺纱工的观念，但柏拉图更看重这个纺锤，把它变成宇宙绕之旋转的中心构造。史诗—肃剧因素在《斐多》中与准科学混合在一起，在《理想国》中则与数和音乐的理论混合在一起。《高尔吉亚》的神话更为传统，这是由于苏格拉底情绪的严肃和交锋的激烈。这一高潮，即苏格拉底所尝试的最后一次劝说，实际上是为了挽救卡利克勒斯的灵魂，与《理想国》甚至是《斐多》相比，它更少反讽和哲学上的游戏，更不用说《斐德若》了。这是他对超越此世之正义的最严酷的描绘，但它的言辞方式也刻意强调了苏格拉底的传统主义、他的信念——在卡利克勒斯看来，这是苏格拉底的天真。

事实上，这并不是《高尔吉亚》中第一次附带说到神话。在更早的时候，在493a—494a，苏格拉底就尝试使用了一个更具智术性也更新式的神话。在该神话中，哈得斯中的运水者的古老故事得到寓言式阐释，其中一系列巧妙的双关语和文字游戏让人想起欧里庇得斯《酒神的伴侣》（272—297）中忒瑞西阿斯（Tiresias）的说教。这些观念没有被当作苏格拉底自己的观念：他是从别人，一些聪明人，那里听来的，他们报道了“某个讲故事的聪明人，也许是一个西西里人或者意大利人”（《高尔吉亚》493a）的机智构想。或许，这里至少有部分要点在于，卡利克勒斯被期望能赞同这种巧妙的解释[1]，能大体上赞同西西里的思想家：毕竟，高尔吉亚和波卢斯都来自西西里。因此，在这个更早的神话中，苏格拉底的策略是针对个人（*ad hominem*），而到了对话的结尾，他与卡利克勒斯之间的距离已经充分显示出来，他就复归到一种更古老的风格和更坚定的信念上了。在那里，他利用了智术式的或推测性的意见，卡利克勒斯可能会认为这种方式在理智上是可以接

[1] 就像美诺赞同苏格拉底戏弄性地给出的对形状的故弄玄虚的恩培多克勒式定义（《美诺》76d；比较本书上文第三章，原文第76页）。

受的，但卡利克勒斯一点也不觉得这有说服力（《高尔吉亚》494ab）；因此，更不用说结尾的神话，凭其质朴无华的（unsophisticated）内容和单纯的信念，如何能使他动摇？

其实，苏格拉底似乎不再期望说服卡利克勒斯：在527a5—6，他预见到“也许对你来说，这只是老妇人的故事，你打心眼里就看不起”，178 526e中的限定暗示了他无法完成他给自己设定的任务：“我规劝其他所有人，尽我所能。”最后，这部对话在劝说上的努力失败了：苏格拉底只说服了他自己，结尾的神话既显示了其信念的强烈，也显示了它的孤独。意在感动和说服卡利克勒斯的吁请看来很可能使他离得更远了；而且，该讲辞开头的那段*muthos—logos*（故事—论证）可能暗示，虽然这个神话对苏格拉底来说可能是“真的”，既然他一点也不怀疑，但它的真理无法传达给像卡利克勒斯这样的人。苏格拉底需要那种没有封闭其心灵的人给予他同情的回应，这种人会和他一道参与到对真理的共同探索之中——作为真正的朋友。

第七章

《会饮》

概括性的话无法公正评价柏拉图的任何对话，尤其是他的戏剧杰作《会饮》。鲜明的场景，多样而生动的人物个性，风格和语调的相应转换，苏格拉底雄辩的核心讲辞，阿尔喀比亚德喝醉时所作的讨人喜欢而又紊乱的（或者看起来如此）的回忆：所有这些因素都使《会饮》成为最好读且最有趣的对话之一。对其主题，即爱欲的普遍兴趣也有助于解释它的受欢迎，虽然在这一点上许多现代读者必须努力使自己适应同性恋的风气，这种风气在雅典上流社会中是习以为常的。近来的研究往往提示我们古代人行为模式和情感生活的"差异性"，而且，尽管《会饮》具有直接的感染力，但这一文本表明，现代的态度，无论是异性恋还是同性恋，都不能简单投射到一个遥远且极为不同的社会中去。这篇对话中许多论点的怪异性有助于纠正一种假设，即古代的经验可以容易地为现代读者所利用。[1]最后，在柏拉图的作品中，这篇对话为我们提供了对苏格拉底的最为完整、详细且迷人的描写，虽然其中也包括对阿尔喀比亚德的最生动的描述。通过柏拉图的戏剧艺 179

[1] 参看福柯很有影响的研究《性经验史》（1978—1986英译本）。这在古典研究中得到发展，尤其是 J.Winkler, *The Constraints of Desire*(1990),和D.M.Halperin, *One Hundred Years of Homosexuality*(1990)(以及例如Dover的评论,*CR* 41[1991]161—162; J.Thorp, *Phoenix* 46[1992] 54—61）；比 较Halperin,Winkler and Zeitlin（编）, *Before Sexuality:The Construction of Erotic Experience in the Ancient Greek World*(Princeton 1989)。

术，我们对此二人的了解和想象能够比前5世纪希腊历史中的其他任何人物更好。

《会饮》是唯一一部我们看到苏格拉底出现在宴会上的柏拉图作品。不过，就苏格拉底对话而言，这似乎是一种常见的场景，而且，它本身也是一种文类——“宴饮文学”。[1]这是很清楚的，即便我们把色诺芬的《会饮》低估为一部可能是受了柏拉图影响的后来的作品。这在诗歌方面有丰富的前例：荷马的英雄宴会、古代抒情诗和挽歌中描写的朋友聚会，以及特别是克塞诺芬尼的说教诗（prescriptive verses），
180 在这些诗中，他规定了在宴会上进行诗歌表演的适当主题（残篇1）。与柏拉图更为接近的是谐剧中对宴会的描写（《马蜂》中喝醉酒的菲洛克里昂降低了一次上流社会聚会的格调，并最终使聚会中止），希俄斯的伊翁的某些残篇也比较接近柏拉图，他在写宴会的语境中既描写了西蒙也描写了诗人索福克勒斯（F6和13）。《会饮》本身的开篇提到一个在柏拉图作品其他地方从未提及的人物，斐利波斯的儿子弗依尼科斯。关于那次聚会，此人已向格劳孔作过一次相当不同的讲述，虽然很明显，他的信息来源和我们的讲述人是一样的。这有可能指涉一个不同的书面版本。很久以后，普鲁塔克（《道德论集》823d）提到关于苏格拉底在卡利阿斯家里或阿尔喀比亚德家里会饮的书面报道（前者与色诺芬的作品相符，但后者肯定是一篇佚失的对话）。一般而言，当色诺芬在《回忆苏格拉底》中说“当他接受邀请赴宴时，他总能毫无困难地忍住过量饮食的惯常诱惑……”（《回忆苏格拉底》i.3.6；比较iii.14.1—6）的时候，他暗示了曾经存在有关此类报道的书面材料。

由于我们的证据与柏拉图作品的巨大影响力之间存在的差距，我

[1] 进一步参看Hug, *RE* 4a.1273以下；J.Martin, *Symposion*（Paderborn 1931）；D.Gera, *Xenophon's Cyropaedia*（Oxford 1993）132—154。

们难以确定什么是前4世纪早期宴饮文学已经突显的特征，和什么是柏拉图本人添加进去的。似乎某些因素很可能是通常具有的，如文学的主题，还有现实宴会中的例行程序。[1]显然，饮酒者们通常指定他们中的某个成员担任主持，由他决定喝到什么程度以及其他程序性事项：这篇对话中的厄里克希马库斯就担任了这一角色，直到阿尔喀比亚德取代了他。惯常的娱乐包括音乐、舞蹈和姑娘；用餐者也可以自己找乐子，经常是唱歌或诵诗，他们会以此交流或竞赛。“打比方”的游戏包括看到意想不到的相似并机智地说出来，这在《马蜂》中是有名的，在阿尔喀比亚德的讲辞中也发挥了作用；柏拉图的其他作品，特别是《美诺》，也用到了“打比方”游戏。[2]当讲辞轮流进行时，如在这篇对话中，就会有明显的比赛因素：在会饮中，互相较量似乎是很常见的（这当然会由于喝酒而加剧），而且有时有情爱的动机。其实，情爱似乎是另一个通常的特征：参与者中可能经常有情侣（如这里的阿伽通和泡赛尼阿斯），而且谈话往往取决于情爱。这篇对话中的讲辞是关于赞颂和界定爱若斯的；在别的地方则被证实有关于求爱的建议，取笑式地询问风流韵事的进展，或者试图做媒。[3]氛围是轻松的，但也不 181
一定完全不紧张：严肃和诙谐结合在一个环境中，在这种环境中，在酒精的刺激下，很多事情都可以比在光天化日之下更为坦率地以开玩笑的方式说出来。这一文类的潜力得到后来很多作家的认可：哲学的会

[1] Martin（见上页注）1以下，33以下，116以下，149以下，185以下；G.J.Woldinga, *Xenophons Symposium*（Amsterdam 1938）3—10。关于会饮作为希腊人生活的首要特征，尤其参见O.Murray(编)，*Sympotica*(Oxford 1990)，以及其中的参考文献和插图（比较Murray先前出版的*Early Greece*[Glasgow 1981]197—203）。

[2] 阿里斯托芬《马蜂》1308以下；《美诺》80；亦见弗伦克尔（Fraenkel）对埃斯库罗斯《阿伽门农》1629以下的评注。

[3] 关于*erotikoi logoi*（情爱言说）见Hug-Schöne的《会饮》版本，x-xv；F.Lasserre, *MH* 1（1944）169—178。

饮（为亚里士多德和伊壁鸠鲁所延续）是一个大序列中的一类，我们可以追溯这种形式在许多世纪中的发展。佩特罗尼乌斯作品中滑稽和闹剧性的宴会，阿忒纳乌斯（Athenaeus）或墨高庇(Macrobius)作品中有学问的和文学性的宴会，普鲁塔克作品中优雅地引经据典的宴会，麦托丢（Methodius）（公元4世纪）作品中虔诚基督徒的宴会。它有一个内容丰富的历史。

我们需要对柏拉图对话的形式作一个简要的概括，尽管很熟悉。这个发生在前416年的欢宴故事在若干年后由阿波罗多洛斯向一个朋友讲述：他承认自己不是亲眼见证者，但他是从阿里斯托得莫斯那里听到的。他所讲述的事情发生时，他还是一个孩子（《会饮》173a），但他现在是苏格拉底的忠实信徒和效仿者，和忠实的阿里斯托得莫斯当时一模一样（《会饮》173b）。接下来的讲述回顾了一个更加繁荣、更有希望的时代，当时阿伽通是一个漂亮而且得志的青年，还没有离开雅典（《会饮》172c），阿尔喀比亚德虽然是个吵吵嚷嚷、爱捣乱的家伙，但还没有放弃他的国家事业，而且，当时的雅典帝国仍然处于鼎盛时期。框架性对话似乎暗示苏格拉底还在世（尤其是《会饮》172c5）。事件之间时间间隔的效果因而是复杂的，因为叙述者阿波罗多洛斯明白其故事暗含的讽刺和失望[1]；但读者在柏拉图的引导下会觉察到更多不幸的征兆，即苏格拉底——阿尔喀比亚德的所谓老师和败坏者——之死将要到来的征兆。我们已经考虑过这一层叠叙述结构的其他效果（见本书第三章，原文第72页）：虽然强化了保存有关苏格拉底的回忆的传统观念，但也拉开了讲述的距离，并且导致了对于叙述的

[1] 特别是如果阿尔喀比亚德此时已死，如Nussbaum, *Fragility of Goodness* 167—171所指出的那样（以下只以作者姓名引用）；但我发现，很难相信她在该处的精致论证真的是必需的，或者很难相信即便是一个见多识广的同时代人会作出她那样的推论。

真实性和准确性的某种疑虑。坦率直言的选择性叙述(《会饮》178a，180c)以及阿里斯托得莫斯在宴会行将结束时的困倦(《会饮》223c—d)都强化了这些疑虑。这篇对话的价值远不止于一次如实的历史记录。

在生动的场景设置和对讨论的现场语境的持续清醒意识方面，与《会饮》最为接近的对话是《普罗塔戈拉》。在这两篇对话中，苏格拉底都是在一个朋友的陪同下加入一个公共的聚会，他到达时聚会已经在顺利进行之中，他一开始都是作为一个受欢迎的新面孔参与进来的，但逐渐主导了谈话。在《普罗塔戈拉》中，处于关注焦点的是那个大智术师(虽然和他的教师同行有很多竞争)；在这里，宴会主人自己，阿 182
伽通，是那个名人。在两部作品中，苏格拉底到达前都有一个奇怪的情节，它们强调了苏格拉底致力于哲学：在《普罗塔戈拉》中，他和希珀克拉底一直待在门外直到他们的讨论结束(上文原文第125页)，而在《会饮》中，他单独在半道落下，一个人站着出神——像是在沉思，直到满意地解决了一个问题之后才加入酒宴。他独自进行这种思考，而且来的时候没有和别人分享，这符合我们从这部对话中得到的大概印象，即苏格拉底在某些方面是一个较为孤僻和苦行的人。

这场晚宴的举办是为了庆祝阿伽通第一次在肃剧节(前416年的勒奈亚节)上得了奖。所有人都称羡和赞美这个年轻人的美貌和魅力；唯独苏格拉底的评价先是给予了急需的反讽(《会饮》175de)，后来又给予了纠正(《会饮》194,198—201c)。此外，这部对话的戏剧观念和喻象具有某种重要性：谐剧诗人阿里斯托芬在肃剧诗人阿伽通旁边；阿尔喀比亚德关于萨图尔和西勒诺斯的妄言促使苏格拉底将他的讲辞称为“你的萨图尔戏和西勒诺斯戏”(《会饮》222d)，而且，在对话的结尾，苏格拉底被看见试图使这两个烂醉如泥、昏昏欲睡的戏剧家同意，同一个人可以兼长肃剧和谐剧——与雅典的传统相反。（正如我们将会看到的，这在某种程度上是对苏格拉底的实践和柏拉图自身艺术特性的描述。）这些由个体的参宴者发表的讲辞被当作一场竞赛中的“表演”；阿伽通的讲辞尤其得到不加批判的喝彩（《会饮》198a），这似乎反映了前一天他在公共场合的成功（《会饮》175e，194b）。在对话的最后阶段中，阿尔喀比亚德给阿伽通戴上花冠以祝贺他在肃剧竞赛中的胜利（《会饮》213ab），但是当他发现苏格拉底在场时，他就请求阿伽通还些飘带，“这样我可以也给苏格拉底的脑袋缠上。一颗多么神奇的脑袋呀！我不想让他抱怨我给阿伽通戴花冠，却没有给他戴。他的言辞总是征服全世界，不像你，阿伽通，只是昨天赢了一回”（《会饮》213e）。这些段落以及其他一些段落都证实在阿伽通家里的这次宴会是一种戏剧竞赛，苏格拉底在其中赢得了桂冠：思想家战胜了诗人。某种程度上说，这类比无疑是一种节日的逗乐，是戏剧人物们的玩笑，也是他们背后的作者开的玩笑；但是，考虑到苏格拉底和阿尔喀比亚德后来的经历，我们会想到这部戏有肃剧的一面。[1]

同样重要的是这场竞赛更具有修辞性或诡辩性的（sophistic）一面。厄里克希马库斯的提议是在场的每个人都作一篇赞颂爱神的讲辞，因为这位善好、宽仁的神被诗人们和写作散体赞辞（*encomia*）的作家们不公正地忽视了，尽管他们有时间去写赞颂盐和其他类似东
183 西的荒唐可笑的作品（《会饮》177ab）。厄里克希马库斯以挖苦的口吻提到通常由智术师撰写的悖谬的赞辞，以表明修辞的才能如何使最无聊的话题变得生动活泼，或者甚至是为最缺德的人物恢复体面

[1] 进一步参看P.H.von Blanckenhagen, *GRBS* 33（1992）51—58；D.E.Anderson, *The Masks of Dionysus:A Commentory on Plato' s Symposium*(State Univ.of N.Y.,Albany 1993)。

和好名声。高尔吉亚的《海伦颂》，为那个神话中的淫妇所作的荒谬辩护，就是一个尚存的例子。还有其他很多作品在古代是有名的：阿尔西达马斯（Alcidamas）的《论死亡》、波利克拉特斯(Polycrates）赞颂克吕泰涅斯特拉和布西瑞斯（Busiris）的作品，以及后来卢奇安的《苍蝇颂》（*Encomium of Fly*）。[1]赞辞的特点在柏拉图的时代已经得到很大发展。阿伽通的讲辞非常遵守规则，就好像它是以一种合乎此文类的高度矫揉造作的高尔吉亚式风格写成的。苏格拉底对这篇讲辞以及对这整个文类的不真实性的批评也暗示出它的方式和方法众所周知(《会饮》198b—199b）。[2]苏格拉底的批评，和随后对阿伽通的打击，让人想起早先对话作品中常见的浮夸修辞与简洁辩证之间的对比。

《会饮》同时与真实的和悖谬的赞辞相关。爱神和爱若斯是严肃赞辞的天然主题，此类作品经常是为纪念神灵而写的：这些散体作品实质上是继承了抒情诗传统。[3]但是当阿尔喀比亚德出现并知道别人正在做什么时，他以对他自己所爱之人苏格拉底的赞颂代替了对爱神这个神祇的赞颂。这是一个悖谬的主题，看起来滑稽、可笑。与之相应，众人用不假思索和无礼的笑声回应阿尔喀比亚德的讲辞。但是，在他讲辞开始时，他宣称，虽然他会用比喻来赞美苏格拉底，但这么做不是为了搞笑，而是为了真实(《会饮》215a）。因此，在这里，

---

[1] 还有利巴尼奥斯(Libanius)的《论忒耳西忒斯》(*On Thersites*)(在福斯特[Forster]版的第八卷)。进一步参看《修辞学者米南德》(Menander Rhetor)，拉塞尔(Russell)和威尔逊(Wilson)编，引言；A.S.Pease, *CP* 21(1926)27—42; V.Buchheit, *Untersuch.zur Theorie des Genos Epideiktikon* (Munich 1960)。伊拉斯谟的《愚人颂》亦属该传统。

[2] 关于特别是《会饮》198e1—2中的批评，比较《美涅克塞努》234c，伊索克拉底《布西瑞斯》(*Busiris*) 4, Radermacher, *Artium Scriptores* p.174。

[3] 比较伊索克拉底9.8—11,15.166; Menander Rhetor iii.333以下(斯宾格尔[Spengel])，以及拉塞尔(Russell)和威尔逊(Wilson)在该处的评注。

与对阿伽通讲辞的热情回应一样，听众没有足够的批判性；尽管喝得醉醺醺，语词无条理，阿尔喀比亚德对苏格拉底的理解仍然比他们更深刻。

对话本身一开始就对苏格拉底的怪异多有强调。当阿里斯托得莫斯到达阿伽通家里时，他不得不把苏格拉底落在后面，在附近的一个门口沉思。这已经是一个强调。虽然阿伽通说起他的古怪行为[1]，但看来这是他的习惯（《会饮》175b1—2；后来被阿尔喀比亚德证实，220cd）。我们注意到，并不是他的任何朋友，而是只有密友，一个门徒
184 和有情人（*erastes*，173b），能够理解苏格拉底的行为；因此，阿伽通困惑不解，而阿里斯托得莫斯没有。[2]这些密友，主体叙述中的阿里斯托得莫斯和框架中的阿波罗多洛斯，都是苏格拉底的忠实追随者：他们跟从他，和他一起探讨哲学，如果在别的事上花时间他们就认为是浪费光阴（《会饮》172c4—173a3,173b3—4,173c2—173d3）。他们是哲人—有情人；他们对导师的忠实是阿尔喀比亚德那种过度激情的健康和知足的类型，许多相似之处都表明了这一点。[3]

开场情境的其他细节也为两篇最重要的讲辞，即苏格拉底和阿尔喀比亚德的讲辞，作了铺垫。在《会饮》中，一个关键词是*kalos*，“美”或“好”。在阿波罗多洛斯讲述的开头有一连串例证（《会饮》174a）。阿里斯托得莫斯问苏格拉底去哪儿，“打扮得这么漂亮”，也就是看起来这么光彩；苏格拉底回答说打扮得美是出于“美要求美”（fair call on

[1] 《会饮》175a10 *atopon legeis*，“你说了件多么奇怪的事”；*atopos*（古怪的）是一个关键词，比较《会饮》215a，221d。

[2] 关于Erastes（有情人）一词的使用参见Dover, *Greek Homosexuality*（下文*GH*）157：该词可以单纯意指一个“粉丝”或追随者，而且，在这一早先段落中读者会自然设想它具有此意；但后文探讨了该词的更深层含义。

[3] 比较，例如《会饮》216a—c；A.D.Nock,Conversion(1933);*Essays* ...,Z.Stewart编(1972) 470。

fair)。苏格拉底是美的这个观念几乎是悖谬的(只要提到对话后面阿尔喀比亚德对其超常相貌的描述就足够了)[1],这使我们注意到用这同一个形容词形容苏格拉底和阿伽通的不协调性。他们俩可能都是*kalos*(美的),但他们肯定是在不同的意义上*kalos*。在苏格拉底看来,有智慧的地方就有美,这两种品质之间的关系(它们是否天然共在,哪一个是真正可敬的,哪一个优先)是对话的一个常见主题。[2]但是,虽然苏格拉底说阿伽通是美人(fair),阿里斯托得莫斯在回答时却乐意把他称为“聪明人”(《会饮》174c7;注意*sopho*u[“聪明的”]一词是他自己加上的;他所转引的荷马的话里并没有这个词。)

这个主题在苏格拉底与阿伽通的交谈中得到进一步发挥。当苏格拉底到场时,主人热情地欢迎他,并请他坐在自己旁边,因为挨着苏格拉底他可以沾点苏格拉底在外面刚刚思考出来的成果。苏格拉底坐下来,然后说,要是智慧能够这么容易地通过接触传送,“就像一个盈满的杯子中的水通过一根羊毛绳流到一个空杯里”(《会饮》175d),那会是一件很好的事。但是,与阿伽通昨天令成千上万观众惊叹的智慧相比,他自己的智慧是什么呢?这一典型地使用了日常喻象的反讽式交谈暗示了一个严肃的问题:知识或智慧实际上是如何传播的?以及这种传播多大程度上依赖于个人间的接触,无论是身体的接触还是气质的感染?阿尔喀比亚德的情形是又一次暗示:对他来说,他一离开苏格拉底,这位哲人的影响力和他自己的自觉意识就减弱了(《会饮》216bc)。阿波罗多洛斯和阿里斯托得莫斯也同样如此,这些“真正的”门徒,总是跟随在苏格拉底左右:*suneinai,sungignes thai,*

[1] 进一步参见Guthrie iii.386—390; Vlastos, *Socrates* 251—253。

[2] 参见如《卡尔米德》153d;《普罗塔戈拉》309b—d(上文原文第122页),以及Dover, *GH* 158—159。

185 *sundiatribein*，这些表示共处（co-existence）的词语在这部对话中以及在其他讲到苏格拉底的朋友们享受哲学探讨的地方（比较例如《泰阿格斯》128b，129e）都是重要的，而且，最接近的类比是爱人之间的固定关系（尤其比较《会饮》211d）。关于这一接触和陪伴主题的进一步变化包括阿里斯托芬对情侣以出于性爱的拥抱实现永久合体的想象（《会饮》192d以下），以及阿尔喀比亚德的身体"侵犯"：用手臂抱住苏格拉底，试图诱惑他。与阿伽通更为微妙的诉求一样，阿尔喀比亚德的举动是想要吸取苏格拉底的智慧，然后用于他自己的目的（《会饮》219b—d）。但是，对这些有关接触的词语的最为重要和最具差异性的使用是在一个非常不同的文脉中，当时苏格拉底讲到灵魂"抓住"终极的美：这不只是身体的拥抱，而是对真正真和美的东西的充满热情的领悟（《会饮》209c，211b，212a）。

正如从某个角度说，阿里斯托得莫斯和阿波罗多洛斯预示了阿尔喀比亚德，并反映了他与苏格拉底的关系，而从另一个角度看，苏格拉底针对阿伽通的行为同样包含了后来发挥的特点。和阿尔喀比亚德一样，阿伽通也是一个美貌而且成功的年轻人，但可能比阿尔喀比亚德更年轻几岁（他出生于约前450年）。阿伽通欣然接受所有的赞美和关注；苏格拉底给了他一些奉承，他基本上没听出这些恭维话的讽刺意味。而且，阿尔喀比亚德到场后，苏格拉底说了很多玩笑性的、不老实的话，关于只要他苏格拉底和别人有任何关系，阿尔喀比亚德就妒忌（《会饮》213cd）。苏格拉底甚至假装担心阿尔喀比亚德会殴打他！（《会饮》213d；比较色诺芬《会饮》8.4）对这一场面的显而易见的解释是苏格拉底此时把他的感情转向了更年轻的阿伽通；他看起来是在扮演反复无常的有情人。但事实上正是苏格拉底令两个"美人"着迷，但最终都被苏格拉底避开。

1. 前五篇讲辞

经过上述较为概括性的评论之后，现在转入对这些讲辞更全面细致的考察。《会饮》的一个最吸引人的特征就是除了苏格拉底之外有那么多人发表了他们的意见，而且，他们的各式表演都恰如其分地具有各自的风格特征。选择性地引述和评点可以在某种程度上显示柏拉图在这里的超群技艺，但要全面理解的话，读者必须诉诸这部对话本身。

斐德若，这个比赛的始作俑者，是我们引述的第一个发言人：他的讲辞是诗意的，充满了引证和典故，很少说到他自己或他的母邦雅典或同伴的感情生活。最引人注目的是其中的“乌托邦”愿望，他似乎期盼创建一个像忒拜“圣队”（成立于约前378年）那样的团体。[1]

> 所以，要是有什么办法可以全由有情人和情伴来组建一个城 186
> 邦或一支军队，他们就会把自己的社会运行得再好不过了，因为大家都会戒除任何丢人现眼的行为，还会在追求荣誉方面彼此竞争；要是这样的人一起战斗，那只需要很少的人就可以战胜所有的人了！因为，我想，如果一个有情人临阵脱逃或者丢盔弃甲，他宁愿被任何人看到，也不会愿意被他的情伴看到，与其被看见，实在不如早早战死。而当心爱的人置身险境，没有哪个有情人会丢下不管、不去救他，没有人会如此低劣以至于爱神都不能激发他的德性，使他与最高贵的人相匹配。正如荷马所说，神在一些英雄心中“鼓起勇气”，爱神对有情人也是如此。这是直接来自爱神

[1] Dover,The Greeks and their Legacy 94—95记载了这一奇异的军事革新。

的礼物。(《会饮》178e3—179b3)

泡赛尼阿斯的讲辞更多关注同性恋的社会道德观念在雅典的实践：他以一个社会学家的自负说，其他城邦的做法是不同的。他区分了属天的阿佛洛狄忒和属民的阿佛洛狄忒，可耻的爱和可敬的爱，异性间的欲望和同性间的欲望，不愧是普罗狄科的弟子(见《普罗塔戈拉》315d)。他对雅典做法的规划很值得注意，但他的推理似乎是利己主义的，因为他自己是阿伽通的追求者。[1]可以挑选出其中的一段话，因为它与对话后面的一个部分有不易察觉的关联。

> 但是，我想实际情形是这样：情爱不是一件简单的事情，像我在开头说的那样，单就它本身来说，无所谓可敬或可耻，做得可敬就可敬，做得可耻就可耻。满足低劣的有情人或者以低劣的方式去爱就是可耻的，而可敬地满足品行端正的有情人的意愿就是可敬的。所谓低劣的有情人，就是不检点的，爱身体胜过爱灵魂的人；他不专一，因为他所欲求的东西就不固定。一旦他所爱之人的身体如花凋谢，"他马上远走高飞"，从前许下的许多诺言，发过的许多誓，统统不算数。但品格良好的有情人就忠贞不移，他们执着于持久的事情。(《会饮》183d3—183e6)

正如我们将看到的，泡赛尼阿斯这些轻易的概括过于简单化，无法适用于苏格拉底与阿尔喀比亚德之间的悖谬性关系。[2]

---

[1] 比较《普罗塔戈拉》315de，以及Dover, *GH* 84。对其修辞表演的毫不留情的剖析见H.Neumann, *TAPA* 94(1964)261—267(他一再把同性恋称为"罪行"，有损现代人的品味)。

[2] 进一步参看《会饮》184ab, 184c7—185c2，并比较218c—219d; Halperin(注1) 116。

医生厄里克希马库斯在阿里斯托芬这个谐剧家被打嗝这种典型的低级不适所困扰时代替了后者的位置，而他本身就是个更为滑稽的人物。他从摒弃之前的讲辞开始，提出了一种准科学的阐述，宣称爱神不仅对于他自己擅长的医学来说，而且对于健身、耕作、诗歌以及音乐 187
来说，都是至关重要的。通过将情爱理解为诸如和谐和健康之类的相关概念，他淡化了这个词的含义，甚至几乎使它变得毫无意义。他的自以为高人一等的姿态不仅指向同席客人，而且延及诗人们和赫拉克利特（“虽然他的表达方式并不令人满意”［《会饮》187a4］）。下面这段摘录的文字展示了其讲辞的特点：

> 简而言之，医术就是关于身体胀泄欲望的知识。谁懂得分辨身体上好的和坏的欲望，他就是最高明的医生了。谁若能在好的和坏的欲望之间进行转换，使病人达到好的欲望而不是坏的欲望，他就是这一行的高手。他得知道如何在身体中植入本来没有但应该有的欲望，并且移除身体中已经有的欲望。因为，他必须使身体中相互对抗的成分变得和谐一致，使它们彼此渴望。这些对抗成分是最极端的对立：冷与热、苦与甜、燥与湿以及所有诸如此类的东西。我们的祖师阿斯克勒皮奥斯就懂得如何在这些冲突的对立面中逐步灌输情爱和协调，如这两位诗人所言（我也相信这一点），他是我们这一行的创立者。因此，医术，像我刚才说的，完全受这爱神的掌控，健身和农业的技艺也是如此……（《会饮》186c5—186e4）

不过，其实他所说的一些事情暗示了苏格拉底后来揭示的东西，尤其是将情爱观念当作超越于物质世界之上的东西；当他引入占卜作为人们与诸神的沟通方法时，我们瞥见了后来的发展，女先知第俄提玛的预见(《会饮》188b6ff.)。然而，他的自满使他无法真正作出贡献。

出人意料的是，阿里斯托芬的讲辞不仅非常有趣，而且动人、富有想象力——或许，这种惊讶只是因为现代读者倾向于设想柏拉图对这个诽谤苏格拉底的小丑似的人没有兴趣。[1]如他自己所言，他的说辞是滑稽的，但不可笑(《会饮》189b)——又一次寓深广之意于小处。他的讲辞采用了神话形式，通过一个令大多数读者着迷的病原学的故事，解释了人类所受的情爱之苦：我们曾经是一个完整的生物，但宙斯惩罚我们，把每个完整体切为不完整的两半，从那以后，为了(恢复)完整性，我们就痛苦地寻找失落的另一半。

> 如我已说过的那样，在那以前，我们本来是合一的，可现在，由于我们的不轨，我们被神分开了，就像阿尔卡德人被斯巴达人分开了那样。所以，要是我们不对神们规矩点，那么我们就有理由担心会被再切一次，那样的话，我们就得像墓石上的浮雕人似的四处流浪，鼻子从中间被锯开，就像游戏中对半分的色子。考虑到这种危险，我们就必须奉劝所有人敬畏神灵，要把爱神当作
> 188 我们的支持者和引领者，以使我们避免那种惩罚，并获得奖赏。愿任何人都不去渎犯爱神(任何憎恨诸神的人都与诸神作对)，因为如果我们与爱神成为朋友，与爱神和睦相处，我们就可以碰见我们所爱的人，如今能实现这一点的人稀罕得很。(《会饮》*193ab*)

这是一种以前就有的说法，柏拉图让苏格拉底/第俄提玛在其讲辞中明确指出了这种说法的错误(《会饮》205de)——虽然阿里斯托芬

[1] 关于这一看法的限定条件，见上文第二章原文第41—41页。

马上就发现了（《会饮》212c）。不过，我们不必把这看作攻击性的论争：第俄提玛自己讲了一个与阿里斯托芬的“故事”相对立的“故事”，虽然这些说法明显构成对抗，但它们被允许在这部对话中并存。

阿伽通，这个肃剧明星，是苏格拉底本人发言之前最后一个发言的人。他的讲辞最接近惯常颂辞的修辞结构[1]：按照他的说法，爱神是所有存在者中最公正、最好和最美的，是人类最大的恩主。其讲辞的一个特点是夸张的诗化风格，这种风格很难通过翻译传达：

> 斐德若，依我之见，爱若斯既在本质上最为美善，也是所有美善之源，也正是拜祂爱若斯所赐，眼下我想出了些合意的诗句——
>
> 人间与海面之平和
> 疾风与苦痛之安息
>
> 除隔膜而生友爱，会今宵而共欢愉
> 饮宴歌舞献祭，布之导之由其
> 恭迎和睦而斥逐暴戾，好施福善而厌弃祸恶
> 引哲人之欣羡，得神明之惊赞
> 未受之庇佑则念，已受之庇佑则珍
> 乐雅柔美、丰赡高贵、思慕祈愿，皆为其胤
> 扬善，非恶
> 掌舵于游移而援助于惊忧，指引于求索而施救于力竭
> 行为即圭臬，美善即针指

[1] 比较Dover的评注，11—12；还有Buchheit（见上文原文注8）。关于风格，参见Dover, *Lysias and the Corpus Lysiacum* 90—91, Bury xxxv sq.。

神人与共，赞之颂之

感怀喜悦，相随圣咏

在接下来的场景中，苏格拉底对阿伽通讲辞的批评变得更反讽，并且让他接受了一次快速的辩证考察，质疑了其颂辞的前提。这一批评，无论是否谬误，都不是针对阿伽通自身论证的缺陷——因为很难说他作了论证——而是针对他的爱若斯观念。苏格拉底的主要意思是，爱若斯是一个关系性的词语，它必定表示对某种东西的爱。爱需
189 要一个对象，一种外在于它本身的对象，因此，爱和欲意味着一种需要或一种缺乏。阿伽通的爱若斯是一个施惠于人类的全能神祇（《会饮》197de及其他各处）。[1]当然，在别的文脉中苏格拉底可能会暗示或者说诸神对人类是慷慨而仁慈的，我们拥有的一切都是他们给予我们的。但这里需要表明的是一个不同的观点。阿伽通的颂辞凭空描述了爱若斯的属性，没有把这些属性与他对人类需求和缺陷的看法联系起来。在苏格拉底看来，人类自身需要做更多的工作。人不能只是无所事事地消极地充当神灵慷慨馈赠的容器。进一步说，人类总是在寻求、奋斗、探索，总是不完满。与此相应，苏格拉底的讲辞加深了人与神之间的鸿沟：他提出，爱若斯是一个灵明（*daimon*），介于人与神之间；他是一个中介者（intermediary），是人类最好的帮手，但他帮助有情人去往爱若斯自己并不拥有的东西那里，就像苏格拉底帮助他的朋友去接近他自己还没有获得的知识。[2]

---

[1] 之前的讲辞中有类似的说法，在188d, 193d。

[2] 关于之前讲辞的更详细的研究，参见T.Gould,Platonic Love(London 1963)第二章；L.Edelstein, *TAPA* 76(1945)85—103（论厄里克希马库斯）；K.J.Dover, *JHS* 86(1966)41—50=*The Greeks and their Legacy* 102—114（论阿里斯托芬）。Nussbaum,171—176和C.Salman, *Interpretations* 18(1990—1991)233—250也缜密地讨论阿里斯托芬的讲辞。亦见伯里（Bury）的评注，pp.xxiv—xxxvi,lvii—lx。最后这本著作迄今为止仍是对该对话的最有用的导引。

前五位发言者有一个共同点是他们都有争胜的目的：他们的讲辞都是竞争性的，有很多对之前发言者（以及对更久远的人物，如斐德若批评埃斯库罗斯或厄里克希马库斯批评赫拉克利特[《会饮》180a，187a]）的纠正和批评。这一点在大部分讲辞的开头都很突出：泡赛尼阿斯从纠正斐德若开始（《会饮》180cd），厄里克希马库斯从批评泡赛尼阿斯开始（《会饮》185e—186a），阿里斯托芬断言他所讲的与厄里克希马库斯或泡赛尼阿斯都不同，并且说，“事实上，人们似乎还完全不知道爱若斯的真正力量”（《会饮》189c）；最后，阿伽通批评了先前所有讲辞的方法和结构（《会饮》194e）。这种开场修辞也间接表示了一个道德要点：因为这些发言者是在竞争而不是在合作，他们遵循智术师的方式，高度重视新奇——新的神话，新的风格，新的神话阐释，新的宇宙观。[1]苏格拉底的爱欲理论在许多方面更具有革命性，但他没有那么咄咄逼人地鼓吹其讲辞的新奇。首先，他没有为自己邀功，而是归之于第俄提玛；其次，他的开场白没有嘲讽前面发言的人，而是承认自己过去抱有错误的看法，直到第俄提玛纠正了他。他自己曾经被误导，是无知的，像阿伽通一样：这使他对宴会主人的反驳变得更温和且更为机智。因此，之前的发言者都宣称他们的说法是权威的（厄 190
里克希马库斯对自己的结论尤其自满，他显然认为该说的他都说完了[《会饮》188de]）；与之相反，苏格拉底讲的是他从别的地方学到的东西。

这些讲辞生动展现了参与者的个性，尤其是每个人对爱若斯的描述都符合他们自己的品味和兴趣。斐德若的讲辞充满神话典故和引

[1] 比较阿里斯托芬《云》547，《马蜂》1044，高尔吉亚《海伦颂》5，修昔底德《伯罗奔尼撒战争史》ii.36.4，vii.69.2等。当然，下面的看法也是对的，如这本书的一位不知姓名的读者所指出的，柏拉图反对这些演说者对于新奇的声明，“是通过主张存在深层的真理，这些真理对所有人都一样，而且是永恒的，但不是新的”。

述：他对神话的兴趣在《斐德若》中有充分的证明（例如他询问波瑞阿斯的故事，《斐德若》229b），并有助于解释苏格拉底在《斐德若》中的主要讲辞的形式。泡赛尼阿斯的讲辞是一种学究式的社会或社会学分析（虽然带有潜在的个人动机，因为他试图发展与阿伽通的关系）；厄里克希马库斯对爱若斯的看法是医学和科学式的，他把这个神祇描述为非凡的治疗者和调解者（比较厄里克希马库斯本人在这场对话中的调停角色[《会饮》176c—e，214a—c]）。他也是别有用心的，虽然很难说有一个隐藏的目的：他公开称自己将从医术谈起，以便向自己的行当致敬（《会饮》186b）。阿里斯托芬的讲辞，它的虚构的局面，对诸神随心所欲和不恭敬的利用，对身体细节和性行为的较为轻松的方面的关注，当然还有生动的幽默，也符合阿里斯托芬的职业。[1]最重要的是，阿伽通的讲辞，其高尔吉亚式的韵律，似乎随时可以转换成诗体的散文体，以及华而不实的颂扬，是柏拉图的精彩戏仿，它揭示了阿伽通在表面智慧下的真实贫乏。但阿伽通也把他自己引以为傲的一些品质归于爱若斯：他是年轻的、柔软的、优雅的、美丽的，以及最杰出的，他是一个诗人，一个抚慰和吸引观众的人（《会饮》196d以下，197e4 *thelgon*）。和厄里克希马库斯一样，阿伽通也乐于称赞自己的职业（《会饮》196d7—8）。在阿伽通看来，爱神拥有全部可以想象得到的德性，并将所有可能的恩惠施于人类；但是其甜美流畅的散文诗式的赞美缺乏任何连贯一致的理智基础。

因此，我们看到，每个发言者都按照与他们自己的品味相符合的

[1] 关于谐剧中具体的类似情况，注意《会饮》190c4—5提到的神对于得不到献祭的担心：比较阿里斯托芬《鸟》；《会饮》193a不客气地提到不久前发生的一些不幸的或令人不安的历史事件（比较，例如阿里斯托芬《鸟》186中提到的墨洛斯[Melos]，《吕西斯特拉特》1093—1094中提到的亵渎赫尔墨斯神像事件）；《会饮》192a提到作为同性恋中被动一方的政治家（比较阿里斯托芬《骑士》878—880，Pl.Com.残篇186.5K=202K-A，Dover *GH* 141—142）。

方式来赞美爱若斯，而且，其中两个发言者，厄里克希马库斯和阿伽通（尤其是后者），是按照他们自己的形象来塑造爱若斯的。显然，这具有塑造人物特性的功能，但也为苏格拉底的讲辞中对爱若斯观念更加充分的发挥作了铺垫。在苏格拉底的讲辞中，爱神，以及有情人，变成智慧的追寻者，变成一个哲人，很像苏格拉底自己的特质。阿尔喀比亚德的讲辞讲述了同样的故事，但对苏格拉底的讲辞有所补充：在第俄提玛的阐述中，爱若斯开始看起来有点像苏格拉底了，而在阿尔喀比
亚德的赞辞中，苏格拉底很明显具有爱若斯的许多品质；但是阿尔喀 191
比亚德没有听到苏格拉底/第俄提玛的讲述，没有充分领会这些品质的重要性。在他看来，这些品质是苏格拉底这个人独特性和奇妙性的一部分。

2. 苏格拉底

苏格拉底的讲辞某种意义上是这篇对话的高潮，它出现在苏格拉底恶作剧式地驳斥阿伽通的立场之后，这个反驳为苏格拉底自己的“教诲”作了铺垫。不过，令人惊奇的是，苏格拉底之前自夸的对情爱的“知识”出自到目前为止没有提到过（也没有在柏拉图的其他任何文本中提到过）的一个女人，曼提尼亚的女巫第俄提玛。我们在前面已经看到，苏格拉底经常将知识归之于不在场的其他来源，而且这些来源有时与宗教有关联——《高尔吉亚》中没有透露姓名的“智慧者”，也许是毕达哥拉斯（《高尔吉亚》507e—508c），《美诺》中知晓死后生活的一些男人和女人——但归之于第俄提玛这样一个有名有姓的人物是特别的。与此部分相似的人物只有更好开玩笑的阿斯帕西娅，她是伯里克利的聪慧的情妇。在《美涅克塞努》中，苏格拉底说他的修辞本

领是她教的；但不管怎样，阿斯帕西娅的话并没有被逐字引述。[1]第俄提玛可能是个虚构的人物，但仍然有一个谜：柏拉图究竟为何要引入这个人物？[2]就算必须为苏格拉底的知识给出一个来源，为什么是一个女人，为什么特别选择这个人？可以从不同的层面来解释：就文学层面说，是对阿斯帕西娅的一种可能的改写和改造，或许如埃斯基涅斯的一部佚失对话所呈现的那样；就论辩策略的层面说，是为了避免暗示苏格拉底自己过去与一位男性的情爱导师有牵涉；就重要比喻的层面说，因为一个女人更适合述说一种使用了这么多怀孕和分娩方面隐喻的学说。[3]在其他层面，戏剧效果的层面，把第俄提玛这样一个权威的而且有些严厉的女人引入到这个完全由男性组成的宴饮场合中，就把苏格拉底的讲辞区分开来，从而标志着语调和严肃性的一个决定性变化：由于这个原因以及其他许多原因，它不仅仅是又一次接受厄里克希马库斯最初提议的即兴尝试。

第俄提玛的创造者以多种方式使用了第俄提玛。在形式上，当苏
192 格拉底描述过去她的教导以及对他的盘问时，她就使苏格拉底可以在他的讲辞中遵循一种辩证的程序。最开始，她被用来安抚阿伽通：这个被苏格拉底弄得狼狈不堪的诗人发现苏格拉底自己也曾经抱有同样愚蠢的想法（《会饮》201e），并且受到过更严厉得多的斥责——而且是被一个女人斥责！这会使他感到安慰。贯穿第俄提玛讲辞的一个特征是她盛气凌人的姿态，她对苏格拉底的严厉。“这很明显，”她说，“连小孩都能告诉你”（《会饮》204b）。“我再说一次我不知道”，

[1] 阿斯帕西娅似乎在苏格拉底圈子的很多作品中出现，虽然我们不知道谁最早用她：进一步参看Ehlers（比较本书第二章原文注19）。

[2] 海普林（Halperin）的一篇原创而且敏锐的论文以极大的热情讨论了这个问题，见他的*One Hundred Years of Homosexuality*(1990)113—151。美中不足的只是他对现代批评术语的热爱。

[3] Halperin（见上注）115—116，122ff.思考并记录了这几行的论点。

她说，“如果连这一点都不明白，你怎么会认为自己曾掌握情爱的艺术呢？”（《会饮》207c）。在209e—210a，她又一次怀疑苏格拉底是否能够抵达情爱的最高奥秘，但表示会指导他，“你得尽可能跟上我”。柏拉图笔下的苏格拉底的狡猾而幽默的特点一度被忘掉了：“她以一副真正学者的派头回答”——照字面上说，像一个智术师（《会饮》208c）。

谦虚且好脾气的苏格拉底与语气严厉的女巫之间的对比，以及对苏格拉底可能没有把握最终奥秘的暗示，或许促使我们怀疑第俄提玛的学说是否可以简单地被看作是柏拉图自己的学说。他对苏格拉底的能力的怀疑态度也留下了这样一个问题，即苏格拉底此时是否处于上升的顶峰，或者只是比他的同龄人更高明些：用斯多亚派的术语说，他是完美的（*perfectus*）或者只是更加精通（*proficiens*）？

第俄提玛的讲辞谈了很多艺术和文学方面的内容，这些主题在该对话中已经很突出。此处我们应该再次想起两位戏剧家的在场。第俄提玛实质上认为身体的后代不如精神的后代，虽然两种欲望都源于人们对不朽和持久声名的渴望。在灵魂中怀孕的人生出智慧和德性：这种人是诗人和艺术家，但首先是所有那些有智慧的立法者，如梭伦和吕库戈斯（《会饮》209）。精神的孕育能够引导一个人去寻求美的相伴，美会激发他的精神生出伟大的思想：“如果他有幸找到一个美丽、高贵、天资良好的灵魂，他就会被这个身心合一者深深吸引；在这样一个人面前，他会马上滔滔不绝地大谈德性，谈一个好人应该有什么品质，应该参与什么习俗活动；总之，他试图教导他。”（《会饮》209b）这不是在提醒我们苏格拉底的生活方式吗？在《卡尔米德》中，柏拉图已经表明，苏格拉底虽然是一个有激情的人，而且喜欢和有魅力的年轻人待在一起，但他完全能够控制他的激情。阿尔喀比亚德讲述他试图引诱苏格拉底而无果，这再次向我们展示了苏格拉底的自控，而且是在更具诱惑力的氛围中。这不只是一个显示高尚品格的说教故事（*exemplum*）。苏格拉底的积极行动，他向那些他与之谈话和交往的人提出的道德挑战，是鲜明地由他的坚定信念所决定的。凭借这种坚定
193 信念，他拒绝了似乎无法抗拒的事情。他与阿伽通和阿尔喀比亚德打交道时，没有寻求性爱调情，无意互相恭维、奉承，而是进行严肃的讨论；对苏格拉底来说，爱和感情是与辩证术不可分的。

这篇讲辞的高潮是第俄提玛怀疑苏格拉能否达到那些高度（《会饮》210a，上文已引）时谈到的学说。先前的那些讲辞把情爱视为一种精神状态和一种行为模式，它存在于人类社会之中，以其自身为实践的目的，与之相反，苏格拉底的讲辞实质上将有情人比作哲人，他渴求美和善，这样的美和善只能在神圣和永恒的东西中找到，而不在我们中大多数人所栖居的变动不居、不完美和愚昧的世界之中。[1]

> 然后，（这个渴望着的哲人）必定会将灵魂的美看得比身体的美更珍贵，因此，即便有个人他的身体不怎么美，但灵魂相当好，他也足以使有情人去爱恋和呵护，使有情人孕育和寻找使少男们变得更好的言辞。到了这一步，有情人就会接着被促使去考虑在习俗和法义中的美，从而发现这美在处处都是相似的；在这之后，他就一定会被引向知识的各种类型，他也会看到种种知识的美。此时，当他瞥见了美的广阔领域，他就不会再如奴仆一般陶醉于单个个体中呈现的魅力（像一个家奴仰慕某个男孩、某个男人或

[1] F.C.White, *JHS* 109(1989)149—157令人信服地指出,《会饮》中的哲人渴求的是善的知识，而不是美的知识；美是手段，不是攀升的目标。不过，对于世俗之人而言，这可能是一个微妙的区别。关于第俄提玛学说的讨论，进一步参看J.Stannard, *Phronesis* 4(1959)120—134,D.M.Halperin,Anc.Phil.5(1985)161—204,C.H.Kahn,Rev.of Met.44(1987)77—103。

> 某一项事业*[pursuit]*的美），不会做一个卑贱的有情人，而是转向美的沧海。当领略美的奇观，他就会在对智慧的无限热爱中孕育出许多美好、非凡的言辞和思想，在那里使力量和活力得到增进，直到他可以看到知识的单一形式，它是那种美的知识。（《会饮》*210b6—210e1*）

对情爱的这一彻底的再定义似乎包含了对个体情爱的放弃和朝向纯粹之爱和德性本身的逐步攀升。这种攀升，也就是从不完美的个例上升到型相（Forms）的绝对世界。哲人不会满足于某个特定的男孩，某种具体的法律或习俗或行为方式的美，而是会朝着那个终极的目标不断前进。

> “在生命的这一境地，亲爱的苏格拉底，”这位曼提尼亚的女人说，“在那里，人的生命才值得，要是有什么值得过的生活的话。此时他凝视着美本身。一旦你瞥见了那景象，那么你现在所看到的并且迷醉于其中的金子或丽裳或可爱的男孩或俊男就相形见绌了。此刻你和其他许多人对自己的可人儿望眼欲穿，巴不得把所有时间都花在他们身上，只要有可能，甚至不惜废寝忘食，只
> 想看着他们，和他们待在一起。那么，想想看，要是你们中有人 194
> 看到美本身，那纯净无瑕、一尘不染、未经稀释的形式，看到那神圣的纯然精一的美的本质，而不是充斥着人的血肉、颜色和其他许多会死的垃圾玩意一类的东西，你们会作何感想？”（《会饮》*211de*）

这里与柏拉图最超凡脱俗的对话《斐多》有些类似之处。《斐多》

以一种不同的方式探讨了身体与灵魂、物质世界与形而上世界的对立。[1]更接近的还是《斐德若》中苏格拉底的主要讲辞，那篇讲辞也提出了一种关于爱欲的哲学观点。不过，这两篇讲辞中苏格拉底的叙述都会令现代人感到疑惑，疑惑这一时期的柏拉图是否真的在谈论无论在何种意义上我们能够接受的情爱。[2]这难道不是一种陶醉于沉思冥想的入迷状态吗？——是一个神秘主义者而非一个有情人的狂热。[3]在《会饮》中，这篇讲辞无疑改变了我们对于情爱及其作用的看法：它不是一种自给自足的活动，不是为了给一方或双方带来快乐（无论何种快乐）而去追求，它被证明是通往拯救和净化的大道。柏拉图的情爱观为那种个体之间互惠的感情留下了多少余地，这是现代学者持续争论的一个问题。[4]问题不仅仅是第俄提玛的述说只有很小一部分涉及处于个体关系之中的情侣们的行为。这一论证中更重要的是现在被爱者不是由于他自身而是由于型相而被爱，这些型相是哲学的有情人所攀登的目标。他对被爱者的爱只是攀登之路上有用的手段。向着真正的美攀登“阶梯”的哲人将会抛弃这真正之美的不完美的模仿品。按照这种观点最有名的支持者的说法，柏拉图在《会饮》和《斐德若》

[1] 尤其见《斐多》65de, 66c, 67a, 和特别是80a—83b; E.Rohde,Psyche（英译本, London and New York 1925）第十三章（有片面性，在一部专门关注这一主题的作品中是很自然的）; Dodds, *The Greeks and the Irrational* 212—214。

[2] 例如Dover, *GH* 161—162; 亦见他的《会饮》版本viii,6—8,138等。

[3] 关于这些内容以及柏拉图的其他描述对神秘主义传统的影响，参看A.Louth, *The Origins of the Christian Mystical Tradition*(Oxford 1980)。

[4] A.Nygren, *Agape and Eros*(P.S.Watson英译, Philadelphia 1953)在这方面很有影响力，但他的一些观点受到R.A.Markus, *Downside Review* 233(1955)219—230=Vlastos(编),*Plato,a Collection of Critical Essays* ii（N.Y.1971）132—143的批驳; 比较A.H.Armstrong, *Plotinian and Christian Studies*(London 1979)第九章, 和J.M.Rist, *Eros and Psyche*(Toronto 1964)第一部分, 第二章。G.Vlastos,“The individual as an object of love in Plato”（《柏拉图作品中作为爱的对象的个体》），重印于他的*Platonic Studies*(Princeton 1973)1—34, 这篇饶有趣味的论文将这一论争置于一个更高的层面上。

中赞美了一种精神化的自我中心主义，它没有为私人经验、个体偏好或者完整之人的情爱留出任何位置。据说，柏拉图“几乎不知道善良、温柔、同情，几乎不关心自由，不尊重被爱者的整体性……（柏拉图的理论）不支持对完整之人的爱，只支持对那种由各种最好品质复合而 195
成的抽象之人的爱”[1]。无论我们怎样赞赏这种美及其难以想象的壮丽景象，我们都不应该对人类的损失视而不见。

影响如此深远的批评必然会被夸大。弗拉斯托斯专门提出的挑战激发了一些有价值的反论。[2]可以这样说，虽然对哲人攀登的描述使被爱者看起来是达到目的的手段，但这可能是对哲人实际体验的过于冷静无情的观察；哲人没必要那样去看，或者没必要从一开始（如果真会发生这种事的话）就打算拒绝被爱者。此外，《斐德若》中所呈现的情爱并不简单是以自我为中心的激情；它包含了提升善和美的欲求，使另一个人变得更好和更美的欲求。苏格拉底充分描写了有情人对被爱者的关怀：

> 有情人的灵魂就这样带着虔诚和敬畏跟随着被爱者。至于被爱者，尽管他像神一样在各个方面得到有情人的伺候，而且，这种伺候不是出于虚情假意而是真心诚意，他自己自然而然也友善地对待爱慕者……随着时间流逝，年龄和必然性会促使他与有情人交往：因为坏人从来不是命中注定亲近坏人，好人也不是命

[1] Vlastos，上引论文，30，31。在第20页，Vlastos称他将主要关注《会饮》而不是《斐多》，但他没有完全坚持这一点；现在的论述兼涉这两部对话。该文还包括对《理想国》中“友爱”（*philia*）观念的有趣评论——是更合理些的吗？

[2] 除了已经提到的著作，还可以特别注意A.Price，*Love and Friendship in Plato and Aristotle*（Oxford 1989）第2—3章（尤其参看第102—105页）；以及Nussbaum，166—167，173—179；Ferrari，*Listening to the Cicadas*（1987）173f.，185ff.，224。

> 中注定不亲近好人。当他允许有情人与他交谈，和他在一起，当他察觉到近在咫尺的有情人所表现出的亲善，他就会为此而深深感动……
>
> 如果他们心灵中较好的部分占了上风，并把他们引向一种有秩序的生活和哲学，那么他们在人世间就会过上幸福和谐的生活，因为他们能够掌控自己，行事有条理，征服了灵魂中恶的部分，解放了灵魂中善的部分。当他们死去时，他们就长出了翅膀，步履轻盈，就像在奥林匹克三轮比赛中获得了第一回胜利，一个人凭借人的清醒或神的迷狂所能得到的善好莫过于此……
>
> [至于那些屈从于肉体欲望——虽然还有所保留——的有情人]……这些情侣像朋友一样过日子，虽然亲密程度不如其他情侣。他们在余生中彼此相爱，相信彼此交换了最伟大的誓言，如果背弃誓言反目成仇，那永远是错误的。临终的时候，他们没有长出羽翼，但他们离开肉体时渴望能有羽翼，因此，他们从有情人的迷狂中得到的是不小的奖赏……（《斐德若》254e8—255b5（部分），256a7—b7，c7—d6）

这些内容读起来并不像是在描述一种利用式的或者自我中心式
196 的关系，尽管它并不很像许多现代人所指称的情爱，无论是同性恋还是异性恋。显然，有情人的确关心被爱者，反之亦然，但这不排除他们灵魂中更高的愿望。[1]《斐德若》中的同样几页描述了少男如何通过与有情人的交往也陷入爱河，虽然程度比有情人小一些（《斐德若》255b—e）；这一点将这翻案诗与更早的讲辞区分开来，在更早的讲辞中，被爱者的感情被忽略了。因此，有情人并非注定要飞向型相的世

[1] 亦见《斐德若》252d5ff.,253b3—c2,关于有情人的教育作用。比较《会饮》209bc。

界去欣赏永恒的美，而把他心爱之人的灵魂抛在后面。他们双方都希望未来的生活充满欢乐和启迪（《斐德若》256b，c7，d—e都清楚表明了这一点）。

《会饮》对情人之间关系的呈现与这种解释很相似。在那里，第俄提玛说人类的创造冲动迫使一些人生孩子，迫使另一些人追求更永久的纪念——诗、法律或者智慧的其他形式。有德性的人在别人身上寻求美的灵魂，正是把这种在心灵中创造美的东西当作目标：

> 在这样一个年轻人面前，他会马上滔滔不绝地大谈德性，谈一个好人应该有什么品质，应该做什么；总之，他试图教导他。有情人试图抓住这青年的美，与之紧密联系，无论它在不在身边都记挂着它，这是在让自己照料已久的灵魂受孕、分娩，然后同那个美丽的被爱者一起抚养这个后代。因此，这样的人会比那些基于共同拥有身生子女的（夫妻）情分更绸缪、更稳固，因为他们共同培养了更美好、更永久的后代。（《会饮》*209bc*）

虽然这段话强调的是通过创造性成就去获取不朽之名的欲望，但如果否认这里也包含一种使作为个体的朋友和一般意义上的后代受益的欲望，那似乎也是自相矛盾的。

不过，在对待哲学之爱方面，有必要对《会饮》和《斐德若》作一些区分。《会饮》中第俄提玛的观点或许更容易遭到弗拉斯托斯那类批评的攻击。虽然与某一个体的关系在开始时是重要的，而且（如上述段落所表明的）有教育的因素，但几乎没有为被爱者的个性或情感回应留下多少余地；更重要的是，“阶梯”隐喻明显包含了放弃较低梯级的意思，当有情人领略美的沧海，他会将对单个对象的卑屈而琐碎的欲望抛之脑后(《会饮》210d，比较211d)。[1]苏格拉底所赞同的第俄提玛的学说，虽然也许没有自始至终都如此，但与《斐德若》中苏格拉底给出的更宽容、更令人同情的情侣关系描述相比，它(确实)更为
197 严厉，更排斥个体在爱中的作用。这两者都可以被认为缺乏一种现代的视角，因为它们没怎么考虑兴趣和追求的多样性，而这多样性对我们来说似乎是友谊和情爱的一种自然特征。但是，过于看重这种遗漏会有一种危险：我们没有必要设想，在《会饮》中柏拉图为我们提供了完整的画面，其他作品也是如此。

3. 阿尔喀比亚德

苏格拉底的伙伴们来不及对他们的朋友这篇讲辞令人惊叹的高潮作出反应。柏拉图作品中最生动的场景之一开始了。一阵敲门声预示了阿尔喀比亚德的到来，他头戴花环，喝得烂醉，兴高采烈地祝贺阿伽通，而且坚持要加入(并推进)这场会饮。这天晚上一开始，大家就同意厄里克希马库斯的提议，即有节制地饮酒，让吹箫女离开，大体上以一种更文雅、更少自我放纵的方式来度过这个夜晚(《会饮》176，尤其是e)。阿尔喀比亚德到的时候身边有其他纵酒狂欢者和一个吹箫女，他喝得酩酊大醉(虽然还没有醉到不知道自己在说什么，《会饮》212e sq.)；他对大家都清醒未醉表示不满(《会饮》213e sq.)，拿一个大凉碗开始喝。他嘲弄厄里克希马库斯的抗议(《会饮》214ab)，但接受了作一篇颂词的挑战。稍晚些，另外一群醉鬼捣乱了聚会，他们比阿尔喀比亚德醉得更厉害，于是，痛饮成了规矩，宴会上原来的一些人悄悄溜走了。这些内容都很滑稽，使阅读变得轻松，但

[1] 不过，例如Irwin, *Plato's Moral Theory* 169及注释58质疑了这种看法。

叙述中有严肃的含义。饮酒聚会上的适当举止是古代哲学家们一直思考的一个主题[1]：它是一个更广泛问题的一个方面，即人们在生活中是否应该不断拒绝诱惑，或者适度的和社交性的纵情享乐是否可以接受。《会饮》中的苏格拉底是一个自律和自制的鲜活例子：虽然他不是扫兴的人，而且没有他这场聚会几乎就不完整（《会饮》174a，175c），但众所周知，他能一直喝却从不会醉（《会饮》176c，比较220a）。这一点在对话的结尾进一步得到证实，他把那两个剧作家喝趴下，然后以惯常的方式度过又一天。如阿尔喀比亚德的讲辞所表明的，跟喝酒一样，苏格拉底在面对其他身体性的苦或乐时也不会受影响或被击倒。相比之下，阿尔喀比亚德自己的行为则显示了他的脆弱和缺乏自制，这也包括他本人讲辞的混乱结构。他向大伙保证，他并没有醉到不能说出真相，而且他的讲辞包含重要的洞察，但很明显，他比那些后来没头没脑闯入的不速之客们也好不到哪里去。而且，阿尔喀比亚德对自己企图引诱苏格拉底的坦白，对自己被苏格拉底拒绝的冗长抱怨，以及对自己感情困惑的述说，这些都违背了这场聚会先前一直保持的得体和谨慎的标准。一个有情人提供这种亲密的细节，或者以含糊其辞或委婉暗示之外的其他方式提及他的性爱，都会被认为是不合适的。[2]阿尔喀比亚德的滑稽举止又一次反映了他的品性，尽管他的坦白也提供了很多启发（“不是为了搞笑，而是为了真实”，《会饮》215a；比较214e6）。 198

因此，阿尔喀比亚德改变了谈话的主题，降低了谈话的格调。他错过了早先的讲辞以及苏格拉底的讲辞，因而不知道或者也不关心泡

[1] 克塞诺芬尼B1，柏拉图《普罗塔戈拉》347c sq.，《法义》i—ii；C.W.Macleod, *Collected Essays* 264,282.

[2] 尤其参看Dover, *GH* 53—54。

赛尼阿斯有倾向性的社会评论，厄里克希马库斯的医学或宇宙论的含糊其辞的言谈，或者甚至是苏格拉底讲辞最后说到的那种神话般的、具有神秘色彩的(mythological-mystical)崇高景象。阿尔喀比亚德关注的不是大写和普遍的“情爱”，而是他自己的情爱，是他对苏格拉底的难以控制和未得满足的激情。但这种激情我们应该理解为是自私的，很大程度上基于他想要获取苏格拉底的所谓智慧的欲望。[1]和这篇对话的其他部分一样，这里重要的不是简单地将阿尔喀比亚德归入“坏的”或错误的一类，把苏格拉底归入正确的一类：在他们的讲辞中，柏拉图似乎有意将两种完全不同又生动形象的个性，两种不可调和的生活、思想及情感的理念和方式，对立起来。阿尔喀比亚德的出场是这部对话的一个关键部分。从某个角度说，他到得太迟，错过了一切，包括错过了或许是关于情爱的“真理”（《会饮》199a，比较177d）。但从另一个角度说，他补充了缺失的东西，而且说出了事情的另一面。这部对话并没有终止于灵魂通过攀登爱之阶梯所看到的终极知识和完满的壮观景象。在我们耳畔回响的苏格拉底的雄辩，以及听众的掌声与喝彩，都太容易淡去。柏拉图反而是把我们带回到对我们中大多数人而言真实的世界，在这个世界中，阿里斯托芬会为一个小问题而不高兴，因为苏格拉底的美妙讲辞有一处影射到他的讲辞（《会饮》212c），在这个世界中，苏格拉底的形而上愿望需要由阿尔喀比亚德的身体渴望来限定。

苏格拉底谈论情爱的作为高潮的讲辞与阿尔喀比亚德对苏格拉底的颂扬，此两者相辅相成，应该同时加以研究。关于这一点，我们已
199

[1] 此处我要感谢与格里布尔（David Gribble）的讨论。把阿尔喀比亚德看作是一个值得同情的、有人情味的人物，而他的热爱被禁欲的、没有人情味的苏格拉底拒绝了。这是过于简单的看法。不过，我们同样不可对阿尔喀比亚德的动机过于冷嘲热讽：从《会饮》216b，218ab来看，他对苏格拉底的感情看来明显是真诚的。

经说得够多了。苏格拉底的讲辞起初是辩证、有条理的，后来尽管在语言修辞上变得光彩壮丽，但仍然清晰连贯、保持克制，它受到一种强烈欲望的鼓舞，而这种欲望又是由理性引导的。对风格和语法的完美要求，尤其是最后几页对美本身的揭示（《会饮》210—211），反映了真正哲学式有情人的心灵状态。相比之下，阿尔喀比亚德的讲辞是无序、混乱、松散的，到处是感叹词、插入语（《会饮》215b7，216a2，216e4,217b等）和位置的颠倒（例如,《会饮》221d:“噢，我开始就想说，一下子给略过了……”；比较215a，预先为此道歉）。他的醉酒状态使他滔滔不绝地说出自己的不检点行为和过度的要求，自夸又自怜。两篇讲辞都陈述了发言者与其导师之间的对话，但苏格拉底是好学的，他完全听从第俄提玛，此时成了一个聪慧的学生，而阿尔喀比亚德与苏格拉底的交谈以阿尔喀比亚德在论辩和行动两方面都难以置信地失败而告终，随后，他对这一失败的反应是在叛逆与羞愧的忠诚之间摇摆。苏格拉底的讲辞完全与他自己的感情相分离，而且只描述他受到的教导，而阿尔喀比亚德则完全专注于他自己的情感，羞愧、渴望、怨恨等等，他毫无保留地倾吐了出来。难以推断他究竟从苏格拉底那里学到了什么，以及此时他想要或希望从苏格拉底那里得到什么。苏格拉底的讲辞几乎没有谈及日常生活，它专注于人类创造力的最高愿望（甚至不考虑身体性的生儿育女），而阿尔喀比亚德的讲辞由大量细节构成：西勒诺斯、萨图尔、玩偶，做各种身体性的比较；讲述引诱未遂；列举名字（《会饮》218a，221c，222b）；讲述从军作战之事和某场战斗的结果。最重要的是，他的讲辞令人惊叹地唤起了身体的存在感，让人想到苏格拉底的独特气质和音容神态，他的说话风格和他的整个生活方式。苏格拉底的讲辞描述的是通向理想之美的理智的攀升；阿尔喀比亚德的讲辞描述的是一系列越来越不知羞耻的行为，企图将苏格拉底召回身体享乐的世界（《会饮》217a以下）。[1]简而言之，苏格拉底的讲辞和第俄提玛的教诲倾向于普遍性，而阿尔喀比亚德的讲辞和他的生活一样极具感官感受性，而且，在赞扬苏格拉底时他很享受细节。

对这两者更详细的比较必须从一个关键要点开始，即第俄提玛所讲述的爱若斯与阿尔喀比亚德讲辞中的以及其他地方的苏格拉底，是相似的。伯里（Bury）令人敬佩的《会饮》评注对此有最充分的论述。[2]第俄提玛对爱若斯的出生和品性的神话解释，最能说明这种相似性。爱若斯总是贫困的（poor），既不温柔也不漂亮，而且糙皮糙
200 肉，打着赤脚，躺在地上睡觉，什么也不盖，露宿在人家门口或者路边上；他总是处于贫乏之中（《会饮》203cd）。苏格拉底的贫困也是众所周知的。在这部对话中，他破例穿着鞋子，因为阿伽通家的聚会是一个特别的场合；阿尔喀比亚德详细描述了他从军时如何在户外吃苦耐劳（《会饮》220）；还提到他如何打着赤脚在冰雪中行走；而且，如我们已经看到的，那天夜里早些时候，他在某个门口花了些时间思考了一个问题（《会饮》175a；比较220d）。爱若斯诡计多端（《会饮》203d4），苏格拉底也是这样（《会饮》213c4—5）。更明显的是，爱若斯被说成终生是个哲人（《会饮》203d—204a）。在会死的一类与不朽的一类之间，在无知和有知之间，他追寻着他所缺乏的东西。他不是神，而是一个精灵（《会饮》202d sq.），恰如阿尔喀比亚德称苏格拉底为*daimonios*（灵明）"古灵精怪，令人惊奇，几近非人"（《会饮》219b7—c1："那个真正令人惊奇的、几乎是神的人"）。爱若斯与美和年轻事物的关联（《会饮》209b等），以及与生育辩证性"良言妙语"之

[1] Bury p.lxiv 敏锐地注意到了这一对比。

[2] 参见Bury pp.lx—lxiv。

使命的关联，进一步强化了该类比。[1]

按照第俄提玛的阐述，攀登现实阶梯的有情人将会蔑视他曾经为了个别身体中的美而感到的强烈激情（《会饮》210e）；同样，让阿尔喀比亚德大为懊恼的是，苏格拉底“蔑视、取笑我的年轻俊美，对我太不像话了”（《会饮》219c *hubrisen*）。在更早的时候他已经更概括地谈论过：“他真的一点儿也不关心漂亮的外表，恰恰相反，你想不到他对漂亮外表有多么轻蔑”（《会饮》216d）。此处我们需要回想一下雅典同性恋中求爱的惯例。正如泡赛尼阿斯在其讲辞中所言，这种关系并非直截了当的，双方的角色也是不可互换的。有情人，即*erastes*，是较年长的人，追求并努力取悦漂亮、年轻的*eromenos*，即被爱的少年。流行的观念是称赞有情人，鼓励他的这种追求，但会指责被爱的少年（*eromenos*），要是他太轻易就委身，“掉了价”或者更糟的是出卖他自己。[2]作为较年长和相貌较丑者，苏格拉底表面上很明显是追求者，是阿尔喀比亚德和其他美少年的有情人（*erastes*），而且他自己通常也说得像这么回事（《普罗塔戈拉》309a，《高尔吉亚》481d等）。但是阿尔喀比亚德的占有欲，他对苏格拉底对待他的方式的生气和怨恨，更符合一个追求者即有情人的角色，因为有情人不得不应对少男的任性和冷漠，而少男可以随意挑选有情人。[3]阿尔喀比亚德的讲辞证实了我们的这个怀疑，他在讲辞中讲述了他与苏格拉底的关系中角色的颠倒：苏格拉底看起来欣赏他、追求他，但最后，他发现苏格拉底从来不愿表明他自己。阿尔喀比亚德被迫采取主动，安排适当的场合使苏格拉 201
底和他一起待到深夜，“简直好像我是个勾引爱人的有情人”（《会饮》

[1] 《会饮》210a *gennan logous kalous*（生育美好的言论），210d；比较218a，关于苏格拉底的话对阿尔喀比亚德的影响。亦参见213e3 sq.

[2] 见《会饮》182d—185b中的泡赛尼阿斯，以及Dover, *GH*尤其是81—91。

[3] 比较《斐德若》232cd，239ab中对有情人（the *erastes*）的占有欲的描述。

217c7—8)。这种倒转在阿尔喀比亚德的结束语中更为明显，它也进一步显示了他自己与阿伽通的类似。

> 哥们儿，这些就是我颂扬苏格拉底的话。我掺入了一些对他的行为的埋怨，说明了他对我是如何傲慢。但他不仅仅只对我一个人这样。格劳孔的儿子卡尔米德，第俄克利斯的儿子欧绪德谟，以及别的好些人，都尝过这种滋味。他们都被他蒙骗了，他看起来是有情人，结果却变成被爱者。我得告诉你，阿伽通，你可不要也被他这样骗了。我们吃一堑，你得长一智，当心不要像谚语中说的傻子那样，吃了大苦头才明白过来。(《会饮》*222ab*)

这种角色颠倒在早先的一些段落中就已经铺垫了，回溯起来看，那些段落的意义就变得更明显了：180a，诗人们对阿喀琉斯和帕特洛克罗斯谁是有情人的意见分歧；204c，第俄提玛的讲辞中说道，“你以为爱若斯是被爱者，而不是有情人”。[1]泡赛尼阿斯的讲辞大部分也适用于阿尔喀比亚德的位置。泡赛尼阿斯认为，“为了提升自己的品德修养”而委身于一个有情人是应该得到认可的(《会饮》184ab，185b)；这符合他自己的利益，因为他自己是阿伽通的有情人。但是当阿尔喀比亚德试图按这规则来做的时候，苏格拉底却不接受这规则，这就使我们设想泡赛尼阿斯关丁“游戏规则”的说法是太过简单了。和175d的比喻一样，这表明知识和德性没那么容易传输。

如果这些观察是对的，那么阿伽通在与苏格拉底第一次交谈时回应苏格拉底的调侃的用词和后来阿尔喀比亚德的用词一样就很难说是

[1] 当我们意识到苏格拉底自己与爱若斯是如何相似的，这一点就具有了更进一步的意义。见上文原文第200页。

偶然的。他笑苏格拉底，称他是一个*hubristes*，这是个麻烦的词：从隐喻的含义来说，如此处，它的意思是"让人讨厌的（dreadful），不像话的（outrageous）"；按其本义来说，意思是"an outrager"，即有暴力或侵犯行为的人。阿尔喀比亚德后来也用了这个词，而且也是用来描述苏格拉底，和他的萨图尔比喻一起用。[1]这再一次暗示了阿伽通和阿尔喀比亚德的类似角色。但这个词也增强了阿尔喀比亚德与苏格拉底之间关系的悖谬性。*Hubris*通常用来表示性方面的侵犯和强奸，[2]而且自然与有情人强迫其爱人接受他时的强烈激情有关联。把苏格拉底比作臭名昭著而且精力充沛的萨图尔也符合苏格拉底的*hubris*形象。但 202
事实上，此处是年轻的阿尔喀比亚德想要强迫苏格拉底接受他，而且，苏格拉底的*hubris*是为了拒绝他的求爱——大多数人都会说这是稳重，*sophrosyne*（节制）！[3]阿尔喀比亚德的离谱的抱怨，他的价值体系的颠倒，使其处境的荒谬性变得更显著了。

阿尔喀比亚德面对其爱人的"鄙夷"的反应是通常模式*servitium amoris*（即有情人的自愿被奴役，就像泡赛尼阿斯的讲辞所描述的那样）的一个诙谐变种。此处，角色的颠倒和苏格拉底的异常态度都起了作用。正是这个假定的有情人（苏格拉底）鄙夷另一方；而且，阿尔喀比亚德发现强加在他身上的"奴役"（《会饮》219e）并不是简单的*servitium amoris*（如183a，184b中说的那样），而是在一直受到辩证性非难之后的一种认识，即尽管他俊美、富有而且声名显扬，但仍然不过

[1] 阿伽通：175e；阿尔喀比亚德：215b，219c，221e，222a。关于用词，亦参见Dover, *GH* 35。进一步参看M.Gagarin, *Phoenix* 31(1977)22—37,以及N.R.E.Fisher, *Hybris:A Study in the Values of Honour and Shame in Ancient Greece*(Warminster 1992)458—466的修改。

[2] Lys.（吕西阿斯）1.2，Dem.（德谟斯泰尼）19.209等；LSJ s.v.,II.2;N.Fisher, *Hybris* 104—111。

[3] 这个词通常用来表示*hubris*的反面，比较柏拉图《斐德若》237e—238a，LSJ s.v.；Fisher, *Hybris* 13—18,111—117；还有Dover *GH* 97,关于它不在萨图尔的世界之中。

跟奴隶一样(《会饮》215e)。他甚至说自己从苏格拉底身边逃走,违背他的训诫,和逃跑的奴隶一模一样(《会饮》216b; *drapeteuo*[逃奴]是表达这个意思的标准用词)。

爱若斯与苏格拉底的另一个重要相似之处可以通过追究宗教入会仪式和秘仪(Mysteries)的比喻来了解,这种隐喻在其他对话中也很重要。第俄提玛这个女巫引导苏格拉底加入爱的秘仪(尤其见《会饮》209e—210a),而且她一直使用宗教性的语言(例如《会饮》201e)。就像厄琉西斯秘仪那样,入会仪式的最终完成是看到某些令人惊奇的秘密,这秘密只有极少数享有特权的人才能看到。[1]阿尔喀比亚德的讲辞也是如此,神秘语言反复出现,虽然不恭敬但并非完全是轻浮的,当这个醉酒的年轻人说到接近高潮的时候,他要求那些没有经历过这癫狂和哲学仪式的俗众把耳朵遮起来(《会饮》218b)。[2]与第俄提玛把苏格拉底引向爱若斯的真相一样,阿尔喀比亚德也引导他的朋友们去了解关于苏格拉底——这个真正的有情人和爱若斯的化身——的同样奇妙和令人惊叹的真相。

人们自然要问,这些相似处的令人愉快的发展到底有多重要。苏格拉底与爱若斯之间的等同在何种程度上是一个精心设计的玩笑,在何种程度上可以被严肃看待?我们不指望能够画一条明确的界线,然后说这一篇讲辞是真的,那一篇讲辞是假的;这一篇是严肃的,那一篇完全是搞笑的。阿尔喀比亚德提到苏格拉底的反讽游戏,其中隐藏着深刻的严肃性(《会饮》216e),这一点也适用于柏拉图本人的艺术。

[1] W.Burkert, *Greek Religion*,1985年英译本,276—278,287—290,323—325,以及该作者后来的著作,*Ancient Mystery Cults*(Cambridge Mass.and London 1987)。尤其见《会饮》210e,211e。更充分的研究参见Chr.Riedweg, *Mysterienterminologie bei Platon,Philon,und Klemens von Alexandrien*(Berlin 1987)。

[2] 《会饮》217e sq.类似于第俄提玛在209e sq.的过渡;亦比较215c6。

这部对话中更早的几段话就提出了一种说法，即有些东西可能是有趣的，但并非琐碎或无意义的，(《会饮》189b，193b6以及d8,197e6—8,212e，到了214e，221de有所发展)。苏格拉底和阿尔喀比亚德都声称他们的讲辞包含了真相(truths)(《会饮》199a；214e，215a)：如果说阿尔喀比亚德的讲辞似乎是滑稽的，那么我们就应该考虑到，它可能与苏格拉底在其他地方的讲辞一样，传达了严肃的思想，尽管它是开玩笑，或者说甚至是通过开玩笑来传达严肃的思想。[1]既然这两篇讲辞如此巧妙地相辅相成，那么，我们也必须设想，阿尔喀比亚德不仅提供了关于苏格拉底的某些洞见，而且提供了关于情爱的洞见。 203

阿尔喀比亚德所说的关于他的爱人的话并非全是友好或赞美的。他把苏格拉底视为一个奇怪的、不人道的，甚至是可怕的东西，一个萨图尔或西勒诺斯。他对苏格拉底的言语和告诫的激烈反应值得注意：他的灵魂躁动起来，乱了方寸(《会饮》215e)，就好像被一个科鲁班特舞者(a Corybantic dancer)迷住了；他充满了羞愧和苦恼，他被哲学的言辞击倒和咬住，他受的伤比毒蛇咬的更痛(《会饮》217e—218a)。与之相比，苏格拉底则不会受伤害，和埃阿斯一样强健(《会饮》219e)；他是独一无二的，过去从未有人像他那样，将来也不会再有(《会饮》221cd)。阿尔喀比亚德经常会乐于看到苏格拉底死掉，但他知道，如果真这样，他会悲痛欲绝(《会饮》216c)。

阿尔喀比亚德对我们讲述的不仅仅是简单的赞颂。他的讲辞不仅着重表现了苏格拉底的情爱态度的坚定性和独特性，而且表现了他的奇异性。[2]其结果必定会使我们对苏格拉底及其学说的态度变得复杂

[1] 亦注意，苏格拉底的话有比较轻松的内容，虽然不是在第俄提玛的讲辞中：尤其见208c1。

[2] Nussbaum 183—184，并贯穿她的讨论。对努斯鲍姆的一个表示赞同但有价值的评论见A.Price, *Anc.Phil.*11(1911)285—299。

化。他的超然，他在阿尔喀比亚德讲辞结尾处对阿尔喀比亚德的逗趣回应（《会饮》222c），以及他确保按自己的想法安排座次，从而毫不无费力地智胜阿尔喀比亚德（《会饮》222e—223a），[1]这些都清楚地显示了他的优势，以及他对阿尔喀比亚德的各种努力和恳求的免疫。

重要的是不要夸大我们对该场景的这一方面的反应：我们没有也不应该突然反感或惧怕苏格拉底[2]，但我们必须认识到他和他的生活方式有多么特别，多么不同寻常。从某种程度上说，我们更容易同情阿尔喀比亚德，我们可能会批评他的荒唐行为和情感爆发，但能马上理解他，反之，第俄提玛教诲所讲的形而上的光彩壮丽却大多难以被人接受或领会。但是，必定会影响我们对此两者判断的另外一个因素，如先前提到过的，是阿尔喀比亚德后来的职业生涯及其与苏格拉底被定罪的关联。[3]通过这一伏笔，柏拉图在此处，就像在《高尔吉亚》中
204 那样，可能对苏格拉底教诲的效果提出了某种质疑。苏格拉底不会向阿尔喀比亚德妥协，就像不会向卡利克勒斯妥协一样；而且，苏格拉底为了他的理想而死，那是因为他就是那样一种人。但如果现在和过去真的都没有一个像他那样的人，那这些理想能够继续说服他的那些较软弱、较世俗的追随者吗？

4. 尾声

评论家们总是对《会饮》中最后的迷人场景感到困惑。在这个场

[1] 在此处我们又发现了对爱若斯的模仿:《会饮》223a8，特别是*euporos*“足智多谋地”（resourcefully）一词，让人想起神话中爱若斯的父亲，波若斯（“丰盈”[resource]）。

[2] 在我看来，这种态度被努斯鲍姆（198—199）过分强调了。

[3] 比较本书第二章，原文第43页。努斯鲍姆166提到了很多细微迹象，这些迹象为大体预期阿尔喀比亚德在下一年那些事件中所起的作用补充了细节：例如上引关于新奇奥秘的游戏之言可能预示了阿尔喀比亚德对真实秘仪的亵渎。

景中，忠实的阿里斯托得莫斯没能睁大眼睛，他昏昏欲睡地看着苏格拉底与肃剧诗人阿伽通和谐剧诗人阿里斯托芬争论，直到他俩由于疲倦不堪而同意一个人可以同时兼擅肃剧和谐剧，即一个肃剧诗人也可以是一个谐剧诗人。论辩的细节没有再现出来，考虑它的形式是没有意义的：重要的是理解到底为什么会提出这个问题，以及为什么这个问题会被放在这个位置，在对话的结尾。[1]我们可以从对话先前的内容中找到某些帮助，首先是阿尔喀比亚德对苏格拉底本人半严肃半诙谐的风格和方法的描述："他一辈子都在人们面前装样子，和人们玩搞笑游戏。不过他认真起来的时候，会把自己打开，我不知道是否有人看到他那里面荣耀的丰富。但我是曾经见过的……"（《会饮》216e）。其次是阿尔喀比亚德描述那么多人嘲笑苏格拉底的谈话方式，对这种方式等闲视之："他谈的尽是驮东西的驴子啦，铁匠啦，鞋匠啦，皮匠啦，他似乎总是翻来覆去地说这些，所以不习惯他的风格的人会认为他完全是在说废话。"苏格拉底的那些缺少鉴别力的评论者，就像评论欧里庇得斯的那些人那样，以为他的风格和方式配不上高级的话题。[2]不过，正是这同一个苏格拉底以其崇高的演说胜过了所有其他发言者的雄辩和一本正经，真是一首荣耀爱（Love）的赞美诗。正如阿尔喀比亚德接下来所言："但是一旦有人打开他的话，看到里面的东西，他就会发现它们是唯一有意义的谈话，就会发现这些话最为绝妙非凡，里面有德性的最好形象，它们是影响最深远的，对于任何想要成为美好、高贵的人来说，都完全有必要去搞清楚。"（《会饮》221e—222a）

苏格拉底是最大的反讽家，是严肃幽默的最伟大的实践者，有时

[1] 除了伯里（Bury）在此处有趣的注释之外，我还从D.Clay, *Arion* n.s.2.2(1975)238—261,重印本中学到了很多，见Anton-Preus（编），*Essays in Greek Philosophy* ii(Albany,N.Y.1983)186—202。

[2] 比较阿里斯托芬对欧里庇得斯的评论，《蛙》959，1058—1088等。

被称为*spoudaiogeloion*（认真的讨论者）。这段话以及别的一些段落都证实了这一矛盾性混合的重要性（前面多数发言者都以不同方式尝试了这一点：上文原文第203页）。后来，这种观念逐渐淡化了，变得平
205 庸无奇，就像在讽刺作品和哲学式布道中那样，最后仅仅变成幽默闲谈式的道德说教，到处是机智的格言和生动的例子。[1]在柏拉图的苏格拉底那里，它还是一种真正独创的艺术和哲学的媒介，几乎是一种方法，而不仅是一种姿态或一种说话的语调。它还是柏拉图所关注的灵魂与自我统一性的一个方面（《理想国》卷四443—444;《斐德若》230a等）：苏格拉底的辩证术诉诸并且应该源于完整的人，哲人必须同时是肃剧演员和谐剧演员。正是苏格拉底，凭借其对人类欲望和神圣之美的更深刻理解，力图在他身后留下一种值得纪念的东西——不是像戏剧家那样通过艺术和写作，而是通过他的影响力和教诲；而正是柏拉图，通过对话的戏剧使这种教诲获得不朽。《会饮》精彩而生动地将肃剧和谐剧——其实还有萨图尔剧——结合在一起。此处我们必须记住苏格拉底对阿尔喀比亚德的表现的有双重含义的评价，他称之为"你演的这些萨图尔戏和西勒诺斯戏"（《会饮》222d）。这暗示了阿尔喀比亚德对肃剧和谐剧这两大体裁的解决方式只是柏拉图的方式的影子而已，是不完美和近似的：萨图尔剧代表这两者的某种折中（就像在贺拉斯的《诗艺》中那样），而且在当时可能不具备任何一方的声誉。[2]因此，阿尔喀比亚德的这篇讲辞，其结构混乱而无序，在情感上缺乏约束，不是一种真正的融合。尽管阿尔喀比亚德取得了某些进展，就如他隐约看出了有关苏格拉底的真相，比在场其他人更深入，但他自己

[1] 进一步参看J.F.Kindstrand, *Bion of Borysthenes*(Uppsala 1979)47ff.;N.Rudd, *The Satires of Horace*(Cambridge 1966)96—97。

[2] 比较西福德（R.Seaford）对欧里庇得斯《独目巨人》的评注（Oxford 1984）16—18。

对肃剧和谐剧的结合沦为了一种插科打诨。他把西勒诺斯—萨图尔的比喻似是而非地送给苏格拉底，其实他自己倒与此喻体相配（不过又是一次角色颠倒）。[1]真正的完全的结合属于苏格拉底，在他的那种生活方式之中；对于柏拉图而言，则是在艺术的镜像世界中。[2]于是，作为读者或观众的我们，在《会饮》中见证了一场高谈阔论的谐剧，看到了滑稽模仿和装模作样，情感激烈而冲动的阿尔喀比亚德像萨图尔一样荒唐的行为，以及有关苏格拉底的高贵和雄辩的悲剧性前景——他将在未来的某个时刻，距离框架对话的时间不久的某个时刻，被迫永远离开这些朋友，尽管他具有独一无二的品质和魅力。

---

[1] 注意萨图尔的暴力特征：如阿尔喀比亚德所言，他们是*hubristai*（狷狂的）。他们也是狄奥尼索斯的造物。与苏格拉底任何时候的行为举止相比，这都远远更加符合阿尔喀比亚德的荒唐行为，不论是在当时还是一年以后。

[2] 关于一种不同的路径，以及一些进一步的参考文献，参见Nussbaum 469注释55。努斯鲍姆认为苏格拉底既反对肃剧也反对谐剧，与柏拉图这个艺术家相反。但是，至少在这部对话中，无论是柏拉图还是他笔下的苏格拉底，无疑都对艺术采取了一种暧昧不定或自相矛盾的态度：因此，在苏格拉底批评了阿伽通之后，接下来的一篇讲辞就包含了神话，而且具有诗意的精美。

第八章

《理想国》

206 《理想国》既是柏拉图最有名的作品，也是其最丰富、最复杂的作品。要对它的三百页讨论做一个单调乏味的概括是可笑的，而且，我会比在其他章节中更假定读者熟悉整个文本。[1]但值得花点时间来谈一谈《理想国》何以会成为大多数人心目中柏拉图最重要的对话，以便说明它的巨大影响。

最奇怪的一点是，它是除了《法义》之外篇幅最长的作品，大多数读者都觉得它比较难懂，也不那么激动人心。它的篇幅使它自然而然被视为一项特别有意义而且伟大无比的成就。它的主题范围也保证了它对广大读者的吸引力：政治理论家、心理学家、关注古希腊国家意识形态的历史学家、教育学家以及文学家都能够在《理想国》中找到他们想要的东西。它的正式主题是"正义"，但与柏拉图作品中经常出现的情况一样，这个相当具体的问题在对话的很长一段时间内被搁置了。苏格拉底的同伴们跟着他走过了很多离题的岔路，在此过程中考察了既对于一个个体也对于一个社会而言的正确和错误的生活方式。《理想国》的内容惊人地广泛：周密的数学思考与对当代社会类型的讥

[1] 从一种更具哲学性的视角对《理想国》中的论辩所作的更充分讨论，参看N.White, *A Companion to Plato's Republic* (Indianapolis 1979) ,J.Annas, *An Introduction to Plato's Republic*(Oxford 1981);亦见C.D.C.Reeve, *Philosopher-Kings:The Argument of Plato's Republic*(Princeton 1988).格思里(Guthrie)卷四对一些选定的要点作了评论性疏解。

评以及对政治动机的敏锐批判并存；在一部分内容中苏格拉底详细审查了诗和音乐训练的恰当形式和内容，而在其他地方，他讨论了在他的乌托邦中妇女享有平等待遇的权利。风格和情绪的变化同样值得注意：第二卷中格劳孔和阿狄曼图在质疑苏格拉底时所表现出的坚持不懈和真诚困惑取代了（第一卷中来自忒拉叙马霍斯的）激烈好斗的争辩；后来，我们看到护卫者上升至纯粹智慧或厄尔神话的崇高景象，而
当苏格拉底谈及哲学潜在的堕落本性和这个乌托邦不可避免的衰落 207
时，我们也听到了一种较为悲观和有限定的语调，也许是一种更为现实的声音，这个乌托邦会成为现实吗？“一个如此这般构建起来的城邦也许是难以动摇的，然而，既然一切生成的东西都必定衰亡，那么，即便是这样一种构筑也不能永世长存，而是会解体。”（《理想国》546a）《理想国》中的一些说法和比喻已经成为西方文化的一部分，即便对那些从未细读过整部作品的人来说也是如此：忒拉叙马霍斯愤世嫉俗的“正义只是强者利益”对自由理念的挑战，社会契约的观念（第二卷），哲人成为王者的悖论，对民主的城邦航船的鲜明讽刺（第五卷487e—488e），以及最重要的，洞中囚徒的移动影像——此场景描绘了人类在向着真正的知识之光上升前的无知和无助，这种上升不仅是艰难的，而且起初是盲目的（第七卷514a—521b）。[1]尽管柏拉图讨论此类观念并非只有这一次，甚至这一次也不是最早的（例如，忒拉叙马霍斯与《高尔吉亚》中的卡利克勒斯很相似），但《理想国》中的说法往往最有影响。虽然其他对话也进行了灵魂与社会之间的类比，但正是《理想国》把这一对比当作中心主题；而且，这是通过永远令人着迷的对一个“乌托邦”国家的构想来实现的，这个国家展示了遵循着正确道路的社

[1] 关于它的影响，参看亚里士多德《残篇》12 Rose（出自他的《论哲学》）和Pease 关于西塞罗《论神性》ii.95—96，这是那个残篇的出处。

会和个人。柏拉图或许不是第一个创造这种“乌托邦”的人（例如，有证据表明，普罗塔戈拉也做过此类尝试），但他的尝试是古代世界中保存下来的第一个，而且，《理想国》的这一特点有无数模仿者。

最后一点，我们后面会谈到，使《理想国》成为许多争论的焦点，既关于柏拉图也关于教育，在古代和现代都如此。正是在这部对话中，古希腊诗人，尤其是荷马，遭到最广泛的批评，而且苏格拉底所提出的对某些最伟大的史诗和悲剧的看似鲁莽的审查方式，使那些称赞柏拉图本人是明显具有“诗人”品质的超级天才作家的人感到惊讶。这样一个人为何会作出对艺术如此严厉，然而又如此奇怪的指控？苏格拉底在《理想国》中的批评多大程度上可以视为贯穿柏拉图全部作品的标准？柏拉图的卓越之名意味着后世的诗歌评论者几乎无法忽略他的攻击：然而对柏拉图本人的批评仍然存在一种悖论，一种两难困境。

下文的内容很难恰当地处理这些问题，而且《理想国》的很多方面也无法在这里顾及。这一章分为三个部分。第一部分讨论这一大部头作品的结构和布局，更充分地考虑使它统一为一个整体的一些引导性
208 主题；第二部分关注中间几卷所建构的“乌托邦”，以及一些现代批评者对柏拉图的指控；第三部分回到柏拉图对诗的判断，并且，在考虑了其论点的持续性力量之后，考察《理想国》本身语言和比喻的某些特征，这些特征使柏拉图与诗人结盟，就像使他与诗人作对一样。

1. 形式和结构

结构和主题的问题是交织在一起的。《理想国》的主题是什么呢？在进一步讨论这个问题之前，有必要在此指出，这个现代的标题（[译按]即*Republic*）是不恰当的。它出自拉丁文的*res publica*，这个词转译

了希腊语标题*Politeia*，其意思是“国家”或“政制”（亚里士多德已经使用了柏拉图作品的这一标题，特别是在《政治学》第二卷他对柏拉图的建议的批评中）。这些希腊和拉丁词语没有暗示任何政体类型，当然也没有暗示某种自由的或准民主的政体，这个英语单词如今会让人联想到这种政体，尤其是自法国大革命以来。我们确实会看到，柏拉图的国家在很多方面都远离自由。不过，这个标题在现代用法中根深蒂固，如果试图代替它，那就显得过于迂腐了。

我们也可以问，一个理想国家和政体的结构是否就是这部作品的主要目标。在柏拉图文集的古代目录和我们的抄本中，一个替代标题是“论正义”。在这部作品的前面部分中，正义是在个体中寻求的，对话人关注的是他们每个人怎样做才能赢得正义之人的称号。苏格拉底几乎是出人意料地引入了一个想法，即考察一个从其起源来研究的社会中“放大了的”德性（第二卷368d），这使得这群人投入了一个新的专题，它在形式上是一个题外话。当然，如果以为在形式上次等对于这部作品来说就不可能是不可或缺的甚至是中心性的，那当然很天真；但是，这两方面探究之间的关系，以及“离题”部分与整体之间的关系，似乎需要更深入的考察。

与《拉凯斯》《卡尔米德》以及其他作品一样，第一卷是对某种伦理品质的各种可能定义的“困顿—疑难”（aporetic）讨论，在此是正义，以困惑告终。在第二卷开头，苏格拉底说，他本以为这件事已经完成了，“但看起来，这其实只是一个“前言’”（我们可以说是“序幕”）。格劳孔和阿狄曼图相当详细地表达了他们对打发忒拉叙马霍斯的方式的不满，并且要苏格拉底证明正义就其自身是有价值的，而不只是因为它有更好的报偿或者导向其他有利的结果。对这个建议，苏格拉底提出，他们应该在一个完整的社会中思考正义。这是一个相当令人惊讶

的回应，但他们很快就参与到这样一个社会的“创立”之中。直到第四
209 卷427d，随着这个乌托邦国家的“建成”，他们才开始在其城邦民的行为中寻找基本德性，包括正义。这一卷详细描述了一个正义共同体的运转与一个正义灵魂的运转之间的类似[1]；不过，这一分析尽管引人入胜，但我们会对实际给出的正义定义感到一点失望，它几乎等于“做你自己的工作，关心你自己的事情”（433）。

尽管如此，当苏格拉底准备描述普遍存在不义的社会的缺陷类型时，探究似乎正转入一个不同的阶段（第五卷449ab）。不过，同伴中的两个人，波勒玛库斯和阿狄曼图，这时坚持要苏格拉底回过头来解释他先前临时提到的（第四卷423e）城邦民在这个乌托邦中对女人和孩子的公有：这如何运作，以及会有什么结果？苏格拉底抗议说他们这是在让他着手一个更大的课题，他表示这将牵涉一大堆棘手的问题；但在他们的坚持下，他将承担起这件事情。接下来一个阶段讨论的是护卫者的婚育规则问题，这会涉及一种公社制度。苏格拉底开始讨论这个乌托邦的其他方面（从它的军事实践开始），但又一次被短暂拖住了。这一次是被格劳孔拖住，他指出苏格拉底搁置了一个关键问题，即这样一个社会能否成为现实，如果能，又如何成为现实（第五卷471c，指涉前面的458ab）。正是在这里，苏格拉底最终说出那个著名的宣告，即国家的麻烦不可能有尽头，他们的理想国家也只有到哲人成为王或王成为哲人之时才能出现。然后，他描述了真正的哲人，将这一理想的哲人形象与普通人对哲人的肤浅看法，以及与现实世界中哲人的无用和脆弱相对照。但是，如果以正确的方式受到教育，贤明的统治者可以成为现实（第六卷502d再次引入这一主题）；第七卷的

[1] 关于这一主题特别参看T.Andersson, *Polis and Psyche*(Göteborg 1971)；在他的第244页以下对重要段落的概说。亦参见哈利韦尔（Halliwell）对卷十605b5的评注。

大部分内容就是对这种教育及其卓越成果的概述（在此，理想社会让位于个体才智的发展：尤其参见532—534）。

直到第八卷543a，苏格拉底才觉得他们的问题对他们来说已经得到了充分的回答，从而可以离开哲人王话题，回到他们先前“偏离”的地方：也就是导致不义社会的坏政体。如此，《理想国》的中心部分，包括日、线和洞的比喻，关于善之理念的观念以及哲人教育规划，就都包括在一个“离题话”之中！第八和第九卷大部分是关于人们更为熟悉的事情：对不同类型社会和城邦民（荣誉的、寡头的、民主的以及专制的）的描绘，总是富有洞察力并间或进行尖锐讽刺，而且利用了一个更具现实性的政体（虽然有时夸张化了），与前面几卷的语调完全不 210
同。我们可以比较《会饮》和《斐德若》中的类似方式，即在苏格拉底庄严崇高的阐述之后，我们回到了更为现实或者更容易理解，虽然也更少振奋人心的话题。在到达政治和心灵序列的道德最低点，也就是僭主这种最重要的不义之人时，苏格拉底把讨论的线索合拢了，他运用第四卷的心理分析和其他论证来表明，僭主远非最幸福的人，而是极其不幸和可怜的。他以此回应了第二卷中受到的挑战：这种不义之人允许让心中的野兽成为主宰，而不是使之服从他心中神圣的部分，因而颠倒了本性，绝不会比正义之人更幸运，甚至无法与之相提并论。这一论证的情感力量令人印象深刻，虽然我们可能会觉得苏格拉底在结论中加入了太多自己的假设，因而不能完全令人满意。

随着对格劳孔和阿狄曼图的答复似乎完成，主体论辩也就结束了；于是，第十卷经常被视为附加物或尾声。但这一卷以一种更尖锐的形式重申了针对艺术的论点，而且，对正义者的称颂延伸到了此世之外，从而使苏格拉底能够像在《高尔吉亚》和《斐德若》中那样（后者有相当差异）以一个死后神话来结束这部作品，通过不同的比喻且在一个不同的层面上延续这篇对话的某些主题。值得注意的是，在第十卷中，理想国家的重要性变弱了，弱化的程度甚至超过了第八和第九卷；厄尔神话强调了个体选择的重要性，这选择与全体人类都有关，而不只是特权阶级。

以上概述并不是要对《理想国》作一个复述，而是为了厘清其结构的某些方面。[1]在写作如此篇幅的对话时，柏拉图似乎很在意保持那种在短篇作品中更容易维持的谈话风格；而保持谈话风格的一种方法显然就是允许偏题和重新开始，通过苏格拉底回应异议或被他的同伴们打岔来实现。就算柏拉图并不想让他们成为他们自己理论的倡导者，这种方法也使得他们能够作为参与者，而不仅仅是表示赞赏的听者。因此，第二、第五卷以及第六卷中的“哲人王”部分都是以苏格拉底的朋友抗议他没有充分公正地对待某个问题开始，而且每次都提出了新的话题和想法，尽管柏拉图明确表示，即使在这么长篇幅的作品中这些话题和想法也不可能得到彻底讨论。[2]与《高尔吉亚》一样（只是《高尔吉亚》规模较小），很快显明出来的是，不仅其他很多话题与
211 正式主题（在此是正义的定义）相关联，而且这个正式主题比我们起初以为的更加复杂和重要。随着《理想国》的进展，某些方面的困难越来越大，要求越来越高。第一卷让人想起较为简单的早期对话的方式。第二和第三卷轻松易懂的风格和从容不迫的进度给人的印象是，探究将会直截了当，但后来证明并非如此。中间几卷，尤其是第六和第七卷，包含了这部作品中最难懂、最棘手的一些段落。第八、第九和第十卷或许再次变得较容易把握，但以第四、第六和第七卷中处理的精神层面和形而上学层面的论证为前提：因此，第九卷中对僭主的讨

[1] 进一步的分析参看本章结尾。

[2] 一些段落强调了这一点，例子见下文（原文）第235页。

论比第一卷中（或者《高尔吉亚》中）浅表的讨论更有深度；第三卷中对护卫者一般教育（general education）的说明在第七卷中得到了扩展，更详细地列出了针对他们的课程目录（如《理想国》416b等处所预期的）；第十卷中对诗歌的说明比第二和第三卷中那种相当片面的方式更加深刻，那里只不过展示了不能令人满意的样例选。

《理想国》的结构经常被从一个相当不同的视角来考虑，它与对荷马式问题的研究有明显相似。那种将《伊利亚特》和《奥德赛》的不同部分归于不同的游吟诗人，以及寻求确定希罗多德和修昔底德作品的年代归属的学术传统，也没有放过《理想国》。[1]在前面的一章中我们已经看到，一种常见做法是将第一卷单独划分出来，重新命名为《忒拉叙马霍斯》，视其为一部后来才被并入一个更大整体中的早期对话。还有一种常见的看法是，第十卷是后来附加上去的，也许是为了回应对前面数卷中所表达的诗歌看法的批评。[2]一种更为极端的分析则提出，整个第五、第六和第七卷，以543c为标志的主要“题外话”，都是后来嵌入的。按照这种看法的一个版本，第五卷是专门回应阿里斯托芬的谐剧乌托邦，即写于前392年的《公民大会妇女》（*Ecclesiazusae*）：阿里斯托芬被认为利用并戏仿了第四卷中短暂表达的关于女权的思想，于是柏拉图写了《理想国》的扩展版，在这个扩展版中更加严肃和详细地讨论了这一思想。

[1] 所引述的大部分意见可以追溯到K.F.Hermann, *Geschichte und System der platonischen Philosophie* i(Heidelberg 1839)和A.Krohn, *Der platonische Staat*(Halle 1876);英文文献亦见乔伊特和坎贝尔（Jowett and Campbell）的文集（Oxford 1894）1—20（在其中，坎贝尔对这些理论作了一个说明并试图给出一种回应）;E.L.Harrison, *Phoenix* 21(1967)37—39; Thesleff, *Studies in Platonic Chronology* (1982)102ff.,137ff.,184ff.。

[2] Thesleff,184—186,及其更早的参考文献。该观点最具独创性的一个版本出自G.F.Else, *The Structure and Date of Book 10 of Plato's Republic*(Heidelberg 1972)，他认为柏拉图在此所回应的批评者不是别人，而是写《诗术》的亚里士多德！对立的看法见Halliwell, *Aristotle's Poetics* Appendix 1;对更广泛问题的讨论见N.Rohatyn, *Gymn*.82(1975)314—330。

要夸张地嘲弄此类看法很容易，但如果说它们鼓励读者去寻找对
212 《理想国》中令人惊讶的特点或疑难——它们的目的就是为了解决这些疑难——的替代性解释的话，那么它们是有用的。作为一种一般原则，我们不应急于假定作者的剪贴工作是如此显而易见，或者，在一部到当时为止显然是最雄心勃勃的作品中，他会满足于笨拙且无动机的嵌入。我们可以明确地设想，即便《理想国》的确利用了之前的材料，这材料也会被有意识地融入到作品之中，而且作者至少有理由对它的新位置感到满意。换言之，评论者的基本关注点应该在于某个给定部分在其实际位置的功能，而不是去推断它是怎么来的，这种推断难免具有猜测性。考虑到这些因素，我会谈谈第一卷和第十卷在《理想国》的更大设计中的位置。[1]

第一卷，上文已指出，与《拉凯斯》或《普罗塔戈拉》之类疑难对话有很多相似之处：明晰生动的戏剧场景、紧凑的人物互动、对被发现有缺陷的习俗观念的思考。年老的凯发卢斯把他的位置让给他年轻活泼的儿子波勒玛库斯，他转而被粗鲁好斗的忒拉叙马霍斯取代；每个人都发现苏格拉底是一个意志坚定、足智多谋的对手。如果从《理想国》的整体来思考这一卷，我们就会看出这一卷开启了很多思想要点，虽然没有充分发挥。因此，诗人的看法已经被提及并受到质疑：凯发卢斯引述了索福克勒斯和品达，波勒玛库斯引述了西蒙尼德斯；苏格拉底在一个搞笑情节中不怀好意地提到荷马，用来证实正义其实是偷窃的技艺，更清楚的暗示是，西蒙尼德斯的错误说法实际上是佩里安德或薛西斯之类残酷暴君的思想特征（《理想国》335e—336a）。

[1] 有关第五卷和阿里斯托芬的论证，我会参考哈利韦尔（Halliwell）对该卷的评注。亦见亚当（Adam）的版本，i.345—355。关于柏拉图与谐剧，参看R.Brock, in *Owls to Athens*, ed. E.W.Craik(Oxford 1990)39—49.关于第一卷，比较上文（原文）第23页。

最后的这个例子表明，第一卷也引入了暴君或独裁者的概念。凯发卢斯回想索福克勒斯的言论，即在进入老年时，他摆脱了欲望或性欲的暴政：用政治意象来表示心理力量，某种程度上预示了后来的讨论。更重要的是，在一篇长篇讲辞中，忒拉叙马霍斯宣称，统治者是为了他们自己的利益而统治，他们关心臣民的好处，只不过是和牧羊人关心他们的羊一样（《理想国》343b sqq.）。贯穿《理想国》始终的一个核心问题是，应该由谁来统治，为什么，以及基于什么原则。在第一卷中，苏格拉底已经提出，只有那些不愿意统治的人才应该被允许进行统治（《理想国》347cd），这是一个悖论。当我们被告知，贤明的统治者在轮到承担统治任务时必须暂时放弃智性的满足（在那个著名的比喻中，就是从阳光中下降到洞穴里），这时该悖论就被赋予了更完整的含义。统治者的行为是为了他的臣民的利益，而不是为了他自己的利益。

在第一卷的后半部分中，苏格拉底再次轻而易举地从国家转到个 213
人，他后来也这样做。特别是在351a以下，他提出，无论是一个国家还是任何人类群体，甚至是一伙窃贼，如果不能互相合作和公正地对待彼此，那他们也将无法有效地活动；如果不正义和内乱在他们之中蔓延，结果就是自我毁灭。他接着将分裂和冲突的类比用在个人身上：正义是内在秩序和统一的原则，而不义的人“是精神分裂的，由于缺乏专一的目标而无法行动；他会与所有正义者为敌，就如同他与自己为敌”（《理想国》352a）。这种心理特征在此处没有得到充分阐释：第九卷将更详细地讨论它。

分离论者和统一论者都同意，第一卷和后文的语调有一个显著的差异，并且，第二卷标志了一个新的开端。但是对此的解释不必是把第一卷当作独立的作品。最有说服力的一个要点与忒拉叙马霍斯有关。他对苏格拉底的猛烈而有力的攻击，他的情绪化的语言和以偏概全的雄辩，然后气急败坏地回退，这些都表明他是一个卡利克勒斯式的人物。随即出现的辩证交谈的困难更与《高尔吉亚》相似：忒拉叙马霍斯无法容忍苏格拉底的谈话方式，拒绝按其真实所想来回答，并且明确说他的合作只是为了结束争论（尤其见《理想国》350de）。显然，忒拉叙马霍斯绝不是一个理想的对话人；同样明显的是，他并不信服苏格拉底的反论，虽然他没法绕过这些反论。值得注意的是，在第二卷及第二卷之后，他被格劳孔和其他人取代了：他们对捍卫正义的共同关切使得更丰富和更有合作精神的交流成为可能。与在《泰阿泰德》《蒂迈欧》以及其他后期作品中一样，柏拉图似乎放弃了苏格拉底与持完全不同的看法的人物之间的正面对抗，而认可更有成效的思想交流。《理想国》的篇幅显示了这一点：在探究中没有拖延或犹豫的想法，而且苏格拉底的同伴敦促他，或者充当他的思想参谋，而不是妨碍或反对他。在后文中，至少有两次强调了他们的支持可以鼓励和帮助苏格拉底（《理想国》450d，474a）；此外，其他讨论类型，诸如法庭抗辩（《理想国》348ab）或者争论（《理想国》454ab），都被刻意搁置或者与他们自己的做法相对立。这种论辩模式的对比经常被认为表明了，一个更具有理论权威的经过改良的柏拉图人物取代了真实的苏格拉底（比较本书第一章原文第23页）。最好还是将这一确定无疑的方法转变视为对一种更有成效的对话形式的戏剧性表达，在其中，批评并没有缺席，但有一种将讨论进行到底的共同关切。正如上文已经提到的，格劳孔和其他人，打算坚持对一个被忽视的要点作苏格拉底式的考察，或者让他自己作更充分的解释；他们的其他干预也不局限于
214 微不足道的同意。与其把《王制》视为柏拉图有点遮遮掩掩的说教，以及把苏格拉底的同伴们视为不起作用的应声虫，不如认为这是一次严

肃认真且尽心尽力进行辩证对话的典范，把这些年轻人看作是“模范的”对话人。[1]我们注意到，甚至忒拉叙马霍斯在后文中也被争取过来（尽管柏拉图，如果他愿意的话，本可以很容易地描写忒拉叙马霍斯在第一卷中遭到挫败之后怀着厌恶的心情离开）：他的粗野气有所缓和，以至于完全是用更加生动、诙谐的语言来表达对格劳孔和其他人的支持（《理想国》450ab）；而且，苏格拉底能够在描述真正哲人的过程中声称，忒拉叙马霍斯现在不会不赞成他：“我们刚刚成了朋友——过去也不是敌人”（《理想国》498cd）。

现在我转到最后一卷。对于从第一卷到第二卷以及从第九卷到第十卷的这两次讨论的转换，“假终止”（false closure）的概念都可能有用。[2]这种设计引导我们设想，按照论辩的结构和特定的形式特征（例如354a—c苏格拉底讲辞最后的提示，以及其他对话结尾处类似讲辞的相似特点），讨论已经达到了它恰当的结局，不料却发现最后的话还没有说出来。这种设计以不同方式被用在柏拉图著作的其他地方，当然也出现在其他作者的作品中。[3]在柏拉图对话中，它维持了对真实会话的模仿，在真实会话中出现新的开端和想法是很平常的；更重要的是，它提醒读者，苏格拉底与其同伴之间的讨论不是故事的终结，以及辩论可以在任一点上重启。这在《斐多》中有特别明白的阐述，在《斐多》中，自然而然重要的一点是，苏格拉底自己将无法参与未来的任何谈话：

---

[1] 比较L.J.Coventry,in Pelling(ed.), *Characterization and Individuality in Greek Literature*(Oxford 1990)174ff.

[2] 古典研究中有关终止的一般参考文献和思想，参看D.P.Fowler, *Materiali e discussioni* 22 (1989)75—122。

[3] 例如《伊利亚特》第23卷与第24卷之间的转换，或者《奥德赛》23.299，一个比296更诱人的终点(*telos*)，一些古代批评家就是这么认为的(这些评注被取代了吗?)；比较贺拉斯《书札》(*Epist.*)2.2.204。福勒和罗伯特(D.Fowler and D.Roberts)编订的即将出版的一册书搜集了有关这一主题的文章。

从此以后，他的朋友们不得不依靠他们自己。[1]在《理想国》第十卷中，对诗歌捍卫者的挑战突显了此次诗歌讨论的开放性——诚然，这是一个要求很高、影响深远的挑战——诗歌捍卫者们要联合起来支持诗歌，要提出合理的论证以证明诗歌有益于国家。如果将此视为针对亚里士多德或其他任何个别作者，将会削弱这种挑战的力量和持久的严肃性。

第十卷追溯了《理想国》前面几卷的内容，并在许多方面依赖之前的内容。[2]这当然合乎我们的预期：即使是最极端的分离论者也不会
215 主张第十卷的写作独立于《理想国》之外，只是后来才附加上去的。争论的焦点在于，在文学和哲学方面，第十卷是否提供了一个比第九卷更合适或更令人满意的结局；换言之，这部作品是否有了这最后一卷才是完整的，或者这一卷只是增补上去的。在细节层面，可以注意的一点是，按现有文本，第九卷结尾是苏格拉底的一段简短而令人难忘的评述（引文见下文原文第225页），并由格劳孔作了一个很无力的回应“也许如此”（《理想国》592b）；第十卷结尾苏格拉底叙述的长篇神话则远远更加动人、更令人印象深刻。（我们当然可以同意第九卷的某个更早版本的结尾也许略为不同。）还可以注意的是，《高尔吉亚》也是以神话结尾，而且，《高尔吉亚》——它是确定无疑的早期对话中篇幅最长的一部——中的想法在很多方面可以被看作是“尝试性的”，这些想法在《理想国》中得到了更充分的探讨。[3]

更多的论争是关于诗歌主题的再次出现及其在教育和社会中的位置。第十卷可以分为三个部分：对艺术的重新批评、关于灵魂不朽的论证、审判的神话。后两者是相关联的：如果灵魂是不朽的，那么关于

[1] 参看《斐多》106e—107a；关于《斐多》中的假终止，见69e，84b，106e最后，114c8，115a3。

[2] 参考哈利韦尔（Halliwell）的评注，24n1。

[3] 欧文（T.Irwin）的《高尔吉亚》评注，引言第10页。

正义和不义之结果的计算就不能局限于人们在世的时候，而是必须包括全部时间。第九卷将有关此世的论证带向了终点，但第十卷超出了这一论证，超越了政治领域，将目光投向整全。对潘斐利亚僭主阿狄埃乌斯死后的惩罚表现了僭主到最后阶段的悲惨(《理想国》615c—616a)。但对诗歌的描述与厄尔神话也是有关联的，下文将进一步证明：神话在某种意义上代表“纯化的”或哲学的诗，它承担了更可信赖的教育作用，避免了史诗诗人和悲剧诗人的愚蠢和错误。对一位作家来说，在其作品的结尾反思(虽然是隐晦地)其艺术的本性是很恰当的事情，就如品达的许多颂歌在收尾时对其作诗活动进行评论。[1]对诗歌的挑战，以及柏拉图自己尽其所能应对这一挑战的方式，将贯穿整部作品的对艺术创作的许多暗示，带到了一个恰当的高潮。

还有其他很多关联可以辨识出来，其中特别重要的一点是将灵魂描述为至关重要和极为珍贵的东西。灵魂比身体更重要，这是在很早的阶段就设定了的(《理想国》353d，比较403d，585d)。灵魂的功能被认为是统治，而且它是生活的原则，类似于型相(《理想国》585c，比较卷十611e)。灵魂虽然优于身体，但它受到身体活动的影响，会被它 216
的环境所左右并且“变坏”。第六卷中心部分关于作为知识之最高形式的善的内容表明了，从一个现世但神秘的视角，灵魂可以渴求的目标。在第十卷中，苏格拉底从宇宙神话的角度表达了同样的观念：灵魂是不朽的，不可分割的，以及能够追求善的。厄尔神话中对宇宙的广大想象为所有灵魂愿望提供了一个更广阔的环境，而且充实了之前多处附带提到的关于和谐宇宙秩序的毕达哥拉斯学派思想(《理想国》

[1] 例如品达：《奥林匹亚颂》1，《皮提亚颂》1和3，荷马：《奥德赛》24.192—202(阿伽门农评论佩涅洛佩和克吕泰墨涅斯特拉，把她们作为未来诗歌的例子)可能在此产生了影响(后来，可比较奥古斯都时代诗人的一种偏好，即在卷末用诗句反思自己的诗人角色和选择：例如维吉尔《田园诗》(*Ecl.*) 10，贺拉斯《歌集》(*Odes.*) 3.30，《书札》(*Epist.*)i.20)。

530d提到毕达哥拉斯主义者，而且那整段话可能都要归功于他们；亦见546a—b，583b，587b ff.)。更早先对转世再生的一次古怪的提法(《理想国》498d)也在这个神话中找到了它的最终解释(虽然此类思想也出现在更早的柏拉图对话中)。

语言与意象的关联属于一个不同的范畴。早在第一卷开头几页，凯发卢斯就提到死亡将临时人们的恐惧：那时他们开始担忧自己年轻时曾嘲笑的哈得斯的老故事究竟是不是真的(《理想国》330de)。在最后几页，柏拉图向我们表明，这些恐惧是怎样的，又是如何不合理的：老妇人们的故事被改造成一个神话，这个神话是令人敬畏和鼓舞人心的，而不是阴沉而令人沮丧的。

有很多隐喻和比喻贯穿《理想国》：虽然它们本身不足以保证观念的统一，但强化了我们对于该作品具有连贯性，有相同的关注因素贯穿其中的判断。[1]谈话参与者的"旅途"比喻就是一个例子：这部对话以苏格拉底描述他如何"昨天下到佩莱坞"开场；苏格拉底提到他们将不得不放弃"更漫长的道路"(《理想国》435d，504bc)；后来，他安排了他们自己的讨论之"旅"，与囚徒或人类从洞穴中走出的辩证旅途相似(532e3，比较532b4)；而且，旅行喻在厄尔神话中尤其突出，并在这部对话最后的言辞中达到了它的顶点，"(所以)，在我们走过的千年之旅中，我们可以诸事顺遂"(《理想国》621d)。[2]上升的隐喻是

[1] 参见塔兰特(D.Tarrant)的一篇重要文章，*CQ* 40(1946)27—34。关于此处没有讨论的另一组比喻，参见克拉森(C.J.Classen)在一篇有用的学位论文中对捕猎的讨论,*Untersuchungen zu Platons Jagdbildern*(Berlin 1960)。

[2] 这段话，类似532e，是我们在柏拉图作品其他地方以及古代文学中经常会发现的人物形象的一个例子，作者(或者在此处是一个叙述者和他的对话人)借此被认为要做他正在描述的事情。参看Macleod, *Collected Essays* 205,al.;F.Muecke, *CQ* 32(1982)52;G.Lieberg, *Poeta Creator*(Amsterdam 1982).亦参奥维德《哀怨集》(*Tr.*) ii.439，朗吉努斯《论崇高》9.11,9.14(如果漫游[*planos*]是对的),15.4。

洞穴喻中另一个自然突显的隐喻，但经常出现在其他地方（例如《理想国》452c，568c9f.，584d）；这一隐喻在厄尔神话中再次达到了顶点，两条管道一条向上通往天宇——这是正直的灵魂所走的线路——一条向下通到地下（《理想国》614c及以下内容）。 217

一个具有更强伦理含义的比喻是把人比作兽类，或者有变成兽类的潜质。最有趣的或许莫过于第一卷中把忒拉叙马霍斯比作正扑向惊恐的苏格拉底的野兽（《理想国》336b，比较336d），虽然回忆起《高尔吉亚》中卡利克勒斯所设想的“狮子般的”人可能已经会让我们认真考虑了（上文原文第160页）。但在动物类言说方面更有深度的是苏格拉底谈论灵魂的食欲（例如卷四439b4），谈论这“猛兽”——民众（*demos*）或暴民——的难以管治的欲望（卷四493bc），谈论僭主与尝了人肉后变成狼的人之间的相似（《理想国》565de，比较415d），以及后来谈论人内心的矛盾：在第九卷中，我们被告知，一个人内心可以说有一种冲突的三合一，人、狮子和多头野兽（《理想国》588b以下）。[1]虽然人与动物之间的类比很常见（统治者应该是一个认真负责的牧羊人，卷一343a，345c；护卫者应该像灵敏的看门狗，375—376；生育孩子将像管理牲畜一样，459de），但重要的是要记得，人内心最好的部分，理性，超越了动物状态，而且不应当被拉回到动物状态。[2]在这里，第十卷似乎又一次使这一系列比喻达到了或者为它们提供了一个令人难忘的恰当完结：被植入身体的不朽灵魂被比作海神格劳科斯(Glaucus)。他从前是个渔夫，（后来）变成一个奇特的混血怪物。而且，这一段添加了

[1] 比较《斐德若》229—230，一段典型的更为怪诞和更具自嘲性的文字（引文见上文原文第173—174页）。

[2] 关于牧羊人（一个有点含混的比喻，如第一卷的某些内容和422d所暗示的！）进一步参看柏拉图《治邦者》275 sq.，《法义》713 sq.，735b sq.关于动物比喻，进一步参看P.Louis, *Les m é taphores de Platon*(Paris 1945) 185—188；哈利韦尔（Halliwell）对第五卷的评注34n.39,140。

生动的细节，描写他身上包裹着藤壶和海草，从而掩盖了他内在的人性（《理想国》611c—612a）。人不仅像动物，而且能变成动物，无论好坏，这是该神话在描述灵魂转世时所探索的一个更深入的维度。

在第十卷的后半部分，我们发现再次提到了正义之人从人类和诸神那里赢得的奖赏。有人指出，这一点，以及结尾段落中类似的说法（“那时，就像竞赛中的胜利者领取朋友们的礼物一样，我们将领受正义的奖赏”），让人想起并“克服了”第一卷中对参加本狄斯节赛会的运动员的较为世俗的关心：我们记得，苏格拉底的同伴们放弃了观看马背上传火炬的盛大活动，全神贯注于这位哲人的包罗万象的探讨。[1]有的人可能
218 认为这是虚假的“关联”，还有人可能认为是细枝末节；但至少清楚的一点是，柏拉图对其对话作品的开头和结尾给予了特别关注。[2]

2. 理想社会

正如我们所见，《理想国》是现存第一部“乌托邦”（Utopia）。[3]这

---

[1] 进一步参看《理想国》465d，503a，504a，583b，613bc；D.Tarrant，前揭，30。

[2] 比较柏拉图的一则趣闻轶事，即据说他曾煞费苦心地安排《理想国》开头句子的用语（D.H. *On composition* 25及其他地方；Riginos，no.137照例持怀疑态度）。一般参看*Beginnings in Classical Literature*，ed.F.M.Dunn and T.Cole（=*YCS* 29[1992]），包括克莱（D.Clay）的一篇论《斐德若》开场的论文。

[3] 进一步参看H.Vretska，*Kl.Pauly* s.v.Utopie；J.Ferguson，*Utopias of the Ancient World*（London 1975）；D.Dawson，*Cities of the Gods：Communist Utopias in Greek Thought*（Oxford 1992）.关于这种类型的现代发展，参见J.A.Hertzler，The History of Utopian Thought（1923）；F.E.and F.P.Manuel，*Utopian Thought in the Western World*（Cambridge Mass.1979）；Isaiah Berlin，*The Crooked Timber of the Humanity*（London 1990）20—48.根据第欧根尼·拉尔修《名哲言行录》iii.37中的一段话，其中包含了其他可疑的断言，阿里斯托克塞努（Aristoxenus）说《理想国》的几乎全部内容都抄袭自普罗塔戈拉的《对论》（*Antilogika*）。Riginos，165f.以及其他地方表明，这典型地属于反柏拉图传统，但是，考虑到我们所知的普罗塔戈拉对社会发展的兴趣，那么这里面有可能包含了某种真相（比较第欧根尼·拉尔修《名哲言行录》ix.55，把一部题为“论政制”[Peri Politeia]的作品归在普罗塔戈拉名下）。

个词是托马斯·莫尔爵士生造的，是他的出版于1516年的拉丁语作品的标题，该作以柏拉图的方式描述了一个假想社会。[1]这个标题的含义是“不存在的地方”（no place）（比较塞缪尔·巴特勒的《乌有乡》和威廉·莫里斯的《乌有乡消息》），但是，由于表示希腊语否定词“ou”的字母“u”有含混性，它也可以理解为“好地方”（希腊语的eu），所以强调的不是不存在，而是被如此描述的社会的理想品质。现代批评家创造了相反的“敌托邦”（dystopia），用来形容那种描绘显然不完美的假想国家的作品，这种国家的境况是恶劣的或令人不快的：典型例子是乔治·奥威尔骇人的《1984》。当一个假想国家是一个繁荣的国度，人们享受“理想的”生活，那么它似乎就只是一个梦——因此，“乌托邦”意味着“不现实”。在古代，柏拉图的《理想国》通常就是被这样视为一个空想的世外桃源（例如马可·奥勒留《沉思录》ix.29）。

但是，《理想国》中的国家是“乌托邦”还是“敌托邦”呢？与当时的希腊世界相比较：它不像柏拉图时代的城邦，它的统治者是最有智慧、品质最好的人，他们经历了一项研究计划的考验，能够胜任统治的任务；它是稳定的、组织良好的，拒绝外来影响，能够很好地抵抗攻击或侵略；它摆脱了内部纷争，每个人都有合适的职业，每个公民都对他所处的阶层位置感到满意。女性也在这个社会中发挥她们的作用；如果一个女人有担任高级职务的才能，那么她的能力一定不会仅仅由于她的性别而被浪费掉。这是一个由明智者组成的共同体，人们过着健康的生活，由一些无私的、有自我牺牲精神的统治者来带领。这个假想国家似乎配得上苏格拉底给予它的称号，“Kallipolis”（“美好城邦”， 219
卷七527c）。[2]

---

[1] 进一步参看H.R.Trevor-Roper, *Renaissance Essays*（London 1986）24—58。

[2] 对柏拉图式国家更充分的研究，参看，例如Zeller，第11章，总体上给出了非常正面的描述。

如果进一步思考的话，可能会导致更大的忧虑。我们可以把用来限制城邦中艺术创造的严格的审查制度留到后面讨论，(在卷十607a，据说在诗歌方面，他们只允许“歌颂诸神和赞美好人”的作品)。更令人不安的是公民的阶层结构(有些人称之为“世袭的社会等级”[castes])：作为上层阶级的护卫者被分为狭义的护卫者(即贤明的统治者)和通常称为“辅助者”(Auxiliaries)的次等阶层——他们是城邦的军事力量。在他们之下是一般公民，尤其是有技艺者(artisans)。柏拉图几乎没有说到奴隶，但不必怀疑，与古希腊所有共同体一样，在他的国家中，奴隶也会继续充当配角。[1]更不清楚的是，有能力的人能否在阶层间流动：因为绝大多数人在出生时就由世系确定了他们的地位，而且，虽然在早期作了某种让步，但有人认为这种让步后来又被推翻了(卷八546—547a)。[2]柏拉图总体上似乎更关注的是不达标者的降级，而不是有天赋者的晋升。[3]亚里士多德已经抱怨柏拉图专注于统治阶层而对有关社会下层的具体情况和他们的总体福祉有所忽视。在回应阿狄曼图的一个问题时，苏格拉底说，他们创建的国家不是着眼于某个特定阶层的幸福，而是作为整体的国家的幸福(419—421c)；但亚里士多德认为，“只有当各个部分的全部或大多数，或(至少有)若干部分获得幸福之后，才能谈到全体的幸福”，而且柏拉图似乎甚至否认了护卫者的幸福(亚里士多德《政治学》卷二5.1264b)。

---

[1] G.R.Morrow, *Mind* 48(1939)186—201;Vlastos, *Platonic Studies* 140—146.B.Calvert, *CQ* 37(1987) 367—372所提出的相反论点几乎没有什么实际作用，而且他自己承认柏拉图的立场可能是不连贯的。

[2] 针对Poper, *Open Society* 141在这一点上的说法，参看Robinson, *Esssysin Greek Philosophy* (Oxford 1969)76—77。

[3] Popper 49,225 n.31,272.

更令人不安的是柏拉图赋予护卫者的权力和自由。他们似乎凌驾于法律之上而不负有责任。虽然有人猜测他们将轮流任职，在进行哲学思考的周期之间勉强承担他们的职责，但很难设想，这样一个体制能够长期运转而不会出现他们中某些人为了更持久的权威而变得野心勃勃的情况。这个国家初建时将采取一些极端的手段，包括将所有十岁以上的不懂哲学（non-philosophic）的人都驱逐出境，这样他们的孩子就能够按规定得到培养和教育，避免受到腐蚀（《理想国》540e以下）[1]；而且有一处令人不安地提到，哲人王们在开始工作之前有必要“把他们的画布擦拭干净”，这个短语可以被理解成给予他们全权来放逐或以其他方式解决异议分子（《理想国》500d—501a）。[2]质疑和异端将会受到严厉惩罚。为了确保国家的稳定，苏格拉底禁止变革和发展：这个理想国就像上帝和型相一样是不可侵犯和不会改变的。在这样一个社会中，个人的进取心和创造力是没有任何空间的：个人是为了国家而存在，国家甚至对顺从的人也几乎没有什么义务。[3]“法律将通过劝说和强制（我们应回到这种结合）使民众整合成一个和谐的整体，使他们共享每个阶层能为共同体提供的利益；法律造就人们的精神，目的不是为了让他们随心所欲，而是为了利用他们把共同体结合为一体”（《理想国》519e—520a）。在别的地方，民众被比作人类身体的各部分，这是一个影响很大的比喻（《理想国》462c）。[4] 220

很显然，现代人对《理想国》中理想国的欣赏和赞同基本上不会是毫无保留的。在20世纪，尤其是随着那些以各种方式把国家需要置

[1] 比较Popper 165ff.。

[2] Popper 166；比较柏拉图《治邦者》293c—e。

[3] 比较柏拉图《法义》903c；Popper 80,242 n.35。

[4] 参看Rutherford, *Meditation of M.Aurelius*(1989)150—151;de Ste.Croix, *The Class Struggle in the Ancient Greek World*(1981)444—445。

于个人需要之上，把统治者实际上置于法律之上的国家的建立，柏拉图所面临的问题变得非常鲜活。对古代文学的批评不能也不应该是纯粹审美的或价值中立的，而且，现代学者将柏拉图拉下神坛，并给他贴上极权主义者的标签，这激发了大量富有成果的辩论，这些在此无法充分涉及。特别是那部在任何政治哲学课程中都占据了一席之地的著作，卡尔·波普尔爵士的《开放社会及其敌人》（*The Open Society and its Enemies*,1945），其第一卷的副标题就是“柏拉图的魔咒”（The Spell of Plato）。[1]这本书是在对20世纪30年代政治事件感到愤怒和失望的刺激下写出的，文笔有力，论辩激烈，而且资料丰富详细，因此五十多年后，它仍然是一部令人激动和大开眼界的作品。（以下看法）表明了波普尔的一些观点：他把柏拉图视为民主政制的坚决反对者，认为柏拉图非常称羡保守的和军事化的斯巴达体制，在《理想国》中为他所处时代的问题制定了现实的政治解决方案，这些解决方案包括
221 阻止任何政治变革，恢复某种原始的“部落”精神，抑制个体的私人生活，由一个优等阶级对一个优等民族实施统治。他的主要观点中最令人惊讶的一点，也许是把柏拉图描绘成苏格拉底的叛徒：苏格拉底是自由独立的思想者，是思想和言说之自由权利的最重要的捍卫者，他承认自己的无知并称这是他的唯一智慧。但是柏拉图，有意无意地改变和背叛了他，使他成为一种专制的和反理智的政权的代言人，这种

[1] 所有引用都是关于第一卷的；第二卷是关注黑格尔和马克思的。我的引述出自1966年的第五版。亦参见R.H.Crossman, *Plato Today*(1937),以及波普尔216注31所引其他著作。R.Bambrough(ed.), *Plato,Popper and Politics*(Cambridge 1967)是有关这一争论的文集，其中论文的价值参差不齐：昂格尔（Unger）和迈耶霍夫（Meyerhoff）的那些论文是有帮助的，但罗宾逊（R.Robinson）评波普尔的文章比他们二人都更好，重印见他的*Essays in Greek Philosophy*(Oxford 1969)74—99.Tigerstedt, *Interpreting Plato* 32ff.讨论了波普尔论争。F.M.Turner, *The Greek Heritage in Victorian Britain*(1981)第八章收集了很多资料，说明了对柏拉图的此类批评的早期背景。

政权会摧毁思想的自由，甚至会比前399年的雅典民主政制更加草率地处置苏格拉底。[1]与之相比，前5世纪后期的雅典，即伯里克利的时代，智术师和“伟大的一代”，因其人道主义思想以及一视同仁地看待奴隶和公民的自由主义态度，而受到称扬；所有这些都强化了对《理想国》的指控，因为它表明柏拉图背弃了更为人道和宽厚的伦理和政治信条，转而去追求具有严苛约束性的斯巴达理想（例如《开放社会及其敌人》228）。

在很多细节之处批评波普尔的观点并不难。[2]他把雅典社会理想化了，这使他非常不切实际地描绘了奴隶的处境以及城邦公民给予奴隶的尊重（《开放社会及其敌人》43，34—335）；柏拉图的国家中所允许的杀婴，在雅典不可能不为人所知[3]；他对文学文本的利用常常是幼稚的，因为他将克里提亚[4]、索福克勒斯、欧里庇得斯以及希罗多德作品中发言人的感想归之于这些作者；同样，他把修昔底德所记述的伯里克利演说当作伯里克利本人理想的证据，这里的困难也没有得到正视（《开放社会及其敌人》186；255注16是不充分的）；关于柏拉图与其同门安提斯泰尼之间的敌意的证据是不可靠的（《开放社会及其

[1] 波普尔《开放社会及其敌人》第六至第八章是中心；亦见第306页注56，这个很长的注释解释了他对苏格拉底问题的立场。注意第132页，对苏格拉底和柏拉图的哲人理想的对照：“一个温和、理性的个人主义者和……一个极权主义的半神。”在第153页（比较第147—148页），波普尔提出，柏拉图认为自己在扮演贤明的神王（philosophic god-king）角色。

[2] 一种详尽而又有点难以理解的逐点回应的尝试见R.B.Levinson的645页著作*In Defense of Plato*(Cambridge Mass.1953)；波普尔对此的回应见其修订版*The Open Society*(1962),323ff.,repr. in Bambrough 199—219，他提出了一些有效的观点为自己辩护。

[3] 注意柏拉图《泰阿泰德》160e—161a中的暗示。进一步参看R.Sallares, *The Ecology of the Ancient Greek World*(London 1991)151—157;哈利韦尔（Halliwell）对《理想国》卷五460c3—5的评注。

[4] 这段话的作者无论如何是有争议的（虽然波普尔也许并不知道）；欧里庇得斯的那段也很可能如此，参见A.Dihle, *Hermes* 105(1977)28—42。

敌人》194，把安提斯泰尼描绘成圣彼得，而把柏拉图描绘成犹大）；[1]如此等等。在一个不同的争论层面，波普尔的“部落主义”概念也面临严肃批评，这种部落据说是孩童般无知的国家，在其中，人们满足于
222 对一个“有机”而“封闭”的社会的完全依赖。他自己令人意外地承认“部落主义中没有任何统一性”（《开放社会及其敌人》172），而且，总的来说，他对历史演变的粗线条描述似乎有些奇怪和肤浅。[2]他还动辄给柏拉图（特别是《开放社会及其敌人》195f.，关于柏拉图对自己歪曲苏格拉底真实观点的自我欺骗和“良心不安”）和他的同代人（他们据说承受着“文明的压力”，《开放社会及其敌人》176，比较188“对自由的长期反感”）作心理传记，此亦堪忧。[3]

这些批评未必会危及波普尔的主要命题。我们也许可以补充一些更具实质性的要点。首先，伯里克利的雅典可能没有波普尔所坚称的那样令人赞赏地“开放”，它的人道主义也没有那么宽厚；特别是，对雅典帝国主义与罗马帝国的理想化的对照（《开放社会及其敌人》181—183）经不起仔细审查。[4]正是修昔底德的伯里克利，在波普尔如此称

---

[1] Riginos, *Platonica* nos.43—48, 103；进一步参看欧文（G.Owen）讨论“哲学咒骂”（Philosophical invective）的论文的全面描述，见*OSAP* 1(1983)1ff.(=Owen, *Logic,Science and Dialectic*[London 1986]342—364)。

[2] 第200页一段令人吃惊的插入语最为突出（“直到很久以后，在黑暗时代，它（社会变革）才被柏拉图—亚里士多德的本质主义符咒所阻止”）。

[3] 进一步参看《开放社会及其敌人》pp.14,28f.,79f.,109,155f.,171.古典学者会认可对前5世纪后期“勇气失落”（failure of nerve）的判断，如多兹在其经典的*The Greeks and the Irrational*,第七至第八章所描述的；在这一点上，多兹明显受到了波普尔的影响（255注1）。关于心理传记的危险性，参看劳埃德–琼斯(H.Lloyd–Jones)的那篇有趣的论文，见*Freud and the Humanities* ed.P.Horden(1985)152—180,重印本见他的*Academic Papers*(Oxford 1990)ii 281—305。

[4] 参看，例如P.J.Rhodes, *The Athenian Empire*(G&R New Surveys 17,1985)，尤其是36ff.以及*CAH* v^2中更充分的描述。亦参M.I.Finley,见*Imperialism in the Ancient World*,ed.P.D.A.Garnsey and C.R.Wittaker(Cambridge 1978)103—126=Finley, *Economy and Society in Ancient Greece*(London 1981)41—61。

赞的同一篇葬礼演说中，歌颂了爱国的献身和军人的光荣，胜过个人悲伤的诉求（修昔底德《伯罗奔尼撒战争史》ii.43—46）；而且，在后来的一次演说中，也就是在那场沉重打击了雅典人士气的瘟疫之后进行的演说中，伯里克利说得更严厉，并把共同体的利益置于个体利益之上（修昔底德《伯罗奔尼撒战争史》ii.60）。国家对个人拥有优先权的观念并未远离一般雅典人的思想，不像波普尔谴责《理想国》中的这种原则时所以为的那样。[1]其次，波普尔在将苏格拉底与亲斯巴达的柏拉图相对比时竭力证明苏格拉底是个非常“良好的民主派人士”，事实是否如此并不清楚。至少，苏格拉底是与雅典流行观念中的“拉科尼亚人”（laconizers）联系在一起的，而且，如果我们认为在《普罗塔戈拉》中和其他地方他对民主辩论的评说（《普罗塔戈拉》319b—320c）都表示了历史上的苏格拉底的特点，那么他对雅典宪法程序（constitutional procedures）的支持就不可能是无保留的。[2]再次，虽然柏拉图在乌托邦社会中吸收了很多斯巴达制度的因素（例如对货币的限制，或共餐制），但也有很多内容是与斯巴达制度相异的。而且，我们从《法义》可知，在他最严肃的晚年，他仍然发现那种政制形式以
及那种军事化的生活方式有很多缺陷。[3]在《法义》中，他一再说，那 223
种生活方式只培养了德性的一个部分（即勇敢），而非全部（例如《法义》630d—631b，亚里士多德《政治学》1271b1ff.表示赞同）。在柏拉图自己的国家中，军事方面是重要的，而且，战争对于获取财产的必要

---

[1] Dover, *GPM* 288ff.; S.Hornblower, *Thucydides* (1987)122—126（比较他对修昔底德《伯罗奔尼撒战争史》ii.60.2 的注释）。

[2] 关于苏格拉底作为“民主派人士”的问题，见上文第二章原文第60—62页。

[3] 进一步参看Morrow, *Plato's Cretan City* 40—73; E.N.Tigerstedt, *The Legend of Sparta in Classical Antiquity*(Stockholm,Göteborg,Uppsala 1965—1978)i244—276;E.Rawson, *The Spartan Tradition in European Thought*(Oxford 1969)65—72。

性很快就被意识到(《理想国》373de,比较422e ff.,466e ff.);但这远非将城邦描绘成基本上是一个军营,一种类似纳粹德国的军事或帝国主义的势力。古希腊的国家相信,在某个阶段,战争对它们来说都是必要的;在古代世界要找到反战主义的证据会比发现废奴运动的证据更困难。[1]也许可以补充的一点是,在《理想国》中没有任何迹象表明其他种族应该被征服或消灭,从波普尔所使用的煽动性词语“优等阶级”(master class)、“优等民族”(master race)以及“氓隶之人”(human cattle)中也不应该得出此种推论。[2]

现在该转向一种不同类型的批评。这种批评可以直接针对波普尔的分析,它更多地借鉴了本书迄今为止,以及本章第一部分所采用的文学方法。必须再次强调,《理想国》是一篇对话,在这部对话中,当苏格拉底阐述其见解时,他遭遇到来自其同伴们的相当有分量的反对和质疑,不仅如此,他还支吾其词和怀疑自己,甚至把似乎严肃的命题当作荒谬或近乎不可能的事情而不予考虑。当然,把所有这种限定性的或自谦的措辞都斥为柏拉图借以掩饰自己真实目的的狡猾策略是有可能的:因此,波普尔分析了一些诙谐打趣和装腔作势的段落,认为它们是一种乖戾的手段,为了将读者的视线从苏格拉底正在表达的险恶思想上移开(尤其是《开放社会及其敌人》140—144,270—273),他甚至宣称,“他的自谦言辞不是基于对自身局限性的意识,而毋宁说是一种维护其优越感的方式”(《开放社会及其敌人》131)[3]。但是,将《理想国》文本冷静地划分为“柏拉图的极权主义思想”与风格或修辞上

[1] 柏拉图《斐多》66c,《法义》626a;比较Dover,GPM 313—315。

[2] 见他的索引s.v.种族主义(racialism)。他将《理想国》中的种族主义理解为主要是一种内部的种族主义,有关下等阶级的服从,如那个臭名昭著的“神话”或“高贵的谎言”所规定的。

[3] 波普尔在这里偏激地将苏格拉底与柏拉图等同起来;然而,这与苏格拉底所遭到的来自诸如忒拉叙马霍斯之类对手的通常批评何其相似。

的装饰——它哄骗读者顺从并使那种极权主义思想变得可口，这种做法显示了一种对形式和内容之间关系的过于简单化的看法。如果通过否认《理想国》与真实的古希腊世界中所发生的事件有任何实际关联来化解《理想国》的危险性，那就太过度了，因为《理想国》中反复提出了那些乌托邦提议是否具有可行性的问题。但我们也必须认识到，这些段落，以及处于更广泛讨论之中的乌托邦部分的框架，使它们与 224
现实政治拉开了距离[1]：仅仅拿《法义》来作一个对比，聚会者中没有一个人像那篇晚期对话中的克里特人克利尼亚那样对一个新的殖民地或其创建负有任何责任。

《理想国》以多种方式强调了讨论的"不真实"性。其中一个就是反复使用*muthos*一词（即"故事"或"虚构的传说"）来形容"创建者们"所设计的理想共同体。苏格拉底在第二卷中说，"那我们就开始吧，让我们像讲故事那样，在想象中教育我们的民众"（《理想国》376d）。后来同类短语再次出现，"在我们的讨论中，我们的故事所谈论的那种体制"（《理想国》501e，引人注目的是*muthos*和*logos*被合用）。在其他地方，他承认，他们的描述似乎只是一个euche（一个希望或愿望，《理想国》450d1，比较499c，540d）。必需的"一项改变"是哲人王的出现，此命题显然被当作是一个悖论（《理想国》473c—474a）。（苏格拉底）还强调，他们正在做的只是提供一个单纯的草图或轮廓（《理想国》414a6f.）——他们的想象性建构运用了艺术的隐喻，这一点贯穿整部对话。[2]甚至第八和第九卷中现有国家形态的样式也被看

[1] 比较D.Clay，见Griswold(ed.) *Platonic Writings* 19—33，他有一个有益的看法，即认为虽然《理想国》中所设想的社会确实是一个"封闭的"社会，但它是在一个"开放的"对话中描述出来的：也就是说，对苏格拉底的论点进行更深入的批评、探究，甚至抛弃它，都是可能的。

[2] 下文原文第235—236页。比较，例如品达《奥林匹亚颂》6.1ff.；阿里斯托芬《地母节妇女》48—57。

作只是粗率的草图；要作一个完整的描述是一项艰巨的任务(《理想国》548cd)。[1]不过，也有一种理解是，这部作品通过精心设计，使他们详细规划了一件或许不可能的事情(《理想国》458ab，471c)。另有两个段落很显眼：其中一段是在苏格拉底作了一篇强有力的讲辞之后，这篇讲辞是关于需要找到配得上哲学的(比如正义本身认可的)学生，然后苏格拉底变换了口吻，宣称“我自己似乎也在招人嘲笑”。

> “我忘了，”我说，“我们只是在游戏，而我说得太激烈了。因为我一边讲一边看着哲学，看见她受到不应受的侮辱。我想，我为此感到痛苦，并对那些对此负有责任的人发火，于是说了那些过于严肃的话。”
>
> “真的没有，”他说，“就我而言，我在听你讲的时候没有这么觉得。”
>
> “但我在说的时候似乎是这么觉得的，”我说。(《理想国》*536bc*)

在此处，就像在《斐德若》中那样，苏格拉底似乎把他们的宏伟设想降了级：当一切都说了并做了，仍然可以被视为“作戏”。

225 另一段是在第九卷结尾。在完成关于僭主是最不幸福之人的论证后，苏格拉底描述了有德者的正确生活方式，这里没有任何政治语境：事实上，格劳孔补充说，按照苏格拉底的刻画，这样的人不会自愿参与

[1] 亦参Cherniss, *The Riddle of the Early Academy* 66—68，他认为，为护卫者规划的数学课程的一部分包含尚未得到恰当发展的技艺或技艺分支，而且，柏拉图承认是关于立体几何学的(《理想国》528bc)；比较530c，531c(数的和谐)。如果这是对的，那么这场讨论就有一个更深层的“不真实的”方面。关于一种不同的路径，接着参看D.H.Fowler, *The Mathematics of Plato's Academy:A New Reconstruction*(Oxford 1987)，尤其是106—154。

政治。

> “不，以神犬的名义起誓，他会愿意的，”我说，“至少在他自己的城邦里，虽然在他自己的母邦可能不愿意，除非有天赐的好机运。”
>
> “我明白，”他说。“你说的是我们刚刚创建完成的城邦，这个在我们的言辞中存在的城邦，因为我想它不存在于这个世界的任何地方。”
>
> “但是，也许它作为一个样板被存放在天上，任何人只要愿意，就可以观看它，并在观看时在他自身之中发现它。至于它是否存在或将来会不会存在，都没有什么关系。因为这样的人只会在这个城邦中参与政治事务，而不会在其他城邦。”
>
> “也许如此。”（《理想国》*592ab*）

这个含混不清的结尾几乎是我们所听到的关于理想城邦的最后的话（正如我们已经指出的，这个城邦的创建在第七卷结束之后变成了一个不那么突出的话题，关注点更多地转向了个体灵魂）。虽然令人费解，但它并没有显示出任何对积极的政治变革的乐观态度，隐退的情绪和内在的德性实践似乎更让人联想到第六卷中间身处困境的哲人在现实社会中的忧郁形象（《理想国》496：下文原文第238页）。[1]对政治改革的要求在《理想国》中既不是明确的也不是强硬的。

因此，《理想国》不是一部容易阐释的作品。苏格拉底和他的朋友们，虽然表面上是在进行一次公开的并且相对轻松的讨论，论证把他

[1] 比较《泰阿泰德》中同样是题外话的内容，尤其是173cd。也许是非苏格拉底式的（比较多兹的《高尔吉亚》275），但与波普尔的论点所需要的意义不同？

们带到哪里，他们就去到哪里(《理想国》394d)，但他们阐述了一个“理想”社会的图景，不论其可行性如何，它都是将灵魂发展潜能的崇高观念与规则和约束结合在一起，这些规则和约束似乎在任何领域、任何社会等级中都很可能限制人类的创造力和发展。因为虽然有很多关于哲人幸福的说法，说哲人能达到美和善的境界，但我们很难不感到，这种追求知识所带来的满足会因为否定了许多其他潜在的快乐而被抵消。与在《会饮》中一样，柏拉图似乎极大地强调了人类灵魂的一部分，即理智或精神的部分，而不考虑对其他要素作出一点儿让步(这当然同样适用于这个国家的阶级结构，它按照平行线来精确划分：国家和灵魂被认为是相似的)。《理想国》中的一些段落会激发几乎所有读者去热爱善和美；但这部对话能否使我们相信，只有在精神生活中才能发现善与美，这并不是那么清楚。

226 我们很容易容许这一点，因为任何哲学洞察自然而然都是不完全的；可以补充的一点是，这部对话的理论或学说“设计”有那么多附带的阐述，那么多提问和不确定，感叹和暗贬，这些有助于使这部作品在界定人和社会之善时，不那么教条主义和不可更改。“浪漫主义式的”反讽在《理想国》中并没有缺席，即使(据说)不如《斐德若》那么频繁和明显。[1]但尽管说了这么多，波普尔的著作仍然有其价值，因为它使我们看到，柏拉图及其理想国，虽然有许多感动人心和令人赞赏的东西，但也有令人难以接受，甚至令人憎恨的方面。波普尔是从区分苏格拉底和柏拉图的角度来阐释这一点的——前者是开放式讨论的热爱者，一个忠实的民主派，一个为了怀疑一切的权利而殉道的人；后

[1] 关于定义，参看M.H.Abram, *Glossary of Literary Terms*(第五版, New York 1985)s.v.反讽(irony)；比较本书第三章原文注20所引穆克(Muecke)和其他人的文献；P.Conrad,Shandyism: *The Character of Romantic Irony*(Oxford 1978)。

者则是一个坚定的为他人立法的人，他对自己的信念确信无疑，为了他人自身的利益，他打算不择手段，甚至使用暴力，将这些信念强加给他人。[1]这样的描述可能是夸张的，但有一个重要的真相在其中。波普尔强调他的论证有五个要点，其中第一个是根本性的：在这个美好乌托邦中，苏格拉底会被悄无声息地处死。[2]无论我们是否使用心理学术语来表达，苏格拉底与柏拉图之间都存在某种分歧，《理想国》也许是第一部清楚显露出这一点的作品。我们可以通过关注*peitho*与*bia*（“劝说”与“强制”）的对立来阐明这一分歧。[3]

这部对话的开头似乎在玩一种两者挑一的选择。当时波勒玛库斯和他的朋友们开玩笑地用武力威胁苏格拉底和格劳孔，为了把他们一道留在佩莱坞港：他们人数更多，“所以，除非你们比我们更强大，否则你们就必须留在这儿。”苏格拉底答复说，还有另一种可能性：“我们也许能说服你们，让我们走。”但波勒玛库斯回应说：“如果我们拒绝听，你们怎么说服我们呢？”他们承认他们不能。接着，阿狄曼图介入进来，提出他自己的有说服力的理由（《理想国》327c—328a）。这些情节虽然本身琐碎、无足轻重，但这个交谈暗示了该对话的重要主题：在与忒拉叙马霍斯的论辩中，劝说和暴力将再次起到突出作用，在那里，我们遇到了这样一个对手，他“拒绝”认真“听”，只是忿忿地在形式上表示同意（《理想国》349a，350de，351c6,351d7,352b3—4,354a10f.）。[4]苏 227

[1] 波普尔从未怀疑柏拉图完全真诚地相信他的改革有益于他人，认识到这一点很重要（例如《开放社会及其敌人》170—171）。

[2] 这五个要点列在对莱文森（Levinson）的“回应”中，第330—331页。至于其他要点，要点4，关于“高贵的谎言”和柏拉图的优生学，在班布拉（Unger ap.Bambrough）94ff.中有所讨论。

[3] 这一对照是传统的：尤其参看R.G.A.Buxton, *Persuasion in Greek Tragedy*(Cambridge 1982)。

[4] 亦注意345b，在该处，忒拉叙马霍斯懊恼地喊道：“如果我刚才说的那些不能让你信服，我还能怎么说服你？难道要我把我的论证种到你的灵魂里去吗？”“宙斯哦，不，”苏格拉底回答。在辩证谈话中强行灌注没有任何好处：你必须作出一个自觉、自愿的选择。

格拉底的辩证性劝说似乎不足以应对这样一个对手。而且，在第二卷开头，格劳孔也说出了他的疑虑，他问苏格拉底是否希望他们只是看起来被说服了，还是希望他们真的被说服了（《理想国》357ab）。在后文中，劝说被置于不那么引人注目的位置，其中包括“高贵的谎言”或族类神话（myth of races），它将被确立为这个假想国家的“宪章神话”（charter myth）（《理想国》414b）。[1]在劝说可以胜任之处，柏拉图似乎更喜欢对规则和训练的自愿接受；但是如果遭到抗拒，如果劝说不能胜任，那么他的护卫者将有权力进行强迫和惩罚。[2]更有智慧的人有义务教育和纠正无知的人；这种学说的令人不安之处更清晰地出现在对战争的讨论中，在那里我们了解到，这个良好城邦的军队“在战争中”将充当“矫正者和指导者，而不是敌人的角色”（《理想国》471a）。一般人不理解什么才是对他来说最好的，不明白哲学所能给予人类的东西——看看苏格拉底如何被判死刑（《理想国》496d暗示了苏格拉底之死；比较517a）。第八和第九卷中对有缺陷的政制的描述强化了这些意见，这些描述展示了当时的政治暴力如何不分青红皂白，又是如何具有破坏性。如此愚蠢，如此无知——要是有一个懂得该做什么的人来干预，使这些得到纠正就好了。这里很难不去设想，由于不再对那个时代的政治抱有幻想，加上智识人声名狼藉，柏拉图正在让自己尽情想象，如果权力掌握在对的人手里，那么能做些什么——不过，

[1] 进一步参看461c（在“优生学”部分）；515e（强行把一个囚徒拉出洞穴）；547b（在这个乌托邦中冲突最初如何产生），548b（对比536e）；606a，607e（有必要压制由诗歌所激发并为了诗歌的热望）。另一类段落像411d（关于无理智[*misologos*]）；440d。关于*peitho-bia*（劝说-强制）的词汇参看波普尔《开放社会及其敌人》271注10；316注69；G.R.Morrow，“Platos concept of persuasion”（《柏拉图的劝说观》），*Phil.Rev.*62(1953)234—250，以及讨论《法义》的*Plato's Cretan City* 552—560。更多近期的讨论参看C.Bobonich, *CQ* 41(1991)365—388。

[2] 注意例如410a：医生和法官事实上将消灭那些“心灵无可救药地败坏了的”人。比较Sling, *Clitopho* 241注5。

这与规划一种个人的控制是截然不同的。[1]对于一个拥有柏拉图那样天赋的人来说，必定很难避免偶尔去思考一下，如果他效仿他的亲戚们，进入政治生活，那么他会走什么样的道路。这种取向在《法义》中更深入得多；而在《理想国》中，如果上述论证有说服力的话，那么，柏拉图的辩证方面和威权主义方面就是处于一种迷人的张力之中。

3. 对艺术的批评

在文艺被极度轻视和边缘化的现代英国社会中，很多人难以理解 228
古希腊人对艺术和文学的超乎寻常的重视。音乐、舞蹈、文辞和歌曲首先在戏剧节上被结合在一起，这些节日本身在某种意义上是仪式性或宗教性的庆典，它们具有更大的影响力，因为它们是难得的时机，不是一年中任何时候都有的。在新式的肃剧、酒神颂和谐剧——风尚改变了，新诗人可能取代了旧诗人——背后，赫然耸立着令人敬畏、几乎是神圣的荷马，无需进一步说明就可以称他为“诗人”。荷马是古希腊教育的命脉：学童们将他牢记在心，诵诗人在泛雅典娜节上表演他的作品，他是许多希腊肃剧的素材和精神来源。[2]古希腊人（除了像俄耳甫斯教这样的极少数小规模派系之外）没有圣经，没有神圣之书；单个神的祭司们并不对教义要点发表意见，即便在德尔菲也是如此，而且没有神职人员的等级体系。[3]因此，诗人不仅在教育领域，而且在社会

[1] 此外，波普尔《开放社会及其敌人》153似乎认为，柏拉图在幻想中把自己想象成那个哲人王，这就太过了（他用的是单数，令人不解。柏拉图一直说他们是一个种类，实际上是一个群体，他们轮流担任统治者。波普尔几乎从未讨论这一点）。尤其参看本章结尾处引用的540ab。

[2] 比较Rutherford, *JHS* 102(1982)145—160。

[3] 比较W.Burkert, *Greek Religion*(英译本 Oxford 1985)各处，尤其是119—131关于“荷马的魔咒”；R.Parker所作的较短篇幅的描述，见*Oxford Hist.of the Cl.World* ed.Boardman,Griffin, Murray(1986)254—274;L.B.Zaidman and P.Schmitt Pantel, *Religion in the Ancient Greek City*(英译本 Cambridge 1992)。

生活的很多方面，从会饮到婚礼，都具有很大的重要性。

所有类型的艺术家都提供快乐，但是，处理言辞观念并且或直接或间接评述经验的诗人，却也期望进行教导。[1]把这种看法奉为神圣的一个著名文本是阿里斯托芬的《蛙》。在这部戏中，肃剧之神狄奥尼索斯下到哈得斯，为了寻回一个已死的诗人，这个诗人能够振奋和鼓舞处在伯罗奔尼撒战争结束前的黑暗岁月中的雅典。最后，他选择了埃斯库罗斯，这个坚毅而有道德声望的，几乎已经过时的人物，而没有选择新式的正走红的欧里庇得斯。这些竞争对手之间的较量告诉我们很多在柏拉图青年时期人们对肃剧的看法，以及适用于肃剧的评判标准。虽然这两位戏剧家几乎在美学的所有方面都有差异，但在诗人有作为教师的责任这一点上他们是一致的（阿里斯托芬《蛙》1008—1012，比较1054—1055）。从更合乎实际的证据来看，这是古希腊社会的一般观念。诗人们在实践和道德问题上为他人提供引导；史诗和戏剧中的人物可以被视为榜样（尤其参见吕库古1.100ff.,引用了欧里庇得斯《埃瑞克修斯》[*Erechtheus*]中的55行）。柏拉图对话中的普罗塔戈拉把这一点看作是众所周知的事情："老师们……给坐在他们面前的板
229 凳上的学生们摆出好诗人的作品让他们阅读，要他们牢记在心；这些作品中包含了很多规训，还有很多内容是称赞和颂扬过去的好男子，这样，孩子们会受到激发去模仿他们，充满渴望，想成为他们那样的人。"（《普罗塔戈拉》325a）"法律对于提供教导来说过于简略；它们只是规定了必须做的事情[2]；但是诗人，他们描述生活本身，挑选出最高尚的行为，并通过论辩和表演改变人们的心灵"（吕库古1.101，伯特[Burtt]译：出自荷马、提尔泰奥斯以及诙谐短诗[epigrams]的例子）。众

[1] 一般参看D.A.Russell, Criticism in Antiquity (London 1981)第6章。

[2] 比较下文第十章原文第298页，关于柏拉图试图以"序言"来解决这个问题。

所周知，这样的选择可能很少关注一个诗意说法的原始语境和意义。[1]

如果诗人是教师，那么他们以什么样的权威来教育？《申辩》表明，历史上的苏格拉底曾与诗人交锋，并质疑他们的“神灵感应的”知识；《伊翁》，一篇有趣但无结果的对话，展示苏格拉底如何挫败一个诵诗人或荷马史诗职业朗诵者的自鸣得意，此人起初接受了一种通常观念，即荷马是出现在他诗作中的所有主题（统治、马车赛、医学等）的专家，随后，他为自己“神灵感应的”智慧而天真地感到自豪，这是他借助诗人而从神灵那里获得的二手或三手智慧。[2]与疑难对话中常见的情形一样，更大的议题和问题半隐半露，但没有得到探究：诗人自己拥有伊翁所缺乏的知识吗？诗人的知识状况如何？观众能够从诵诗人的表演中学到什么东西吗，即便伊翁过于自满以至于不知道自己的无知？如果诗人并不“懂得”他们所描述的事情，他们怎么可能做得那么好？如果他们的本领似乎只是一种花招，为什么他们应该得到尊重？

《伊翁》中还有一个要点揭示了雅典观众对诗歌作品表演的情感反应。伊翁描述自己表演特别有感染力的情节时的激动状态：“当我吟诵一段悲惨的章节，我热泪盈眶；如果是令人惊慌或可怕的情节，我也会害怕得毛骨悚然，心跳不已。”他的观众也有类似的反应：“我每次都能从台上看见他们流泪哭泣，神情激动，对故事的进展感到惊愕。”（《伊翁》535）观众的热情参与，特别是在剧院中，[3]证明了诗和音乐的力量，同时有助于解释柏拉图的不安。

[1] 进一步参看M.Heath, *The Poetics of Greek Tragedy*(London 1987)38—47, 71—89。

[2] H.Flashar, *Der Dialog Ion als Zeugnis Platonischer Philosophie*(Berlin 1958);G.M.A.Grube, *The Greek and Roman Critics*(London 1965)48—49;Russell, *Criticism in Antiquity* 74—75.

[3] A.M.Pickard-Cambridge, *The Dramatic Festivals of Athens*(Gould and Lewis修订,Oxford 1968 and 1988)272f.,274;关于音乐，比较257ff.以及A.Barker的原始资料集*Greek Musical Writings*(Cambridge 1984—1989);M.L.West, *Ancient Greek Music*(Oxford 1992)，尤其是第二章。

对诗的相反的和批评性的看法并不乏见。在《理想国》第十卷中，230 柏拉图提到“一种古代的诗与哲学之争”（《理想国》607bc）[1]，而且，在对诗的哲学式批评出现之前很久，诗人们自己就把诗比作谎言[2]。“诗人说了很多谎”，梭伦说（残篇29 W.）。品达怀疑关于珀罗普斯的象牙肩膀的传说（“我不可能把一个有福的神灵称作贪吃鬼”《奥利匹亚颂》1.52ff.），而且质疑荷马关于奥德修斯之功绩的证言（《尼米亚颂》（Nem.）7.20ff.）。克塞诺芬尼抱怨说：“荷马和赫西俄德把所有那些在人们之中会引起羞愧和耻辱的事情——盗窃、通奸、欺骗——都归到诸神头上”（B11）。对骇人情节的寓意化阐释似乎始于前5世纪的学者批评家，如忒奥格尼斯（Theagenes），他将诸神之战寓意地解释为元素之间的冲突[3]；但对于柏拉图而言，这没有触及真正的问题。因此，我们可以看到，在《理想国》中柏拉图对诗的攻击——其早期作品以一种较温和的方式预示了这里的攻击——处于一种道德批判的传统之中，这一传统针对史诗和其他诗歌的特定部分，尤其是批评那些似乎颂扬了诸神与人之中的离谱行为或为其辩解的诗（比较阿里斯托芬《蛙》1043ff，关于欧里庇得斯的“坏女人”）；但是，《理想国》的异乎寻常之处是将这一批判扩展到作为整体的诗和艺术。

我们应该将第一和第二卷中的讨论与后来第十卷对该主题的重启区分开来。[4]前者的攻击基于很多（诗歌）章节的不得体或渎神，如果

[1] 比较E.R.Curtius, *European Literature and the Latin Middle Ages*（1948:英译本1953）第十一章。

[2] 参看我对《奥德赛》19.203的评注；G.Walsh, *The Varieties of Enchantment*(Chapel Hill 1984); L.H.Pratt, *Lying and Poetry from Homer to Pindar*(Ann Arbor,Michigan 1993)。

[3] Pfeiffer, *Hist of Cl.Schol*.i.8—12,Richardson修订,*PCPS* 21(1975)65—81。

[4] 这两者的参考文献都非常多：尤其参看P.Vicaire, *Platon,critique littéraire*(Paris 1960);Iris Murdoch, *The Fire and the Sun*(1977); *Plato on Beauty,Wisdom and the Arts*, ed.Moravcsik-Temko(1982);哈利韦尔（Halliwell）对第十卷的评注；G.Ferrari in *Cambr.Hist.of Lit.Crit*.,ed. G.Kennedy,i(1989)92ff.。

理想国中的护卫者要接受健全教育的话，这些章节必须受到审查。在这一讨论中，苏格拉底为有关诸神的陈述制定了许多一般准则，也表明他有意批评英雄的行为——《伊利亚特》中的阿喀琉斯放任自己的愤怒和悲痛，使他不能作为有德者的楷模。但是，这并没有超出大规模删节文本的尝试，尽管有许多附带的评论，而且，由于这位哲人削减了经典作者，砍掉了不可接受的部分，这种做法似乎变得越来越怪诞(也许是有意如此)。接下来对音乐风尚的讨论清楚地表明，音乐方面也有恰当和不恰当的风格：前者将教导节制和勇敢，后者将导向堕落和情感的不自律。这种批评方式本质上延续了在特定章节中寻找缺点的现有传统。

第十卷有两种更深入的论证方式，它们都更具有原创性和探索 231
性。第一种方式源于柏拉图的形而上学，尤其是型相理论。此处，对诗歌艺术的考察扩展到了所有艺术，尤其是视觉艺术。这一路径涉及对艺术的非真实性的批判：艺术只是对生活的一种模仿。此外，按照型相理论，艺术家只是模仿此世中暂时存在的和不完美的对象和行为，这些对象和行为本身只是对真正真实的模仿，这真正的真实赋予了它们某种存在。换言之，艺术家创造的是摹本的摹本；他们只是致力于更加不完美、更加次等的模仿。通过对艺术家所拥有或缺乏的知识的集中讨论，这一论点变得更加尖锐：“一位画家会制作出一个鞋匠的表象，尽管他对做鞋一无所知，而看画的众人也只是凭借颜色和形状来判断事物”(《理想国》600e)。同样，诗人创造了一种现实的幻觉，尽管复杂细致且观察准确，但它仍然是一种幻觉，是没有实在性的影子。如果诗人的确说了什么，的确教导了任何有关德性或专业的东西，那么他就不会满足于幻觉，而是会致力于行动和生活。“你认为，”苏格拉底问道，“如果一个人既能制造被模仿的事物，又能制造其影像，那

么，他会去认真地制造影像，并以此为其一生的鹄的，似乎这就是他要做的最好的事情吗？”（《理想国》599a）

第三种论证是对道德论的发展，但这一次更多是专注于（文艺）对个体的心理影响，而较少关注不值得表现的主题。心理的分析吸收了中间几卷所阐述的关于分裂之灵魂的比喻。此处，重点又一次基本在文学方面，尤其突出的是肃剧和谐剧。苏格拉底认为，诗的情感作用不仅是提供无益的快乐，而且实际上是有害的：它削弱了道德品质，刺激了在道德上恶劣的情感。当我们同情剧中人物之时，肃剧鼓动甚至强迫我们向悲伤和哀痛屈服；它增强了那些我们本来乐意在内心检查和克制的情感。谐剧鼓动我们沉溺于那些低级和滑稽的趣味，在日常生活和交谈中，我们本来会鄙视这些趣味出现在别人和首先是我们自己身上。苏格拉底作了如下总结：

> 在性欲、愤怒和所有欲望以及灵魂的快乐和痛苦中——在我们看来这些与我们的行为相伴随——诗的模仿其实对我们起着同样的作用。因为当我们应当让这些情感枯萎的时候，诗却浇灌和培育它们；诗把它们培养成我们的统治者，当我们应当将它们控制住的时候，因为只有将它们控制住，我们才能变得更好、更快乐，而不是变得更糟糕、更悲惨……所以，格劳孔，要是你遇到有人歌颂荷马，称他是教育了希腊的诗人，为了教育，为了引导所有人类行为，他的作品值得我们去研究，有了这位诗人的教导，我们就有能力过好我们的一生，那么你应该友好对待像这样的人，应
> 232 该热情地欢迎他们（因为他们是尽他们之所可能的最好的人了），而且，你应该同意，荷马是最好的诗人，是肃剧诗人之冠。但你也

要记住，能够被允许进入我们的城邦的那一类诗，只包括对诸神的赞美诗和对有德之人的颂歌。但要是你接纳提供快乐的缪斯，无论是抒情诗还是叙事诗，那么我告诉你，快乐和痛苦就将取代法律与理性的联合而成为这个城邦的主宰，而我们总是一致同意理性具有最高权威。（《理想国》*606d—607a*）

这样，诗和艺术就在三个方面受到攻击：它们包含了在道德上令人无法接受或在教育上不可取的材料；它们假装有知识和权威，实际上并不拥有，从而误导和欺骗了无知者；它们满足了情感并使其降低，而不是增强人在道德和理智上的自制力。这里没有对“为艺术而艺术”或“纯粹美学的”价值作任何让步；苏格拉底的立场是毫不妥协的。如果文学不能凭靠知识，如果它并未进行教育，那么，它就不配在教育方面享有它长期所享有的尊贵地位。说诗歌给人提供快乐，这毫无意义；苏格拉底自己很乐意承认这一点（《理想国》595bc，607cd），而且用诱人的词语描述它的力量，这种力量使它接近高尔吉亚《海伦颂》中所界定的那种神奇的修辞骗术。[1]苏格拉底的观点是，快乐是不够的。

要嘲笑柏拉图的批评是很容易的，就像人们常常笼统地嘲笑哲学一样容易。在现代民主政制中，审查制度是可疑的，而且，可以理解的是，在那些将柏拉图视为第一大极权主义者的作品中，对文艺的讨论是与指控联系在一起的。第二种批评特别容易受到攻击，因为柏拉图的现代读者中极少有人（如果有的话）会赞同型相理论的任何说法（而且事实上，柏拉图本人在后期似乎也对该理论持有重大保留意见，虽

[1] 特别注意巫术用语*keleo*（着迷）；参见J.de Romilly, *Magic and Rhetpric in Ancient Greek*(1975)第一、第二章。亦比较柏拉图《美涅克塞努》235a—c，《普罗塔戈拉》328d（上文原文第130页引用），《会饮》198b—199b。

然这并没有使他更改对诗的判断)。[1]但是,我们最好承认,在柏拉图式的攻击中有某种不可否认的因素。[2]生活与艺术有一个根本区别,艺术必然出自对经验(即使是想象的经验)的一种选择,一种局部的并且也许是有意义的选择;因此,无论我们是否相信型相,艺术都是现实的衍生物,甚至是依附于现实的。一般来说,有两种抵制柏拉图的批
233 评的策略。一方面,我们发现形式主义者在他们自己的世界中用他们自己的规则、编码和语言进行回应,以多种不同的方式坚持艺术作品的独立地位。[3]这种观点加大了艺术与生活之间的隔阂,而且可能被认为强化了柏拉图的理由的一个方面,即艺术是一种不切实际的、相当任性的奢侈品。大多数明确寻求从柏拉图自己的角度来回答其批评的人采取了另一条路径。他们承认艺术必须负有道德责任,承认艺术必须在社会中发挥作用,但认为艺术在某种意义上接近知识,即使这不是一种直接的、实际的或者可证明的知识。柏拉图似乎并不相信艺术家可以绕过物理现实而模仿型相本身,但后来的一些古代思想家的确试图阐发这种思想。[4]用现代的话来说,我们会希望说诗人或艺术家具有某种见识,这种见识虽然是不完全的且不能被他人分享,但能够使他或她有意义地评说经验的某个方面,而且,这样的人所选择

[1] 尤其参看柏拉图《巴门尼德》130b—136c论型相;关于后期对文艺的评论,尤其参看《法义》632—641,643—650b,以及R.F.Stalley, *An Introduction to Plato's Laws*(1983)第十二章中所搜集的其他章节。

[2] 尤其参见Murdoch(上文原文注释69);J.Gould,见*The Language of the Cave*,ed.A.Barker and M.Warner(Edmonton,Alberta 1992)13—25。对诗的更一般地辩护,见W.B.Stanford, *Enemies of Poetry*(London 1980),是一个颇有趣味但无足轻重的概述。

[3] 这一概括非常随意,但这里不适合作更充分的讨论;进一步参看,例如M.H.Abrams, *Doing Things with Texts*(New York and London 1989)3—30,这是一个有益的总体研究;J.Culler, *Structuralist Poetics*(London 1975)。

[4] 参看Russell, *Criticism* 104—106中相当简短的论述;M.H.Abrams, *The Mirror and the Lamp* (Oxford 1953)第二章。

的形式或媒介将会比其他人的更敏锐或更令人难忘地传达自己的见识。[1]但问题仍然存在——如果艺术家不能将其底牌(也就是他的知识)明摆在桌面上接受检查和评估的话,那么,他的见识是何种类型的见识,这种传达如何实现,怎样才不会发生误用或误解?

今天大多数读者会发现,柏拉图在心理方面的批判最有说服力。[2]我们无法忽视有关个体欲望的艺术的影响力,从电影银幕到直白的色情小说。亚里士多德式的解答是,接受这种影响往往会以一种有益的方式净化或驱散我们的情感,这种解答往最好了说也是未经证实的。[3]柏拉图针对修辞的批评和针对诗的批评有很多相通之处:两者都是公开表演,面向大量受众(柏拉图和大多数智识人一样,害怕且不信任群体性的情感——例如《理想国》604e);[4]两者都有精致的风格和修饰,能够满足优雅的品味,却不阐明思想;两者都直接而危险地诉诸情感;两者似乎都表达重要的观念或提供某种特别的见识(正如我们所看到的,许多古希腊人认为"教诲"存在于诗中),然而一旦我们在内心冷静地分析一下,[5]那么,往好了说,两者都显得空洞;往坏了说,两者都远离关于道德、政治、宗教,以及其实还有艺术本身的可知真相(考虑到恰当的哲学能力和运用这种能力的意愿)。虽然某些诗人受神灵感应的可能性经常被提及(这种可能性从未得到演说家承认,或者只是他们的玩笑话),但很明显,这并不能使他们获得高于其他职业的特殊 234

[1] 道德分析与形式分析的这种结合最终可追溯到亚里士多德。将亚里士多德的批评观念单纯理解为是形式/美学的批评是错误的。参见Halliwell, *Aristotle's Poetics* 24—27。

[2] 近期的讨论参看J.Lear, *Phronesis* 37(1992)184—215。

[3] 某种此类理论似乎强调《诗术》中的神秘提法"卡塔西斯(catharsis)"(比较亚里士多德《政治学》1341b32ff.),虽然细节远不确定:参见Halliwell, *Aristotle's Poetics* 附录5。

[4] 进一步参看《高尔吉亚》501e sqq。

[5] 例如《普罗塔戈拉》中对西蒙尼德斯的诗的分析,以及《斐德若》中对吕西阿斯的演说词的分析,就是如此。

地位（部分是因为这种灵感没有公开接受客观检验），而且，在柏拉图对这个话题的思考中，灵感诗人只起到非常次要的作用。[1]

在第十卷中，苏格拉底自己是以一种犹豫的方式开始对诗的新一轮批评："我必须说出来；虽然从孩提时代起，我就对荷马抱有一种热爱和敬意，这使我不便畅谈他……"（《理想国》595b）[2]他同样诉诸格劳孔自己的经验："我的朋友，你也没有被诗歌迷住么，尤其是你借助荷马之眼来看她的时候？"（《理想国》607c；比较387b，397d）。在这一批评的结尾，他同意未来的某些诗人或诗歌作者可以接受挑战，为诗歌辩护。尽管《理想国》充满了道德热情，但也在此处留下了一个选择的余地。值得注意的还有，在此处以及在其著作的其他许多地方，柏拉图都采用了诗的语言，而且使用了一些引导读者将其作品与诗人作品相比较的词语和比喻。[3]通盘考察所有可能的例子是一项艰巨的任务：这里只举几个例子。至于《理想国》之外的对话，提以下几部就足够了：在《会饮》中，如我们所看到的，谐剧作家和肃剧作家都败给苏格拉底的"表演"（本书原文第182页）；在《斐德若》中，苏格拉底本人以一个灵感诗人出场，某种意义上是斯忒西科鲁斯（Stesichorus）的化身（下文原文第255页）；在《斐多》中，苏格拉底先是将伊索寓言改写成诗，然后，在喝下毒芹汁之前不久，他又开玩笑说，"现在我的命运在召唤我了，就像某个肃剧中的人物说的话！"（《斐多》115a），

[1] 明显的例外似乎是《斐德若》：尤其参看《斐德若》245a。但该对话是一个非常特殊的个案，部分是因为受神灵感应的人物是苏格拉底自己。进一步参看下文第九章，原文第255—256页。参看Dodds, *The Greeks and the Irrational*第三章，以及关于这一主题的一个更充分的研究E.N.Tigerstedt, *Plato's Concept of Poetical Inspiration* (Halsinki 1969)。

[2] Popper 53,228注39认为，这是不必认真对待的虚伪之言。不如参看Halliwell, *Republic* x,3—13。

[3] 出自其他艺术类型，尤其是雕刻的比喻，也很常见（我们可能会想到苏格拉底自己是一个石匠）。参看，例如《理想国》卷二361d（对格劳孔说的话）；卷四420c（"浇铸"）；卷七529de，540c。进一步参看P.Louis, *Les m é taphores de Platon*(Paris 1945)209—211。

接下来是迷人的反高潮,“我该去洗个澡了”。在一个可以原谅或者甚至需要宏大措辞的语境中,苏格拉底更喜欢采用他的装样子的幽默方式;不过,肃剧的重现不仅在苏格拉底的直面死亡与肃剧人物的行为特征之间建立了一种张力和对比,而且显示了柏拉图自己与戏剧的默 235 默较量和爱恨关系。[1]

我们回到《理想国》。当对有缺陷的国家的分类完成时,苏格拉底请格劳孔来判断谁最幸福,谁次之,如此等等;格劳孔的回答证实了戏剧节的比喻是有意为之的(“就好像他们是合唱队……”);苏格拉底接过这个说法,表示他自己来充当传令官,宣布竞赛的结果(《理想国》580a—c)。在同一部分,一个神话意象被用来帮助他们界定人类灵魂的分裂本性:“(我们需要)古代传说告诉我们的一种本性……诸如克希马拉,或斯库拉,或刻耳柏洛斯的本性”(《理想国》588cd)。[2]当苏格拉底坦承自己没有能力描述善的型相时,一个相当不同的要点被提了出来:哲学和言辞本身似乎都不能胜任这项任务,虽然他打算描述一下善的孩子,以及与善最相像的东西(《理想国》506de,以及亚当[Adam]的评注)。当他警告说,他担心因为自己无能而欺骗他们,只给他们提供一个假冒的相似物时,他所用的语言让人想起高尔吉亚式的修辞欺骗观念(《理想国》507a)。再者,稍早的一段话表明,《理想国》中所提供的对灵魂和型相的解说,虽然篇幅有那么长、细节有那么多,但仍然不完美,是护卫者们必须学习的内容的一种较为简短的版本(《理想国》504b—c,重提卷四435d)。同样的说法出现在533a:只要能做得到,苏格拉底会给出完满的说明:“那么,格劳孔,我不会再给你看我所说的东西的影像(*eikona*)了,而要给你看那真实的事物

[1] 进一步参看Halliwell, *PCPS* 30(1984)49—71。

[2] 比较上文原文第165页,关于《理想国》中的其他传说野兽。

本身，就像我所见的那样——虽然我不能确定是对还是错。”（《理想国》533a）此处，苏格拉底意识到词语的局限性，同时也像他惯常的做法那样对自己似乎“知道”的事情的确定性表示了怀疑（比较《斐多》114d）。或者以用了洞中囚徒比喻的那段话为例：“我们必须整个地运用这一影像（又一次用到*eikona*）……如果你把向上攀登和沉思上面的事物设想为灵魂上升到可知领域，那么你就不会误解我的希望，因为那正是你想要听的。但是只有神知道它对不对”（《理想国》517b）。我们可以认为，即便是在论述宏富的《理想国》中，柏拉图仍然注意保持原本的谦逊和对无知的承认，这当然是苏格拉底的一贯特点；不过，对其方法和语言的局限和瑕疵的关注似乎更加深入了。缩写、概述、复制、不大清晰的见解（half-articulable insight）——这些描述性的语言是意味深长的。《理想国》中的解释似乎是不完全的和尝试性的；苏格拉底所达到的与诗人们能够做的，两者之间的隔阂并没有我们起初料想的那么巨大。在472cd中，苏格拉底谈到他们寻找正义和不义的
236 模式的努力，并表达了对于现实是否与之相匹配的某种怀疑（此处的语言让人想起他谈论把型相当作行为范式的段落）。不过，他也引入了有关绘画的思想并自相矛盾地指出，绘画可以超越可能的现实：“如果一个画家，他画就了一个理想美人的模式，把凡是需要的一切都无遗漏地画在了画上，但他不能证明这样的一个人可能现实存在，那么，你认为这个画家就因此不算一个好画家吗？……那么，我们不是说过，我们正在尝试在言辞中创造一个正义城邦的模式吗？”[1]一方面，哲学家远比艺术家更能接近型相的现实；另一方面，这两个职业又被明确地结合起来。在对修辞语言和概念的使用中，我们也可以看到同样的模式：当格劳孔和阿狄曼图要苏格拉底承担起主要的论证工作时，他

[1] 进一步参看《理想国》487e—488a；500e，501b（哲人统治者像艺术家模仿一个天上的范式）。

们提出要求的用词是请他承担一篇对德性的颂辞（*encomium*）和对恶行的*psogos*（或“声讨”）。

按照批评家朗吉努斯的说法，柏拉图是荷马的追随者和模仿者：“他不会把他的哲学学说写得那么精彩，或者那么常常达到诗意的题材和语言，如果他没有试图，没有一心一意地试图与荷马争胜，就像一个雄心勃勃的年轻人挑战一个受人钦佩的导师。”（朗吉努斯《论崇高》13.4）[1]朗吉努斯考虑的基本上是风格问题，但这种比较可以扩展。第十卷中神话的开场白引入死后生活的说法让人想起荷马的《奥德赛》（“我要讲给你听的不是“讲给阿尔喀诺俄斯听的’故事”，而是讲一位勇敢者的故事，他是阿尔美纽斯之子厄尔，潘斐利亚的族人”《理想国》614b）。一个“讲给阿尔喀诺俄斯听的故事”意思是像奥德修斯在费阿刻斯国王阿尔喀诺俄斯的宫廷上讲述的故事，其中包括他在冥府的经历。这个说法唤起神话和诗（也许还有诗意的谎言）的世界，[2]衬托了柏拉图自己的神话编造。

第十卷更早的一个段落已经精彩地刻画了哲学与诗的含混关系。正如我们所见，苏格拉底问格劳孔是否感受到诗的魅力，尤其是荷马的诗，格劳孔表示同意（《理想国》607c）。然而，紧接着，他也用类似的语言说哲学：“只要诗歌不能为她自己辩白，那么，每当我们听到诗歌的时候，我们仍旧要重复我们现在的论证，作为护身的咒语（*epōiden*），小心谨慎地提防着，以免堕入多数人那种对诗歌的幼稚的热爱之中……”（《理想国》608a）。[3]因此，为了祛除诗歌的蛊惑和它 237

[1] 比较普洛克洛斯对《理想国》的评注，Essay 6,book 2 (ed.Kroll,i,pp.163—170)。

[2] 奥德修斯的讲述在古代有时被视为虚构的（即这个英雄的捏造），虽然荷马对此没有给我们提供任何根据：参看尤维纳利斯（Juv.）15.16.，以及考特尼（Courtney）的评注。

[3] 关于*epōiden*一词，比较P.Lain Entralgo, *The Therapy of the Word in Classical Antiquity* (1970);E. Belfiore, *Phoenix* 34(1980)128—137。

所带来的虚假观念，哲学的魔力——体现在雄辩中的反符咒（counter-spell），《理想国》本身的诗——就是必要的。[1]柏拉图是荷马和肃剧的最伟大的批评家；但他也向他们学习，并试图与他们竞争。[2]换句话说，柏拉图是用文学的艺术来为哲学服务。[3]

《理想国》是一部太多面的作品，无法用寥寥数语的"结论"来轻易概括它，更不用说评价了。它吸收了早期对话的很多特征，将它们融入到一个更宏大、更雄心勃勃的框架之中——不拘礼节的交谈，不断诉诸类比、比喻和引证，衷心承诺与自打退堂鼓的幽默在苏格拉底身上的结合，同时也在方法和理论上更进了一步，结合了哲学的不同方面：政治理论、社会分析、形而上学、认识论、神学、人类心理学，这些在早期作品中更多的是当作虽有关联但各自独立的探究领域。由此产生的多种思想路线和不同关注点的结合令人眼花缭乱，尽管可能并非完美无瑕：有些地方的论证显得过于冗长，有些较为简单的要点被多次重复（例如卷二和卷三中关于"审查制度"的内容），而其他地方则令人惊讶地轻易接受了更为复杂和重要的原则。[4]如上文已经提到的，柏拉图自己有时似乎意识到，即便是《理想国》这样庞大的结构也无法包含和完全公正地对待所有被纳入讨论的问题。这部作品的其他一些方面可能会以其他方式迷惑或困扰我们。论辩一开始（在与克法

[1] 比较《法义》第七卷817，尤其是817b（下文原文第308页引用）中的类似说法（特点是更庄重，更少暗示性）。

[2] Russell, *Criticism* 104是对的，他认为，柏拉图从未正式提出一种哲学诗的概念（而且，即便有限制条件，所有对话也都是散文——虽然也参看亚里士多德《论诗人》残篇72 Rose[=1(a) Janko]），但这样一些段落的含义有这种指向。关于《理想国》的"诗性"品质的进一步评论，参见C.Segal, *Hermes* 106 (1978) 315—336，这是一篇深思熟虑的论文，虽然间或有些空想。

[3] 除了关于死后生活的结尾神话之外，其他对神话的"建设性"利用或改编括包括例如《理想国》407c—408c关于阿斯克勒庇俄斯（注意408b对诗人们的直言不讳的抵制）。

[4] 比较班布拉（Ryle ap. Bambrough）的典型的牛津式评论，87，"没有一个导师会从学生那里接受由柏拉图给出的关于以下十分重要的学说的理由……"

洛斯和波勒玛库斯的初步的小争论之后）是试图证明正义优于不义并应该被优先选择的信念。这个论证虽然富于情感力量而且在直觉上令人同情，但是在相当程度上依赖于对第四卷中苏格拉底阐述的灵魂等级观念的接受，而且，对灵魂和人类心理特征的这种看法的论证让很多读者感到不安。我们已经讨论过这部作品的政治维度：虽然对于败坏的城邦和城邦民的否定性评论写得很精彩，而且充满政治的敏锐性，
但是积极推荐那种社会改革会导致一个压抑的、严厉的政体，即便（这 238
几乎很难保证）在启动精心设计的教育方案来接纳护卫者的继任者们之前就可以招募到充足的护卫者来管理这个城邦。在另一个层面，我们在第七卷对哲学研究的核心讨论中看到对《会饮》中的那种倾向的进一步发挥，苏格拉底成为一种遥远且超越尘世的沉思理想的代言人。辩证术不再表示思想开明的朋友们之间活泼而富有建设性的交谈，而是指一种进行假设推理的内在理智活动过程：向着善之型相的上升是在孤独的思考中进行的，无法用言辞来表达。[1]

然而，《理想国》仍是一部将一直激发争论和引起关注的作品。在回答忒拉叙马霍斯、格劳孔和阿狄曼图的挑战时，如果这些回答被发现似乎是不充分的，苏格拉底不仅要求他的同伴，也要求读者，跟随他的引导作更深入的探讨。最重要的是，这部对话以无数种方式强调了个体生活选择的重要性——厄尔神话中那些灵魂所作的选择只是以传说的方式表达贯穿整部作品的主题。[2]也许在柏拉图的著作中，没有别的任何地方对于哲学家(或人本身)可能怎样与事实怎样之间的反差作过如此强有力的描述。把两段有代表性的雄辩的话放在一起可能是显示理想与现实之间对立的最有效方式。第一段话已经在上文提到

[1] 关于辩证术含义的游移，参看R.Robinson, *Plato's Earlier Dialectic* 69—75。

[2] 注意在第十卷618b—619a中，神话以不同寻常的方式被苏格拉底的直接劝勉打断了。

过，是这部对话中最忧郁、最悲观的段落之一，它明确预示了苏格拉底自己的死；第二段出现在哲人—统治者教育的高潮，在此之前，哲人—统治者已经获得了以辩证推理为顶点的抽象科学所能给予的洞察力。

> “这个小群体的成员已经体验到哲学是多么甘甜和神圣的财富，同时他们也非常清楚地意识到大多数人的疯狂，并且明白了（简单来说）没有人在政治事务中做一件美好的事情，也没有任何同盟者，他可以毫无风险地与之一起扶助正义。相反，他就像一个掉进野兽群中的人一样，既不愿意和他们一起犯罪，又无法凭一己之力与普遍的野蛮相抗衡。他将会过早地死去，未能有益于他的城邦或朋友，没法帮助他自己或他人。考虑到这些，他保持沉默，只做他自己的事情，就好比在沙尘暴或大风冰雹中，他躲在一堵墙垣之下，目睹其他人类得意忘形地干着不法之事。他想如果自己能够不行不义和不敬之事，清白地度过在这个人世间的一生，然后带着美好的希望，带着对诸神的敬畏和宽厚仁慈之心离开人世，那就足够了。”（卷六 *496c—e*）

239 “五十年以后，那些在各个阶段各个方面，无论是在实践上还是在学问上，都通过了考验并表现卓越的人，必须被引导到那目标上去了，必须要求他们仰视，把他们的灵魂之光转向那个给予一切以光亮的真正光源。当他们既已看见了善本身，就把它用作遵循的模式。在他们的余生中，他们必须轮流把城邦和城邦民以及他们自己安排有序。他们生命中的大部分时间将用来追求智慧，但在轮值的时候，为了城邦的缘故，他们将忍受一段时日去过政治生活，管理政务，并非因为这本身是什么好事情，而是因为这是有必要去做的。然后，当他们以同样的方式培养了其他像他们一样的人，并将后者作为接替他们的护卫者留给城邦之后，他们就会离开这里，前往福岛，在那里定居下来。如果德尔菲的女祭司同意，城邦必须以公共费用为他们竖立纪念碑并且礼祭他们，但如果不同意，他们也要被当作幸福的、神圣的伟人。”（《理想国》第七卷 *540a—c*）

虽然这两段话的文脉都与哲人有关，但问题是更广泛的——在坚定的利他主义与自我保护的退却之间，在道德和政治的参与和清静无为之间。我们是否准备从现实迈向理想（或者采用柏拉图式的比喻，进行艰苦的攀登）是另一种选择，《理想国》的每一个读者都将被迫去思考这种选择。

附录:《理想国》纲要

很显然,很多讨论是跨卷的;只有第一卷和第十卷有一种明显的“独立”地位,这种“独立”地位可能被轻易夸大了。卷的划分不大可能追溯到柏拉图:最早提到这些划分是在公元*1*世纪(第欧根尼·拉尔修《名哲言行录》*iii.57*中的忒拉绪卢斯),而且其他划分也流行。

第一卷　序篇:界定正义这一任务的虚假开端。不义是有益的吗?正义的价值是什么?

第二卷　格劳孔和阿狄曼图重述不义的理由;向苏格拉底提出挑战。主体探究的开始;同意个体—国家的类比应该得到运用。开始模范社会的建构。一人对应一种职业的原则。

必需品和奢侈品

这个国家的护卫者;他们的品性界定(*376*)。引入护卫者教育的问题。

第三卷　教育。对诗人和戏剧性朗诵的批评。音乐和韵律。教育的目标,身体的和精神的。

从受这些原则教育的广大公民中选出统治者。护卫者与辅助者的比较。

“高贵的谎言”(*414—415*)

第四卷　护卫者的职责

这个国家中的德性*434d—441c*:灵魂三分与这个国家的社会结构的类比分析。个体的德性。

240 第五卷　这个模范社会的其他方面。女性平等;家庭结构的废除；战时的做法。

471c—477a：重启关于这个模范国家的更大问题：这个国家会成为现实吗，以及在什么样的环境条件下会成为现实？核心的悖论被提出：只有当哲人成为王，或者王成为哲人时（473）。

对哲人的界定。型相学说。知识VS信仰，真实VS表象。

第六卷　哲人是当之无愧的统治者。提出、解释并拒绝相反的观点。哲学的“无用”只是因为它没有被当时社会所理解，或败坏。

贤明的统治者并非不可能（497a—502c）。

贤明统治者的培养。

善的知识。日喻和线喻（506e—511e）。

第七卷　洞穴喻（514a—521b）。对被挑选为哲人的人更高教育。数学：算术、几何、立体几何、天文学、和声、辩证术（531c—535a）。依照年龄—阶层的学习规划。

第八和第九卷　社会的衰落，以及灵魂的类似败坏。国家如何从完美状态衰败。荣誉政制（548c ff.），寡头制（550c ff.），民主政制（555b ff.）和僭主制（562a ff.），以及他们的相应性质。对不义之人的生活的最后描绘。

正义和不义生活的比较（包括对僭主的更多讨论）（576—588）。

正义，而非不义，是有益的（588b—592b）。这个探究结束。

第十卷　595—608b：重启对诗歌的讨论。艺术与真实。艺术与情感；艺术对品性的影响。

608c—612a：灵魂的不朽；对正义灵魂的进一步奖赏。对此世德性的奖赏。

613e—621：死后生活的赏与罚；结尾的厄尔神话。

第九章

《斐德若》[1]

1. 苏格拉底与斐德若

241 在阐释《斐德若》的时候，柏拉图的读者通常所面临的问题会变得特别尖锐。这些问题可以归结为形式、内容以及语气的问题。大多数读者会发现很难把握该对话第一部分与第二部分之间的关系——既然场景和人物没有改变，那么这两部分是在处理同一个问题吗，它们有一样的严肃性吗？同样难以界定的是讨论的主题：是情爱，或者一种特殊类型的情爱，或者是一般意义上的修辞，或者是用于情爱的修辞，或者是作为哲学对立面的修辞？无论是在整部对话中，还是在苏格拉底的主要讲辞中，对于肯定性学说的表面上非常明晰的陈述达成了什么样的结论，如果有结论的话？再者，如何确定这部对话的语气也是我们面对的难题：对情爱的哲学意义的分析是严肃的吗？这一分析与柏拉图思想的其他方面（例如灵魂的轮回和不朽，这两者在苏格拉底的主要讲辞中都很突出）有关系吗？或者我们要严肃对待苏格拉底后来对那篇讲辞的严肃性的贬低吗——他在一段话中摒弃了那篇讲辞，

[1] 这一章是我在看到罗塞蒂（L.Rossetti）编的*Understanding the Phaedrus*(Proc.of the II Symposium Platonicum,Academia Verlag,Sankt Augustin 1992)之前写的。这里自然不可能具体谈及这本包含了十三篇长论文和二十九篇短论文的书，但本章所涵盖的大部分话题在该书中都有所涉及。

把它当作只是一个近似物，甚至是“游戏”？《斐德若》的另外两个自相矛盾的方面也导致了困惑或者需要对这部对话进行一种否定性的、“解构的”阅读。首先，柏拉图让苏格拉底在这部对话中特别强调艺术作品的统一和连贯的必要性（《斐德若》264,268），然而大多数读者感到，与（例如）《斐多》或《会饮》相比，《斐德若》缺乏统一性，至少按照某些解说是如此。其次，对话的最后一部分包含了对作为一种求知工具的书面文字的批评，因为苏格拉底断言，哲人只会把写作当作消遣，而不会重视其结果。在这里，我们似乎也被迫认为，由于《斐德若》本身是用书面文字写成的作品，因而不管怎样它都是不充分的、有局限性的或者有缺陷的。柏拉图在《斐德若》中，比在《理想国》中更率直， 242
比在《会饮》中更古怪，他似乎把自己以及苏格拉底的反讽指向了他自己的作品。[1]

不过，看来重要的是不要夸大这种反讽的、否定论的解读。第一章中已经论证了以泛反讽的方式解读柏拉图是一种过于简单化的方法，因为它没有充分辨别对话中语气和态度的变换。在《斐德若》中肯定也有某种坚固的底子：例如，几乎没有人会怀疑其中对当时修辞理论的贬斥是严肃的，即认为这种理论只是术语繁多而思想空洞，不管这一批评如何进行搞笑地嘲讽。更具体来说，在同一段话中，苏格拉底提到他的那篇作为一种游戏之作和近似物的主要讲辞也包含了某种更具有肯定性的特征：“……我们说，这种爱的迷狂是最好的，我们还用某种形象刻画了爱欲的经验，在其中，我们也许抓住了某种真理，

[1] 年代学当然可能与这一问题相关：因此，M.Nussbaum, *Fragility of Goodness*认为，《斐德若》是对《理想国》的严厉论调的一种改变，它实际上代表了对诗的一种恢复。弗里斯（G.de Vries）的评注的导言，Thesleff, *Studies in Platonic Chronology* 171—180，以及C.J.Rowe, *PCPS* 32(1986)120—121，讨论了年代及相关问题。我倾向于接受相对晚的年代，但我不认为这个争论与我想要表达的看法有很大关联。J.Tomin. *Antichthon* 22(1988)26—41支持一个非常早的年代。

尽管也有可能我们在其他方面误入歧途。通过混入一个并非完全不合情理的故事，我们以谨慎和虔敬的方式，用一首神话般的颂歌来赞美我和你斐德若的主人，也就是爱神——他照管着美丽的少男。”（《斐德若》265b—c）这里的肯定性因素应该与否定性因素有同样的分量。相应地，在接下来的内容中，我们将假定，《斐德若》确实有话要说，尽管它很幽默，有很多玩笑，而且，阐释者的任务就是解释文本，而不是去庆贺它的费解。

和其他对话一样，从基本的人物和情境设置问题出发是有益的，在这里更是如此，因为伊立苏河边田园诗般的乡野环境包含了如此多的信息。这部对话只有两个参与者，苏格拉底和他的年轻朋友斐德若（257c8提到斐德若是年轻人）。这就马上使这部对话与诸如《普罗塔戈拉》或《会饮》之类有很多出场演员的对话区别开来。它的作用是使这场交谈更具有亲密性和私人性。不同寻常的乡野背景强化了这一点，在那里不可能或者不太可能会有其他人偶遇苏格拉底和斐德若并加入到他们的谈话中，像在《美诺》中那样，阿尼图斯出现并充当咄咄逼人的第三者。乡村代表着比城里更健康、更纯净的地方。斐德若刚刚在城里参加了演说家吕西阿斯的精彩表演。他说他的医生推荐乡
243 间散步作为保健运动：柏拉图经常将医学上的健康视为与精神上的健康相类似。这一背景的重要特征将会陆续出现，但很清楚的是，城镇与乡村、吕西阿斯与苏格拉底，以及修辞与哲学之间的对立从一开始就很重要。这部对话开场的言辞，苏格拉底的看似天真的问题“亲爱的斐德若，你从哪里来，要到哪儿去？”已经引出了有关斐德若处境的一个核心要点。从字面上看，他是从（代表修辞术的）吕西阿斯那里来，然后遇见苏格拉底或来到苏格拉底这个哲人或修辞术的批评者的面前。更宽泛地说，斐德若似乎是处在人生的一个岔道口上，在这里，

他应该在这两种追求之间作出选择(尤其参看下文引用的《斐德若》257b)。

现在该考虑令斐德若如此激动和高兴的吕西阿斯讲辞有何性质了。这篇讲辞的论点是自相矛盾的:即一个被爱慕者包围着的少男应该青睐不爱他的人而不是爱他的人;它的形式是戏剧性的,发言者以第一人称直接提出无爱者的论点("你知道我的情况……")。这是一种典型的智术师式的*paignion*("玩物"):就像高尔吉亚为一个臭名昭著的奸妇所作的辩护,或者像波吕克拉底对布西利斯(Busiris)的赞颂,它利用各种理性论据来说服听者接受一个乍看起来与所有常识相反的命题。这个问题本身可能是无关紧要的编造,但柏拉图是把这篇讲辞当作一个跳板,导向许多更加重要的主题。非常明显,这篇讲辞本身的措辞不仅在文体上而且在道德上都显得有缺陷,因此,斐德若起初的热情是没有根据的。苏格拉底首先就同一主题作了一篇讲辞,这篇讲辞比吕西阿斯的讲辞论证得更好,组织得更巧妙,随后,在那篇宏伟的主讲辞中,他颠覆了自己的论点,放弃了对爱和有情人的批评。其次,吕西阿斯的讲辞被看作当时修辞术之缺陷的例证。虽然对演说家和手册作者的批评延续了在《高尔吉亚》《美涅克塞努》以及其他地方都可以找到的主题,但是苏格拉底也引入了一个我们不那么熟悉的肯定性的观点,即描述了哲人愿意掌握的那种在理智上更可敬的修辞术。再次,吕西阿斯讲辞作为书面讲辞这一点得到强调:起初,斐德若假装记得住这篇讲辞,但眼尖的苏格拉底发现了斐德若的斗篷下露出了一篇文章,于是要他展示出来,并照着这份他随身带着的抄本大声读出来:"尽管我爱你,但既然吕西阿斯本人在场,我就不想听你在我面前练习演讲。"(《斐德若》228e)将吕西阿斯等同于他的作品,这就为对话最后对书面作品的批评做了铺垫,因为吕西阿斯事实上不在场,他无法为自己辩护，无法回应苏格拉底的提问和批评。斐德若不确定自己能够逐字回忆文章内容，这也预示了书的缺点，即让记忆变得懒244 散，使头脑对学到的东西不加批判（《斐德若》275ab）。斐德若的欠考虑的热情很好地说明了这一缺点，但如果让他更用心地审视吕西阿斯的作品，这种热情很容易就会被挫败（《斐德若》263d—264e）。

如我们在之前的章节中所看到的，柏拉图的苏格拉底的一个特征就是他不仅遇到并批评智术师的论点和方式，而且改造和转换了它们。因此，在《会饮》中，他既批评了颂辞又赋予其更大的深刻性，在《欧绪德谟》中则是规劝辞（以及某种程度上的智术师式辩驳之法）。在《斐德若》中，智术师的主要特征是展示自相矛盾的论点。我们已经看到这突出地体现在吕西阿斯的讲辞中。虽然苏格拉底最终驳斥了这一论点并称赞了有情人，但他自己的讲辞在某种意义上保留了这种悖论性，保留了反直觉因素，因为他主张，如果他们的爱没有任何身体上的圆满交合，那么这种关系才是最纯净和最有益的。但吕西阿斯的悖论只不过是一个精巧的游戏，而苏格拉底的讲辞却是建立在一种更加连贯一致和形象生动的形而上学理论之上。

同样，柏拉图改造了阿尔基达马（Alcidamas）的一篇智术论文中的某些措辞和观念。这篇论文就是《论那些写书面演说词的人》，在该文中，这位智术师主张即兴口头演说优于书面文本。[1]在由伊索克拉底所接续的论争中，阿尔基达马代表了一个阶段，前者也持有类似的看法（5.25—27，《致狄奥尼修斯》2—3）。但柏拉图对这一对立面的

[1] Radermacher, *Artium scriptores* B xxii 15，关于语词的相似处，参看Friedlaender i,111—112，关于阿尔基达马的概括性论述，见N.O'Sullivan, *Alcidamas,Aristophanes and the Beginnings of Greek Stylistic Theory*(Hermes Einzelschr. 60,Stuttgart 1993)。阿尔基达马在柏拉图之前是通常的看法，但也受到怀疑：参见Thesleff,174n.43和最近的T.Cole, *The Origins of Rhetoric* 118,173中所提及的。Tomin, *SO* 67(1992)80—88自然支持《斐德若》是更早文本的看法。

讨论更深刻得多：他对写作价值的质疑不仅仅是关于有效的表达和技巧，而是关于提取书中知识的可能性，书无法被读者检验和提问（《斐德若》274b—278b）。再者，苏格拉底将吕西阿斯和他自己的讲辞作为样本来加以考察和批评，这种方式符合智术师们验证过的教学方法。[1]即使智术师们可能希望他们的学生取走并研究或分析他们的作品，但斐德若对吕西阿斯讲辞的盲目崇拜意味着他没有试图去评价它，意味着他需要苏格拉底的激励和引导，然后才能明白它是多么糟糕。

接着，这部对话呈现了智术师式修辞与苏格拉底式哲学的一种交锋。这一点可与《高尔吉亚》和《欧绪德谟》相比较。苏格拉底对修辞术的批评的一个重要方面就在于它依赖言辞和论辩的花招，而没有任何对人类灵魂的更为深刻的知识。229e—230a的最初交谈以一 245
贯的风趣和机智引入了这一主题：灵魂像什么？它是简单的还是复杂的，是神圣的还是丑陋的？苏格拉底无暇考虑对神话进行诡辩式（sophistic）的合理化解释，因为他还不能够认识他自己，而认识自己是比精巧的阐释游戏更重要得多的事情。[2]同样，苏格拉底与斐德若之间的调侃——在其中，双方都试图让对方做他想要对方做的事——也提到他们对彼此的亲密了解："啊，斐德若，要是我不了解你，那我就是忘记我自己了……"（《斐德若》228a5—6，在236c，斐德若也说了一样的话）。后来，苏格拉底的主要讲辞呈现了精彩的关于人类灵魂的神话比喻，即御车夫与他的马的比喻；在对话的后半部分中，他勾勒了一种具有哲学根基的理想的修辞形式，它依靠的是对其言

[1] 高尔吉亚 82 B 14；比较普鲁塔克《对比列传》"德谟斯泰尼" 8；《道德论丛》504c关于吕西阿斯和一位顾客，这位顾客正在阅读他委托吕西阿斯撰写的演讲词；Kerferd, *The Sophistic Movement* 30ff.参看本书上文第四章原文第111页。

[2] 对这段话的更充分的解释，参见本书原文第174页。关于自我认识，进一步参看C.L.Griswold, *Self-knowledge in Plato's Phaedrus*（Yale 1986）。

说对象之灵魂的完全知识。这个哲学式的演说家必定能够描述灵魂的本性，无论它是简单的还是复杂的（这呼应了230a苏格拉底对自己的自我探询）；他能够分析这灵魂做了什么以及是如何受影响或被改变的；他将根据被给定的灵魂类型恰当地区分讲辞的形式（《斐德若》270c9ff.,271c10—272b4,273de,277bc）。所有这些都与苏格拉底自己在这部对话中以及其他地方的做法相似。当苏格拉底声称，忒拉叙马霍斯或其他任何严肃地提供基于知识的系统修辞术的人，都必须准确地描述灵魂时，我们很难不注意到这种自我参照（271a；类似的暗示见258d，278c1）。[1]

该对话如此重视苏格拉底与斐德若之间的相互理解和友谊，这使我们有必要更仔细地考察一下他们的关系。这种考察也将有助于解释为何选择情爱作为该对话的一个主要话题。

两个人之间的对话在柏拉图的其他作品中是我们熟悉的类型。苏格拉底遇到一个热情但天真的年轻人，他倾心于某种在精神上靠不住的或者对他有害的东西。苏格拉底的任务是去启发他，把他引向更高的关切和更好的心灵状态。《高尔吉亚》中的卡利克勒斯是这种情况的一个突出例子，当然，在那里，苏格拉底失败了。在《普罗塔戈拉》中，希珀克拉底对普罗塔戈拉的赞美是一个更加类似的例子。在那里，苏格拉底设法让他平静下来，并且使他明白他正在让自己陷入到什么事情之中，明白他对普罗塔戈拉及其教学其实了解得多么少。在《斐德若》中，斐德若痴迷于吕西阿斯的精巧和悖论性的修辞。在某种意义上，吕西阿斯是一个无爱者，一个不带感情和玩世不恭的追求者，他的武器是实用主义的观点，而不是一个有情人的奉献。与之相比，苏

[1] 比较汤普森（W.H.Thompson）的评注（1868）xvii ff.;C.J.Rowe, *PCPS* n.s.32(1986)，尤其是108ff.。

格拉底是有情人，他比吕西阿斯更深刻也更强烈地关心斐德若。这个论点需要小心措辞：这不是说吕西阿斯或苏格拉底正在试图对斐德若进行真正的肉体引诱，更不是说在对话中或对话外由此出现了任何肉体上的事情。其实，如此严格地运用该类比是基于一个事实，即吕西阿斯似乎比斐德若更年轻，而且他被说成是斐德若的"心爱之人"或"爱人"。[1]这里所暗示的是，吕西阿斯与苏格拉底，修辞与哲学之间的吸引力竞争类似于无爱者与有情人之间的吸引力竞争，更确定地说，苏格拉底与斐德若——按照他们在对话中所扮演的角色——之间的关系，类似于苏格拉底在其主要讲辞中所描述的理想的有情人与被爱者之间的关系（尤其是《斐德若》252c—253c，256a7—b7）。这些是可比较的关系，而不是彼此等同的关系：如我们所见，与对话的其余部分相比，主讲辞在思想上和文体上都处于一个不同的层次，而且，这一类比不能太过度。 246

很明显，对斐德若来说，吕西阿斯的讲辞看来是迷人的，有吸引力的：事实上，当他大声朗读这篇讲辞时，他的反应几乎是迷狂的。正如苏格拉底的揶揄，他读得眉飞色舞。苏格拉底说他能模仿斐德若的反应："想到你对这些事情的理解比我好得多，我遵循你的指引，并且在你醒来时进入迷狂状态。"（《斐德若》234d）*Erastes*（有情人）及其同义词经常被用于描述一个粉丝对其偶像的热情，智术师特别依赖这种热情。因此，斐德若的情感反应就将文学热情与准爱欲的弦外之音，以及与灵感的观念，结合了起来，因为苏格拉底的酒神迷狂用语，让人联想到欧里庇得斯的《酒神伴侣》以及其他文本中常见的那种狂野而

[1] 《斐德若》236b，比较257b，作为吕西阿斯的*Erastes*（有情人）的斐德若；237a10更含混。吕西阿斯的出生日期有争议，这使情况复杂化了（C.Carey,Lysias,Selected Speeches(Cambridge 1990) 1—3)。关于斐德若，参看*APF* 201，一个没有确定结论的讨论。

奇异的自我迷失。但是斐德若的反应浪费在了一个不值当的对象上了，无论我们把这篇讲辞本身还是把它的作者视为这种反应的主要接受方。相比之下，苏格拉底所给予斐德若的是年长的有情人的更有回报性和更深厚的爱，“有情人并非虚情假意，而是真心实意地爱”（《斐德若》255a：假装和伪善自然而然与修辞术相关）。正是因为念及斐德若，以及其他像他那样的年轻人，苏格拉底才祈求不要失去“有情人的艺术”（《斐德若》257a）。

苏格拉底改变论调后接着的那段异乎寻常的话——在其第一篇讲辞和第二篇讲辞之间的场景中（《斐德若》241c—243e）——有力地支持了这一解读。与吕西阿斯不同，苏格拉底第一篇讲辞的开头只有极少的引言，几乎是采用讲故事或虚构的方式：从前，有个男孩，他身边有很多有情人……其中有个有情人很狡猾，他假装自己不是一个真正的有情人，目的是为了取得优势……他作了这篇讲辞……（《斐德若》237b）。这一构想在后来的插曲中重新出现，在那里，苏格拉底急切地问道：“我刚才和他说话的那个男孩怎么样了？我想让他也听一听这篇讲辞，以确保他不会离开，并且不会在我们阻止他之前把好处给那个
247 无爱者！”如果这只是为了一个虚构的角色，那么这一关心当然就是无关紧要和荒唐可笑的。斐德若进而回答：“他就在这里，一直跟你挨得很近，无论何时你需要他，他都在”（《斐德若》243e）。换言之，这个男孩就是，或者相当于是斐德若。

依据斐德若必须作出的关键选择——这一选择与爱联系在一起——来解释该对话的关键段落是苏格拉底的主要讲辞的结尾部分。“亲爱的爱神，这就是我偿付给你的翻案文，是我们竭尽所能做出的最美丽、最良好的演讲，为了斐德若，我不得不使用诗一般的语言。请求

你宽恕我先前所说的话，喜欢这份供品，以恩慈待我。不要拿走你赐给我的爱的技能，也不要因为生气而使这技能削弱，而要使我在这美人面前博得比现在更大的荣幸。如果斐德若和我之前说过什么冒犯你的话，那就请责怪吕西阿斯吧，他是那讲辞之父，请让他不要再做这类话语了。请让他转向哲学，就像他的兄弟波勒玛库斯一样，那样的话，他在此处的爱慕者就不会像现在这样举棋不定，而是会在哲学话语的陪伴下，一心一意地把他的人生转向爱情”（《斐德若》257a—b）。换言之，《斐德若》在某处程度上是一篇改信对话（conversion-dialogue），它展现了斐德若转向哲学的过程。[1]

对话的第二部分继续谈到这一要点，在260e—261a。在该处，苏格拉底和斐德若正在考虑将修辞术视为一门技艺，一种科学，而不仅仅是一种技巧的主张。苏格拉底说，他想起来他听说过某些论证郑重地反对把修辞术视为真正的科学——显然，就是像在《高尔吉亚》中提出的那种哲学论证。斐德若回应说“我们需要听听那些论证，苏格拉底；把它们带过来，问问看它们说了什么”，接着，苏格拉底以浮夸的方式召唤它们：“到我们这里来吧，高贵的生灵，来说服斐德若……除非他能充分地致力于哲学，否则绝不会成为一个合格的演说者，无论是任何主题的演说。”也就是说，哲学知识对于修辞术事实上是不可或缺的。（这里的修辞术当然是真正的修辞术，是与吕西阿斯的艺术非常不同的东西）。

对《斐德若》的这种解读，即把苏格拉底当作追求斐德若的有情人，有助于理解戏剧环境的含义。田园诗般清净的乡野场景与爱欲活

---

[1] 关于在古代改信（conversion）的完整观念，首先参看A.D.Nock的精彩概述，*Conversion*(Oxford 1933)，尤其是第11章，论转信哲学；还有他的*Essays on Religion and the Ancient World*, ed.Z.Stewart(Oxford 1972).i.469—480，一篇论《改信和青春期》（“Conversion and Adolescence”）的论文。

动很搭配，尤其是适合勾引或诱拐。[1]正是从一片绚丽的草地上，冥王

248 拐走了正在和宁芙一起玩耍的珀尔塞福涅。[2]奥维德《变形记》中的很多劫女场景都设置在类似的风景宜人、不设防的地点。[3]首先是俄里蒂亚的故事，该故事明显与此地联系在一起（《斐德若》229）。其他类似语词也支持这一关联：斐德若说，这地方适合年轻姑娘玩耍（《斐德若》229b8），而且苏格拉底提到俄里蒂亚在和她的女伴法玛西娅玩耍（《斐德若》229c8）；比较后来将苏格拉底和斐德若所做之事称为"游戏"（play）（《斐德若》265c1,278b）。此处当然没有勾引：这与苏格拉底的品性不协调，正如我们之前在《卡尔米德》和《会饮》中所看到的，后者更是如此；而且也与苏格拉底主要讲辞所支持的原则不一致，按照这些原则，理想之爱是非肉体性的。

因此，起初是吕西阿斯的绝对忠实信徒的斐德若，有可能被"引诱"进其充斥着乏味文风、腐朽价值观以及虚假修辞的世界之中，但在苏格拉底的逐步引导下，他看到了那个世界的缺陷，并和他的富有爱心的朋友一道向往哲学。在对话的最后几页，他们轻松愉快地一致同意由斐德若将他们讨论的结果告诉他的"同伴"吕西阿斯，而由苏格拉底告诉他的朋友，即之前没有提到过的"漂亮的伊索克拉底"。伊索克拉底在这里被说成是苏格拉底的*paidika*（即爱人，不是有情人），吕西阿斯则是斐德若的*paidika*（爱人）。这两者都是隐喻性和象征性的，而不是字面意义上的。斐德若必须尝试引导和教育吕西阿斯，他的

[1] 关于这个环境设置（the setting），进一步参看H.Görgemanns，见*Philanthropia kai Eusebeia* (Fest. A.Dihle) ,ed.G.W.Most,H.Petersmann,A.M.Ritter(Göttingen 1993)122—147。

[2] *hDem*.1ff.以及理查森（Richardson）的注释；欧里庇得斯的《伊翁》（887ff.）中的克瑞乌萨（Creusa），或者摩斯科斯（Moschus）的迷人诗篇中的欧罗巴，同样如此。

[3] C.Segal, *Landscape in Ovid's Metamorphoses*(Hermes Einzelschr.23,1969).

paidika（爱人），就像苏格拉底希望他能给予伊索克拉底有益的影响。[1] 我们不应该把这看作是纯粹的恶作剧：起初只是戏谑的东西，通过对话中心部分对哲学爱欲（*eros*）的阐述，获得了更丰富的精神内涵。

在该作品的最后，斐德若欣然加入苏格拉底的祈祷，他说"请你也为我祷告，因为朋友之间分享一切"（《斐德若》278c）。这部对话以友谊结束，正如它以友谊开始（我们想起开场的话将斐德若人生方向的主题和友谊的主题结合在一起："亲爱的斐德若，你从哪里来，要到哪儿去？"227a1）。

像这样把斐德若牢牢地留在正确的阵营，坚定而永久地皈依苏格拉底的生活方式，把哲学当作最重要的事情，这是令人愉快的。但事情并没有这么简单。斐德若的"改信"似乎只是不完全的和暂时的，不论被表述得多么全心全意。人们早就注意到他的名字出现在一份铭文中，其中记录了前415年赫尔墨斯神像被损毁事件发生之后被没收财产之人的名单，也就是说，斐德若由于参与了那个诡秘事件而被定罪并流放。这个事件是破坏和亵渎的奇怪混合，我们今天可能不大会把它当回事，但此事几乎发生在西西里远征军出发的前夜，因而引发了极大的公众骚动并导致了很多检举事件。[2]因此，我们似乎正在讨论 249
的是预示写法的一个较为隐晦的例子，这种例子在《会饮》中更直率（在那里，阿尔喀比亚德放荡不羁的行为预示了他会参与亵渎秘仪之事）。在这里，也许也与《卡尔米德》中的克里提亚和卡尔米德（后来

[1] 关于这段话在评价柏拉图对伊索克拉底的看法方面的意义，参看下文原文第251页。

[2] 详细的叙述参见修昔底德《伯罗奔尼撒战争史》vi.27—29,60—61; Andocides, *On the mysteries* (ed.MacDowell);铭文见R.Meiggs and D.Lewis, *A Selection of Greek Historical Inscriptions*...(revised edn.Oxford 1988)no.79B=C.W.Fornara, *Translated Documents... Archaic Times to the End of the Peloponnesian War*(Cambridge 1983)147D: 斐德若的名字出现在第112行。详尽的现代解释参见Ostwald,From Popular Sovereignty 322—333以及附录C; 还有C.A.Powell, *Historia* 28(1979)15—31。

都成为三十僭主的成员）一样，苏格拉底对其反复无常的朋友的影响显得虽然强劲但不持久：最后，这些人物都迷失了道路。[1]这对《斐德若》来说意味着什么呢？也许，在某种程度上，这将苏格拉底的理想和观念与现实拉开了距离，就像《理想国》中关于理想国家之提议的现实性或与现实的相关性是可疑的。这些讨论是可行的或严肃的提议吗？或者全是游戏，是堂皇的空想、空中楼阁？[2]某种程度上，它利用了对话的戏剧时间与实际写作时间的时间差：这似乎是斐德若青年时期开朗、乐观的情况，但看看这一切的最终结果又是如何。[3]也许，苏格拉底的乐观主义（认识善就会去遵从善；德性是知识，等等）也与柏拉图的悲观主义构成了对比。

的确有人指出，根据我们所知的斐德若和吕西阿斯都不在雅典的时间段，要为这场对话的发生找到一个合理的时间事实上非常困难。[4]这仅仅是众所周知的柏拉图嗜好年代误植的一个例子吗？或者，如努斯鲍姆（Martha Nussbaum）所言，是又一个迹象，表明"这个故事不是真的"，同时表明斐德若对苏格拉底式哲学和爱欲的价值观的皈依和承认是可能发生、应该发生，但并没有真的发生的吗？准此，这就是除了方法反思、神话以及写作批评等之外，该对话使人关注其自身作为一种书面和虚构作品的另一种方式。但这个例子可能会被弱化，不仅是

[1] 关于《卡尔米德》，参见本书第三章，上文原文第93—96页。

[2] 参见，例如《理想国》536c（我们在游戏）；376d，501e（说这个国家是一个虚构）以及上文原文第224页。

[3] 本章的一部分在圣安德鲁斯的一次研讨会上宣读过。多佛爵士（Sir Kenneth Dover）向我指出，虽然如此，但斐德若可能是无罪的，或者柏拉图相信他是无罪的。如果是那样的话，那么对其"改信"的阐释就会是不同的——也许甚至是一种免罪的尝试？但是，在与此相似的个案中，柏拉图都不可能相信那些参与对话者没有罪责（克里提亚、阿尔喀比亚德，也许还有美诺），而且，有其他一些证据表明柏拉图对哲学潜力的败坏问题感兴趣（尤其是《理想国》卷六487b—497a），这些在我看来都支持我的解读。

[4] M.Nussbaum, *Fragility of Goodness* 212f.，比较229；亦见罗（Rowe）的导言，pp.13—14。

因为，如我们已经提到的，柏拉图倾向于将对话的场景设置在有点不明确的世俗之地，[1]而且也是因为该论点有一个前提，即257b中提到的吕西阿斯的兄弟波勒玛库斯（死于前404年）还在世，而那段话显然并不必然表明这一点。 250

我们可以怀疑斐德若人生经历的重要性，[2]但很显然，当我们看到对话结尾出乎意料地提及伊索克拉底时，如果不牵涉这位写作者历史上的人生经历就无法对其进行解释。在此处，戏剧时间（如我们所说是不确定的，但可以设想为是前420—前415年？）与写作时间（不大可能早于前380年，也许更晚得多）之间的间隔就变得很关键。此时，苏格拉底凭借有情人的关爱赢得了斐德若，而且，现在伊索克拉底似乎也成了类似关注的对象，并再次从爱欲的角度呈现（伊索克拉底被说成是苏格拉底的同伴[*hetairos*]278e6ff.和亲爱少男[*paidika*]）。[3]与斐德若一样，伊索克拉底是一个有过哲学生活潜质的年轻人，并因此吸引苏格拉底：身体之美与灵魂之美的含混是苏格拉底与年轻英俊男子之间关联的通常特征。

> “伊索克拉底还年轻，斐德若，但我乐意把我对他的预见告诉你。”
>
> “什么预见？”
>
> “在我看来，他有出类拔萃的天赋，他的成就将远超吕西阿斯之流的演说术；他的性格气质也很高贵。所以，当他年岁渐长，即便是在他目前正在尝试的修辞领域，他也会超过所有前辈，就像

[1] 比较多兹的《高尔吉亚》评注，pp.17—18，关于该对话中相互矛盾的指示。

[2] 例如C.J.Rowe的评注中的怀疑，p.12：“这些事实并不明显与《斐德若》中的论点有关。”不过，此处的“论点（argument）”可能是在严格意义上说的，而我目前关注的是该作品的整体效果。

[3] 关于用词，参看Dover, *Greek Homosexuality* 16f.,20。

> 男人超过男孩一样。此外，若是这些东西不能令他满意，那么也许会有一种更神圣的冲动促使他去做更重要的事情。因为，我的朋友，他的心智中天生就有某种哲学。这就是此地的神灵要我带给我亲爱的伊索克拉底的消息，你也必须把另一个消息带给你亲爱的吕西阿斯。”（《斐德若》*279ab*）

有天分的伊索克拉底，在《斐德若》中设想的改信发生之时，还不是吕西阿斯那种类型的人，但和斐德若一样，他被诱导到那种修辞实践的方向上去了。和斐德若一样，他也有机会走上一条不同的道路；但又和斐德若一样，他最终将使自己早先的许诺落空。正如我们在前面的一个章节中看到的，在写《欧绪德谟》的时候（前392—385[？]），柏拉图的确将伊索克拉底视为一个重要人物。在《欧绪德谟》中，克力同在作品最后说到的那个抱怨智术师和苏格拉底的匿名批评者，被说成是介于政治与哲学之间的，而且，这一模棱两可的位置，虽然在
251 苏格拉底眼里明显并不令人满意，但至少比该对话中那两位智术师（欧绪德谟和狄奥尼索多洛）的低劣论辩更可敬，他们被这个伊索克拉底式的人物恰当地批评了（《欧绪德谟》306a—c及其上下文）。

《斐德若》可能至少是《欧绪德谟》完成十年之后写的。它也许更有高人一等的姿态，无疑更令伊索克拉底恼怒。在这部对话中，很多高尔吉亚式和伊索克拉底式的修辞技巧被戏仿、讨论或者得到与众不同的使用，但给予青年伊索克拉底的赞扬很有挖苦意味。他是一个前途无量的少年，迟早会比吕西阿斯成就更大（这是在斐德若对吕西阿斯及其演说的倾慕被表明是毫无根据的之后！）；而且，可能有一天他会奋起，受到一种“更为神圣的冲动”的引导，因为“他内心有一种哲学”（《斐德若》279a9f.）。*Tis*（“某种、一种”）一词在此必定是加强

语气的。伊索克拉底具备某种类型的哲学。这里肯定有一个狡猾的影射（出自柏拉图，而不是“苏格拉底”），影射伊索克拉底把自己的教学称为“哲学”，并且否认自然哲学、诡辩术、辩证术以及学园的道德科学是哲学。[1]读者自然会问，苏格拉底对伊索克拉底的预言真的实现了吗？即便伊索克拉底无疑是比吕西阿斯及其追随者更伟大的人，但他是否真的达到了他本可以达到的高度，取得了他本可以取得的成就呢，如果他遵循了《斐德若》中苏格拉底为哲学式演说家制定的某些原则的话？这里的语气很难确定，但我们不应忽略关于伊索克拉底最后如何的外部证据。而且，我因此认为，我们无法设想柏拉图是真心实意地赞同当时或过去的伊索克拉底（就像例如西塞罗所认为的，尤其是在《演说家》[*Orator*]42中）。如我们已经指出的，不在场的伊索克拉底和在场的斐德若都站在修辞术与哲学的岔道口上，而且都有走向后者的潜质：斐德若似乎做出了正确的选择，但后来堕落了，而伊索克拉底设法采取骑墙态度，以保持其模棱两可的身份，从未在最充分、最苏格拉底的意义上完全致力于哲学；他只是拥有“某种哲学”。[2]

2.《斐德若》中的爱和欲

现在该转入论爱的讲辞，尤其是篇幅最长也最动人的苏格拉底主讲辞。我们有必要做些疏解，以便把某些要点搞清楚。

---

[1] 伊索克拉底《论财产交换》（*Antid.*）268—270,285等，早期作品中也有类似说法，例如《埃瓦戈拉斯》(*Evagoras*)77—78,《驳斥智术师》（*Against the sophists*）16,《海伦颂歌》（*Helen*),《泛雅典娜节演说辞》(*Panath.*）28—30。我发现这里很难避免对第二章的某种重复。

[2] 进一步参看汤普森（Thompson）的评注，附录2；关于这段话中进一步发的暗示和含义，以及将它与第一时期其他引发争论的作品相联系，参看J.A.Coulter, *GRBS* 8(1967)225—236.这段话的反讽语气得到G.J.de Vries的重申，*Mnem.*24(1971)387—390，针对Erbse的没有根据的异议。

252 吕西阿斯的讲辞[1]自然是最简单、直白的。文风浅白易懂，其新奇和有趣之处完全在于它的自相矛盾的出发点，这个论点就是一个有着众多情人的男孩最好要偏爱那个不爱他的人。它的结构虽然不复杂，甚至是幼稚的，论证没有发展：正如苏格拉底后面所抱怨的，其中的要点可以按任何顺序重新排列，而不会产生任何实质的差别（《斐德若》264b）。正如我们所预料的那样，该论证是以一种高度理性、不带感情的方式进行的，以一个明理之人的口吻指出有利因素、不利因素，要选择什么选项，避免什么危险（这种持续不变的理性使得斐德若狂喜地朗读显得更加怪诞和不恰当）。有很多遣词造句上的重复（尤其是诸如“此外”或“进而”之类过渡性的词语），运用了修辞性问题，引入某些论点后又将其推翻（《斐德若》233c6，d5）。有一些在高尔吉亚之类人的作品中更为常见的对偶句式的笔致（《斐德若》233b6ff.，233e5ff.），但这篇讲辞大部分内容在风格上相当没有新意。言说者小心谨慎地保持着得体，在提及他要求从男孩那里得到偏爱时使用了不少委婉说法（《斐德若》231c7，232c1—2,232e1，234a1）。[2]

更重要的是这篇讲辞的道德方面，以及它似乎暗含的价值体系。一开始的基调就令人印象深刻：“你了解我的情况，而且你知道，在我看来，如果这件事做成了，对我们都有利。”自私自利的观念贯穿整篇讲辞：这是假定没有任何别的原则应该支配一个理性之人的行为。这个男孩应该考虑的是如何获取最大的好处，以及如何避免危害，但这

[1] 我假定这并不简单的是一篇该演说家的真实作品，但这无法证实。关于不可知的讨论，参见Dover, *Lysias and the Corpus Lysiacum* 69—71,90—93;还有De Vries的评注，11—13。一种支持至少部分真实性的论点是，如果完全是柏拉图编造的，那会过于让“吕西阿斯”成为苏格拉底批评的冤大头；如果接受这一点，那么这篇吕西阿斯的讲辞有可能基于一个真实的文本（比较狄摩西尼 61）。

[2] 关于此类措辞，参看Dover, *Greek Homosexuality* 44f.,83。

似乎是在物质方面，或者至多是在名声方面。我们通过《会饮》中泡赛尼阿斯的讲辞所熟知的雅典人的态度在这里是预设的前提：讲辞中有一节一开始就提到“既有习俗”（*nomos*）（《斐德若》231e3）。这是假定这个男孩不希望人们谈论他的事情，无爱者承诺会谨慎行事，而（他声称）有情人做不到（《斐德若》232a，234a4—5，234c2）。谨慎和物质的动机在发言者看来很重要：他强调有情人一般会忽视他们的家庭事务和经济利益，花光资产（《斐德若》231a，比较234b）。他对人性的看法始终很低：在爱上某个人的时候，他会为他的爱人做任何事情，但可以合理地设想，如果他爱上了别人，他就会打算去伤害以前的朋 253 友（《斐德若》231c）；有情人无法抑制住自己的自尊和满足感而不去吹嘘他们的战果（《斐德若》232a）；他们会嫉妒别人，并阻止他们的爱人与优秀的人交往（《斐德若》232cd）；他们是谄媚者，会不加区分地称赞爱人的所有品性和行为，因而这个男孩不会从情事中学到任何东西，不会获得任何道德上的提高（《斐德若》233a）；[1]当有情人的激情耗尽了，他就会寻找借口，断绝关系（《斐德若》234a7f.）。

虽然这篇讲辞的重点是关于自利，但其他考虑没有被完全排除。在232c中，有情人的妄想症是针对更有钱和更有才智的潜在对手：“生怕有钱的人会用钱财胜过他们，而且怕有文化的人在才智上比他们表现得更好”（虽然即便在这里，这个男孩也被假定会出于自私的理由而与后者交往）。*arete*（优秀）的语言表达也作为选择一个配得上的无爱者的一种标准出现了。事实上，对这样一种标准的需要在这篇讲辞的

[1] 这是该讲辞在道德或理智方面的少许暗示之一，并在后面得到发挥。尤其比较《吕西斯》的开场情景，在那里，苏格拉底试图帮助害相思病的希波泰勒，此人愚蠢地奉承他所爱的人，为其写诗，颂扬其祖先，并大概使其膨胀自大（《吕西斯》205a—206a）。苏格拉底上阵，试图用他自己的例子向希波泰勒表明，“和爱人说话的方式应该是，挫败和约束他，而不是像你这样吹捧和纵容他”（《吕西斯》210e）。

结尾变得特别明显:“现在你也许会问我,为什么我劝你把恩惠给予所有那些对你没有爱的人。对我来说,我认为即便是爱你的人也不会告诉你要把恩惠给予所有爱你的人。”(《斐德若》234b)但这个发言者接下来只是陈述了对这种滥交的明摆着的很实际的反对理由(从受惠者那里得到的感恩减少;缺乏保密性),没有提出任何原则以使这个男孩可以凭此辨别无爱者。道德评价,就像哲学一样,因其在吕西阿斯讲辞中的缺失而引人注目。这些缺陷使它后来被斥为一篇充满“文雅的天真”(urbane naïvete)的作品(《斐德若》242e5)——滔滔不绝的矛盾之辞(an eloquent oxymoron)。

吕西阿斯的讲辞被视为一个独立、完整的人工制品,而苏格拉底的讲辞则是当场创作的,并且有一个由开场白和限定性说明构成的精心设计的框架。苏格拉底的第一篇讲辞是刻意为了挑战吕西阿斯的讲辞:虽然他装作不情愿,但正是他以一篇更深入的演说来引诱斐德若。不过,他的自保态度清楚地表明了他对自己将提出的论点的性质有所保留:“我讲的时候要蒙上头,这样的话,我就可以尽可能快地讲完,不会因为看到你而感到羞耻,由此迷失了方向”(《斐德若》237a)。表面上这是说苏格拉底由于与像吕西阿斯这样的天才演说家竞赛而感到窘迫(比较《斐德若》236d);但更为根本的是,这句话表达了他的道
254 德异议,这些异议在随后的插话中更明显(尤其是《斐德若》242de,243c)。框架部分将发言者说成是伪装成无爱者的有情人(上文原文第246页),这是影射吕西阿斯修辞技艺的伪善,它玩的是虚构和想象的情形;但也将苏格拉底自己与他正在说的东西拉开了距离;和发言者一样,苏格拉底也只是假装接受了其讲辞所提出的看法。

这篇讲辞的主旨与吕西阿斯的讲辞相似,但几乎没有人会质疑它在风格和表达上更优越。至于结构,最突出的一点是,这篇讲辞一开

始就坚持说，有必要对爱下一个明确的定义，并要对此取得一致意见；之后，论证得到了很好的组织和生动的呈现。论证主体部分的要点和吕西阿斯的论证一样，而且更为尖锐：有情人比无爱者更缺乏自制力，因而是更不安全和更不明智的伴侣；他会嫉妒这个男孩的成就，嫉妒他的其他伙伴甚至他的家人，会阻止他提升自己；他最终会放弃情爱，不能遵守曾经许下的承诺，并抛弃这个男孩。苏格拉底在对无爱者的品性进行对比性的称赞之前就终止了讲辞。也许，与吕西阿斯讲辞的最引人注目的区别在于论证的理智性。对定义的坚持只是其中一个方面：苏格拉底煞费苦心地将支配心灵的力量划分为欲望和判断，并区分它们的作用（《斐德若》237d6ff.）。这段话预示了该对话中后来他所称赞的拆分和聚拢的“科学”方法（《斐德若》265aff.，比较253c7）。另外一段显示了对理智心理（intellectual psychology）的兴趣的话是该讲辞的结尾，在其中，当有情人失去了对这个男孩的激情时，他的变心被说成是变成另一种人：“他改变了自己，心中有了一种不同的主宰者，理性和明智取代了情爱和疯狂。他已经变成了一个不同的人，而他的爱人却没有意识到这一点……他的爱人为了他以往付出的恩惠索取回报……他以为他在跟同一个人说话；而那个人出于羞耻不会说自己已经变成了不同的人……”（《斐德若》241a，比较241b）。

苏格拉底的讲辞也把这个被爱者由于与有情人交往而遭受的心灵伤害放在第一位（对身体的伤害和对他个人财产的损害排在第二和第三位）。嫉妒的有情人会剥夺他与别人交往的好处，尤其是会阻止他通过神圣的哲学来增进智慧（《斐德若》239a—b；如我们所见，这话没有出现在吕西阿斯的讲辞中）。这篇讲辞的结尾以有力的修辞回到这一点上：（如果他服从了那个有情人）“他就必然是屈从于一个不值得信任的、乖戾的、嫉妒的、难以相处的人，此人会损害他的财产，伤害他的身体，但伤害最大的是对他的灵魂的教育，而这种灵魂的教育在凡人和诸神的眼中事实上都永远具有最高的价值”（《斐德若》241c）。谈
255 及灵魂，和谈及哲学一样，都拓展了这篇讲辞的视野，都赋予了苏格拉底的“利”“弊”论更深刻的意义——苏格拉底和吕西阿斯一样从“利”“弊”角度进行论证。但这些内容没有得到充分的解释：哲学被当作一个人们熟知的术语，它本身不需要界定。更重要的是，情爱影响被爱者的本质仍然没有得到考虑：情人和他的心理支配着一切，一种富有成果的情感关系的可能性，那种牵涉相互间感情的关系，被排除在画面之外。简而言之，苏格拉底的讲辞是对吕西阿斯讲辞的明显发展，因为它在结构和表达上都优于后者，在文风上更雄辩、更精致；但是从论点的角度说，它仍然没有令人满意地解释情爱的作用和缺陷；苏格拉底自己对这篇讲辞表达了担忧，并且在未完成时就抛弃了它，这就更印证了我们的感觉，即必定还有更多的东西需要说出来。

我们还要考虑苏格拉底在说出讲辞时提到的他的“灵感”状态。这一主题贯穿该对话第一部分始终，并与环境的神圣方面有密切关联——苏格拉底和斐德若被放置在一个宗教色彩浓厚的地方。他们受到宁芙的小塑像和阿刻罗俄斯的守护（《斐德若》230b等），后来又提到缪斯（《斐德若》237a，259b—d）和潘神（《斐德若》263d，279b8）。斐德若被说成为吕西阿斯的讲辞欣喜若狂，苏格拉底嘲弄地说他分享了这种迷狂（《斐德若》234d，比较228b7已经说过的）。当苏格拉底开始他的第一篇讲辞时，这个主题变得越来越有力：在235c—d，他感到自己的心胸膨胀，不知从什么地方获得了灵感；在238c—d，他的讲辞开始有了韵律，他说是酒神颂歌；在241e，他担心他有被宁芙迷住的危险，并放弃了越来越诗意化的高谈阔论，以避免这种危险。后来，在262d，他责怪此地的神灵，因为他们使他的两篇讲辞都很恰当地充当

了他想要表达之看法的例证。后来的另一个说法也是类似的，263d：“啊哈，那么按你说的，阿刻罗俄斯的女儿们宁芙和赫尔墨斯之子潘的言语艺术，原来比凯发卢斯之子吕西阿斯的言语艺术更高明。”

这最后一段话将神圣与世俗，神圣灵感与人类知识明确并置在一起。吕西阿斯的讲辞明显是一种新式、理性和谨慎的道德观的产物，是自私自利和故作复杂的。苏格拉底的第一篇讲辞引入了诸如“神圣哲学”之类更高贵的概念，但仍然缺乏任何明晰的形而上学架构。最初的场景设置十分强调神圣背景，而且，苏格拉底与斐德若之间关于波瑞阿斯的交谈提出了此类故事的可信性问题：它们有某种基于史实的起因吗？或者只是一些可以被更聪明的当代人推翻的虚构，或者在某种非字面的意义上它们可以是智慧的一种来源？（比较上文原文第174页）。因而，这部对话中的讨论会继续保持某种宗教色彩，这并不奇怪：首先是在苏格拉底的“灵感”讲辞中；其次且更认真的是在他的神赐声音的干涉中，这神赐声音不让他离开，并迫使他纠正由于诽谤 256
情爱而犯下的错误；最后是在主讲辞中，在其中，他将有情人和被爱者的经验与一种宗教性的和末世论的世界观联系起来，提供了一种关于爱之神圣起源的生动且极富诗意化的景象。[1]进一步说，在他的第一篇讲辞中，他不安地抗拒了宁芙的灵感影响，并因此在未完成时就终止了该讲辞，然而，在主讲辞中，他说得越来越有诗意，毫无保留，用一首远超吕西阿斯讲辞的散文诗来使斐德若入迷。

读者自然会问，被宁芙附体或赋予灵感的想法在多大程度上是认真的。这些想法似乎不属于通常头脑清醒、缺少诗意的苏格拉底。可以肯定的是，苏格拉底是以大量反讽来对待斐德若及其热情的，而且可以相信，这也涉及他对环境奇怪的抒情化描述（《斐德若》230bc，比

[1] 亦见关于什么东西可以取悦诸神的说法，在273e和274bc。

较259a—d关于蝉的段落）。此地的众神似乎也不可能首先给她灵感，让她能言善辩地对爱洛斯进行亵渎，然后才纠正他。此外，似乎苏格拉底本人也并非没有意识到他的讲辞对无爱者的称赞是可质疑的：如我们所见，他一开始就不乐意做这件事。因此，苏格拉底看来有可能是在迎合环境，他故意以合乎有关诗性入迷之类传统故事的方式来应对这种环境，而不是体验一种真正宗教性的经验。那个神赐声音的真诚性，作为苏格拉底精神生活的一个确定方面，应该无可怀疑，但显然，在试图离开并倾听内心警示之前，苏格拉底就清楚地知道有什么事情搞错了。不过，这并不是要把涉及灵感的全部线索都斥为愚蠢的伪装。斐德若之前就说过，苏格拉底冒险到乡下来是一件古怪的事情，苏格拉底则说，乡野之地和树木不会教给他任何东西，而人们可以。然而，在对话进行的过程中，他利用了此地众神赋予灵感的假象，将其作为一种向乡村学习并借助乡村进行教育的手段。更显著的是，神灵附体、纠正以及预言的观念都更加确定地专注于宗教和神话的生活，这是"文雅而天真"的吕西阿斯讲辞，甚至是苏格拉底的第一篇讲辞，令人遗憾地忽视的方面。灵魂飞升和诸神的神话，对蝉的描写，以及塞乌斯和萨姆斯的故事都具有宗教的维度。

当我们转向苏格拉底的核心讲辞，也就是"翻案诗"，在其中，他收回了先前对情爱以及与情爱相关之迷狂的谴责，我们马上就发现自己处于一个完全不同的境界。该讲辞是这部对话中篇幅最长的讲辞，也是内涵最丰富和最华美的讲辞——或者更准确地说，是最具诗意的。
257 它一开始就被当作希墨腊的斯特昔科鲁的讲辞，并用很多诗歌典故作为引子。[1]而且，在该讲辞结尾处，苏格拉底说，这是"为了斐德若好而必须"使用的诗意表达——暗示诗意文风某种程度上是针对个人的

[1] 例如Nussbaum 211所指出的，这里大概有一个关于"*himeros*"（欲望）的双关语。

(*ad hominem*),是为了适应斐德若的口味,或者说其实就是为了适应他的灵魂。[1]因此,这篇翻案诗就是该对话第二部分中苏格拉底所要求于真正演说家的修辞和说服技能的例证。

苏格拉底的讲辞从为某些种类的迷狂辩护开始,包括并集中阐述了情爱的迷狂(《斐德若》244a—245c),接着转到对灵魂不朽性的一个论证(《斐德若》245c—246a),然后又以复杂的隐喻描述了灵魂的复合性质(像一个驾驭两匹马的御车夫)以及当灵魂处于无形体状态时,它与诸神的关联,和对永恒型相的了解(《斐德若》246a—248d)。灵魂的不可避免的命运是忘记曾经披着肉身的幻象,但美却能唤醒那记忆并让灵魂重新展翅飞翔,就像看见一个年轻人并陷入情爱时的体验。但这种体验在身体方面是痛苦和强有力的,而且,灵魂内部经常有冲突(御车夫和马的隐喻在此得到详尽阐述),一个部分敬畏它在其爱人那里看到的形象之美,而另一部分则充满了对粗鄙的身体满足的渴望。不过,有自制力的有情人的灵魂管理良好,能够对付这些低贱的冲动,并使他和心爱的男孩之间的关系对他们两人都富有成果(《斐德若》255),而不屈从于身体欲望;在这种情况下,他们的生活就是愉快地追求智慧和进行哲学思考,他们的死后生活将是有幸的。简而言之,正是爱提供了致力于智慧的祝福,而且,正是通过爱,灵魂(在神话的想象中)重新获得了它的羽翼,并使得对神圣型相的记忆复活,这些型相使宇宙万物和人类生活具有意义和秩序。任何粗鄙和自私的对爱的逃避都不会带来这样的福气:"与无爱者的交往,会混杂世俗的冷静,会产生凡人的小气,会在爱人的灵魂中酿成一种被多数人称赞

[1] 参看《会饮》中斐德若的讲辞,其中涉及许多神话和诗人。正是斐德若在这部对话的前面部分提到了波瑞阿斯和俄里蒂亚的故事;而且,苏格拉底后来说他是*philomousos*,即"缪斯的热爱者"(《斐德若》259b)。

为德性的卑劣，使爱人的灵魂在地面上和地底下没头没脑地滚上九千年。”（《斐德若》256e—257a）这篇讲辞以向爱若斯祷告作结，这次祷告的部分内容已经引述过，与对斐德若的希望有关（见上文原文第247页）。

这篇讲辞的很多内容是神秘和模糊的，有些可能是有意如此。如果从明显的、可以合理确定的地方入手，那么，我们至少可以较为清楚地确认某些难点。

不言而喻的是，这篇讲辞远远超出了斐德若的预期，超出了对吕西阿斯，或者对苏格拉底的早先讲辞，按它们自身条件作出回应的必
258 要范围。同样明显的是，这篇讲辞为该对话引入了在柏拉图作品其他地方更为突出的主题和观念：灵魂与身体的关系、灵魂的不朽性，灵魂内部的潜在冲突、死后生活以及灵魂的转世、“回忆”、超越所有尘世“现实”的型相及其神圣之美。其中大多是《斐多》和《理想国》中我们耳熟能详的东西——虽然，和之前一样，对于它们究竟是准确阐述了同样的学说，还是用不同形象和不同方式探寻了类似的看法，我们可以不急于下结论。[1]哲学洞察（在这里是对出生之前的彼世生活的回忆）与有情人之生活的关联，使这篇讲辞更接近《会饮》中第俄提玛的学说，而不是《理想国》或其他地方的类似内容。与《会饮》中那篇讲辞的可比性似乎还在于，在那里，灵魂提升的愿景也是以一篇洋洋洒洒的讲辞来呈现，而不是进行详细讨论或通过辩证术来发现。在结构方式上，《斐德若》中的这篇讲辞也与《会饮》相似：在这两部对话中，苏格拉底对爱之“真相”的解释都被放在对话的中心而不是结尾，而且作品的其余部分都转到别的问题上去了，把苏格拉底的宏伟而动人的讲辞落了下来——不是遗忘了，而是加以限定和正确安排。在

[1] 参见，例如Ferrari, *Listening to the Cicadas* 125—132,200—203。

《会饮》中，错过了苏格拉底的讲述的阿尔喀比亚德，接管了会饮的进程，而且喝得更加来劲；在《斐德若》中，斐德若的回应虽然热情，但看起来仍然主要是审美化的，而且异乎寻常的是，他没有试图更深入地探问该神话的内涵和细节，或者质疑苏格拉底的结论。他反而似乎仍然将其视为对吕西阿斯的一种更进一步的挑战，而吕西阿斯现在不得不去超越苏格拉底的成就（《斐德若》257c，比较243d8—e1）；他至少承认，吕西阿斯要超越苏格拉底可能会有些困难！

但是，即便斐德若的反应有点令人失望，更挑剔的读者能从这篇讲辞中学到什么，或者对这篇讲辞说些什么呢？这部对话始终存在以下对比：神圣的洞察与较为乏味的人类理性世界之间的对比，神赐迷狂与凡人自私、谨慎的理智之间的对比，哲学景象的奇观与当时修辞术的琐碎技巧之间的对比。这种对比是作为柏拉图作品之确定基础的更大对比的组成部分，这更大的对比是：我们平常栖居其中的世界（即卑鄙丑恶、转瞬即逝、每天都有死亡的世界）与真正真实和永恒的世界（即型相的神圣世界）的对比。柏拉图一生中以不同方式返回这一主题。此处，苏格拉底的讲辞，后来被它的作者称为一篇“神话般的颂歌”（《斐德若》265c1），它提供了一种描述真正真实之世界的方式。这真正真实的世界是人类灵魂自然归属其中的世界，也是人类灵魂渴望回归的世界。这不是一种辩证式的可论证的景象，所以，以神 259
话方式来表达，以及使用诗性灵感的观念，都是合适的——诗歌在别的地方被当作是哲学的敌人，而在此处正当其用。不仅是后来那段贬低该讲辞重要性的话，而且也包括该讲辞本身，都承认，这是一种近似的不完美的描述，而不是对绝对真相的陈述：“要解释灵魂是何种类型的东西需要很长时间，而且需要完全超出凡人的能力；但要说一说它像什么就不用那么长时间，而且是凡人可以做到的。所以就让我们用后一种方式来讲”（《斐德若》246a）。“至于天外之境——还没有任何诗人曾经给予它所应得的颂扬，将来也不会有。但它是像这样的……”（《斐德若》247c）柏拉图肯定不打算让他的读者过于看重这个意象和这个细致的学说。[1]

不过，关于这篇讲辞表面上的主题，即对有情人的描述，我们可以谈一谈。很显然，有情人被比作哲人（尤其参看256a，257b5—6），而且，我们会很自然地倾向于认为我们超越了先前讲辞的所有关注点。不过，在某些方面，他接引或回应了那些针对有情人的看法。苏格拉底在其第一篇讲辞中说，有情人想让他的爱人不如自己，而这篇翻案诗却主张，有情人会促进和敬重被爱者的灵魂，而不是压抑或控制它（《斐德若》239eff.，252d—253c作出回答）。按照这篇翻案诗的说法，有情人的情爱关系的真实目标不再是肉体快乐，而是在一起追求哲学时获得的满足（《斐德若》256a，比较《会饮》210—211，尤其是210d）。这与苏格拉底先前讲辞中全部有说服力的观点形成了尖锐对比，在先前讲辞中，对智慧、健康等的诉求只是交易的筹码，男孩的身体屈从仍然是真正的目的。进一步说，翻案诗认为，有情人还可以是一个朋友，而且他们的友谊会比他们的激情更持久，即便得到身体上的满足（《斐德若》256cd，反驳了232e—234a，240e sq.）。在某种隐喻的层面上，吕西阿斯讲辞中把情爱当作疾病的说法（《斐德若》231d），在苏格拉底的翻案诗对有情人之迷狂的描述中与其说被驳斥了，不如说被重估了价值（《斐德若》244a sq.）。看来，迷狂可以是有益的，甚至是诸神的礼物。同样，这三篇讲辞都运用了“益处”和“害处”（例如《斐德若》232c，234c；239b，241c；245b）的表达方式，就像用了管理和约束（例如232a4f，233c2，250a）的表达一样，但在细

[1] 关于此类进行限定的段落，比较《斐多》114d;《理想国》414a，533a等等。

微处有极大差异。在翻案诗中，苏格拉底强调在神圣之舞中没有嫉妒（《斐德若》247a7），而且，有情人没有嫉妒或奴隶般的敌意（《斐德若》253b）；[1]这颠倒了先前讲辞中提到的有情人与其情敌们之间的竞争，以及昔日情人的不满和嫉妒（《斐德若》232c，240a，249c—e，241c）。

那么，苏格拉底的讲辞将情爱主题从一种修辞样品（它基于对人 260
类道德和潜能的粗糙而简化的看法），转换到一种更加雄心勃勃的哲学阐述和远远更令人惊叹的阶段。情爱被置于其心理的，甚至是宇宙论的语境之中。情爱、诗性疯狂以及哲学获得了统一——事实上，它们几乎彼此同化了。与一个心意相通的恋爱伙伴一起追寻的哲学，将使一个凡人能够渴求智慧和美，这在人的限度内是可能的。[2]

我们在前面的一章中已经思考了苏格拉底情爱"学说"的一些方面，在那里，我们认为，以自我为中心和自我提高的情爱观是言过其实的。对《斐德若》的一种解读则倾向于支持这种情爱观。《会饮》与《斐德若》之间的差异，某种程度上是由于它们的戏剧形式不同以及介入其中的具体的人物品性不同。《会饮》中的苏格拉底是一个奇怪的、扑朔迷离的，甚至是令人苦恼的人物：相比于参加那次会饮的其他任何人，世俗的欲望和情爱关系对他来说远没有那么重要。尽管他的身体鲜活在场，但几乎是一个彼世的人物。所有这些都加大了他的理想与阿尔喀比亚德的生活方式之间的根本分歧。而在《斐德若》中，苏格拉底是在与一个可能皈依哲学的亲密朋友一对一地打交道，那种遥不可及（的态度）就非常不合适，而且，不同的情境也反映在学说层面。因

[1] 关于此处的语言，比较243c8。关于嫉妒主题，参看M.Dickie，见*Nomodeiktes*(Fest.M.Ostwald), ed.R.M.Rosen and J.Farrell(Ann Arbor,Michigan 1993)379—396。

[2] 这里的语言和观念倾向于神秘主义：进一步参看《泰阿泰德》176b。A.Louth, *The Origins of the Christian Mystical Tradition*(Oxford 1981)第一章对柏拉图思想的这个方面给出了很好的解释。

此，这部对话既关注情爱，也关注修辞，这是恰当的：因为修辞的本质是沟通和说服，是个体之间的关系。吕西阿斯和智术师们的常规修辞术不关心论辩的真相和言说对象的福祉；对他们来说重要的是说服，是赢得案子或赚到钱，无论用什么手段。与之相反，苏格拉底在作品的第二部分中提出的哲学修辞术——不管这提议多么理想化和异想天开——则是基于真正的洞察，不仅是对主题之真相的洞察，而且也是对人的品性真相的洞察，同时也符合对话人的需要。换言之，在《斐德若》中，即便不是在柏拉图的所有作品中，哲学修辞融入了哲学之爱：两者都在苏格拉底身上体现出来了。[1]

3. 《斐德若》的统一性

古时候就有对这部对话的主题和一致性的困惑、不安。古代的评
261 论者提到了关于这部作品的*skopos*（"目标"或"主题"）的不同看法：它是一部关于情爱的对话吗，或者是关于修辞的？抑或其真正主题是"善"？新柏拉图主义者赫米埃（Hermias）引述并认同扬布里柯的观点，认为它是一部关注"全然美的东西"的作品。现代的不满更有趣：我们看到的是"《会饮》的古典式结构与《斐德若》的哥特式艺术之间的对比"！[2]一个大体上的一致意见是：《斐德若》的外在形式有问题：大致来说，人们感觉它过于清晰地分为两个部分，从翻案诗结尾

[1] 进一步参看上文原文第245—247页，关于苏格拉底与斐德若之间的亲密性和彼此了解。

[2] P.Shorey, *What Plato Said* 198.我说的这些都归功于弗里斯（de Vries）的导论22—24。进一步参看W.C.Helmbold–W.B.Holther, *Univ.of California Publications in Class.Philol*.14(1952) 387—417,R.P.Winnington–Ingram, *Dialogos*(古希腊研究评论)1(1994)7—20（起初是1953年的一次讲座），以及希思（M.Heath）与罗（C.J.Rowe）之间的讨论，见*OSAP* 7(1989)。

处裂开。[1]该对话的前半部分由几篇长篇讲辞主导（虽然有一些交谈上的预备和插话）；后半部分则全是交谈。此外，后半部分的交谈因有离题之言和虚假的开端而显得有些散漫。修辞问题占主导，而且对当时修辞术（或然性论证[the *eikos*-argument]，[修辞]手册的作者，讲辞的书写）的具体批评显得很突出。情爱主题逐渐淡出，再次变成仅仅是讲辞制作者们处理得或好或差的一个话题，而且，对灵魂从尘世升向天界的全景式想象也被遗忘了。虽然前半部分中的讲辞有时被当作评论和批评的例证，但没有我们预期的那么频繁，而且评论也限于结构和风格；无论是哪个方面都没有试图以辩证的方式继续探讨这些讲辞——尤其是翻案诗——中的的看法。文风和语气的改变看起来足够引人注目，以至于我们不能简单地回应说别的对话也有不止一个主题，[2]或者说这一讨论的自由流动是模仿真实交谈的自然。这些解释可能是有效的支撑点，但不能令人信服地解决关于该对话的统一性问题。

批评者们并不总是清楚他们想要什么类型的统一性。如果想起传统上后亚里士多德的三一律，我们可以毫无疑问地认为，时间和地点的统一是令人满意的，人物方面也是统一的——苏格拉底和斐德若两人一直在场。[3]情节总是三者中最难限制的，但看起来这个乡间插曲至少是一个独立的情节。难点更多的是在于文风和语气上的不一致[4]，不同程度的严肃和紧张如此轻易地转变成幽默和玩笑。同样难 262

[1] 不过，有人认为这种焦虑不是问题（例如Guthrie iv.130—131,412）；M.Heath, *OSAP* 7（1989）163及其上下文有更详细的阐述。

[2] 参看，例如Health 166—170，一个自身发人深思的章节。

[3] 我们也可以注意到各种形式上的技巧，这些技巧创造了前后两部分的某种平衡：特别是，两个部分都以苏格拉底所作的并得到斐德若赞同的祷告作结。

[4] 赫尔姆博尔德-霍尔特（Helmbold-Holther）确实试图断言全文始终在氛围和语气上具有（一种反讽式的）统一性，但似乎过于简单化了。

以否认的是，如我们已指出的，情爱淡出了引人注目的中心，在作品的前半部分之后出人意料地终结了。

不过，如果我们看到，有情人对被爱者的关心反映（虽然这反映不完美）——在苏格拉底与斐德若的关系之中，如果我们把修辞术和情爱的主题看作是统一在使用"恰当言辞"的理想化的哲学之爱上——简而言之，如果我们认为爱的艺术和更纯粹的哲学修辞术都体现在苏格拉底身上，那么，对话的这两部分在主题上就可以被看作是紧密联系在一起的。我们看到，在早期对话中，这一技巧的形式较为简单，苏格拉底或隐或显地举出一个接近完美的关于所论德性（《拉凯斯》中的勇敢，《卡尔米德》中的节制等等）的例子。在《高尔吉亚》中，他称自己是一个真正的政治家（《高尔吉亚》521d）。同样，在《斐德若》中，他显示出自己精通修辞艺术，能使他的讲辞适合斐德若的个性，而且，正是对斐德若和所有有着高贵灵魂的年轻人的钟爱，促使他达到了这样的修辞高度。

这也没有穷尽苏格拉底将自己在翻案诗中所阐述的理论付诸实践的方式。当他界定不同种类的善好迷狂（即无害而有益的迷狂）时，每一种善好迷狂都在某种程度上与苏格拉底在该对话中的行为或品质相像。这些种类是：（i）预言者的迷狂：在242c苏格拉底的神赐声音出现之后，他说自己是预言家（*mantis*），"尽管不算特别擅长"。而且，我们看到他在结尾处再次"预言"有关伊索克拉底的事情。（ii）净化或涤罪的迷狂（如俄瑞斯忒斯之例所示）：我们可以比较苏格拉底承认自己对爱若斯的亵渎，这必须通过一篇更深入的讲辞来赎罪，因而主讲辞是认错的讲辞。（iii）第三种是诗人的迷狂。可以比较苏格拉底先前突然开始作诗，提到阿那克瑞翁、萨福和其他诗人（《斐德若》235c），他向缪斯祷告（《斐德若》237a），以及在主讲辞中他自己承认的诗意话语，把关于天界和诸神的神话称作抒情诗人斯特昔科鲁的讲辞。(iv) 至于爱的迷狂，几乎没有什么必要再说苏格拉底是情爱方面的专家了（交谈的开头，227c3，向我们提醒了这一点），而且，在某种意义上，他在主讲辞中向斐德若求爱：我们记得那篇讲辞结尾处他向爱若斯祷告时的措辞，“不要拿走你赐给我的爱的能力”（《斐德若》257a）。

为了寻找更加深入的统一要素，特别是在前后两部分之间建立连接的要素，很多评论者探讨了这部对话的语言和形象化描述，这种方法在对古希腊悲剧的批评中取得了很多成效。[1]大量母题和短语 263
在对话的过程中反复出现，有时是在字面上重现，有时是隐喻性地重现。一种典型的模式是作品的前面部分先不经意地以字面义或平常方式使用某个短语或意象，然后在神话或主讲辞中更富有想象力也更大胆地使用它；最后，在后半部分，同样的想法再次出现，而且经常将语调平复到原来的程度。食物母题是一个例子：斐德若是在一个有名的吃货莫里库斯的房子里参加吕西阿斯的展示（epideixis）。[2]苏格拉底接过话头说：“吕西阿斯显然送给了你一场言辞的盛宴”（《斐德若》227b6）。和《高尔吉亚》一样，炫示性演说被说成是一种丰盛的食物。236e8再次以宴会用语描述修辞，230d6则是以更滑稽的方式：苏格拉底把自己刻画成一头饥饿的牲畜，只要有人在他面前挥舞一本书，他就会被引诱着跑遍整个阿提卡！非常不同的是在神话中*hestiao*（喂养）一词的使用，在247e。在那里，灵魂目睹并享用“真实的东西”。事实上，这里的文脉有一整个系列的食物和养育方面的词语，在

[1] 首先参看A.Lebeck, *GRBS* 13(1972)267—290。这位学者也是埃斯库罗斯悲剧的天才阐释者，这并非偶然。亦参看Ferrari, *Listening to the Cicadas*各处，以及我在*Phronesis* 33(1988)216—224中的评论（K.Dorter, *JHPh* 9(1971) 279—288用了类似方法，但没有勒贝克（Lebeck）那么灵巧）。

[2] 227b5，以及阿里斯托芬《阿卡奈人》887，《马蜂》506，《和平》1008及评注。

246e1ff.,247e4—6,248b5。[1]

另外一个小型母题是在228a4引入的：斐德若宁愿能够凭借记忆背诵吕西亚斯也不愿有“许多金子”。这个母题在下一个插话中得到发展，在那里，斐德若承诺，只要苏格拉底以吕西阿斯的论点作一篇更好的讲辞，他就在德尔菲给他立一尊真人大小的金像；苏格拉底深情地回应：“亲爱的斐德若，你像金子那么好”（《斐德若》235e2）。这是将外在的、物质的金子与一种金子般的品质，内在的价值标准进行对比。同样的想法在该对话的结尾也发挥了作用，在苏格拉底最后向潘神的祷告中：“亲爱的潘神，还有此地的其他神灵，请赐予我内在的美；让我拥有的外在事物与我内心拥有的东西相称。让我相信有智慧的人是富足的。至于黄金，让我只拥有一个有适度欲望的人可以承受或携带的数量就可以了”（《斐德若》279bc）。[2]内在的精神财富再次胜过了奢侈和过度。斐德若加入了苏格拉底最后的祷告，这表明这场交谈对他造成了某种影响。

在228a—c苏格拉底的回答中可以看到更实质性的、含义更深远的主题呼应，它的开头是调侃式的。“要是我不了解斐德若，那我就是忘记我自己了。”这表明了两人的亲密，同时暗示了后来在230a以及其他地方提出的自我认识的主题。遗忘主题也贯穿始终。在235c，苏格拉底忘了是在哪里听说过他提到的关于情爱和无爱者的更好的解释；灵魂看见型相，但总是容易忘记它们，除非有哲学之爱维系着它并培
264 育它的羽翼（《斐德若》249—250,254等）。那些求助于塞乌斯的书写发明的人们会发现书写是一种提醒的方法，而不是能真正激发记忆的东西（《斐德若》274e sq.）。开场时的交谈也预示了这段话，因为斐德

[1] 《会饮》也有类似技巧，用的是“把握”和其他接触性的词语（见上文原文第185页）。

[2] 亦注意251a和252d与这段话稍有沾边，而且它们无疑是彼此关联的。

若选择了吕西阿斯讲辞的书面文本，而不是像他起初声称的那样真正记住这篇讲辞（《斐德若》228a—e）。

此类主题和母题的另一个起始点可见于229c—230a（上文原文第174页已引述）对理性化怀疑论的反讽。也许，最为重要的主题性的方面在于：新式的复杂（sophistication）与表面天真的信仰之间的对比。我们在这里再次看到新式的智术思想与苏格拉底哲学的对立。去神话化的主要工具是*eikos*，可能性，这是智术论证的口头禅。这个词在吕西阿斯总结的论点中也很突出（《斐德若》231c7,232c2,233a2），并且在对修辞理论的讨论中自然而然地再次出现（《斐德若》267a，272e）。关于波瑞阿斯的那段话揭露了那些进行理性化解释之人的故作复杂：他们的聪明其实是*agroiko*s，粗俗和装模作样的。对这些"聪明人"的批评可以扩展到吕西阿斯之类人，因为去神话化的狂热在智识根源上与吕西阿斯的论文所代表的对自相矛盾之论的热情相同。这两者的关联亦表现在它们都忽略了宗教维度。在对话的后面部分中，同样充满敌意的反讽针对的是[修辞]手册术语的繁琐（《斐德若》266d—267e），[1]以及手册作者们的自大。从不同的角度看，伯里克利——在大众看来至高无上的政治家—演说家——据说从阿那克萨戈拉那里获得的智慧，是对哲学演说家通过沟通现实可以获得的见识的一种歪曲（caricature）（《斐德若》269e—270a）。[2]智慧本身是一个反复出现的母题：谁是真正有智慧的，是聪明的智术师，还是看似天真的苏格拉底？在哪儿可以找到智慧，是在见多识广的雅典人的沙龙里，还是在斐德若起初嗤之以鼻的来自埃及的老派故事里（《斐德若》

[1] 关于这一部分，尤其参看G.Kennedy, *AJP* 80(1959)169 ff.;*Art of Persuasion* 52 ff.。

[2] "饶舌"和"崇高的话语"都不无反讽意味。比较T.A.Szlezak, *Mus.Helv*.35(1978)28.不过，普鲁塔克的《对比列传》"伯里克利"4—6和其他文本会直白地写出这段话。

275b)?[1]

这种评论自然有陷入空想式的过度阐释的风险。近来对《斐德若》的一些解释与此关系不大，这可以理解。[2]这似乎是一种过度限制的做法：某些意见当然可能比其他意见有更坚实的基础，同样的词或类似的意象可能暗示段落之间的重要联系，这种想法并非不言而喻
265 是错的，而且在对其他古典作家的研究中成效显著。大概大多数批评方法都容易被滥用或过度使用，但放弃所有可能导致这种危险的方法几乎是不可行的。更严肃的批评可能是，这些精心设计的喻象和母题实际上不足以打消读者对该作品是一个统一整体的疑虑。它们制造的联系没有连贯性；阅读这部对话时还是会感到氛围和文风上的惊人变化。尤其是翻案诗以及其中包含的神话的地位，仍然令人困惑。

我们最好相信《斐德若》有某些不同寻常之处，特别是翻案诗及其与整体的关系。乍看起来，这篇讲辞不仅是该作品的高潮，而且传达了该作品的核心学说。然而后来它几乎被忽略了，265b的评论似乎大大削弱了它。这篇核心讲辞的其他方面可能增强了这种矛盾的感觉。它是一个深刻与怪异的奇特混合体。关于灵魂不朽的论证出奇地简短，而且是精巧的模仿（《斐德若》245cff.），在其文脉中的位置很古怪：很像是一个戏仿，或许是戏仿教科书观点。[3]怪诞或幽默的细节很多，多于《高尔吉亚》和《理想国》，特别是在诸如248b那样的段落中，神话的象征性语言（马、羽翼、飞翔）被赋予了具体的身体现实性，如在

[1] 与该话题有关的其他段落见242e5,245c2,278d。

[2] 罗（Rowe）就几乎没有此类评论（他没有引用勒贝克[Lebeck]的开创性论文）；敏锐的怀疑论见Health, *OSAP* 7(1982)160—161。甚至埃斯库罗斯也不被认为是有意识地运用这种技巧（M.L.West. *Gnomon* 59[1987]193—198）。

[3] 比较，例如菲洛劳斯44 B2 D–K(=KRS no.425)；麦里梭30 B 1-2 D–K(=KRS 525—526)。关于其他"教科书式"段落，见245c4,246a3—4,246b5—6。

248b中，上升中的灵魂有被兴奋的马蹄踢伤的危险，这些马属于在它前面的灵魂（亦比较《斐德若》251b sq.）。（苏格拉底）反复玩弄似是而非的词源学：诚然，此类东西在《克拉底鲁》中（看起来）被相当认真地对待，但在这里，似乎是刻意要让人注意它们不像真的（《斐德若》244c sq.,251c,252bc；比较已经说过的237a）。

借助幽默，苏格拉底也能够表明所有说过的东西都是有缺陷和不完美的，表明其中很多都只是尝试性的、傻乎乎的"胡闹"。苏格拉底的反讽和无知在这里挨得很近：苏格拉底频繁地声称自己对这些主题一无所知，不能要求他对它们作内行的讨论，所以，他自然会嘲笑自己在艰难的哲学道路上跌跌撞撞行走的努力。与此相应的是，他极少让对话到结尾时确定很多东西：在《斐德若》中，他最明显地用一只手拿走了似乎用另一只手给予的东西（特别是在265bc，但对写作的讨论亦如此，见下文）。这种开放性的结尾以及承认到目前为止只做了部分工作，也是对其他人继续进行他们自己的讨论和思考的鼓励。

这部对话的统一性问题可以根据这一开放性结尾来考察。在此 266
处，在该对话整体与翻案诗之间有一种类似：后者与前者一样是奇怪的混合物，没有明显的统一性。还是265b，苏格拉底对主讲辞的描述在这里意味深长："用某种形象刻画了爱欲经验……将我们并非完全无理的讲辞混在一起……"苏格拉底承认他事实上没有作出一篇他在264和268中视为理想的那种完美和统一的作品。柏拉图在作为整体的《斐德若》中达成的东西（或者刻意没有达成的东西）也是如此。如我们所见，统一性也是在除文学之外的其他层面的主题：苏格拉底在对话开头的探询中就关心他自己的本性以及他的本性是单纯的还是复杂的（《斐德若》230a），斐德若的内心被分裂为修辞和哲学两部分（《斐德若》257b）。理想的本性是单纯、单一的，无论是人还是文学作品[1]；但仍然只是一种理想，在这个人们忘记了型相，只有对纯粹美的模糊记忆的日常世界里，更为现实的状态必然是复杂的，并因而是缺乏统一性的。

宽泛地说，当我们一般所认可的那种统一性缺失的时候，可以采用三种解释策略。第一种策略是修正我们的统一标准[2]，承认古代读者不仅喜欢紧凑和统一，也喜欢语气和方向的多样和变化：这样，我们就能够并应该赞赏《俄狄浦斯王》和《安德洛玛刻》，赞赏《埃涅阿斯纪》和《变形记》。这种说法很有道理，但在我看来，它把统一的标准降到了一个无法接受的地步。第二种策略是寻找更微妙或更多样的统一类型，在一种有别于明显的动作和情节的层面上，通过语词的特征和喻象将作品黏合起来。从目前的讨论可以清楚地看出我自己很赞同这种方法，而且和勒贝克（Lebeck）及其他人一样，我试图表明这种联系确实存在，有大有小，或明显或隐微。但还有第三种策略，这种策略在很多例子中也许可以和第二种策略兼容：相信所论作品并非以惯常的或预料的方式来统一，并且认为这是作者刻意为之：他是在打破文类的规则（就像欧里庇得斯在《赫拉克勒斯》中那样确定为之的）或者颠覆和扰乱我们的预期。我想《斐德若》中有这方面因素：在一部于大多数读者看来问题和语气都令人困惑地多样和多变的作品中，柏拉图却称赞统一性，这既不是巧合，也不是能力不足，而是有意为之；它指向书面语词的不完美，指向对哲学主题的这一次讨论或任何讨论的未完成性。它也体现了参与者的复杂性和非单纯性。无论苏格拉底是
267 何种情况，《斐德若》的复杂性一定程度上是由于斐德若自己是复杂和

[1] 大体比较《理想国》423b，443c—e，445c。

[2] 这本来是希思（Heath）的方法，见上引文章，以及他的其他作品的相关部分（*The Poetics of the Greek Tragedy* [London 1987]98—111; *Unity in Greek Poetics* [Oxford 1990]第一至第二章）。

分裂的；如果说后半部分中的讨论看起来是枝蔓的和奇怪的，或者如果说后半部分作为一个整体似乎没有履行翻案诗的承诺，那么，这可能与苏格拉底最终未能成就斐德若的事实有关系。

4.《斐德若》(中的) 写作

虽然本章论证的主线到目前为止应该是清楚的，但有必要更细致地思考关于写作的著名段落，及其在该对话中的位置。[1]《斐德若》始于吕西阿斯的一篇讲辞，它的状况起初是不明朗的：是在斐德若的头脑中，被完全记住了吗，或者不是？事实上它是在他的斗篷下面。苏格拉底坚持要他把这篇讲辞大声读出来，而没有考验他的朋友的记忆能力。在苏格拉底的翻案诗之后，斐德若再次提到吕西阿斯，怀疑吕西阿斯的能力是否比得过苏格拉底的表演才能，“如果他真的想作一篇更深入的讲辞作为回应。因为，就在几天前，我的最好的朋友，一个政治家就因为这事对吕西阿斯恶言谩骂，口口声声叫他‘写演讲稿的人’(*logographos*)。出于自尊心，他也许不会再为我们写作了”(《斐德若》257c)。

斐德若提到的批评在其他前5世纪至前4世纪的文本中可以找到类似说法。尽管希腊文学取得了很大成就，受众对其他文学形式也有

[1] 在有关古希腊从“口头”文化向“书面”文化转变的意义的论争中，这一部分一直很突出(尤其是在哈夫洛克(E.A.Havelock)及其追随者的作品中)。此处不会考虑这一话题，因为在我看来，更严谨的研究显然已经表明，对一场神奇而重大的转变的任何简单的谈论都会是误导。书籍是人们熟悉的东西，虽然除了知识分子之外很少有人会拥有很多(特别注意柏拉图《申辩》26d，色诺芬《回忆苏格拉底》iv.2.1，欧波利斯 F 304K=327KA;Hdt.vi.27,虽然是有关公元前500年的希俄斯的，但值得思考)。尤其比较F.D.Harvey, *REG* 79(1966)585—635;R.Thomas, *Oral Tradition and Written Record in Classical Athens*(Cambridge 1989)以及该作者的*Literacy and Orality in Ancient Greece*(Cambridge 1992)。

热情，但对聪明的演说者，以及对那些为别人写法庭演说词的人（吕西阿斯和早年的伊索克拉底都干过这一行）似乎有一种由来已久的偏见。演说家们自己利用了这一偏见。[1]斐德若对这一点的关注让我们惊讶地看到雅典社会的日常现实。苏格拉底迅速消除了对吕西阿斯可能停止写作的担心，并且拿政治家们自己以另一种“写作”——纪念他们的决定并公布提议者的公共铭文——为荣这件事开玩笑（《斐德若》258a）。写作主题贯穿该对话的其余部分，在此只是略微涉及，也
268 见于对修辞手册的嘲讽，但更为缜密的思考是在该作品的最后一部分，从274a到278b。在那里，苏格拉底讲了一个故事（他不承认这故事是他自己编的，虽然斐德若有此怀疑），说的是埃及的塞乌斯如何得意地向国王萨姆斯展示他的发明，包括“文字”（*grammata*），但被告知这一发明至少是不好的，“不是帮助记忆的药方，而是帮助提醒的药方”。如果书写的技艺广泛流传，人们就会依赖它，就不会再把知识记在脑子里（《斐德若》274c—275b）。

苏格拉底接着将这个故事的寓意应用于讲辞写作者，特别是应用于他们在前面的讨论中试图界定的真正的修辞家。它表明，以为书面文辞很有价值的想法是天真的，因为书面文辞无法为自己辩护，也不能选择说话的对象。真正的修辞家会使他的话语适合听者的个性，而书面讲辞则是僵化、没有生命的。口头言辞才是有价值的，能够“写在灵魂里面”。把事情书写下来可能是一种足够有用的提醒（因为年老会造成遗忘），但人们不必认真对待书本：明智的人，哲学家，会把书写看作是一种消遣，一种比饮酒聚会之类自我放纵的乐趣更可取得多的事情。但他的真正事业，他的真正满足感，则是在有回应的灵魂中撒

[1] 参见，例如安提丰残篇1a 作品集2（第109页 Thalheim）；埃斯基涅斯 1.94,170，德谟斯泰尼 35.38—43；比较Dover,Lysias 155—156。

播逻各斯（*logoi*）(论辩，而不是讲辞？)的种子，看着这些种子发芽，并知道日后还有更多的播种和生长。

> 当一个人运用辩证术，找到一个合适的灵魂并用言辞在它那里播种、种植，这些言辞基于知识，不仅能够帮助这些合适的灵魂，而且能够帮助种植它们的农夫，它们不是华而不实的，而是可以开花结果的，可以在别的灵魂中生出别的言辞来，生生不息，直至永远，也能使拥有这些言辞的人享受到凡人所能享受的最高幸福。（这是比写作更好得多的事情）。（《斐德若》276e4 *ff.*）

稍后，他也用父亲和子女的隐喻来表述同样的繁殖过程：写在灵魂里面的讲辞是哲学演说家——他自己的灵魂和其他灵魂——的合法后代。所有其他的尤其是书面讲辞的虚假“智慧”，应该被视为游戏：名词*paidia*（游戏）及其同根词在这段话中反复出现。我们再次看到了与该对话前面部分的某种联系：吕西阿斯的演说是智术式*paignion*或玩物的典型例子，其浅薄已被揭露；但在苏格拉底看来，它以及其他有更大优点的作品，在某种更深的意义上也是微不足道的“玩物”。

我们该如何解释这一切？毫不奇怪，我们可以引述很多种不同的阐释，从将这些含义降到最小程度，特别是试图让柏拉图自己的写作避免这一谴责，到让这种“游戏”因素充分发挥，并将其视为对柏拉图 269
所写下的或可能写下的任何作品的暗中破坏。[1]前一种解释的极端版

[1] 参见，例如H.L.Sinaiko, *Love,Knowledge and Discourse in Plato*(Chicago 1965)第一章(相当笼统，而且过于依赖第七封信)；R.Burger, *Plato's Phaedrus:A Defense of the Philosophic Art of Writing*(Univ.of Alabama Press 1980); C.L.Griswold, *The Monist* 63(1980)530—556; Rowe,《柏拉图后期对话中的公共和私人言说》(“Public and private speaking in Plato's later dialogues”)，见*Plato:los dialogue tardios*(Symposium Platonicum 1986,Mexico 1987)125—137;Ferrari第七章以及*Cambr.Hist.of Literary Criticism* i(1989)142—147.关于悖论，参看M.M.Mackenzie,(转下页)

本,“化解”法,似乎很难站得住脚:这段话肯定是令人吃惊和自相矛盾的。柏拉图的意图并不仅仅是将苏格拉底自己对写作的厌恶加以戏剧化,而不打算让读者注意到这一谴责出现在一个书面作品中。对写作的批评也不限于吕西阿斯、伊索克拉底之类人的作品:宁芙的信息不仅是传给演说者的,而且也是传给荷马之类诗人以及梭伦之类立法者的(《斐德若》278bc);苏格拉底的话没有留下任何余地:哲人会“认为,任何主题的书面话语都不可避免的是很轻浮可笑的东西,无论是韵文还是其他的文章,没有一篇值得认真关注……”(《斐德若》277e5 ff.;亦见277d8—9,否认任何此类作品具有“确定性[*bebaioteta*]和明晰性”)。

于是,对写作的诋毁,首先在对话戏剧内部延伸到吕西阿斯的讲辞(以及其他此类文本),然后延伸到其他其作者不能在场发言的书面讲辞,再延伸到其他文学作品,包括诗人的作品,甚至是荷马本人,以及诵诗人的表演——诵诗人虽然是口头传达诗人作品,但他们在这么做的时候却不允许提问和教诲(《斐德若》277e—278a)。到目前为止,苏格拉底的立场是明了的,也与他在其他地方的态度相一致。正是这一批评存在于一篇书面作品中的事实使情况复杂化了:这一批评推翻了它自身吗?这里有一个悖论,它巧妙地呼应了早先书面作品与口头表演的颇不足道的合一,因为吕西阿斯的讲辞兼有两者。与之相似,《斐德若》某种意义上是一次谈话,其中有一位真正的哲人演说家在做“播种”的工作;但当然,它也是一篇书面作品,是一个比它的作者活得更长久而且不能解释它自己的人工制品。另一方面,如果它体现了

(接上页)*PCPS*注28(1982)64—76。这一谱系中“解构式”读法最突出的代表是Derrida,《柏拉图的药》(“La pharmacie de Platon”),*Tel Quel* 32—33(1968),重印见*La Dissémination* (Paris 1972) 69—197(英译*Dissemination* [Chicago 1981]61—171),在我看来,此文被夸赞得太过头了。

哲人的“消遣”，那么它似乎的确合乎这样的要求，即这种消遣性的写作不能太严肃或太自大，而应该被当作是“游戏”：因为即便是在这段话之外，游戏式的语言也很突出[1]，而且，如我们所见，这部对话的幽默类型很丰富——戏弄人的玩笑、文字游戏、词源辨析和双关语、离奇的形象和有趣的悖论。我们不必过于强调解构性的观点：苏格拉底没说口头讨论的主题与书面作品的主题之间没有任何联系（事实上，前者被说成是后者的一种*eidolon*，即一种幽灵般的影像或反映：《斐德若》276a9），也没有说在书写下来的文本中除了游戏之外就没有别的任何东西。也许，仍然有某种严肃的东西在其中——虽然这一点也不必被非常认真地对待。我们可以猜想，柏拉图也许会抱着消遣的心态消遣我们的困惑。[2] 270

《斐德若》之谜不可能得到确定的解决：就像苏格拉底告诉斐德若的，在书面的作品中没有确定或明晰（《斐德若》277d8，比较278a4—5）。还有更多的话可以说，或貌似有理或不那么有理。有一些结论似乎是清楚明白的。没有任何理由认为，从《高尔吉亚》到《斐德若》，柏拉图变得更赞同当时的修辞术，或者智术师的方法。[3]这两部对话都对专家们实践的伪科学的修辞术持一种严厉的态度，虽然《高尔吉亚》

[1] 这在柏拉图的全部作品中都很重要：参看Guthrie iv.56—66的概述。进一步参看P.Plass, *TAPA* 98(1967)343—364；弗里斯（De Vries）的《斐德若》评注，18—22，以及他在*Spel bij Plato*中更充分的解释（Amsterdam 1949）；J.Huizings, *Homo Ludens*(英译本 1949）第九章。在智术师文本中我们可以再次发现一些背景：高尔吉亚在《海伦颂》的最后一句中，顽皮地称这篇《海伦颂》是一件*paignion*（玩物），除此之外，还可参看阿尔基达马B xxii.15.34 Radermacher；伊索克拉底：《布西瑞斯》（*Busiris*）9。《会饮》197e中的阿伽通也是用同样的常见之言作结。

[2] 在本章草稿写完之后，我看到了罗（C.J.Rowe）的一篇很有思想的论文，见Nova Tellus 5(1987)83—101，我很高兴地发现自己很赞同其中对“书写”部分的论述。感谢作者寄给我这篇多少有点难以获取的论文的复印本。

[3] 修辞术不是真正技艺的断言一直持续到《法义》（卷十一938a）。

更多是处理政治演说术的关键问题，而《斐德若》对公共演说关注较少，它更关注的是炫示性演说。无论我们对斐德若“改信”的性质或持久性有什么保留意见，这部对话都显然是将哲学之爱的过程戏剧化了，苏格拉底的微妙而豪爽的修辞就是明证，他小心翼翼地引导斐德若远离吕西阿斯的堕落世界而朝向有更高价值的世界。苏格拉底的主讲辞是一篇高度诗意化的、经过修饰的“神话般的颂歌”，它特别适合斐德若的口味。上文已指出，无论是这篇讲辞，还是这部对话整体，都不是苏格拉底在这部对话本身中所要求的那类完全令人满意的统一体。现在可以补充一点，在一个纯粹的书面作品中，这种统一体本身是一个微不足道的目标。或许，形式的不完美反映了媒介的不完美：书面讲辞，书面作品，无非是“游戏”而已，统一和连贯的完美性是一种没有多少实质意义的成就。[1]正如这篇崇高的神话（它本身就因断断续续的轻浮可笑之言而有缺陷？）崩解成了较为缺乏诗意的谈话，这部对话
271 本身实际上也不能获得理想的有机统一。所以，苏格拉底又一次强调，辩证法家——他能接近真理，但不把真理仅仅托付给书本——还不是(*sophos*)智慧者，而只是(*philosophos*)爱智者。

> 斐德若：那么，你会给他什么名称呢？
>
> 苏格拉底：斐德若，“智慧者”这个称呼在我看来太过了，只有神才当得起。但称他为“爱智者”或者其他类似的名称，可能不仅更合适，也更有味道（《斐德若》278*b*）。

同样，阐释者不必也不应该声称达到了最终目标。

---

[1] 比较Ferrari，232。

第十章

更多的思考

“看起来我需要新的策略……我必须使用与先前论证有所不同的武器，虽然也许有一些是相同的。”(《斐勒布》23b中的苏格拉底)

1. 引论:《泰阿泰德》

本章将关注柏拉图的后期作品，包括似乎到他在前347年去世时尚未完成的《法义》。这些作品大多篇幅更大，也更复杂，这使得以本书的篇幅不可能给出像前面几章那样比较细致的解读；相反，我将尝试对这一后期阶段作总体的特征描述，然后对这些文本中最惊人、在某些方面最具影响力的《蒂迈欧》进行稍微详细的讨论，最后，更有选择性地对《法义》作一些评论。 272

对后期作品作任何概括性讨论都要求界定哪些对话可以归入此类。这里我们要回到第一章所考虑的年代学和方法论的若干问题；重述一些要点是难免的。[1]古代作者，最有名的是第欧根尼·拉尔修，断言《法义》是柏拉图最后一部作品。其他被普遍认为是后期作品的对

[1] 关于年代学问题的讨论，尤其参看Thesleff, *Studies in Platonic Chronology* 184ff.; Brandwood,in Kraut, *Companion*第三章。

话包括《智术师》《治邦者》《蒂迈欧》《克里提亚》以及《斐勒布》。[1]这些看法部分是依据交互标示和其他此类连接点，部分则是依据文风方面的标准：这些作品在风格上接近《法义》。特别是在这些作品中，柏拉图遵循散文节奏的某些惯例，并且避免元音连读（即一个词结尾
273 的元音和下一个词开头的元音的结合）的程度远远超过其他任何作品。《智术师》和《治邦者》明显是一起构思的，作为一个未完成的三部曲的组成部分（第三部本来会是《哲学家》；同样，《蒂迈欧》是另一组三部曲的首部，被删节了的《克里提亚》是这组三部曲的另一部分。《巴门尼德》和《泰阿泰德》通常被认为与《智术师》和《治邦者》有关，部分还是因为交互标示，部分则是因为它们的主题内容相关联。不过，《巴门尼德》和《泰阿泰德》的写作时间很可能略早于上述其他作品：《巴门尼德》可能早于《泰阿泰德》，因为在《泰阿泰德》的一段话中，苏格拉底提到他年轻时与年迈的巴门尼德的一次邂逅（《泰阿泰德》183e）。当然，我们应该记得，柏拉图可能同时写作不止一部作品，而且可能把若干对话构思为一组（新颖的三部曲结构的确鼓励我们这么设想）。

有必要通过对这些作品的一些粗略概括来指出柏拉图后期作品的不同特征。我们在本书中到目前为止思考的对话总体上都关注道德、政治以及形而上学问题（经常也关注将这些关注统合在一起的连接点）。后期作品有所不同，但不同的方式是多样的。首先，有一组对话（《巴门尼德》《泰阿泰德》《智术师》和《斐勒布》）关注的是认识论的

[1] 欧文（G.E.L.Owen）在一篇著名论文中认为，基于哲学的理由，《蒂迈欧》应该早得多，但在经过一番富有启发性的辩论之后，意见趋势似乎更倾向于反对他。参见Owen, *CQ* 3（1953）79—95和H.Cherniss, *AJP* 78（1957）225—266的回应，此二文都重印于R.E.Allen(ed.) *Studies in Plato's Metaphysics* (London 1963)及其他地方。J.M.Rist, *Phoenix* 14(1960)207—221和C.Gill, *Phronesis* 24(1979)148—167提出了对欧文的其他批评。更多参考文献可以在Thesleff(n.1),189—192,尤其是189n.18中找到。

问题和高度抽象的心理学。其次，与之相比，《蒂迈欧》及《法义》的部分内容则显示出一种新的对物质世界以及天文学或宇宙论的迷恋，并将其作为一种有道德含义的，特别是与对诸神的信仰有关的研究。第三，柏拉图思想的政治方面在《治邦者》和《法义》中延续，但显得较少理想化和空想色彩；更多地关注政体形式（这在《理想国》第八和第九卷中已经很突出），关注立法和行政的细节，以及城邦民个体的日常需求。同样明显的是对早期历史的兴趣在增长（虽然是虚构或半神话的历史）：《治邦者》中的神话，克里提亚讲的故事，以及特别是《法义》的第三卷。[1]从消极方面说，我们较少看到柏拉图形而上学那种更为神秘和超然的方面：回忆和轮回的观念、型相理论，以及《理想国》和《斐德若》中讲的精神等级，这些虽然没有被完全放弃，但明显没有那么突出了。至于柏拉图与其前辈的哲学交锋，我们可以发现一个明显的转换，即不再那么关注智术师，而更加专注于老一辈前苏格拉底哲人的理论，尤其是芝诺、巴门尼德以及毕达哥拉斯主义者。在这里和在其他地方一样，《泰阿泰德》似乎是过渡性的——它不仅应对了普罗塔戈拉的观点，也应对了赫拉克利特的观点，后者被看作是智术师学说的基础或预示。

从内容转向形式和辩证方法，最明显的要点是叙述性对话到《巴 274
门尼德》就终结了，《巴门尼德》实际上是一个古怪的混合体。它的第一部分（126a—137c）是一种典型的开场，即由其他人回忆一场涉及苏格拉底的谈话（比较《会饮》），而且这个开头部分包含了少量的场景设计和叙述者的评论（《巴门尼德》130a，136e）。篇幅较长的第二部分完全是在对话，柏拉图仿佛厌倦了不断重复“他说”，而更愿意专

[1] 参看R.Weil, *L'Archéologie de Platon*(Paris 1959); Morrow, *Plato's Cretan City* (1960)17—92; Guthrie v.330—331。

注于论辩。[1]《泰阿泰德》中开场的交谈似乎就遇到了这种困难，欧几里德相当细致地向忒尔西翁解释他如何记录那次谈话。“你看我是怎样把那次谈话写下来的，不是像苏格拉底对我转述的那样以叙述的形式写，而是写成直接对话那样……我想在书面描述中避免让零零碎碎的叙述语讨人嫌地打断对话，诸如苏格拉底在谈到他自己时说的“我说’或者“我认为’，以及他在讲到回话人时说的“他同意’或“他不赞成’。”（《泰阿泰德》143c）既然忒尔西翁说这是一个好主意，而且在对话中似乎也没有因此造成什么困难，那么，我们可以合理地设想，这意味着柏拉图在策略上的一个改变。如果这个论点是可以接受的，那么，叙述性对话都不应当放在《泰阿泰德》之后。

最显著的变化是苏格拉底的作用。在《巴门尼德》中，苏格拉底是一个遇见大思想家的年轻人，他起初流利而热情地提出了一种型相理论，但巴门尼德的批评使他灰心丧气。[2]他被告知，如果要实现他的诺言，他需要在哲学论证上作更多的锻炼；在对话的其余部分，巴门尼德与一个叫亚里士多德的顺从的年轻人进行了一场不仅很长而且高度抽象的谈话，这提供了他心目中的那种论证的一个例子。《巴门尼德》的这第二部分或许是柏拉图所有作品中最难的哲学论证，而且无疑是柏拉图最接近于完全放弃对话的内容。在其结尾处没有进行要点概括或者恢复轻松随意的谈话。同样令人惊讶的是，在《巴门尼德》中，苏格拉底的言行不像苏格拉底；他被刻画成只是一个热切的询问者。是柏拉图拿不准该如何描绘他的导师年轻时的样子吗？与之相比，在《泰

[1] 赖尔（G.Ryle）在其《柏拉图的〈巴门尼德〉》（“Plato's *Parmenides*”）的后记（见Allen, *Studies in Plato's Metaphysics*[1963]145）中认为，这只能解释为这两部分不是在同一时间写的。

[2] 对于柏拉图自己如何严肃地看待这些反论，有激烈争议：相关讨论参看，例如Allen(ed.) *Studies in Plato's Metaphysics*中的文章，艾伦（Allen）的简短导言是一段简练的场景设置。进一步参看Guthrie v.32—61。

阿泰德》中，他还是一如既往地幽默和富有同情心（虽然也许比在早期对话中更加主动——不过也不比《理想国》更主动），与有魅力和聪慧的年轻人泰阿泰德，以及老数学家塞奥多洛一起交谈。在《智术师》中，苏格拉底、泰阿泰德以及其他人都还在场，场景被设定在第二天，但有一个新人物，即来自埃利亚的异乡人，加入到他们之中并起了带头作用，他在该对话中与泰阿泰德交谈，在《治邦者》中则与另一个年 275
轻人交谈，这个年轻人叫小苏格拉底，令人疑惑。[1]在《蒂迈欧》和《克里提亚》中，苏格拉底又在场并参与了开场的交谈，但随后把舞台让给了这两部作品以之命名的人物（克里提亚也参与了《蒂迈欧》）。在这里，对话被放弃了：蒂迈欧的一次长篇阐述占了《蒂迈欧》的大部分篇幅，文风赡富而神圣，并达成了一个庄严的结论，也没有再回到最初的框架。在《斐勒布》中，苏格拉底再次变得较为突出（也许是因为所论主题，快乐与痛苦，比较接近他熟悉的道德关切？），但其中的讨论多少有点沉闷和不成形，尽管也有活泼热烈的地方：它的开头谈到一次早先的谈话（亦注意19d—e），结尾非常突然，以至于人们会怀疑这是另一次未完成的尝试。在《法义》中，众所周知，苏格拉底没有出场，也从未被提及。虽然亚里士多德不经意地称它为一部苏格拉底作品（《政治家》1265a11），但很明显，克里特这个地点不适合不爱出门的哲人（参看《克力同》52a—c和《斐德若》230cd），这个解释可能足够了。[2]但苏格拉底在《法义》中的缺席，作为其角色变换的终点，似乎具有象征意义上的恰当性。

---

[1] 他是一个真实人物，参见亚里士多德：《形而上学》1036b25ff.。

[2] 我提到G.Ryle, *Plato's Progress*第二章中的理论只是为了好玩。从一个无法证实但并不明显荒谬的前提——即这些对话是在学园（辩论会）中上演的——出发，赖尔带着愉快的自信作了这样的假设：柏拉图一直扮演苏格拉底这一角色，而苏格拉底的戏份在某些对话中减少全是因为柏拉图生病了（因为其他人都不被允许扮演这位导师）。

在苏格拉底之外的出场人物方面也有一个变化。虽然这些人仍然要么肯定是、要么可能是历史人物，但他们不再是政界名人，而是在科学和思想方面突出的人：数学方面的泰阿泰德、小苏格拉底以及塞奥多洛，埃利亚哲学方面的芝诺和巴门尼德，意大利毕达哥拉斯学派的蒂迈欧[1]；对于斐勒布和普罗塔库，我们不知道什么确定的东西，但有几段话似乎暗示了他们的争论的真实背景（例如《斐勒布》44b sq.关于斐勒布的敌人）。斯巴达的麦吉卢和克里特的克利尼亚在别处从未出现，可能是代表他们社会中“有名望的（stock）”人物：我们会看到，对他们的描述大多暗示了（例如）拉科尼亚人的简洁。《法义》中的雅典人是匿名的，但不能简单等同于柏拉图（这是在古代评注中发现的一种解释）：退一步说，另外两个人物都没有把他当作有名的作家或思想家。作者与人物之间的差距可能不大；埃利亚客人和蒂迈欧可能比任何早期作品中的人物，也比《法义》中的主要发言人，都更接近柏拉图自己，但仍然有差别。可能还要最后作一个概括性补充：在后期作品中没有出现故意刁难或挑衅的人物，没有自以为是的智术师或自私自利的专业人士：在《理想国》后几卷中“被教育成”有礼貌之人的忒拉叙马霍斯后继无人。有人认为，柏拉图遵循了他自己在《理想国》中的建议，没有把读者不应该模仿的人物戏剧化。[2]

276

一种关于柏拉图文学发展的流行观点可以简单化地描述如下：在早期对话中，他充分发挥了戏剧和文体才能，创造了鲜明的形象，进行了绝妙的戏仿：这一趋向在《会饮》中达到最高水平。在《理想国》中，

[1] 如果《蒂迈欧》和《克里提亚》中的克里提亚是那个僭主（比较本书原文第93页，关于《卡尔米德》），那这就是一个相反的例子（西西里将军赫谟克拉底是另一个例子）；虽然这是一个有名的难题，但我倾向于相信该对话中的这个人是那个寡头政治家的祖父。相关讨论参看Guthrie v.244; *APF* 322—326; Welliver（下文原文第286页注41）50—57。

[2] F.H.Sandbach，见其一篇极好的短论，见Easterling and Knox(ed.), *Cambridge Hist. Of Classical Lit.* i(1985)483。

我们则看到了顶点和转折：在该作中，苏格拉底从可爱、好玩的本来面目变成了柏拉图的喉舌，并且在此后变成一个平淡无趣的人物。随着这一转变，柏拉图对话也失去了它们的生命和活力，变得在理性上更严格但也更难解、更啰嗦，柏拉图仿佛忘记了苏格拉底，效仿毕达哥拉斯主义者转向奇怪的思索，在其暮年丧失了幽默感。《法义》把这一令人遗憾的倾向带向了它的无果的结局。

我们已经清楚，真相更为复杂。在接下来的内容中，我会试图指出后期作品的一些优点和有趣之处，以及它们的不足。很显然，上面的概述忽略了一个事实，即《斐德若》和《泰阿泰德》这两部柏拉图最生动、最具想象力的作品，可能晚于《理想国》。如果我们的以下看法是对的，即讨人喜欢的《泰阿泰德》的写作时间略晚于《巴门尼德》这部最接近于放弃对话形式的作品，那么我们显然不能用一条简单的曲线来描绘作为对话作者的柏拉图的“衰退”。柏拉图的写作有明显的延续性，而且，我们能看到某些后期作品更详细地发挥了早期不经意出现的主题和思想。因此，现代哲学家在《泰阿泰德》和《智术师》中所发现的如此引人入胜的语言魅力以及这种魅力与观念的关联，以及对赫拉克利特和普罗塔戈拉的分析，这些都与早期的《克拉底鲁》有相似之处；[1]《蒂迈欧》的宇宙地理分布学在《斐多》和《理想国》的神话中已经有预示；苏格拉底的德性即知识的老观念在《法义》中依然有所讨论（《法义》731c，860—864）。[2]在《治邦者》中间出现的神话，就像《斐德若》中心讲辞中的神话。[3]

---

[1] D.Bostock, *Plato's Theaetetus* 6—7因此认为《克拉底鲁》晚于《理想国》。

[2] Guthrie v.376—378;更多相似之处亦见该书第329页。

[3] 关于为了道德说教目的而改编或利用的神话小例子，参看《斐勒布》16c—17a;《法义》713c—714b，804e，865d，872de，913bc，944a。比较R.Wright，见*Arktouros* ed.G.Bowersock and others (Berlin 1979) 364—371。

277 不过，在面对这些对话时，我们很难不感到某种变化，这无疑与苏格拉底的角色作用较小有关（虽然无法知道原因是什么以及影响如何）。[1]篇幅有总体增长，尽管序幕和场景设置缩减了。长篇的阐述变得更常见（除了《蒂迈欧》之外，《法义》的整个第五卷都是由雅典人的一篇讲辞构成），应答者乐于相助和配合，而不是试图抵制或提出对立的看法。《巴门尼德》中的阿里斯多特勒树立了榜样，当巴门尼德说最年轻的伙伴最适合，“因为他最不会惹麻烦，而且最有可能按其心中所想来回答”（《巴门尼德》137b）之后，他自荐为对话人。第二点（[译按]指坦率直言）无可非议（比较，例如《高尔吉亚》487d，492d），第一点（[译按]指不惹麻烦）则令人吃惊。《智术师》中有一个类似之处，在那里，埃利亚客人选择了问答而不是讲授，只要他的对话人顺从，不找麻烦（《智术师》217d）。《理想国》似乎的确标志着某个方面的转折：从这部对话开始，柏拉图没有再引入坚持以细枝末节或个人成见来争辩的人物。即便是像巴门尼德那样的重要思想家也向苏格拉底和其他人解说其思想，而不是像普罗塔戈拉那样卖弄炫耀或忸怩作态。论辩进行得更沉着、更庄重，但少了些变化。[2]有一两处狡黠地提及了这种比较单调乏味的论证过程，我们会怀疑作者是在戏弄他的读者：特别是当埃利亚客人回答泰阿泰德的“是”时说：“你是认识到了我说的这种类别才表示同意的吗，还是习惯了被论证拖着走才应声附和的呢？”

[1] 进一步参看L.Campbell，见他的*Sophist and Politicus*（Oxford 1867）导论，尤其是xix—xxxiii，xl—xli——虽然是那时写的，仍然是一篇有价值的讨论和例证汇编；J.Stenzel, *Plato's Method of Dialectic*（D.J.Allan英译）（Oxford 1940）1—22（一篇原本写于1916年的论文；相当抽象）；Jaeger, *Aristotle*（英译本）13—16，24—29（但第26页言过其实）；H.Thesleff, *Studies in the Styles of Plato*(Helsinki 1967)169—171。

[2] 偶尔仍有像《高尔吉亚》505c那种类型的玩笑，在该处，讨论以某种方式反映了主题：参看，例如《斐勒布》23a，关于“痛苦的”快乐的思想。

(《智术师》236d)[1]

方法论也对形式有某种影响。在早中期对话中，柏拉图让苏格拉底运用问答法盘诘(审问)对话人的思想，也让他特别强调检验假设的必要性，不断向上追溯最终或首要的假设(《美诺》《斐多》《理想国》)，而从《智术师》开始，他似乎更喜欢他称为“聚拢和拆分”的步骤。(现代学者用希腊词*diairesis*，即“拆分”，来简称全部步骤。)[2]在与后期对话关系不明确的《斐德若》中，苏格拉底已经坚决表示自己是“聚拢和 278
拆分的热爱者”(《斐德若》266b)。这种被视为哲学论证的部分本质的步骤，包括相似范畴的聚集和将一个复杂的范畴或属细分为不同的种类，如此，哲学家就可以最终看出一个抽象概念区别于另一个抽象概念的细微差异(虽然这个方法不必只应用于抽象事物)。这个方法当然是一种有用的定义工具，但似乎被柏拉图出奇地看重：它无疑决定了《智术师》和《治邦者》的大部分形式。这两部作品的目的都是为了界定它们以之命名的东西的本质。在《智术师》中，钓鱼者的例子演示了这个方法(《智术师》218e—221c)。喜欢尽可能详尽的分类，似乎是柏拉图后期作品的特征。这两部对话似乎在划分和分类上尤其花费了过多的时间，有几段话发言人提到了程序的冗长，表示了歉意或自嘲(《治邦者》283b，286b[回顾了《智术师》]，《斐勒布》231d1—3)。虽然这种做法可能有些古怪，但我们不难感到作者对一种新方法的兴趣有点失控。[3]

在词汇和语言风格的层面上，读者能又一次感觉到节奏和气势的

---

[1] 《斐勒布》54b是拿问答性对话形式的矫揉造作开玩笑吗?《斐勒布》42e则有所不同。

[2] 比较Guthrie v.124—133。

[3] 关于他们的做法的长度，那个埃利亚思想家引入了对*kairos*(“比例”)的抽象讨论，特别谈及讨论的适当长度(《治邦者》283c—285c)；这也可能让人感觉持续时间太长了，有意思的是对比《普罗塔戈拉》(334a—338e)中对谈论方式的鲜活生动且有戏剧性动机的讨论。关于讨论长度的其他意见，参看《斐勒布》50c—e，《法义》890e。

不同。我们已经提到在散文节奏和元音连读上的略显做作，这与更类似即兴说话的柏拉图早期作品有明显差异。至于词汇方面，坎贝尔（Compbell）很早以前就搜集了令人赞叹的证据，证明技术性用语、冷僻词或生造词的增加，以及以反常含义使用常用词的情况增多。[1]这些特别适用于《智术师》《治邦者》《蒂迈欧》以及《法义》，尤其是《蒂迈欧》和《法义》。比较有诗意、格调较高的文风仍然有，但“集中于少数大主题（辩证术、存在、哲人、神创造并保存宇宙），而不太愿意自然地点亮每一个想象的新世界”[2]。随着苏格拉底的角色作用逐渐暗淡，那种我们认为与苏格拉底角色联系在一起的反讽也变得更加稀少。支配后期对话的新人物并非全无幽默和反讽：《蒂迈欧》中有一个好例子，那个罗克里人（[译按]指蒂迈欧）提到作为诸神后裔的希腊贵族世
279 家的传说：“我们得相信那些古人的说法；他们说自己是诸神后裔，他们必定了解自己的祖先。因而，我们不能不相信诸神之子，虽然他们的话缺乏可然或必然的证据……”（《蒂迈欧》40d）[3]但是，后期作品中的戏谑式反讽不是那种我们在苏格拉底对话中随处可见的针对个人的类型。反讽不再那么针对应答者（在《蒂迈欧》的这个例子中，我们在这个地方谈论的不是对话，而是持续进行的阐述），而是针对一般而言的人，其愚蠢和妄念。[4]

---

[1] 见他对《智术师》和《治邦者》的评注的导言xxiv—xxxiii。

[2] Campbell，上引书xxii。关于他心里大概所想到的那类段落的例子，见《蒂迈欧》47a—d，90a—d，《法义》716c—718c，902e—905d。亦参看Thesleff, *Studies in the Styles of Plato* 77—80，关于他所说的“合法的风格（legal style）”与“*onkos*（夸张或浮夸的）风格”；他从《法义》中引用了847bc作为前者的例证，引用了666d—667a作为后者的例子。

[3] 比较希罗多德《历史》卷二143关于赫卡泰欧斯的家世。亦参看《阿尔喀比亚德前篇》120e—121a，《法义》886cd。

[4] Campbell xxi.例如，《治邦者》291ab，在303c再次出现；298a—d（讽刺民主制，对比《理想国》卷六488a—489a）；《法义》731d—732d，800b—e，805d—806c。

在后期作品更为拘谨和庄重的结构中，柏拉图使用喻象的范围仍然令人惊叹。[1]我们不必引用《蒂迈欧》，它本身是一个庞大的宇宙“喻象”，丰富多彩，光辉夺目，在柏拉图对话中独一无二。至于其他对话，巴门尼德把自己比作一匹被召回赛场的老赛马（提到伊彼库斯的一首写再次陷入爱情的诗），接着又立即转换到另一个隐喻，说他的回忆使他害怕“在这把年纪还要启程，去穿越危险的汪洋大海”（《巴门尼德》137a）。在《智术师》中，对物质主义者与实在主义者之间冲突的描述暗中指涉诸神与巨人的神话战争（《智术师》246a—c）。在一段令所有翻译者望而却步的出奇详细且具有技术性的话中，国王的技艺被精巧地比作编织的技艺（《治邦者》279a—283b，287b，305e，308d以下，310e）。[2]与在《理想国》中一样，民主制的运作方式受到讥讽，医生和船长的例子再次强调了行家统治的必要性（《治邦者》298a以下）。埃利亚客人和其他人为了寻找政治家，就像淘金者一样筛选不同类别的权威人物（《治邦者》303de；比较《斐勒布》55c，关于检验金属）。记忆和感知一起“在灵魂中写字”，而且我们的灵魂中还有一位画家（《斐勒布》39a—c）。生活本身作为快乐和痛苦的混合物，是一出悲喜剧（《斐勒布》50b以及之前的交谈）。《法义》的重大思考运用了一个不同的隐喻：“我们可以设想，我们每个生灵都是诸神造出来的木偶，可能是供他们玩耍的，也可能有某种严肃的目的。这的确是我们没法说的，但有一点是肯定的。这些内在心理状态可以说是牵引我们，使我们运

[1] 参看P.Louis, *Les m é taphores de Platon*(Paris 1945):他的书按主题编排，无法列出特定页码。亦参看A.de Marignac, *Imagination et dialectique* (Paris 1951). V.Pöschl, *Bibliographie zur antiken Bildersprache* (Heidelberg 1964)303—316，特别适用于各种文章、论文等中所探讨的特定形象。

[2] 比较阿里斯托芬:《吕西斯特拉忒》565ff.；亦见亚里士多德:《政治家》1265b19—21，1325b40—1326a5。

转起来的线或绳索：它们之间是互相对立的，以相反的拉力把我们拉
280 向不同的方向，善恶之分的界限就在这其中”（《法义》卷一644de）。[1]
有一些隐喻的提出方式以及对它们进行阐发的篇幅有时可能显得不自然，但柏拉图建立想象性联系的能力并没有减弱。

《巴门尼德》和《泰阿泰德》（它们的写作日期肯定很接近，不管先后顺序如何）以不同的方式标示了柏拉图的对话写作生涯的转变。（很显然，它们也标示了他的哲学发展的众所周知的新阶段，如果不是一个危机的话）。不过，它们为他的困境提供了相反的解决办法。《巴门尼德》在一个很短的开场后就尽可能地远离了对话形式，虽然没有完全放弃它；毫无思想的互动或交流，更不用说额外的趣味或评论。另一方面，《泰阿泰德》无论是在文学上还是在论辩方式上都是最生动活泼、最令人愉快的对话之一，以至于在风格研究出现以前，它经常被看作是一部早期对话。[2]我们必须简要地思考一下《泰阿泰德》的若干方面，但值得笼统地提出以下问题，即柏拉图是否真的意识到自己正站在文学生涯的一个岔路口上。他所面临的新主题似乎需要一块更大的画布和新的方法；无论是主题还是方法，看起来也许都不适合苏格拉底，此时在他的记忆中，苏格拉底是一个更加模糊不清的人物；如果他写《泰阿泰德》是在前369年之后[3]，那时他自己已经过了50岁了，那么，他可能不再觉得自己有足够的时间和精力给予每一部对话如此富有戏剧性的活力和风格化的生命。也许他的能力真的

[1] 比较《法义》804b，以及Dodds, *The Greeks and the Irrational* 214f。

[2] 参看Thesleff, *St.in Pl. Chronology* 152n.128。

[3] 这是一般所认为的泰阿泰德在其中受致命伤的那场战役的最可能的年份。情况的复杂性在于这部对话有另一种开头（匿名《泰阿泰德》评注，ed.Diels-Schubart(Berlin 1905)3.28ff.; Guthrie v.61-63）。部分基于这一点，Thesleff, *St.in Pl. Chronology* 85,152—157，认为有一个更早的草稿后来被修改了；他更愿意把那位数学家的去世时间定在前390年代，所以，他提出了后来的说法，约前375年。

衰退了。[1]《泰阿泰德》告别了旧作，开启了他的写作的新阶段，恢复了一个雄辩、谦逊，富有幽默感的苏格拉底，他在断言自己无知的同时同情地引导年轻的门徒，对老一辈思想家（普罗塔戈拉和赫拉克利特）的智慧反讽地表示敬畏，同时又以我们以前没有见过的有些顽皮的机智和敏锐批评和讽刺他们。这与一些古代诗人有一种诱人的相似：例如贺拉斯和普罗佩提乌斯，当他们下决心要开辟一片新天地时，他们才真正做回了自己。[2]他们所着手的新领域有时与他们的早期作品有 281
着惊人的相似，只是这种相似是逐渐显现出来的。

这些推测不必影响我们对《泰阿泰德》本身的评价，现在我们就来谈谈它本身。正如我们已经指出的，这部对话结合了柏拉图的新旧技艺：它和简短的早期对话一样是"疑难的"（aporetic），但按照我们所相信的年代顺序，它的篇幅比除了《理想国》之外的所有早期作品都要长，而且，很明显，与任何相似的早期作品相比，我们可以从中学到更多的东西，探索更多的途径。对话的框架将日期设定在泰阿泰德去世之后：在前369年，苏格拉底的两个朋友，我们从《斐多》那里已经知道的欧几里德和忒尔西翁，回忆苏格拉底在前399年的一次谈话中（在他去世前不久，参看《泰阿泰德》142c6，在210d又谈到，而且更直接）如何恰当地预见了青年泰阿泰德的前途。因此，这部作品是同时纪念这两个人。苏格拉底作为他人思想的"助产士"的角色——这是一个格外丰富和令人难忘的隐喻，得到了相当详细的发挥——决定了

[1] Sandbach，本书原文第276页注9所引文章，483；亦见Ryle，*Plato's Progress* 27。

[2] 我认为尤其是贺拉斯《书札》(*Epist.*)i.1以及普罗佩提乌斯第一卷接近尾声的几首诗（在那里，在把作者展现为首先是一个情人的一卷之后，他指出了两条他可能会走或者已经走了的路：新颖的叙事小诗的超然而愉快的叙述者，和阴郁而幻灭的内战评论者；他的下一卷却没有实现这两条诺言中的任何一条）。

对话的戏剧性发展(《泰阿泰德》148e—151d)。[1]

我的助产术和她们的助产术大体相似;唯一的区别是我的病人是男人,不是女人,我关心的是处于分娩痛苦中的灵魂而不是身体。我的艺术的最高境界是有能力通过各种考查来证明,一个年轻人的思想的产物究竟是一个虚假的幻影,还是充满着生命和真理。我与助产士一样不能自己生育智慧;人们对我的普遍责备是对的,即虽然我向别人提问,但我自己却什么也没有揭示,因为我自己没有智慧。其原因在于:神限定我当一个助产士,但阻止我生育。所以,我不是任何意义上的有智慧的人,我也不能把出自我的任何发现当作我的灵魂的孩子。那些经常和我在一起的人一开始显得很愚蠢;但是,随着我们一起讨论的深入,他们全都蒙神的照顾而取得进步,这种进步似乎不仅令他们自己惊讶,也让他人惊讶,虽然很明显,他们从未从我这里学到任何东西;他们所生出的许多令人欣羡的真理都是他们自己的内心发现。但接生是神和我的工作。

关于这一点的证明是:许多人没有意识到我的帮助而看轻我,认为所有这些都是他们自己做的,他们在不该离开我的时候离开了,要么是受到其他的影响,要么是出于自愿。离开我以后,他们结交恶伴,结果他们的思想流产了;他们失去了我帮他们接生并辛苦养大的孩子,因为他们更看重虚假的幻影,胜过看重真相;最终,他们的缺乏见识就变得显而易见了,他们自己这么看,其他人

[1] 在157cd, 160e, 184ab, 210b得到发挥。助产士形象是一篇富有启发性的精彩论文的主题,M.Burnyeat, *BICS* 24(1977)7—16=*Essays on the Philosophy of Socrates*, ed.H.H.Benson(Oxford 1992) 54—65。

也都这么看。吕西玛库之子阿里斯底德就是这样一个人,还有很多人也是这样。他们有时回到我这里来,费尽心机要重新与我交往。这种事情发生的时候,我的神灵有时禁止我与他们恢复交往;有时又允许,然后他们就又取得了进步。还有另一点,那些寻求成为我的伙伴的人有着和孕妇一样的体验:他们日夜忍受着分娩的痛苦,他们的苦恼远甚于孕妇;我的艺术能够引起这种痛苦,也能减轻它。(《泰阿泰德》*150b—151b1*,康福德英译) 282

这种助产术是针对年轻的泰阿泰德,而且,这部对话中最令人满意的就是泰阿泰德对苏格拉底的想法进行回应并提出自己看法的方式(《泰阿泰德》147c sq., 191b, 195e, 199e等)。[1]柏拉图引入了这个年轻人的导师,老一辈数学家塞奥多洛,作为衬托。塞奥多洛一开始不情愿加入谈话,后来参与进来是出于捍卫他的老朋友普罗塔戈拉的理论的责任心(《泰阿泰德》160d—162a, 168d—183d;尤其见183c):因为普罗塔戈拉去世了,他的"孤儿"必须得到救援(《泰阿泰德》164de)。[2]

这部对话的主题特别复杂,即知识的定义。有三个定义被考虑到:知识=感觉/感知(这涉及对普罗塔戈拉和赫拉克利特的理论的延伸性思考,苏格拉底把他们的理论视为此种定义背后的东西);知识=真实的观念(这包含对虚假观念如何可能的专门思考);以及知识=带有一

[1] 也许有人会说,泰阿泰德的这种始终如一的回应比《欧绪德谟》中克利尼亚那唯一一次"突如其来的"洞察更有说服力,更有作用。克利尼亚的那一次洞察包含了很多东西,甚至神的介入也被当作一种可能的解释(《欧绪德谟》290b—291a,比较本书原文上文第113页)。

[2] 注意此处这个隐喻如何利用了泰阿泰德的实际处境。他的监护人欺骗了他,并夺走了他的一部分祖产(《泰阿泰德》144d)。和常见的情形一样,场景设置中的小细节在主体讨论中有所呼应。

种逻各斯（“论证”？考虑到了该词的若干种含义）的真实观念。这三种定义都被摒弃了。在一部探讨知识本性的对话中，如此突出苏格拉底的无知观以及与之相关的助产士式谈话，这无疑是恰当的；同样恰当的是让泰阿泰德加入该对话，他从一个青年才俊成长为当时最有名的数学家。[1]泰阿泰德的确（后来）拥有知识（不像早期疑难作品中好骗的对话人）；此处，他的数学知识是特别令柏拉图感兴趣的知识类型，它是非实体的，可论证的，在某种意义上是绝对的。

这部对话也像《普罗塔戈拉》和《高尔吉亚》一样显示了对辩证的方式和方法的关注：苏格拉底的评论反复提到以下危险：过于轻率地讨论严肃的问题（《泰阿泰德》168d；比较200d，203e8—9）；以不合逻辑或诡辩的方式辩论（《泰阿泰德》146a，154de，164c，165de，167de；比较塞奥多洛在179e—180d中的说法），抓住对手的措辞失误
283 不放而不是努力去公正看待其论点的意义（《泰阿泰德》167bc）。苏格拉底预见到此类缺点并以普罗塔戈拉的名义找自己的毛病（《泰阿泰德》167de及其上下文）；这似乎比某些早期对话中的做法更公平也更具吸引力——在那些早期对话中，是那些笨拙的或者具有攻击性的对话人显示出这些错误——而且，苏格拉底自己不是免疫的。在该对话的后段，苏格拉底责备自己饶舌和自满（《泰阿泰德》195b9以下）；再说，他的言谈举止和人格气质始终是独特的，但由于他的积极态度，他似乎不像在《伊翁》或《理想国》第一卷中那样令人气恼。在这里，他与其对话人的关系是友好的，令人愉快的：他开玩笑地以塞奥多洛的专业作为理由吸引他，迫使他参与讨论（《泰阿泰德》169a），但塞奥多洛没有过于坚持（《泰阿泰德》168e—169c，177c，181a）。对泰阿泰德来说，他自己来作答比苏格拉底给他代劳更好（《泰阿泰德》

[1] 简要参看Ostwald in *CAH* v^{2}350；进一步参看Burnyeat, *Isis* 69(1978)489—513。

184e)。该对话的论证可能仍存在不足，而且大多数读者能够发现在一些地方不同的回答可能得出更有成效的结论，但这场讨论是经过了恰当的深思熟虑，并以有自知之明的方式进行的。

对于熟悉《高尔吉亚》和《理想国》的读者来说，该对话最引人注目的地方是172c—177b那部分著名的离题话，它在古代就被大量引用并产生了巨大影响。[1]此部分对比了事业家与哲人，公共的演说者与私人的思想者，行动的与沉思的；在生动的描绘背后是两种相反的价值体系的对比，是有野心的、利己的、讲求实效之人的生活与相信绝对道德真理之人的生活之间的对比。它被认为“在哲学上毫无意义”，[2]而自然的回答似乎“对哲学来说更加糟糕”。虽然这段话明显被描述成题外话(《泰阿泰德》173b，177b)，但我们知道，像这样的插曲，虽然在结构上是附属性的，却可能包含了在主题上核心的内容(就像维吉尔的《农事诗》)。[3]一个显著的要点是，塞奥多洛回应苏格拉底说他们有很多闲暇时间(“我们没有吗？”《泰阿泰德》172c2)。闲暇对于哲学来说是必须的，这个想法也很有影响。但从这部对话的文脉来看，我们发现苏格拉底原来只有有限的可资利用的闲暇；最后他必须离开，去王者执政官的柱廊处理梅勒托对他的指控。[4]这个离题部分专注于 284
谈论哲人所知道而道德相对主义者所不知道的东西，由此而得到进一步整合(尤其是《泰阿泰德》173b2—3，173de，174b)；对有关知识和错误观念的词语把玩与对话所探究的核心问题形成了主题联系。不

[1] 波恩耶特(Burnyeat)的导言中有一些例子，34—35(他对于这离题话的作用的看法趣味盎然，在第32—39页)。关于这部分的影响，参看W.Jaeger, *Aristotle* 426—461(关于这些观念的更早的背景，参看J.M.Carter, *The Quiet Athenian*[Oxford 1986])。可能比此处更充分得多的对这部分的解释，参看近期的R.Rue,*OSAP* 11(1993)71—100。

[2] Ryle, *Plato's Progress* 158.

[3] 一种不同的看法，参看M.Heath, *Unity in Greek Poetics*(Oxford 1989)，尤其是第1—2章。

[4] Burnyeat，导言，在上面引文中。

过，这并不是否认这一部分提出了更广泛的问题，并打开了导向其他探究的大门：其中一些事实上指向了《蒂迈欧》的神秘主义形而上学。虽然这部分篇幅过长，无法在此全部引述，但引用其中几段以传达其非凡的品质是有必要的。

> 这位演说者总是争分夺秒地讲话，一边说一边看时间，匆匆忙忙；他没有任何空闲去详细谈论自己选择的话题，他的对手就站在他对面，随时给他念诵一份他必须将自己限制在其中的工作清单。他是一个奴隶，在坐着听审的主人面前，为自己的奴隶同胞争论不休……因此，他变得既紧张又精明；他懂得如何奉承主人以获得恩典，但他的心灵是狭隘而扭曲的。他从小养成的奴性阻碍了他的成长，剥夺了他的自由精神，使他偏离正道，用恐惧和危险来威胁他，这是以年轻人的柔和无法诚实和正直地面对的。于是，他开始撒谎，用一个过错来弥补另一个过错，变得乖戾反常，缺乏教养，成年以后，心里全无健康的想法，还自以为现在终于成为一个令人敬畏、才智超群的人。（《泰阿泰德》*172d—173b*）

> 他们（哲人）从年少时起就不认识去市场、议事厅或者其他公共集会场所的道路；他们从来没有听到有人宣读法令，没有看到过任何法律公文，党争、社交、宴饮、找吹笛女寻欢作乐——这些事情他们连在梦里都没有见过。同胞公民出身高贵或低贱，有无从父系或母系祖先那里继承什么孽根，哲人对这些也毫不理会，就像不用管海里有多少升水。他甚至都不知道自己对所有这些事情一无所知；因为他远离这些，不是为了获得好名声，而是因为他实际上只有身体寄居在城里，而他的思想将所有此类东西都斥为一文

不值之物，他的思想展翅飞翔了，如品达所言，“上抵苍穹，下达黄泉”，仰观天文，俯察地理，沿着各种路径，追寻每一事物的整体的真实本性，从不沉湎于眼前的东西。（《泰阿泰德》*173c—174a*）

塞奥多洛，罪恶从来都不会被清除干净，因为善好必定有其对立面。罪恶不会存在于神的世界；但它们必定会在我们这个凡人的界域内出没。这就是我们要尽快逃离此岸到彼岸去的原因；这意味着变得尽可能地像神，也就是在智慧的帮助下变得正义……在神的世界中，没有任何不义的阴影，只有完美的正义；我们凡人要是有人变得尽可能地正义，那就最像神不过了。就是在这里，一个人显出他真正的精神和力量，或者显出他的懦弱和虚无。因为知道这一点就是那种真正的智慧和卓越；不知道这一点就明白无误地是盲目和低劣。（《泰阿泰德》*176a–c*，康福德英译）

很明显，与《高尔吉亚》一样，这一对立不仅提出了不同生活目的之间的对比，而且预示了苏格拉底会在这个俗世的法庭上被定罪；但在此处，这个对立面是在苏格拉底的一系列讲辞中呈现出来的，而不是在与卡利克勒斯式的对手的戏剧性冲突中呈现出来的。我们预先看到了柏拉图后期作品的另一个特征，一种阴沉而严肃的说教。将哲人刻画成迷恋一个更高思想的世界，说他的任务是为了变得像神，以及让自己离开这个败坏的世界，这些都使他的理想更加远离历史上的苏格拉底。一个在集会上喋喋不休的人几乎变成了神秘的沉思者，一个离群索居的人。[1]与世俗快乐的对抗听起来像是一个除了在《斐多》 285

[1] Rue，前引论文，通过精微而富于启发性的讨论看到，离题话中的哲人不能等同于苏格拉底，但他认为，这离题话表明苏格拉底既优于他所描述的演说家也优于他描述的哲人。这是对《泰阿泰德》的一种有吸引力的解读，但也许没有充分解释柏拉图后期作品侧重点的总体转换。

中之外从未听闻过的音符。这种宗教性的信奉——虽然在《理想国》的某些段落中已有预示[1]——指向了《蒂迈欧》中深刻的一神论(在《蒂迈欧》中,与神同化的理想再次出现,《蒂迈欧》90cd),以及《法义》的第十卷。对演说者形象的辛辣讽刺,和与之形成鲜明对比的对哲人的热烈称赞,赋予了这一离题话一种与它前后部分的对话完全不同的语调。尽管相似的说法和语词的呼应让我们想起这些主题的其他作用,但这是一个我们不熟悉的苏格拉底。也许,对我们来说,就像对柏拉图来说一样,苏格拉底不能成为后来对话的核心人物的原因越来越清晰了。

2.《蒂迈欧》

即便是在古典学者当中,如今熟悉《蒂迈欧》的也很少了,而且更少有人把它列为自己特别喜欢的对话(虽然刘易斯[C.S.Lewis]认为它是柏拉图最伟大的成就)。[2]不过,在很多个世纪中,它都是所有柏拉图作品中最重要、最有影响力的一部,比《理想国》或简短的苏格拉底对话更知名。这有一些外在的历史原因(特别是在黑暗时代,柏拉图的大部分作品在西方佚失了),但在某种意义上,这只是把问题推迟了一个时期:为什么《蒂迈欧》在拉丁翻译中有如此特殊的地位,以及为什么它留存下来并产生了如此大的影响?我们在本节的最后会回到该作品的历史价值问题上,但我们也必须思考这部对话在今天对我们还
286 有什么内在的吸引力。在接下来的内容中,我将集中讨论形式、构思

[1] 尤其是《理想国》卷六500b—d。

[2] 参见他的*The Allegory of Love*(Oxford 1936)95:“柏拉图最崇高、最具启发性的作品。”

和风格的问题，与前面章节所采用的总体方法保持一致。[1]

《蒂迈欧》分为三大部分，前两个部分是连续性的。第一部分是开场的交谈，苏格拉底向三个朋友，蒂迈欧、克里提亚和赫谟克拉底，打招呼，然后回忆他们前一天如何相遇并且从理论上思考了一个理想社会的社会和经济结构：清晰地回顾了《理想国》，但也明显忽略了很多对那个理想社会来说是本质的东西。苏格拉底说想要看到这个理想国家活动起来。该对话的第二部分由克里提亚的一篇讲辞构成，在这篇讲辞中，他称早期雅典的历史其实可以作为这样一个社会的范例，从他的祖先梭伦在埃及发现的关于一段被遗忘的岁月的记录中可以知道此历史。他的讲述一开始就把苏格拉底的胃口吊了起来，他说他将要讲的是雅典与失落的亚特兰蒂斯岛之间的一场大战；不过，这一话题被推迟到了《克里提亚》，该对话已被预示为三部曲的第二部。当天，来自意大利罗克里的毕达哥拉斯主义者蒂迈欧，将要作一次更加古老也更加宏伟的阐述——解释宇宙的创造。蒂迈欧的讲辞占据了《蒂迈欧》的第三个部分，这也是该对话中篇幅最长的一个部分，它本身可以再分为若干小节。简而言之，这部分描述了宇宙的形状和构造，以“神话的”形式讲述了一位神圣的“德穆革”（工匠）对它的精心设计以及它所包含的一切，接着相当详细地描述了它的运动、它的构成要素、恒星和行星（被认为是神），以及被造物主安排居住在位于宇宙中心的地球上的生物，尤其是人类。这些内容部分是神话，部分是宇宙论，部分

[1] A.E.Taylor, *A Commentary on Plato's Timaeus* (Oxford 1928)仍然是这个希腊文本的标准评注，虽然有点费解。这里忽略了他的一个看法，即柏拉图真实再现了前5世纪的毕达哥拉斯主义。同样非常重要的是F.M.Cornford, *Plato's Cosmology* (London 1937)，包括翻译。亦参见F.Solmsen, *Plato's Theology* (Ithaca,N.Y.1942);G.E.R.Lloyd,《作为一个自然科学家的柏拉图》（“Plato as a natural scientist”）, *JHS* 88 (1968) 78—92; G.Vlastos, *Plato's Universe* (Oxford 1975);F.Solmsen,《柏拉图与科学》（“Plato and Science”），见*Interpretations of Plato*,ed.H.North (Mnem.Suppl.50,1977)86—105.关于（写作）年代问题参看上文原文第272页注2。

是天文学，还有很丰富的医学词汇，它既是一首称赞造物主的颂歌，也是对人类快乐和痛苦之来源的一种分析——特别是最后几页强调了这一创世说的道德含义。

需要阐释的问题很多。其中最重要的问题也是最令人懊恼的：柏拉图没有完成《克里提亚》，而且，就我们所知，他从未着手写这组三部曲的第三部。[1]因此，我们讨论的是一部被缩减了的作品，这一点特别

287 限制了我们对亚特兰蒂斯神话及其意义的理解。事实上，我们被抛回到了《蒂迈欧》，在那里，我们至少有可能去思考各个部分彼此之间的联系。为什么亚特兰蒂斯主题是在《蒂迈欧》中发起的，而不是留给《克里提亚》？第一场对话中克里提亚的讲辞与该作更大的那部分，即解释宇宙的那部分之间有什么关系？亚特兰蒂斯故事或者对宇宙的解释有何种真实价值？对宇宙的解释在多大程度上是科学的神学，在多大程度上是想象？这些问题应该被提出来，即便无法回答；但学界的总体趋势是分别思考亚特兰蒂斯神话与蒂迈欧的讲辞。

苏格拉底说到他们前一天的谈话，这是一个典型的模糊不清或难以捉摸的交互标示：它诱导我们想到《理想国》，《理想国》中讨论了这里说到的事情，但这个概述省去了那么多我们必定会顾虑的东西。无论如何，这部对话中完全不同的"演员表"，以及所提及的节日日期的不一致（《理想国》开头提到的本狄斯节，《蒂迈欧》21a提到雅典娜节），肯定意在拉开目前讨论与所回忆的《理想国》中的谈话之间的距离。苏格拉底的概述只涵盖理想国家的社会结构和家庭生活的重组（宽泛地说，涵盖《理想国》卷三、卷四和卷五的内容，但没有心理分析），

[1] Welliver认为《克里提亚》现在的样子是完整的，见W.Welliver, *Character,Plot and Thought in Plato's Timaeus—Critias*(Leiden 1977)，这种看法与认为修昔底德在写到一年中途和一句话的一半时故意放弃了他的《伯罗奔尼撒战争史》（狄奥尼修斯在《论修昔底德》[*On Thucydides*]10中所批评的一些古代评论家显然采纳了这一看法）一样荒唐。

这个概述必须从《蒂迈欧》本身来阐释。苏格拉底的看法似乎局限于为社会开出某种药方：形而上学和“历史”超出了他的能力。他自己提到没有能力，无法恰如其分地看待他所构想的城邦民（《蒂迈欧》19d），而且期待别人——那些将政治活动与哲学结合起来的人——能够做到。这可以看作是柏拉图给出的信号，表示苏格拉底达到了他的限度，或者现在需要其他代言者，如果说苏格拉底过去不是被赋予了更大范围的专门知识的话。更确切地说，柏拉图对话的整体范围似乎扩大了：将涉及非雅典人（蒂迈欧本人，而且，我们认为赫谟克拉底也不是雅典人，他在《蒂迈欧》中保持沉默，但在《克里提亚》中作了一个评论），埃及祭司的话强调了希腊人对过去的理解是有局限的，他责备梭伦，因为后者以为他和他的人民知道关于他们的历史的任何值得一提的事情。至于主题内容，克里提亚的第一篇讲辞虽然只是预示他后来的阐述，但已经显示出重构历史的新的兴趣，而蒂迈欧的讲辞也通过考察宇宙论开辟了一片新天地。当我们把视野限定在《蒂迈欧》，我们也许能够看到它与《高尔吉亚》以及《理想国》第一卷的相似，在其中，每一次交谈都在走向深入：在《蒂迈欧》中，我们从“传统的”社会理论开始（也许我们除了想起《理想国》，还会想起智术师的思想），进入到对空前古老的历史的解释，再进入到更加广大、更加古老的东西，即宇宙本身的“历史”。

雅典本是这个理想国家的范例，即使是在遥远的过去，这是一个 288
奇怪的想法。更奇怪的是，有智慧的梭伦是从一个埃及祭司那里得知关于雅典的伟大时代的故事，这个埃及祭司还强调了昔日的雅典与他自己所处社会的联系和相似之处，而在希腊人看来，这个埃及社会通常是一个陌生的、有着截然相反习俗的世界。[1]《蒂迈欧》专注于雅典，

[1] 柏拉图利用了希罗多德《历史》中的多个段落，尤其是卷一30关于梭伦访问埃及，（转下页）

只是笼统地谈到亚特兰蒂斯的失落文明，那个古代的雅典曾以勇气和献身精神来抵抗它（这里似乎是暗示波斯战争）。在《克里提亚》中，我们听到了更多关于亚特兰蒂斯的事情，它的创立、城市设计和结构、政制等等。但在这之前有一个对雅典的更简短的描述（《克里提亚》109—112），其中包括与雅典当时状况（即前5世纪后期或前4世纪早期的雅典？）的明确对比。这些对比中有一部分涉及彼时和此时卫城土地的肥沃度或土壤的品质；但其他部分则涉及古代雅典人的虔敬和道德品行（《克里提亚》112b—d），而且，这段话大概是有说教意味的，是说给后来比较堕落的时代的雅典人听的。亚特兰蒂斯被描绘成一个充满异域风味的更为富庶的社会，是一个君主制国家，也许是暗示波斯或别的东方帝国。不过，它也在某些方面与古代雅典相似，特别是它的海上力量也很突出。亚特兰蒂斯与当时的雅典之间的关系，以及古代雅典与当时雅典之间的关系，一直是很多讨论的主题，[1]但看来至少有一点是清楚的，即亚特兰蒂斯和雅典都衰落了，前者最终被毁灭，而后者幸存了下来，它也许能够以"史"为鉴并转向一条更好的政治道路。此外，由于这组三部曲是未完成的，所以我们也许不可能找到推断的稳固基础。一个诱人的猜想是，赫谟克拉底的在场（也许还有克里提亚的在场，如果他是那个僭主的话）可能意味着后面部分会提到或预示伯罗奔尼撒战争及战争中的冲突，就像我们所看到的部分暗示

（接上页）卷二143关于赫卡泰欧斯在夸耀自己的很长的家世时遭遇的尴尬。但文学史只能解释一些被利用的要素，却不能解释这些要素是如何被结合起来的。关于希腊人对埃及的看法，进一步参看A.B.Lloyd, *Herodotus Book* ii（导言）（Leiden 1975）。

[1] 尤其是纳凯（P.Vidal—Naquet）的一篇很有名的论文，见*REG*77(1964)420—444,英译见*Myth,Religion and Society* ed.R.L.Gordon(Cambridge 1981)201—214,以及希尔（C.Gill）的一系列文章，其中《亚特莱蒂斯故事的类型》（"The Genre of the Atlantis Story"）,*CPh* 72(1977) 287—304在我看来最有帮助：亦见他在布里斯托尔经典出版社(Bristol Classical Press)出的*Plato:the Atlantis Story*(1980)。

了波斯战争。

柏拉图一定会对亚特兰蒂斯在几个世纪以来读者的想象中所占据的地位感到惊讶：毫不夸张地说，已经出版了数以千计的书，探讨他的这个神话以及其背后的东西。很多从未听说过《蒂迈欧》的人也熟悉了亚特兰蒂斯这个名称，他们是从科幻作品或大众考古学知道它的。[1]我承认，在我看来，说它绝不是柏拉图的编造，这是完全不可信的；但这确实引出了一些会影响到对这部对话的整体阐释的问题。这 289
个故事好像是从一个真实的传统流传下来的，克里提亚强调他如何热切地向他的祖父询问并专心听其讲述（《蒂迈欧》26bc）；此外，苏格拉底自己说，他们将听到的故事“不是一个虚构的神话，而是一个真实的故事”，这是一个特别的奖赏。不过，正如我们以前看到的，柏拉图经常给他的叙述搭一个框架，煞费苦心地解释详细的描述如何被传到当下场合，但这并不能使读者相信诸如《会饮》和《泰阿泰德》之类对话是完全真实的。蒂迈欧的讲辞也有同样的问题：它应该被视为一个真实的解说吗，抑或是一个象征性的神话，不能从字面上去理解吗？有很多段落突出了这种不确定性。在蒂迈欧的开场白中，他称永恒不变的型相（或某些非常类似于型相的东西）世界必定有别于现实世界，后者只是对型相的模仿：存在必定有别于生成，而且对它们的解说可能是不同的。无可辩驳的绝对陈述可能只针对存在界，而生成界——我们所知的世界——只容许一种“可能的”或“看似有理的”解说（《蒂迈欧》29，尤其是cd）。他在别的地方说，他的解说在可能性上是最高的（《蒂迈欧》44cd，48d，68d）。其他一些地方则以我们在早期

[1] 参看李（H.D.P.Lee）对这两部对话的企鹅版译文的附录；T.H.Martinm, *Études sur le Timée de Platon* (Paris 1841) i. 257—332; P.Y.Forsyth, *Atlantis:The Myth in the Making* (London 1980), 等等。

对话中熟悉的方式推迟或拒绝了更充分的讨论：有的是因为会拖得太久(《蒂迈欧》38de，54ab)，其他则是因为超出了他们的能力范围，甚至是超出了任何人的能力范围(《蒂迈欧》68b—d)。[1]最引人注目的是59cd：蒂迈欧在此处中断了对元素混合的描述并说："遵从我们的可能性原则，要列举出其他类似物质是不难的。有时候，一个人可以为了消遣而搁置对永恒事物的讨论，这时，合理而明智地使用闲暇时间的一种方式就是思考关于可变世界的可能解释，这会带来无悔的快乐。所以，现在就让我们来尽情消遣一下，继续按照顺序对这些可能的事物作出解释。"此处的语言让人想起《斐德若》中的一段话，在那里，哲人被说成只是为了消遣才把他的想法书写下来：此类事情几乎不是严肃的工作(《斐德若》276d及其上下文)。再者，在下一部对话的开头，克里提亚将他们此时做的事情与艺术家所做的事情作了一个详细的比较，艺术家绘制画像，他们的素材有的为观众所熟悉，有的则远离观众的经验：显然，观众更适合评判前者。他们的不同主题也是如此：蒂迈欧关注的是神圣的创造，"如果他们谈论的主题是天体和神，那么只要有一点儿相似，我们就会感到满意，但如果主题是生物和人，那我们就会进行严格的批评"(《克里提亚》107d)。无论是艺术家的类比，还是
290 不断提到的相似性、可能性和神话编造，这些都使人对蒂迈欧以及克里提亚的讲辞的真实性产生怀疑。[2]柏拉图自己的门徒们似乎对该对话的真实内容以及很多细节意见不一，这一事实也让我们感到犹豫。[3]

[1] 比较《理想国》504bc，533a;《斐德若》246a。

[2] Lloyd, *JHS* 88(1968)81—85主要从一个相当不同的视角讨论了这里所引的段落。弗拉斯托斯的一篇很有影响的文章，见Allen(ed.)*Studies in Plato's Metaphysics* 401—419，探讨了《蒂迈欧》的字面真意问题。比较L.Tarán,见*Essays in Ancient Greek Philosophy* i,ed.J.P.Anton—G.L.Kustas(Albany N.Y.1971)372—407;Solmsen ap.North 93.现在已经很清楚，我怀疑这些讨论是否充分重视柏拉图在他的想象性神话周围所惯常使用的限定和降低其效力的策略。

[3] 参看本书第一章附录B原文注94所引证据。

这位发言者的限定可能会让读者想起《斐多》中苏格拉底在给死后生活的神话作结束语时的说法:“没有哪个明智的人会确定地断言这些事情就像我所讲述的那样。但是设想我们的灵魂及其住所的情况要么如此,要么与此类似,考虑到灵魂显然是不朽的,在我看来,这不仅是合适的,而且也是值得冒险去相信的”(《斐多》114d)。

那么,如果亚特兰蒂斯的故事以及关于世界诞生的解释都是难以置信的或者是神话般的编造,那么我们接下来必须思考,它们通过神话形式可能传达了什么真理或含义。从某种程度上说,如我们已经指出的,雅典—亚特兰蒂斯故事可能带给前4世纪的雅典人一种政治启示。或许更加重要的情况是,《蒂迈欧》中这个故事的说法预示了蒂迈欧讲辞的基本主题,神的深谋远虑和对人类的有意安排。在《蒂迈欧》中,那个埃及人告诉梭伦,既管理埃及又管理远古雅典的法律非常关注学问,“从宇宙学的神圣原则中导出人类生活所需要的一切,包括占卜和为我们提供健康的医药,并获得所有其他相关分支学科的知识”(《蒂迈欧》24bc)。雅典娜创立了这整个秩序和体制,为雅典挑选了地点和气候(《蒂迈欧》24d)。按照《克里提亚》中的说法,诸神照看人类不是通过身体的强迫,而是“使用说服,就像一位舵手用舵轮掌舵,以他们认为合适的方式引导心灵,并进而引导整个有生灭的族类”(《克里提亚》109c);这段话从《蒂迈欧》的宇宙论那里(《蒂迈欧》48a)接续了关于劝说的重要主题。[1]

最好把蒂迈欧的讲辞看作是以柏拉图著作中其他很多段落为背景的,在这些地方,早先的思想家们因为对宇宙的解释不够充分而受到批评,这些解释是以唯物主义的方式表达的,或者只描述了“如何”却

[1] 参看Morrow,in Allen,上引书。

没有思考“为什么”。[1]特别与此相关的是《斐多》中对阿那克萨戈拉
291 的批评(《斐多》97b—99c)。[2]在那里，苏格拉底说道，当他得知阿那克萨戈拉在自己写的一本书中把心灵和心智当作这个世界背后的引导力量时有多么兴奋，因为“我以为，他在为每一个别事物和总体意义上的事物确定原因之后，会进而讲解对个别事物来说什么是最好的，以及什么是一切事物的共善……”；但当他真的拿到了这本书时他感到失望。

> 我的美妙期待不幸地破灭了，我的朋友。因为我读他的书时看到这个人根本没有使用他的“心智”，也没有赋予它任何管理现实世界的职责，而是全部归于气、以太、水，以及其他许多奇怪的概念。在我看来，这就恰好比有人说，苏格拉底的行动凭其心智做各种事情，然后试图解释我做每件事情的原因，首先说我此时坐在这儿是因为我的身体是由骨头和肌腱组成的，骨头是坚硬的，从关节处分开，而肌腱能够伸缩，肌腱和皮肉一起包裹着骨头，皮肤把骨和肉都结合起来；所以，当骨头在它们自身所在的关节处被抬起的时候，肌腱的松弛和紧张就使我的肢体能弯曲，而这就是我弯曲着膝盖坐在这儿的原因。还有，关于我刚才跟你谈到的那些不同的“原因”，他的讲法也是相似的，他都归之于声音、气、听的过程，以及其他无数东西，但就是不提真正的原因。这个原因就是雅典人决定投票反对我，认为这样比较好，正是由于这个原因，我反过来决定自己最好坐在这儿，还需要做的就是接受他

[1] 关于早期的宇宙论，参看KRS;D.Furley, *The Greek Cosmologists* i(Cambridge 1987)和*Cosmic Problems*(Cambridge 1989)。

[2] 比较《智术师》265c,《斐勒布》28d,《法义》888e—892c; Hamilton-Cairns, *cank* index s.v.宇宙(universe)。Friedlaender iii.362,365f.也强调了《斐多》中的这段话。

们下令要对我进行的任何惩罚，我认为这是更合乎正义的。我以神犬的名义起誓！在我看来，我的这些肌腱和骨头也可以很早以前就在麦加拉或者波埃提亚了，我会把它们带到那里，只要我判断这是最好的处理方式，如果我不认为服从城邦给予我的无论什么惩罚都比逃走更加光荣和正义的话。但是把骨头和肌腱之类的东西称作"原因"真的是太荒唐了。(《斐多》*98b–e*)

《蒂迈欧》的基本原则是，对客观世界的客观解释是肤浅的，因为没有进一步解释精神和神学的根据。宇宙是一位艺术家的创造，宇宙的设计着眼于一个完美的模型，而且它是有目的的设计，旨在实现其恰当的目标。蒂迈欧所述内容的来源和细节多是复杂而模糊的，但以下基本要点是清晰的：这个世界是好的，它是经过安排和规划的，是为了人类的善而准备的。宇宙论融入了伦理学。人是一种神圣的由神掌控的计划的一部分。此外，宇宙本身也是一个生命体，拥有一个"宇宙灵魂"(《蒂迈欧》30ab，34—36)，形成一个完美的球(《蒂迈欧》33b)；天体是可见的神，按照对其数学模式的描述，他们以合乎理性的方式运行。宇宙本身也在运动，绕着中轴旋转，符合一个有理性的有机体(《蒂迈欧》30ab，34a)。这样，诸天宣告了宇宙之善和神 292
的智慧安排。[1] "宇宙"(cosmos)一词就意味着"秩序"，这一点《高尔吉亚》中的苏格拉底已经花了相当大的精力加以阐发(《高尔吉亚》508a)。[2]

如果我们看到他始终专注于寻找一种对诸神的恰当理解，那么

[1] 关于这个概念的历史，参看A.S.Pease, "Caeli enarrant", *HTR* 34(1941)163—200.亦参看R.Parker, in *Apodosis* (Essays…W.W.Cruickshank) (1992)84—94,关于这个概念在柏拉图之前的历史。

[2] 参看Vlastos, *Plato's Universe* 第一章。

《蒂迈欧》在柏拉图作品中看起来就不那么怪异和反常。[1]早在《游绪弗伦》中，苏格拉底就质疑传统神话中放荡的过于人性化的神；在《理想国》中，史诗和肃剧被剥夺了亵渎神灵的言论，这些作品中最令人惊骇的情节受到严格审查。在像《斐多》和《会饮》这样的作品中，那种受俄耳甫斯教和毕达哥拉斯主义很大影响的，超越尘世的，几乎是神秘主义的哲学式宗教，明确肯定了灵魂的神圣性，并将其与非现实的、超验的美、正义、善等等型相的绝对世界联系起来。在《法义》中，柏拉图回到这个世界本身，并制定严厉可怕的法律来纠正和惩罚无神论者（《法义》卷十）。[2]《蒂迈欧》也力图以一种更为威严的神的形象来启发读者：提到传统神话中的神灵的地方大多是粗略的或者带有反讽意味（尤其见《蒂迈欧》40d）。对如此重大的主题，即便是想要作一个局部的描绘，也充满困难：在该对话也许最有名的一句话中，柏拉图让蒂迈欧用极为低调的口吻说："要发现这个宇宙的父亲和创造者是一件困难的事情，即使发现了，也不可能向大多数人去解释他。"（《蒂迈欧》28c）[3]

不过，这部对话并没有简单地呈现全能的天意和仁善的决定论。现实世界是"真实"宇宙的一个镜像或一个不完美的复制品——它是尽可能好的复制品，但不是完美的，因为德穆革所使用的原料是不完美的。这意味着并不是这个宇宙中所有的东西都完全遵从理性：有些地方理性必须让步于"说服的"必要性（《蒂迈欧》47e—48e）。甚

[1] 此处，索姆森（Solmsen）的书*Plato's Theology*仍然是必不可少的；亦参看V.Goldschmidt, *La religion de Platon*(Paris 1949)；D.Babut, *La religion des philosophes grecs*(Paris 1974)；Burkert, *Greek Religion* 第七章，尤其是311—317, 321—329, 332—337。（更多参考文献见Burkert 468—469。）

[2] Guthrie v.256恰当地称《法义》卷十是"对蒂迈欧的神话（*mythos*）的思考（*logos*）"。

[3] 关于对神作任何确切的言说的困难，比较克塞诺芬尼B34，普罗塔戈拉B4，希罗多德《历史》卷二3.2，安提斯泰尼，残篇40 Caizzi。但J.Gould（见*Greek Historiography*, ed.S.Hornblower [Oxford 1994] 93—95）强调这是希腊人的一般看法：人无法确定诸神的本性或意愿。

至诸天也分有了这种不完美性：虽然造物主德穆革是不朽的，但居住在地球和诸天体上的“可见而且有生成的众神”并非不朽(《蒂迈欧》41b)。理性和必然在人类的战场上相遇。人类有自由意志：他可以通过天文学或者对音乐和声的研究将自己的灵魂转向对诸天的沉思；但是感官的欲望和快乐会将他拖回尘世(就像在《斐多》中已经出现的反身体的看法一样)。[1]就像柏拉图经常说的那样，恰当的教育是关键。 293

如果有一个人，他耽于自己的欲望和野心，费尽心力地追求欲望的满足，那么他的全部思想必定是有生灭的，他不可能不成为可朽的，因为他助长的就是他的可朽部分的生长。但如果他的心热爱知识和真正的智慧，使用他自己的理智多于其他部分，那么他必定拥有不朽和神圣的思想。如果他能把握真理，他就能在人性所能容许的限度内获得不朽。由于他总是衷心地珍视这个神圣的部分，使得住在他身上的守护精灵保持着良好的状态，所以他必定能够获得最大的幸福。照料各种事物只有一种方式，那就是给它提供适合它的食物和运动。与我们体内那个神圣的部分相似的运动就是思想和宇宙的运行；因此，每个人都应当遵从这些原则，通过学习宇宙的和谐运转来矫正我们头脑的运动过程，这个过程在我们出生时就发生了错乱。我们应当使这个理智的部分，按其原初的本性，与理智所认识的东西相同一，从而赢得诸神摆在人类面前的最好的生活，既为了现在，也为了将来。(《蒂迈欧》*90b–d*，康福德英译)

《蒂迈欧》的主要讲辞所包含的主题和风格的范围异常广泛，从宏

[1] 《蒂迈欧》42ab, 44bc, 69cd, 86b—87b；比较，例如《斐多》66b—67b, 81—84b。

观世界到微观世界，从宇宙般的宏大到临床诊断式的精微：把时间说成是永恒（Eternity）的类似物或镜像的那段话可能是前者的例子（《蒂迈欧》37c—38c），对味觉的古怪的技术分析则是后者的例子（《蒂迈欧》例如65b—66c）。在这篇讲辞中，柏拉图动用了很多有其自身专门用语的领域，略举数例，如：数学天文学、医学、音乐、物理化学、冶金术。[1]《蒂迈欧》是最难译的希腊文本之一，这是其中一个原因；另一个原因是柏拉图总是试图用文字来表达可能更容易用图表来传达的内容。事实上，蒂迈欧自己说道，如果不借助于可见模型（例如一个天象仪），继续探讨这个问题（行星的运动）是徒劳无益的，而且在此之前，大部分读者已经不明白他的大意了。[2]虽然这部作品的篇幅并不
294 很长（蒂迈欧的讲辞本身只有大约70页，短于《理想国》中任何三卷之和），但是考虑到它的细节极难理解，而且，读者们很清楚其中的天文学已经过时，其中的科学因为有大量的不准确性而显得古怪，其中的神学则充其量是建立在一些虽然重要但未经检验的前提之下，因此，他们可能会倾向于把这部对话丢在一边。[3]

这样的决定虽然可以理解，却是严重非历史化的。柏拉图的神话宇宙论提供了欧洲思想史上大量的基本观念，这些观念即便不是在其

[1] 比较坎贝尔（Campbell）版的《智术师》和《治邦者》，上引，xxxi：在《蒂迈欧》和《克里提亚》的91页中共有427个词是别的对话中从没有出现过的。更多资料见邻近页。亦参看Thesleff, *Studies in the Style of Plato* 124—125.P.Shorey, *CPh* 23(1928)343，认为《蒂迈欧》一点也不晦涩，其中极少有让一个有能力的希腊文化研究者感到疑惑的内容，这让我羡慕不已。

[2] 关于复杂的图解，参看Cornford，各处；Vlastos，上引书，54—57。

[3] 关于《蒂迈欧》中的科学，我没有资格来谈论。虽然我钦佩热情的批评家们有时试图表明，柏拉图的观念"预示"了现代物理学或者为现代物理学所证实（例如Friedlaender i第11章和尤其是P.Shorey,*Proc.Am.Philos.Soc.* 66(1927) 161ff.），但我认为这种方法是不合适的。B.Farrington, *Greek Science*(1944）和Lloyd and Vlastos的一个修订版，以一种极端的形式提出了相反的论点，认为柏拉图的影响是在几个世纪中抑制了科学的发展。关于这个问题，我同意Solmsen ap.North 104—105的看法（他引用了C.S.Lewis的出色著作*The Discarded Image*[Cambridge 1964]一书结语部分的一些饶有趣味的内容，216—223）。

中第一次出现，也往往是其权威的和最具影响力的形式。我们已经提到时间与永恒的关系（《蒂迈欧》37c—38c），它激发了奥古斯丁的长篇评论（《上帝之城》卷11）。[1]还可以举出其他例子：天体的层次结构（《蒂迈欧》36b以下，38b—e）；天体音乐（《蒂迈欧》35b以下）；体液理论（《蒂迈欧》86e以下）；作为完美形状的球体（《蒂迈欧》33b—34a）；[2]四种基本物体或元素（火、气、土和水）（《蒂迈欧》31b—32c）；作为一种连贯一致的设计的人体结构，其头脑处于绝对优越的地位（人与野兽由此相区别）（《蒂迈欧》44d—45b等）；灵明（*daimon*）或精魂的观念，这种灵明或精魂与我们一生相伴，引导并保护我们（《蒂迈欧》90a—c）。所有这些，以及连贯、有目的、包罗万象的神形宇宙的观念，给予了无数诗人、理论家、思想家灵感和想象的动力。

《蒂迈欧》本身很快在古代柏拉图思想的研究中取得了特殊的地位。这种特殊地位一直贯穿从中期柏拉图主义、新柏拉图主义到早期基督教柏拉图主义以及此后的中世纪的思想发展中。[3]亚里士多德反复谈论了柏拉图已经提出的问题（特别是在他的《论天》和《论灵魂》中）。一些重要人物，如克冉托尔（Crantor）、波希多尼乌斯（Posidonius）、普鲁塔克都对《蒂迈欧》作过评论和研究，新柏拉图主义者普洛克洛斯和其他许多人亦是如此。伊壁鸠鲁曾试图反驳它；西 295
塞罗翻译过它，他的译本有相当一部分留存了下来（从27d到47b，有

[1] 进一步参看R.Sorabji, *Time,Creation and the Continuum* (London and Ithaca,N.Y.1983)。

[2] 比较Pease 评注西塞罗《论神性》i.18,ii.46—49。

[3] 这与现代人的兴趣形成了有趣的对比，即在对蒂迈欧讲辞的解释上投入了如此多的精力，却对克里提亚的亚特兰蒂斯解说关注如此之少。即使喀克蒂乌斯（Calcidius）翻译了前面部分，却没有对它作任何评论。关于这个故事在不同体裁中的流传，参看E.Rohde, *Der Griechische Roman*(ed.3,1914)269—292; E.Gabba, *JRS* 71(1981)50—62; J.S.Romm, *The Edges of the Earth in Ancient Thought*(Princeton 1992)尤其是第四章; F.Graf, *Greek Mythology*（英译本 1994）192, 关于犹希迈罗斯（Euhemerus）和狄奥尼修斯·斯库托伯拉齐俄（Dionysius Scytobrachion）。

一些中断）；它为后来古人写的很多柏拉图哲学“导论”或梗概提供了大部分基础（例如阿尔吉努斯写的“导论”[1]和阿普列乌斯写的“导论”（第一卷全部，关于《物理学》），[2]以及第欧根尼·拉尔修《名哲言行录》卷三69—77中的描述）。[3]名气催生了赝品：该对话的核心人物，罗克里的蒂迈欧，在公元1世纪获得了一个可疑的荣誉，有一部单独的作品被冠以他的名字，这部作品是对该对话的低劣改写。[4]我们有时会觉得，正是这部对话的疑难和晦涩提供了一种特殊的挑战，或者提供了一个特别有威望的平台，使我们得以阐述自己的思想：*omne ignotum pro magnifico*（不为人知者乃为壮丽）。

在整个古代，《蒂迈欧》在柏拉图核心对话中一直占有一席之地；无疑有帮助的一点是，修辞理论赋予了讨论“神圣事物”的作品特别尊贵的地位。[5]创世讲述也使得有基督教倾向的读者将它看作与《创世纪》中的说法相类同：公元2世纪的毕达哥拉斯主义者努美尼乌斯（Numenius）曾挑衅地问道：“除了摩西，柏拉图还用阿提卡希腊语写了什么？”[6]也许是在公元5世纪，喀克蒂乌斯（Calcidius）用拉丁语翻译了该对话的前半部分，并有大量评注，这确保了该对话在后来几个世纪中的持续声誉，那个时候柏拉图作品的大多数希腊语文本在西方世

[1] J.Dillon, *The Middle Platonists* (London 1977) 267—307. P.Louis编（Paris 1945）;J.Reedy英译，J.P.Hershbell导言（Grand Rapid,Phanes Press 1992）。

[2] Dillon 306—338; 比较C.Moreschini (Stuttgart 1991)的新 Teubner版。

[3] Dillon 408—410.

[4] W.Marg校订，见H.Thesleff, *The Pythagorean Texts of the Hellenistic Period*(1965)203ff.。

[5] D.C.Innes, *CQ* 29(1979)165—171;P.Hardie, *Virgil's Aeneid:Cosmos and Imperium* (Oxford 1986)第一章。

[6] 残篇8 des Places, Clement and Eusebius引；进一步参看H.Chadwick, *Early Christian Thought and the Classical Tradition* (Oxford 1966)第一章。

界还不为人知。[1]该对话或直接或间接地对普罗提诺、奥古斯丁、伪狄奥尼修斯以及波爱修产生了巨大影响，这些都是思想传统中的关键人物。[2]最高的赞誉还在后面：在拉斐尔的《雅典学院》中，居中的是向上指着天空的柏拉图和谈论这个世界的亚里士多德，他们手上各自拿着一本自己的书：亚里士多德手里的是《尼各马可伦理学》（也许今天仍是他的作品中被最广泛阅读的一本），柏拉图手上的是《蒂迈欧》。 296
这位艺术大师是在向这位大哲学家的被视为最重要的作品致敬。[3]

本书的重点更多地放在作为一个关注此世之人和观念的作家的柏拉图上面，更多地考虑他是如何使这些观念在其笔下人物的讨论中得到揭示的。但是，如果把《蒂迈欧》中最清楚地解说的那一面省略掉，那是完全误导人的。那一面就是，创造性地想象一个思想者通达天界，寻求对神和人以及他们在此世之关系的正确理解。在别的地方，甚至是在最具苏格拉底色彩的作品中，也有这种迹象。我们看到在《会饮》中苏格拉底脱离肉体欲望，我们提到过《斐多》中的来世，还可以回想起《斐多》神话中出现的，就像《理想国》厄尔神话中也出现过的，宇宙地理学。其他作品表明柏拉图在毕达哥拉斯学派的数学和音乐研究中找到了兴趣：虽然他偶尔会拿数秘术开玩笑，如计算僭主比好的统治者糟糕729倍（《理想国》587e），但他显然发现数学的规则和规律性令

[1] 关于喀克蒂乌斯，参看J.Waszink's massive edition (London and Leiden 1962).进一步参看R.Klibansky, *The Continuity of the Platonic Tradition*（London 1939）中极好的概述。这是本书所引少数几本人们会希望更长一些的书之一。

[2] 进一步参看R.T.Wallis,Neoplatonism（London 1972）；A.H.Armstrong（ed.）*Cambridge Hist. of Later Greek and Early Medieval Philosophy*（1967）（注意索引1 s.v.Plato, *Timaeus*）。这两本书都有扩展性的参考文献。亦见P.Shorey, *Platonism Ancient and Modern*（Berkeley 1938）；*Platonism and the English Imagination,ed.A.Baldwin and S. Hutton*（Cambridge 1994）。

[3] 这幅梵蒂冈的壁画经常被复制：例如，见于R.Jones and N.Penny, *Raphael* (Yale 1983),pl.87。显示该主题的细节出现在《蒂迈欧》和《克里提亚》的企鹅经典译本的封面上。亦见Klibansky, 上引书pl.5。

人着迷，并且在设想完美而永恒的绝对道德真理时无疑以之为圭臬。[1]虽然，从某种意义上说，柏拉图在《蒂迈欧》中的确比在别的作品中表现出更加看重现实世界和人的身体构造，但灵魂之于肉体的、精神健康之于身体健康的，存在之于生成的，在本质上的优先性是没有变的。蒂迈欧的讲辞向人类发出了响亮的号召：在这样一个宇宙之中，被如此的美和辉煌包围着，你会不沿着神为你安排的道路走下去吗？科学推测、宗教信仰以及道德规劝难得如此雄心勃勃地结合在一起。

3.《法义》

柏拉图的最后且最长的作品很难简单概括：它的内容太过多样，它的精细论述似乎经常冗长到令人困扰的地步，它的总体结构和设计很难透彻理解。它意义深远，显然很重要，但对许多人来说却难以读懂，它就像柏拉图文学生涯结束时的一份厚重遗书，不容忽视，却很难让人同情地读下去。现代以来，它在很大程度上被哲学家们遗弃了，成为历
297 史制度和希腊法律方面专家的研究范围。下面的讨论并不构成一种严肃的还原。这里所能做的只是将这一巨著的某些方面与柏拉图的其他作品联系起来，并提示从文学角度来讨论这部作品的一些方法。[2]

---

[1] 关于毕达哥拉斯主义者，尤其参看KRS214—238，及其参考文献；关于他们对柏拉图的影响，尤其参看《理想国》卷七530d，该处在谈及天体音乐时实际上引述了他们的说法。充分的讨论见W.Burkert, *Lore and Science in Ancient Pythagoreanism*（英译本 Cambridge Mass. 1972；原版1962）尤其是15，83—96。亦见Riginos 注释127，关于传记方面。

[2] 英国的评注（1921）非常老旧，而且主要关注的是对希腊语的解释。法国比代（Budé）版（1951—1956）有非常充分的导论和注释。桑德斯（Saunders）的企鹅译本极有价值，这仅仅是这位学者在对该对话的三十多年的研究中做出巨大贡献的最明显例子。进一步参看Morrow,Stalley und Görgemanns;Friedlaender iii.第31章。Guthrie v.321—382对于清醒地把握方向特别有帮助。比较陈旧的评述见Grote第37章（大部分是概括）以及Zeller 第13章。桑德斯单独出版了一本非常完整的文献目录（New York 1979 修订版）。

我们已经提到过苏格拉底在这部对话中缺席；对话地点设在非雅典的背景下肯定与此有关联。取而代之的是一个雅典人、一个斯巴达人和一个克里特人，对话开始时他们正在旅途中，正横穿克里特岛，从克诺索斯到宙斯洞穴，据说宙斯是在那个洞穴出生的。在古代，斯巴达和克里特因它们的法典和法治实践而闻名，而且，克里特本身据说产生了伟大的立法者，最有名的是米诺斯，他本人是宙斯的儿子，按神话中的说法，他是一个摩西式的人物，他与他的父亲交谈之后，带回了他父亲的宣告，这宣告就成为克里特的法律（《法义》的第一页引用了荷马《奥德赛》19.178f.）。这一情境适合于讨论法律原则以及这些原则在实践中的施行。后来，一个更具体的动机浮现出来：在第三卷末尾，我们了解到，这个克里特人，克利尼亚，是一个委员会的成员，该委员会正在参与创建一个新的殖民城邦，这个城邦位于克里特岛中部，离戈提那不远，被命名为马格尼西亚（Magnesia）。虽然这无疑是虚构的，但从历史上看并不荒唐：新的殖民地和定居点往往倾向于让一个原本是小共同体的城邦（*polis*）变得过于庞大。[1]有了这个计划，雅典人（[译按]指《法义》中的那个雅典人，下同）的提议和观点就具有了针对性。前面几卷（主要）包括对教育本质和对历史上社会兴衰的初步谈论，其中有一些关于雅典和波斯历史的特别有趣的段落。[2]从第四卷开始，对法律细节的关注明显增加了：在内容充实的导言之后，我们得到了关于城邦体的规模和组织的建议，以及关于婚姻、生育、教育（包括经过恰当选择的文学和音乐）、军事训练、经济组织、刑法、宗教法、财产和家庭、国外旅行限制等其他很多方面的细致法律。不过，这部作品远远不只是一个犯罪和惩罚的目录。对这一主题的理论考察是

[1] 参看，例如A.J.Graham, *Colony and Mother City in Ancient Greece* (1964,第二版, Chicago 1983)。

[2] R.Weil, *L'Archéologie de Platon* (Paris 1959).

298 很常见的（最有名的是第九卷中对惩罚理论的讨论），[1]一种相当严肃和有说教味的延伸性道德探讨突出地贯穿始终——尤其是在第五卷中，该卷几乎全部是在作一篇鼓舞人心的“致辞”，它被认为是说给新选出的殖民者听的，因为他们开始创建这个勇敢的新国家。单部法律要以绪论或“序言”作为开头，即解释性的段落，向城邦民解释为什么接下来的法规是必要的和公正的：按照雅典人的说法，其他事情都不值得一个真正的立法者去做，真正的立法者应该被看作可与一个好医生相比，好医生确保他的病人充分了解他的治疗内容，而不是把他们蒙在鼓里（《法义》719e—724b）。

虽然《法义》被归入政治理论，但这种划分和对柏拉图其他作品的划分一样是人为的。第十卷大部分是讲神学，[2]而且可以视为延续了《蒂迈欧》的工作，而第三卷从历史上的国家吸取教训可以类比于《理想国》卷八和卷九对政制的分析，类比于有关亚特兰蒂斯部分的很多伪历史，以及《美涅克塞努》中对雅典历史的描述（经过改头换面）。但这部作品的大多数读者会很自然地将它与《理想国》以及介于此两者之间的关于政治主题的对话，《治邦者》，相比较。[3]在这里，柏拉图的思想发展的问题再次浮出水面：后期政治著作所代表的看法与《理想国》背后的看法一样吗？或者柏拉图改变了立场？如果是后者，那么《治邦者》在这一变化过程中占据了什么位置？这几部对话在规模和讨论范围上有很大差异：《理想国》，过于简单化地说，创造了一个明显不同寻常的作为人类灵魂运作方式之类比性例证的国家，并且展示

[1] 关于对《法义》这一方面的权威性研究，参看*Saunders,Plato's Penal Code* (Oxford 1991)；亦见M.M.Mackenzie, *Plato on Punishment* (Berkeley,Los Angeles and London 1981)。

[2] 尤其参看Solmsen, *Plato's Theology*；还有上文原文第292页注53。

[3] 关于《治邦者》，参看斯肯普（Skemp）的导论和系统评述；Guthrie v. 163—196。更多的一般论述见G.Klosko, *The Development of Plato's Political Theory*(New York and London 1986)。

了哲学的统治实践;《治邦者》运用周密的划分方法界定了真正的统治者和好的政制;《法义》设想了一个共同体的实际创建,以及一部基于良好道德原则的详细法典的制订。因此,这些对话强调的重点有明显不同:《理想国》审视了统治者群体的权力,《治邦者》审视了统治者的权力,《法义》审视了法的权力。这里有些重叠。在《法义》708e—712a中,雅典人觉得,为了把国家置于一个能够使其恰当运转的基础上,需要一个仁慈的独裁者;710—711中政制的等级让人想起《治邦者》中的讨论,虽然细节有所不同。[1]不过,尽管有这些相似之处,但 299
《理想国》与《法义》之间的鸿沟仍是巨大的,而且,无论我们是否将柏拉图的心意转变归结为他的西西里经历(参见本书原文第19页),从文本来看,似乎很清楚的一点是,与《理想国》的愿景相比,《法义》呈现了一个更加现实,更少雄心壮志的方案。《法义》没有从一个悖论(作为王者的哲人)开始,而是更多地基于希腊的实际政制。有一段话特别强调了这一方案是"次好的",读者肯定会想到《理想国》。马格尼西亚不是美好城邦(Kallipolis)。

你会发现,理想的社会和国家,和最好的法典,就是"朋友的财产真正共有"这句老话尽可能在整个国家范围内被付诸实践的地方。我不知道这种情况——妻子、儿女和一切财产都共有——在当今世上是否真的存在,或者将来是否会存在,但不管怎样,在这样一个国家中,"私有财产"的观念将被千方百计地彻底从生活中清除掉。一切东西都将尽可能地被投入到公共事务之中,甚至

[1] 关于将《法义》与早期作品相比较的更充分的讨论,参看G.R.Morrow, *Proc. of Americ. Philosoph. Ass*. 27(1953—1954); A.Laks, CAntiq 9(1990)209—229; T.J.Saunders in Kraut (ed.) *Cambridge Companion to Plato*(1992)464—492。

> 是像眼睛、耳朵、手之类天生属于“我自己的”东西，因为从表象上判断，他们都一致地看、听和行动。所有人都对同样的事情感到快乐或痛苦，因此，完全一致地表示赞同或谴责。简而言之，法律将最大可能的统一强加给这个国家——你再也找不到比此标准更好、更真实的，衡量一种绝对完美法律的标准了。在这种国家中居住的可能是众神或众神的许多子孙：如果是这样，他们在那里的生活，遵守着这些规则，是真正幸福的生活。因此，人们不需要再进一步寻找他们的理想：他们应该以此为榜样，努力把国家建成最接近这个国家的样子。这是我们已经着手去做的，如果在某种程度上可以实现，它将非常接近不朽，而且仅次于理想的国家。神灵保佑，我们后面会说第三好的国家。但眼下，我们应该如何描述这个次好的国家？（《法义》739b8—739e，桑德斯[Saunders]英译）[1]

如果我们把《理想国》和《法义》视为哲学式的或想象性的建构，那么这两部对话之间的差别就更为明显了。后者在思想上远远较少挑战性，它的阐述大多更为单调乏味且较多重复。从现代的眼光来看，它缺乏“硬核的”哲学体系：雅典人没有使斯巴达人和克里特人的有点受限的才智充分发挥出来，读者会经常连着几页看不到一次看起来具有持续性的论辩。相反，其中有很多品格高尚的内容，结合了劝勉和道德主张——假想的面向殖民者的“演讲”就是很好的例证，前面已经提到过。我们没有发现任何形而上学的维度；第十卷的论点是针对不虔敬和无神论，很显眼，但不是对宗教的全面辩护（而且，事实上
300 这一部分中关于神存在的论证，虽然影响巨大，但是令很多思想家大

[1] 比较《法义》807b, 841b, 875b—d。

失所望)。因此,有一种有力的观点是,《法义》某种意义上根本不是一部哲学作品——至少不是《理想国》或《巴门尼德》那种类型的哲学作品。准确地说,它是对伦理和政治思想的一种“通俗”呈现,目的是得到比后期很多对话更广泛的阅读,也许意在同时教导——当然也是启发——立法者和城邦民。这可以解释为什么实践性细节很突出以及为什么要反复强调相当直率的要点;它也有助于我们理解柏拉图“学说”的某些特征的相对缺席——例如型相理论。[1]它甚至可以为苏格拉底的不在场提供更进一步的解释(虽然,如我们所见,这也是后期柏拉图总体倾向的一部分):《法义》的教导并不系于某一位思想者的原则,而且,可以恰当地,说这三位思想者都不是职业哲人(practising philosopher)。[2]这似乎是一个矛盾,即这部让许多现代读者觉得最讨厌也最不易读的对话应该被视为一部“通俗”作品(虽然在讨论古代世界时我们必须时刻记住,读者群体是民众总体中幸运的一小部分);但我们当然是考虑柏拉图对这本书可能有何期望,而不是这本书可能真正触及的读者。还需要记得的是,如果柏拉图活得足够长,那么我们所发现的一些难点,尤其是组织方面的难点,通过对它的进一步修改也许就会有所减少。我们现有的这一作品肯定没有得到作者的最后处理,尽管维拉莫威兹(Wilamowiz)说它“混乱得令人惊讶”是太过了。[3]

可以将《法义》看作是对《理想国》中政治主题的一种更为现实化

[1] 参看Wilamowitz, *Platon* i.655,Guthrie v.375引。型相理论仍然在幕后的看法似乎是可以成立的:参看Cherniss, *Riddle* 60,82f.,和*Gnomon* 25(1953)375, Görgemanns 218ff.;Friedlaender iii.442f.,570:Guthrie v.378—381。

[2] 沿着这些路向对《法义》所作的一个详细解说,参看Görgemanns (比较Ostwald的评论,见*Gnomon* 34(1962)231—241)。

[3] 关于《法义》不完整的证据,参看Morrow, *Plato's Cretan City*,索引s.v. “*Laws,composition of* …; irregularities in”。

的讨论，这自然引出了一个问题，即《法义》是否也意在更直接地影响现实政治并且较为成功。这是一个需要小心处理的问题。一代代学者都认为，柏拉图的这两部著作是在为大规模的政治和社会改革制定严肃的计划，那些被要求为统治者提供建议或起草法典的学园成员（就像普罗塔戈拉在图里[Thurii]所做的）把这些计划用作蓝图。在前面的一章中，我们认为《理想国》所勾勒的方案是自相矛盾的，而且它承认它的实现是如此遥远，以至于设想柏拉图自己或他的任何追随者把这些思想看作切实可行的政治主张是不明智的。《法义》中的情形不同吗？也许是由于《理想国》中许多较为奇特的方面现在都被抛弃了，而
301 且（《法义》）所阐述的许多制度和法规与柏拉图自己时代的希腊人所熟知的（尤其是雅典的）那些制度和法规有着可辨识的关系。[1]然而，即便是《法义》，也是有限制条件的。把那个雅典人等同于柏拉图是证据不足的（虽然古代评注，以及西塞罗，《论法律》i.15，已经假设了这一等同）。这项计划被设想发生在克里特，且克利尼亚积极参与其中，这指示了一个方面；而没有给出创建原因的任何细节，而且几乎没有关于它的位置和其他要点的信息（第四卷的开头极为含糊），这指示了另一个方面。他们建造的是“空中楼阁”的想法隐含在那个有柏拉图特色的提法中，即他们所作的努力是“老年人的游戏”（卷三685a，比较卷四712b，卷六769a1，卷七820c）。雅典人自己也部分接受了对不切实际和理想主义的梦想的批评（746），尤其是涉及财产的限制以及这个城市的布局。[2]文中还断言，并在若干地方重复，他们所草拟的东西只能是有选择性的（尽管看起来详尽无遗），而且，接续他们的立法

[1] 莫罗（Morrow）非常详尽地记录了这一点；相反的观点参见Brunt, *Studies* 245—281。亦见D.Clay,《柏拉图的马格尼西亚》（“Plato's Magnesia”），见*Nomodeiktes*,Fest.M. Ostwald,ed. R.M.Rosen and J.Farrell(Ann Arbor, Michigan)435—446。

[2] 关于后者，参看Friedlaender i,第17章，论亚特兰蒂斯。

者会有很多地方可以补充和修改(《法义》745e—746d,768c—771a,772ab,779c;比较《治邦者》294e—297b)。这可能被看作是务实的,虽然与对某些要点的讨论细节有张力。更令人惊讶的是,实际的困难被忽视了,而且,复杂的结构被强加于这个新的共同体,其理由部分是出于行政管理方面的考虑,部分是因为它是学术独创的产物。例如,严格规定人口数固定在一个奇怪的数字上,即5040名成年男性,因为这个数字可以被从2到10的任一个数整除,这对于军事和组织的目的都是有利的。(至于)城邦民的数量如何控制在这个水平就完全不清楚了。[1]其他一些想法或许只是通过举例表达或者表达得不充分。我们不必夸大这种情况。很明显,《法义》中的建议在很多方面都适用于新的或现存的体制,比《理想国》中的建议更适用,也更详细。但同样重要的是道德和教育原则的主张,详细的法律应该是基于这些原则来起草的。法律应该连贯一致,而不是零零碎碎的。第五卷中,这位立法者被给予了一篇简短的讲辞,以回应对空想式建造的批评。

> 我的朋友们,在我们正在进行的这些讨论中,不要认为我也没有注意到你们所敦促的观点是有一定道理的。但我相信,在每一个为未来行动而制定的计划中,当你在展示应当付诸实施的理想计划时,最令人满意的步骤就是不遗漏任何绝对真实和美好的细节。但如果你们发现这些细节中有哪个是无法付诸实践的,那 302
> 你们应该把它放在一边,而不是去尝试它:你们应该看看剩下的方案中哪个最接近理想,与你的策略最相似,然后安排进行替换。但你们必须让立法者完成他真心想要进行的描绘,做到了这一点,你们才可以和他讨论他的哪些建议是可行的,哪些是过于困

[1] 关于其他许多批评和怀疑性的评论,参看Brunt,上引文章。

难的。你们知道，一个制造者哪怕是制造微不足道的东西，他也必须使它具有内在一致性，如果他想获得什么名声的话。(《法义》746b—d，桑德斯[Saunders]英译)。

此原则无疑适用于作为一个整体的《法义》。

现在我们必须回到该对话的文学结构上。[1]众所周知，对于那些寻找灵活的文风，针锋相对的幽默论辩——这些因素吸引了柏拉图早期作品的无数读者——的批评家来说，《法义》所给出的余地要少得多。三位发言者之间的关系没有变化：从头到尾，雅典人都是权威性的人物，另外两人都跟着他的思路走，只是偶尔表示异议或惊讶(更多的是兴奋地赞同)。没有其他人突然介入，环境对他们的长时间漫步几乎没有造成什么影响。有相当多的证据表明，对话结构本身正在削弱：[2]长篇阐述很常见，交谈暂停了。除了最后两行，第五卷全部都是雅典人的演讲，他的其他几篇讲辞也几乎一样长，中间没有被干扰。文中对斯巴达人和克里特人的回应有少许生动的刻画，但这些往往相当明显，通常是以他们自己的方式表达爱国之心，或者是与拉科尼亚人的简洁之类典型的民族特征有关。[3]同样，辩证的准则和相互的批评没有被忘记，尽管苏格拉底不在场；但涉及这些话题时又经常显得草率，[4]整个谈话除了雅典人之外，几乎没有人发表什么见解。对话中

[1] 文献中几乎没有，我只能在这里尝试作一个概括。进一步参看Saunders,参考文献pp.10—12; Thesleff, *Studies in the Styles of Plato and Arktos* 7(1972)219—227.最近的一篇论文A.Nightingale, *CPh* 88(1993)279—300是别开生面的。

[2] 谈论到这部作品的结构和安排或者以其他方式与此相关的段落，参看673d, 674c, 682e, 722cd, 732e, 734e, 832b, 858a, 890e, 907c。

[3] 638a, 641e—642e, 667a, 673b, 680c, 721e, 806c, 818e, 819d, 892e—893a.

[4] 例如633a, 635a, 667a9—10,963d。

偶有幽默（虽然有大量语源学上的文字游戏），[1]甚至一位富有同情心的读者也说这些幽默是“笨拙的”。[2]

在更积极的方面我们能说些什么呢？尽管我们怀念柏拉图巅峰时期作品的经典片段——诸如卡利克勒斯关于能力超凡者的激烈讲辞、洞穴囚徒的寓言，或者令人印象深刻且启人深思的譬喻，如《斐德若》 303
中的车夫喻，《泰阿泰德》中的鸟笼喻——不过，《法义》还是很雄辩的。现代读者很难响应说教，无论说教的风格多么高尚和崇高。但我们至少应该看出《法义》的文风不是单一的。对法律条文的详细阐述是一回事，各篇序言中有说服力的修辞是另一回事。[3]处于一个更高层次上的是，第五卷中大量的规劝，第十卷中为了让无神论者皈依真正的信仰而作出的热情努力，以及雅典人似乎满怀感情地投入其中的段落，还有在或好或坏的心灵状态或社会条件之间进行基本选择的段落。我们不需要（也不可能）全盘认可雅典人的价值观，而且，很显然，几乎没有现代人会愿意成为他所谓的乌托邦中的公民。但是，从文学的角度看，这部作品中有很多内容比柏拉图文集的其他地方更加清楚地向我们展示了柏拉图对希腊社会及其优先事项的深刻不满。这位立法者的任务必定是去抑制致命的弱点和激情：

> 如果我们忽视恰当的比例，把过大的风帆安装在一条小船上，或者把过多的食物给予一个幼小的身体，或者把过多的权柄交给一个配不上它的灵魂，其结果就必然总是灾难性的。身体和灵魂会膨胀起来：在身体中疾病会爆发，在灵魂中傲慢很快导向

[1] 例如654a，713e—714a，957c，比较836e。

[2] Saunders，企鹅译本，导言p.39。

[3] 比较西塞罗《论法律》ii.6，他把这些序言称作对相关法律的赞颂。

不义……有死的灵魂根本不存在，我的朋友，灵魂凭其自然品质就永远可以成就人类至高无上的权柄，而此时它还年轻，无须对任何人负责。由于愚不可及，染上了最糟糕的疾病，它的判断不可避免地败坏了，招致了它最亲密的朋友的憎恨。一旦出现这种情况，它很快就会完全毁灭，失去它的全部力量。第一流的立法者就要有比例意识，要提防这种危险。(《法义》691cd，桑德斯[Saunders]英译)。

还可以举出其他例子：例如716（回应普罗塔戈拉：没有人，除了神，是万物的尺度），[1]782—783（人类的基本欲求），903b以下（针对年轻的不信神者的论证），以及948b以下关于誓言的重要性和发伪誓的罪恶。这部对话的基调混合了严厉态度与对普遍错误之后果的深切关注。对于七十多岁的柏拉图来说，这样的主题太严肃了，不可能像早期和中期的对话那样用奇思妙想和轻松愉快的方式来处理。

不过，怀疑万能国家和官方意识形态的现代读者，可能会觉察到一种似乎更能引起共鸣的相反语气，尽管这种语气很微弱。这大致可以看作宗教悲观主义。我们已经看到，柏拉图重新强调了贯穿其文学生涯始终的一个隐含观点，即神，而非人类，是万物的尺度。这个命题
304 可能产生多方面结果：对神圣天意感到欢欣鼓舞，虔诚地敬畏，衷心地顺服。在若干段落中，柏拉图不仅让雅典人细述人类的弱点，也让他细述人类与神相比的渺小和浅薄。有一个著名的比喻表达了这一点："让我们设想我们每个生灵都是众神的玩偶。无论我们被造出来是供他们玩耍，还是有某种严肃的理由，这是我们所无法理解的，但有一点

[1] 比较《克拉底鲁》386a sq.以及《泰阿泰德》中对普罗塔戈拉B1的讨论(《泰阿泰德》152a sq.，160d sq.等)。

我们肯定知道：我们内心有了这些情感，这些情感就像绳子一样牵引着我们；它们之间是相互对立的，把我们拉向相反的方向……”（《法义》644de）。在后面的一段话中，该比喻又再次出现（“人类大体上是玩偶，他们只有极少的真实性”），接着斯巴达人抱怨说“你把人类看得太渺小了”，对此，雅典人的回应是，“不要惊讶，麦吉卢，但请原谅我。你知道，我正在仰望神，而这就是我受到感动而说了刚才那些话的原因。那好吧，如果你愿意，就让我们人类不那么渺小，而是有点值得认真对待”（《法义》804b）。[1]另一段话表达了对人类的悲观态度，即便是在这个假想的守法国家（《法义》卷九853b以下）“与古代的立法者不同，我们的法律不是为了英雄和诸神之子制订的。那个时代的立法者，按照今天流行的故事，是诸神的后裔，他们是为有相似血统的人们立法。但我们是凡人，我们在今天这个世界里为人类的子女立法……以我们的法律所具有的力量，可能无法驯服此类人，就像高温对坚硬的豆子不起作用。出于他们的不良状况起见，我要制定的第一条法律就是处理盗窃神庙的法律，如果有人犯下了这一罪行……”我们会想起《理想国》卷八中在哲人上升到对善的理解的最高境界之后的那段话，介绍了完美社会无法避免衰落的黯淡故事（《理想国》546a以下）。与系统化立法相伴随的是一种令人悲伤的认识，即所有这些成就似乎都是不完美、不充分的，注定会被时间所颠覆。同样，我们从早期作品的历史部分认识到，一次又一次，曾经所向披靡的军队被打败了，伟大的国家走向了衰落，在世界历史的长河中，自然灾害毁灭了文明。[2]无论《法义》的弱点是什么，这部作品都不是基于轻率的乐观主义。

[1] Dodds, *Greeks and the Irrational* 214f.恰当地强调了这一点。关于玩偶比喻，参看H.D.Rankin, *Eranos* 60(1962) 127—131。

[2] 《法义》638a, 676bc, 以及尤其是677—679；比较《治邦者》273a,《蒂迈欧》22c—e,《克里提亚》109de, 以及Guthrie, *In the Beginning*(London 1957)65—69。

《法义》对于研究古希腊社会、文化、制度、心态、宗教，甚至是经济，都有很大的帮助。研究这部对话的尚在世的最杰出的权威学者在近期的一篇文章中说，“全部人类生活都在其中”。[1]虽然这似乎有点夸大其词，但路向是正确的；但正是这部作品的包容性使它很难概括
305 或很难作为一个整体来看待。对于通过迂回曲折和枝节丛生的结构来追究某个特定主题的读者来说，这部作品在某种程度上更容易理解——例如，犯罪动机的重要性，或者节庆在古希腊城邦生活中的作用。理解宗教在古典城邦中无处不在的重要性已经在最近的权威著作中得到了体现，这里不必再详述。[2]剩下的几页将简要讨论与本书主题显然有密切关系的四个话题。其中两个（宴饮和同性恋）显示了柏拉图晚年的一种狭隘或僵化的态度，而另外两个话题（艺术和神话）也许呈现了《法义》与柏拉图以往作品之间的更为复杂的关系。

1.《法义》的前两卷是起头，第三卷进入到一个完全不同的话题；我们可能会怀疑一些相关的内容还没有写出来，因为原本承诺的对体操训练的讨论并不存在。虽然这两卷中的一些内容作为初步的清理工作具有明显的重要性（特别是暴露了斯巴达—克里特法律的不足之处），但很难明白雅典人为什么如此重视宴饮及其潜在的教育作用（其他人对此持怀疑态度）。[3]饮酒聚会话题占了谈话的两个相当长的部分，而且，雅典人不止一次为自己在这个明显微不足道的主题上花费

[1] Saunders in Kraut, *Companion* 486注26。

[2] 参看Burkert, *Greek Religion* 332—337和C.Sourvinou-Inwood,见O.Murray and S.R.F.Price（ed.）*The Greek City*（Oxford 1990）295—322，以及*Annali Ist.orientale di Napoli:Archeologia e storia antica* 10(1988).亦见Morrow第八章；O.Reverdin, *La Religion de la cit é platonicienne* (Paris 1945)。

[3] 泰库桑（M.Tecusan）的尚未出版的著作对《法义》的这些部分有很多阐发。亦见她的论文，见*Sympotica,* ed.O.Murray (Oxford 1990)238—260。鉴于默里（Murray）的集子中已经有丰富的参考文献，我这里就不再列出更多。

这么多时间而略表歉意(《法义》645c,890e)。第二卷的末尾提出了一些理由:宴饮可以作为一种范例,表示这个国家需要安排其城邦民的快乐,并推行节制的习惯,因此饮酒聚会应该由一个年长的监督者作为主持人来管理。我们可以从另一个角度将其视为范例:它以实例说明了柏拉图在这里如何改造日常生活中的习规,而不是排斥它们。一种更加稳固的结构被强加上去,但雅典人是在现有状况的基础上进行立法。

《法义》中假想的宴饮与《会饮》中纪念的那次宴饮之间的对比是非常显著的。我们在这里没有听到任何竞赛或雅致的演讲,遑论哲学。这位立法者关心的是控制年轻人的欲望,同时也通过他们的酒杯观察他们的弱点和道德倾向——酒醉吐真言,就像阿尔喀比亚德所说的以及他的行为举止所表明的那样(《法义》649d—650b,比较《会饮》217e)。他也调用了医学和心理学的理论,在第一卷中是用来分析酒入肚肠后压抑感和羞耻心的减少,在第二卷中是用来辅助性地分析,减少老年人的尴尬并鼓励他们在节日里为酒神唱歌跳舞,会有什么好处——这是一幅怪诞的图画,让大多数读者忍俊不禁,也许是半开玩笑的写法。[1]这两卷的基本要点在于,宴饮——在古雅典传统上是一种男性之间交流和娱乐的私密形式(有时是为了密谋)——是为了国家的利益而被利用,被制度化和被控制。年长的朋友或有情人教导和提升年轻人(例如忒奥格尼斯与居尔努斯),这种传统的贵族式理想,被更新和转换了,与一种更令人不安的体制结合在一起,在这种体制下,当年轻人喝醉了酒、毫无防备的时候,他们的潜在缺点会被观察——实际上,他们被暗中监视着。 306

[1] 一种通常的反应见Guthrie v.328—329;在第382页,他援引了桑德斯(Saunders),当他在这一部分发现幽默时。

2.甚至在讨论转向宴饮之前，雅典人就对斯巴达人和克里特人当中类似公共食堂或共餐会（*syssition*）的制度提出了异议。[1]这些，加上体操训练，不仅容易使人联想到革命密谋，也助长了雅典人称之为不合自然和腐化败坏的同性恋。这种批判和否定的态度，会让刚刚读过《会饮》和《斐德若》的读者感到惊讶。这种态度在后面第八卷的篇幅更长的讨论中再次出现，在那里，一系列所谓出自"自然"的论据支持了雅典人的反对意见。我们对柏拉图生平和心理特征的了解不足以解释他的态度转变，但这段话的力量似乎过于强大，以至于我们无法仅仅用关心良好教养或者促进婚姻稳定和生育的必要性来加以解释。这段话的气势——可能几乎可以说是声色俱厉的——令人吃惊，就像防范措施一样是极端的。

> 你会主张，一个男人可以跟一个女人但不能跟男人或男孩发生肉体关系。你可以从动物世界找到证据，在动物世界，雄性之间不能交配，因为这种事情是不合自然的。（《法义》836cd）
>
> [立法者必须采取措施，将这种行为与现在归于乱伦的那种禁忌紧密联系起来：]……这样的信条："这些行为是绝对不圣洁的，在诸神的眼中是可憎的，没有什么比这更令人厌恶了。"我们克制自己不做这些事情，因为我们从来没有听到人们以任何其他方式谈论它们。我们每个人从出生起，无论走到哪里，我们所听到的都是完全一致的看法。我们不仅在谐剧中听到这种看法，也经常从非常庄重的肃剧中发现它，如当我们看到堤厄斯忒斯、俄狄浦斯、玛卡瑞乌（他是他姐妹的秘密情人）的形象出现在舞台上的时候，我们看到这些角色都早死……我说过我知道一种方法来实施

[1] 进一步参看E.David, *AJP* 99(1978)486—495。

我们的这条法律，它只允许出于自然目的，即生殖，性行为，同时不仅禁止蓄意谋杀人类这个种族的同性恋关系，而且也禁止在岩石上播种……（《法义》838bc，e；比较841bc）

雅典人在男女关系的问题上有一些让步，因为他承认完全根除通奸行为几乎是不可能的，但如果做这种事，就必须秘密为之，不让任何别的男人和女人知道，一旦暴露就要被剥夺公民权。但"不合自然"的情爱，在他看来则应该完全消灭。柏拉图的权威使这一文本成为当今时代压制性立法的一个极有影响力的理由。[1] 307

3.在《理想国》中，苏格拉底谈到诗与哲学之间的古老争论（卷十607b以下；比较《法义》卷十二967c）。[2]在那里，主要的侧重点在于审查制度和诗人影响力的潜在威胁；我们几乎听不到诗人在这个理想国中有什么积极作用，除了他的主要任务：歌颂诸神和赞美好人（《理想国》607a；比较《法义》801—802）。在《法义》中，与追求更大实践性和更加关注社会共同体的总体趋势相一致，我们听到了更多关于诗歌，连同音乐、舞蹈及合唱表演，为社会做出贡献的确切方式。现在诗人被允许存在，但受到严格控制。正义与幸福的同一性体现在他们为公开表演准备的言辞、节奏和和声（harmonies）之中（《法义》卷二661c，662b）。他们不被允许创作任何与官方制定的伦理标准相冲突的作品，任何作品如果没有得到法官和指定的审查官的批准都不能发表（《法义》801b以下）。民众传统上所认为的所有据说是伟大的古老诗歌都是不可接受的（《法义》810e—812a）。审查制度必须强制推

[1] 进一步参看Dover, *Greek Homosexuality* 165—170,其中也讨论了亚里士多德。克鲁瓦（G.de Ste.Croix）的一篇即将发表的论文更深入地证明了柏拉图在性别偏见史上的重要性。

[2] 关于柏拉图与艺术的参考文献，参见上文第八章第三节。Morrow第7章有很多与《法义》相关的内容。

行，否则诗人及其听众都将被败坏（《法义》卷二655—656，659c）。诗人必须为听众提供良药；如果立法者无法说服他，那就要使用强制手段（《法义》659e—660a）。也不是任何人都能成为诗人：在特定场合表演的演唱者要从特定年龄段的人当中挑选（《法义》829cd）。也许最经常令道学家们头疼的谐剧，将受到特别管控："任何谐剧、歌曲或抑扬格诗歌的作者，都不被允许以描述或扮演的方式嘲笑任何公民，无论是否带有敌意"（《法义》卷九935e）。《法义》中不乏例证性或点缀式的引用，[1]但有向被引述的作者挑战的强烈倾向，并不少见的还有，假想与诗人交谈，并坚持要诗人接受批评和听从理性（《法义》卷一629b以下与提尔泰奥斯交谈，进一步参看858e）。不过，那些熟悉
308 的名字仍然受到偏爱：荷马和赫西俄德据说很吸引老年人，而且，荷马是最有深厚天赋的诗人（《法义》658d，776e）。诗人的成就得到承认，但有所贬低：快乐不能作为判断文学的标准，而诗人也没有别的什么了。他们当然不应指望被严肃地视为"教师"或道学家，与立法者平起平坐（《法义》858c—e，957d；比较《理想国》卷十599c—600e）。

虽然现在在柏拉图的想象空间中，诗意的火焰可能减弱了，但他自己的作品与诗的关系似乎仍然困扰着他。在整部《法义》中，每次雅典人回到这个主题，我们似乎就能瞥见作者对诗人力量的不信任，然而仍迷恋这种力量。在某种意义上，他把那个立法者当作诗人的竞争对手——这主要不是因为这个新国家的"创造"有某种空想的成分，从而将其置于一种与诗歌相似的认识论范畴（虽然有些段落表明，这是断断续续出现在他脑海中的）[2]，而更是因为他断言，教诲的权威在

[1] 进一步参看S.Halliwell的一篇未发表的论文，《秘索思之服从逻各斯：柏拉图对诗人的引证》（"The subjection of muthos to logos:Plato’s citation of the poets"）。

[2] 比较上文原文第301页。亦见769a—c关于立法者与画家的类比。

传统上就属于诗人。[1]就像希腊人一般相信的那样，法律使人善良。[2]柏拉图也认为《法义》本身，这部法典或者也许是我们面前的这部作品，将是对人们的一种教育。

> 但是，我们“严肃的”诗人，那些被称作肃剧家的人，怎么样？设想他们中有一些人自告奋勇前来问我们这样的问题：先生们，我们可以到你们的城邦和国土上来吗？我们可以把自己的作品带来吗？或者你们在这方面有什么政策呢？我想是这样的：“十分尊敬的客人，我们自己就是肃剧的作者，我们能创作最优秀的肃剧。不管怎样，我们整个国家是为了“代表”最美好、最高贵的生活而建立起来的，我们所维持的国家恰恰就是最真实的肃剧。所以，我们跟你们一样也是诗人，我们和你们进行的是同一种类型的创作。我们作为最优秀的戏剧的艺术家和演员，是你们的竞争对手。这最优秀的戏剧只有通过真正的法律才能使之臻于完美，我们对此信心满满。所以你们一定不要指望我们会轻易地允许你们在我们的市场上搭台表演，让你们的演员的声音盖过我们自己的声音。不要以为我们会让你们在我们的妇女、孩子、所有公众面前发表激烈的演说，谈论我们所谈论的那些话题，但处理方式不同——事实上往往与我们的方式相抵触。在我们的官方机构决定你们的作品是否适合朗诵和公开演出之前，如果我们允许你们像我们刚刚描述的那样做，那我们一定是疯了，任何一个国家都是如此。”（《法义》*817a—d*；进一步参看 *811c—812a*，*964c*）

---

[1] 例如858c—859b，957c—e。

[2] 参看，例如Macleod, *Collected Essays* 29注39。

没有哪一段话以如此看似矛盾的方式清楚说明了这位哲人的信念，即如果没有道德知识的支持，想象力什么都不是。

309 4.最后是神话。《法义》中没有像《高尔吉亚》和《理想国》卷十中的那种完整的神话，尽管柏拉图在像《治邦者》这样的晚期对话的中间部分使用过一段神话。第三卷中的历史材料，其中自然地包含了一些非历史的内容，增强了寓意，也许具有神话的某些效用：《治邦者》再次预示了这一发展，因为它讲述的是远古的事情，而不是另一个世界或死后生活的事情。但《法义》中也出现了更传统形态的神话。我们会发现，柏拉图持续关注神话如何能够或者应该被使用，如何被纳入（或被驯服于）理性思考。最无趣的是那些来自史诗和悲剧的故事被临时用来阐明某个观点（例如《法义》687e中的忒修斯和希波吕特；944a中的帕特罗克洛斯）。一些常规的审查仍然存在，和《理想国》卷二和卷三中的方式一样。以为诸神通过欺骗和暴力来获取东西的想法是非常错误的：任何人都不应当以为，由于有诗人和讲故事者的谎言，他就有做窃贼或抢劫犯的自由权（《法义》941b）。[1]还有，以为酒神由于赫拉而变得疯狂，并因此鼓动人类喝酒，是错误的："这种故事我留给那些以为可以这样谈论神灵而没有危险的人去讲。"（《法义》672b）另一种利用神话的方式是使之服务于有益的目的。雅典人说，人们受了引导就会相信的事情是令人惊讶的，就像人们普遍相信卡德摩斯把龙齿种到地里，然后就长出武士来的故事。鉴于此，立法者应该不惮于为了年轻人的利益而说谎（我们记得《理想国》中证明阶级划分具有正当性的"高贵谎言"）。建议用乱伦之类罪恶来遮掩同性恋的那段

[1] 关于此种类型的论点（诸神可以这么做，为什么我不能？），参看欧里庇得斯《希波吕托斯》451ff.，阿里斯托芬《云》1079—1082；相当不同的是欧里庇得斯的《疯狂的赫拉克勒斯》1318ff.；Dover, *GPM* 76。

话也属于这一类(《法义》838c,上文已引)。在其他地方,我们可能不那么确定,雅典人或其创造者是否会因为某种古老传统是权宜的或真实的而接受它:在某些话题上,诸如杀人犯的罪恶,或者父亲诅咒儿子的权力,如果儿子侮辱了父亲,或者对抢劫神庙者、破坏誓约者施加的惩罚,我们会猜想,希腊人的感受如此强烈,以至于柏拉图可能打算为了他自己接受传统信仰,而不仅仅是为了大多数人的利益。他确实特别强调了神强使杀人者遭到报复的"神话"(《法义》865d,870de,872d—873a)。

在部头极大的《法义》中,对被我们视为"神话"的内容——虽然在柏拉图看来,它是有理性支持的——进行最广泛叙述的是在第十卷。该卷捍卫了以下信条:诸神存在,他们关心这个世界和人类,他们设计了世界,因此,这个世界不是偶然或碰巧产生的。我们同时可以看出这延续了《蒂迈欧》中的思想。在这里,我们看到的是论证,而不是神 310 话式的阐述,而且,隐含读者是"异端分子",是质疑诸神的存在或其公正无私的不虔敬之人。柏拉图在这里所讨论的很多内容并不是针对一般的无信仰者,而是特别针对一些思想流派,论战的倾向削弱了它对后来读者的影响。但也有若干段落,无论我们如何质疑其中的论点,那些宇宙自然神论的宏伟想象,甚至为现在的怀疑论者所接受。这位哲人在这里既渴望神话的纯真,又汲取其丰富的诗性根源。

你看,我们不可避免地会对那些让我们费劲作出这些解释,并继续给我们带来这种麻烦的人,感到生气和烦恼。要是他们相信他们在婴儿时期从保姆和母亲那儿听到的故事就好了![1]这些儿

[1] 参看《高尔吉亚》512e,527a中苏格拉底所赞赏的"老妇人的故事"(比较M.Massaro, *Stud. Ital. Filol. Class.*49(1977)104—135);比这些更复杂的是《治邦者》268d—270a中经过修改的创造神话。

乎是真正“令人着迷的”故事，一部分是为了娱乐，一部分则是非常认真地讲的。孩子们在祷告和献祭时听着这些故事，并且看着它们表演出来。这是仪式中孩子们总是喜欢看到和听到的部分。孩子们看到自己的父母极其严肃地为他们自己和家庭祷告，坚定地相信他们的祷告和恳求是说给真实存在的诸神听的。随着日月升降，孩子们看到和听到无论是希腊人还是外邦人，无论是在幸福的还是不幸的处境中，都虔诚地膜拜着神灵。这些敬拜者从不以为诸神是虚构的神话，他们相信诸神的存在是非常确定，根本毋庸置疑的。（《法义》卷十 *887c—e*）

看到这一切，他（神）为每一个选民安排了一个地方，在那里，它将最容易和最有效地确保在整个世界范围内德性的胜利和邪恶的失败。为了这一宏大的目的，他算出应该给每个灵魂分配何种位置，在什么地方，来匹配它品性的变化；但他任由每个人的意志来决定那些变化的方向。你明白，我们对特定环境作出反应的方式几乎总是由我们的欲望和心理状态决定的……所以，所有有灵魂的事物都在变化，而变化的原因就在它们自身之中，而且，当它们变化的时候，它们是按照命运的指示和法则运动着。如果它们的品性变化是微小的，是在一些不重要的方面，那么就会引起空间位置在水平方向的微小变动，而如果它们大幅度地跌入不义，那就会踏上通往所谓“地下”世界深处的道路，这“地下”世界人们通常称为哈得斯或其他类似的名称，它缠扰并惊吓它们，无论是在它们活着的时候，还是在它们已经与它们的身体分离了之后……尽管你相信诸神忽略了你，我的孩子，或者更确切地说是年轻人，但“这是居住在奥林波斯山上的众神判决的事情”[1]——

[1] 这句话出自荷马《奥德赛》（19.43），但由于含义的变化，语气更庄重。

与更坏的灵魂在一起，你就会变得更坏，与更好的灵魂在一起，你就会变得更好。在你活着的时候，在你遭受的所有死亡中，无论是做什么，还是经受什么，都是一样的，都取决于同样的标准。无论是你还是其他陷入困境的人，都永远无法夸耀自己跑得足够快 311 以至于逃脱了这一判决……你可以让自己永远如此渺小，躲在地下深处，也可以高飞入天际：这一判决将永远取决于你的脚踝。无论你还活在地上，还是已经堕入哈得斯，抑或被带到某个更加遥远的地方，你都将为你犯下的罪行而受到应有的惩罚……（《法义》904b—905b，有删节）

神话被道德化了，并与物理学、天文学以及心理学结合在一起。结果并不令人信服：读者需要作出的假设太过宏大，意义也太过重大，而几个世纪以来宗教迫害的阴影使我们对雅典人设立法官制度并对其新国家中的不敬神行为施加惩罚的冷酷无情感到不寒而栗。《蒂迈欧》虽然也依赖古代科学和过时的天文学，但它吸引我们更多是由于它与历史事件或可能的牺牲相区别：蒂迈欧的听众不同于想象出来的异端分子，他们是自愿的倾听者，如果愿意，他们可以自由发表不同意见。但是，在此处，《法义》的最终形式向我们展示了柏拉图与宇宙的神话幻象长期较量的结果，这种较量第一次为我们短暂体会到也许是在《游叙弗伦》里那个恶作剧式的谜题中，那个谜题是关于道德行为与神所认可的行为之间的关系。以这样阴郁的调子结束这项研究是令人悲伤的。最后一段引文可以提醒我们，即便是在很晚期的时候，他还能用巧妙的手法使严肃的气氛活跃起来，用欢笑来渲染神话：

这就是诸神的生活。至于其他灵魂，那个最紧随神，也使自己

> 像神的灵魂，让它的驭手昂首天外。马车载着它巡游，他被马的剧烈运动弄得晕头转向，几乎无法感知真实。它时而向上，时而向下，当马挣扎前进时，它看到了一些东西，但错过了其他东西。其他紧随其后的灵魂，渴望看到上界的景象，但有心而无力。它们困顿于下界，互相践踏，互相碰撞，彼此争前，纷纷攘攘，汗流浃背。由于驭手技术欠佳，在这个过程中，许多灵魂受了伤，羽翼受损。由于费尽辛劳也看不到真实，它们就都侧身远退了。它们一旦离开就靠幻想为生。它们极为热切地渴望看见真理的原野，正是由于这个缘故：正是那片草地才能为灵魂的最好部分提供所需的食粮，使灵魂能够轻盈飞升的翅膀，其自然力量正是来自这些草料。这是一条必然的法则：凡是和神在一起，看到了任何真实存在的灵魂，都不会受到损伤，直到下一次巡游，如果它总能保持这种状况，那么它就永远不会受到伤害。但只要它没能紧跟着神，没有看到真理，那么它就会遭遇灾祸，受健忘和罪恶的拖累，它将不堪重负，折损羽翼，坠落地面——在这种情况下，灵魂的法则是，它在第一次再生时不会投生于任何兽类，而那些看见了大多
> 312 数真实存在的灵魂会投生为人，这种人会成为热爱智慧或热爱美的人，或者浸淫于艺术，热衷情爱；第二类灵魂会投生为奉公守法的国王，或者好战的统帅；第三类灵魂会投生为政治家，或者庄园管家，或者生意人……（《斐德若》*248a—d*）

今天柏拉图的大多数读者，至少在西方，并不相信轮回；我们也没有星体宗教的意识，就像不相信有一个和神一样的几何学家和钟表匠。但是，柏拉图的作品中既有教义性的真理，也有富于想象力的真理，在其毕生的事业中，柏拉图展示了自己在对人的描述与对人的期望之间

游移的才能，他对人的描述常常是幽默的，有时是悲伤的，偶尔是绝望的。不同的作品，以及同一部作品中的不同部分，都对人类潜能提出了最大胆和最具创造性的设想，又对这种潜能是否可能得到充分发挥，以及人类本性和人类社会的现实状况表示极度悲观。理想与现实、乌托邦与无政府状态、哲学的启示与世俗的盲目，它们之间的张力很可能会是读者在研读过他的一些伟大作品之后，最鲜活生动地留存于记忆中的东西。凭借其艺术不断探索和阐发这种冲突是柏拉图思想的基础。

附录：《法义》纲要

313 更充分的分析介绍参见桑德斯（*T.J.Saunders*）企鹅译本的目录页，或者法文比代（*Budé*）版的导言。

卷一　在一些开场的内容之后，分析斯巴达和克里特法律所针对的对象；勇气作为一个目标的局限；思考集会及其功用；教育的目标，以及宴饮如何能有助于这一目标。

卷二　艺术及其在教育中的作用；审查和控制的必要性。对宴饮的更多讨论。

卷三　从历史中可以学到什么；早期的社会及其失败；波斯和雅典，以及它们是如何败坏的。克利尼亚透露自己参与了克里特的一个新殖民地的创建。

卷四　描述这个新殖民地；移民和创建；法律至上的必要性；立法者的立法程序必须包含序言，用以解释每条法律背后的基本原理。

卷五　（没有对话；继续由雅典人阐述）。整部法典的总序。灵魂的重要性；其他道德责任。这个新城邦的建立：实际的考虑，包括人口的规模、财产的规模、财产的等级。

卷六　行政管理。法官；武官；议事会；其他官员；乡村督查员，城市督查员，教育大臣。法庭。婚姻、生育等等。

卷七　青年教育，从胎教直到成年后的教育。音乐、文学、舞蹈、体育及数学训练方案的规定。

卷八　体育和军事训练。性行为的规则（包括阻止“不合自然的”性行为）。自律。耕作、供给和贸易。

卷九　死刑处罚（亵渎神灵、谋反和叛国）。惩罚的理论。关于杀人和伤害的法律。

卷十　宗教和不虔敬。对无神论的反驳。

卷十一　财产法。商法。家庭（遗嘱、遗产继承、孤儿、离婚等）。其他各种法律。

卷十二　别的各式各样的法律。“监察官”。外交事务；对境外旅行的限制。夜间议事会的组成和职责；夜间议事会成员的培养方式。

参考文献

A.柏拉图作品的版本，疏解及译本

柏拉图作品希腊文标准版本长期以来一直是J.Burnet编的牛津古典文本五卷本；一部多人合编的全新版本正在进行中，但直到1994年，只出到第一卷。其他完整版本包括：洛布古典丛书版，对照译本；法国的比代版，包含希腊语和法语的对照，有长篇导言，其中很多都价值很高。

柏拉图的几乎所有著作都有企鹅经典译本，许多译本还附有Hackett丛书(Indianapolis)的有用注释。单卷本的选集*Plato:the collected dialogues* ed.E.Hamilton and H.Cairns (Princeton,Bollingen series 1961)非常珍贵（只略去了几部可能是伪作的作品），而且有一份有用的主题索引。

下面列出的是疏解、带注释的译本以及对特定作品的特别研究（通常是为某个希腊文本提供题解，除非另有说明），按照古代学者设计的传统顺序排列，并遵循现代完整版本，尽管它违背了年代学。没有列出其他版本的作品，学生应查阅洛布版或比代版；Guthrie *HGP*卷四、卷五和Friedlaender ii—iii中的相关部分也可用作参考书目。由于柏拉图的大多数流行作品都有很多译本，我大体只列举那些有特别充分注释和/或有导言的译本。

Euthyphro J.Burnet(with *Apology* and *Crito*,Oxford 1924)

Apology J.Riddell(Oxford 1867);J.Burnet,see *Euthyphro*; E.de Strycker and S.R.Slings(Leiden 1994).预计M.C.Stokes将发表疏解

Crito J.Burnet,see *Euthyphro*. See also R.Kraut 1984[此类参考文献，请查阅下面C类]

Phaedo J.Burnet(Oxford 1911);C.J.Rowe(Cambridge 1993).亦参看R.Hackforth(Cambridge 1955)和R.S.Bluck(London 1955)对译本的系统疏解; D.Gallop(翻译和哲学疏解，Oxford,Clarendon Plato series 1975)

Cratylus J.C.Rijlaarsdam(Utrecht 1978).进一步的参考文献见Baxter 1992

Theaetetus L.Campbell (2nd edn.,Oxford1983); F.M.Cornford, *Plato's Theory of Knowledge* (对《泰阿泰德》和《智术师》的翻译和系统疏解，London 1935)M.Burnyeat为Hackett丛书中Levett译本（Indianapolis 1990）写的导言超过200页，它本身是一篇系统的疏解

Sophist See above on *Tht*.;also L.Campbell (with *Statesman*, Oxford 1867).热切期待L.Brown的疏解

Statesman（"Politicus"）Campbell(see above on *Sophist*); J.B.Skemp(导言、翻译、系统疏解，London 1952)

Parmenides F.M.Cornford, *Plato and Parmenides*(翻译和系统疏解 London 1939）

Philebus R.G.Bury(Cambridge 1897);R.Hackforth, *Plato's examination of pleasure*（带系统疏解的翻译 Cambridge 1945）;J.C.B.Gosling(翻译和哲学疏解，Oxford,Clarendon Plato series,1975)

Symposium R.G.Bury(Cambridge 1932);K.J.Dover(Cambridge 1980). R.Waterfield (Oxford 1993)的世界经典丛书译本有很好的导言和参考文献

Phaedrus W.H.Thompson(London 1868);G.J. de Vries (Amsterdam 1969); C.J.Rowe（Aris and Phillips 1986）.R.Hackforth（Cambridge 1952）对译本的系统疏解不太令人满意

Alcibiades I没有现代疏解，但Annas,in O'Meara 1985是一个带参考书目的有用研究

Alcibiades II 没有现代疏解

Hipparchus 没有现代疏解

Lovers（Amatores,Erastai; 有时也被称作"情敌（The Rivals）"）（几乎确定是伪作）没有现代疏解

Theages（可能是伪作）没有现代疏解。参见Tarrant 1958

Charmides没有现代疏解

Laches没有现代疏解，但参看Stokes 1986

Lysis没有现代疏解。参看D.Bolotin, *Plato's dialogue on friendship*(London 1979),包括翻译；D.B.Robinson, *ICS* 11(1986)63—84;Price 1989,第一章

Euthydemus E.W.Gifford(Oxford 1905);R.S.W.Hawtrey(只有翻译和注释；Philadelphia 1981)

Protagoras A.M.and J.Adam（Cambridge 1921）.M.Ostwald的带注释的译本（G.Vlastos导言）（New York 1956）;B.Hubbard and E.S.Karnofsky(London 1982:一部不同寻常的作品，有一个完全由问题组成的"苏格拉底式疏解"）；C.C.W.Taylor(翻译，疏解，Oxford,Clarendon Plato series,1976,修订本1991）

Gorgias E.R.Dodds（Oxford 1959），有出色的疏解。亦参看T.Irwin(导言，翻译，疏解，Oxford,Clarendon Plato series,1979)

Meno E.S.Thompson (Macmillan,London 1901); R.S.Bluck (Cambridge 1964);R.W.Sharples(原文，翻译，注释，Aris and Phillips 1985).J.Klein, *A Commentary on Plato, Meno*(Chapel Hill 1965)并非真正的疏解，而是一组论文，其中一部分与该对话有关

Hippias Major D.Tarrant(Cambridge 1928);P.Woodruff(翻译和疏解，Blackwell, Oxford 1982);I.Ludlam, *Hippias Major,an interpretation*(Palingenesia 37,Stuttgart 1991)

Hippias Minor J.Jantzen(Weinheim 1989;German);英译见Whitlock Blundell 1992

Ion没有好的疏解（J.M.McGregor,Cambridge 1912,不过是一本教材），但可参阅Flashar 1958,Tigerstedt 1969,13–29.也可参阅即出版的*Plato on Poetry*, ed. P.Murray (Cambridge Greek and Latin Classics)

Menexenus没有好的疏解，但可参阅Loraux 1986,Henderson 1975,Coventry 1989

Clitopho S.R.Slings(Amsterdam 1981)

Republic J.Adam完整疏解2卷（Cambridge 1920—1921,D.A.Rees略微修订，1963）；还可注意B.Jowett and L.Campbell(3卷，Oxford 1894:原文，注释，论文）。S.Halliwell的第5卷和第10卷的单独版本（原文，翻译，注释）（Aris and Phillips 1993,1988分别出版）

Timaeus A.E.Taylor(Oxford 1928:只有导言和疏解）；F.M.Cornford, *Plato's Cosmology* (London 1937)有翻译和详细的注释

Minos没有疏解；肯定是伪作

Laws E.B.England(2卷，Manchester 1921）。亦见E.des Places and A.Diès的比代版，

古希腊法方面的一位权威专家L.Gernet对该书有贡献）。T.J.Saunders的企鹅版译本是颇有价值。亦参本书第十章第三节注释中的引述；T.J.Saunders, *Notes on the Laws of Plato*(*BICS* Suppl.28,1972)

Epinomis[“After the Laws”]F.Novotny(Prague 1960,in Latin);see also Tarán 1975

Letters(其中一部分肯定是伪作，也可能全部是伪作）G.R.Morrow, *Plato's Epistles*, 全部书简的翻译，及论文（Indianapolis 1962）;L.Brisson(Flammarion,Paris 1987).亦可参阅 Edelstein 1966 on the Seventh Letter

主要工具书：

Ast,D.F.(“Astius”) *Lexicon Platonicum*(Leipzig 1835)经过选择的，有引文和词语的拉丁语翻译

Brandwood,L. *A Word Index to Plato*(Compendia 8,Leeds 1976).有完整的计算机索引，但仅供查询

Gigon,O.A.Platon: *Lexikon der Namen und Begriffe*(Zürich 1975)

Perls,H. *Lexikon der platonischen Begriffe*(Bern 1973)

B.现代作品的目录汇编和概述

Brisson,L., *Lustrum* 20(1977)5–304 and,with H.Ioannidi,ibid.25 (1983)31—120, 30(1988)11—294

Cherniss,H.,Lustrum 4(1960)1—316 and 5(1961)321—648

De Magalhaes–Vilhena,V.de, *Le probl è me de Socrate*(Paris 1952) 475—566

Mcrrison,D.R., *Bibliography of Editions,Translations and Commentory on Xenophon's Socratic Writings,1600–present* (Mathesis Publications,Pittsburgh,Pa., 1988)

Skemp,J.B.,Plato(Greece and Rome New Surveys 10,Oxford 1976)

参考文献的参考文献（！）见Y.Lafrance, “L” avenir de la recherche platonicienne’ *REG* 99(1986)271—292

亦参看Kraut's *Companion*, in Laborderie 1978 和Thesleff的两本书(1967 和 1982)(见下文C类)中的扩展文献

C.现代作品

列出本书中提到的所有作品是没有意义的。以下列出的是在我看来重要的或通常有用的作品；因此本列表略去了很多只是在脚注中偶尔出现或稍微沾边的作品，同时包含了一些根本没有引用过的条目。这种选择隐含了主观性，因此，我也给出了少量的点评以帮助那些对这些作者不熟悉的读者。

Allen,R.E.(ed.)Studies in Plato's Metaphysics(London 1963)

Allen,R.E. *Plato's Euthyphro and the Earlier Theory of Forms*(London 1970)

Amory,F. "Eiron and eironeia" C&M 33(1981—1982)49—80

Amory,F. "Socrates the legend" C&M 35(1984)19—56

Andersson,T. *Polis and Psyche*(Göteborg 1971)

Andrieu,J. *Le Dialogue antique:structure et pr é sentation*(Paris 1954).对柏拉图的论述简短得令人失望

Annas, J. *An Introduction to Plato's Republic*(Oxford 1981)

Annas, J. "Plato's myths of judgement" Phronesis 27 (1982) 119—143

Annas, J. "Plato on the triviality of literature" ,in Moravcsik-Temko 1982,1—28

Asmis,E. "Psychagogia in Plato's Phaedrus" ICS 11(1986) 153—172

Babut,D. *La religion des philosophes grecs*(Paris 1974)

Bambrough,R.(ed.) *Plato,Popper and Politics*(Cambridge 1967)

Barker,A. and Warner,M.(edd.) *The Language of the Cave*(=*Apeiron* 25.4,Edmonton, Alberta 1992)

Baxter,T.M.S. *The Cratylus:Plato's Critique of Naming*(Leiden 1992)

Benson,H.H.(ed.)*Essays on the Philosophy of Socrates*(Oxford 1992).该书是自1971年Vlastos的类似选集出版以来较有用的文选

Berg,G.O. *Metaphor and Comparison in the Dialogues of Plato*(Berlin 1904)未见过

Blank,D. "The Arousal of Emotion in Plato's Dialogues" *CQ* 43(1993)428—439

Bloedow,E.F. "Aspasia and the mystery of the Menexenus" *WS* 8(1975)32—48

Blundell:see Whitlock Blundell

Boder,W. *Die Sokratische Ironie in den platonischen Fr ü hdialogen* (Amsterdam 1973)
Booth,Wayne C. *A Rhetoric of Irony*(Chicago and London 1974)
Brandwood,L. *The Chronology of Plato's Dialogues*(Cambridge 1990)
Breitenbach,H.R. "Xenophon" *RE* ix.A2（1967）1569—1928
Brickhouse,T.C. and Smith,N.D. *Socrates on Trial*(Oxford 1989)
Brickhouse,T.C. and Smith,N.D. *Plato's Socrates* (Oxford 1994)
Brisson,L. Plato, *les mots et les mythes*(Paris 1982)
Brock,R. "Plato and comedy" Owls to Athens(Fest.K.J.Dover) ed.E.Craik(Oxford 1990) 39—49
Brunt,P.A. *Studies in Greek History and Thought*(Oxford 1993).包括论"Plato's Academy and politics"和"The model city of Plato's Laws"的挑战性论文
Burkert,W. *Lore and Science in Ancient Pythagoreanism*(1962年初版，英译本，Cambridge Mass.1972)
Burkert,W. *Greek Religion*(英译本 Blackwell,Oxford 1985)。一部杰作
Burnyeat,M. "Socratic midwifery,Platonic inspiration" BICS 24(1977)7—16. repr. in Benson, *Essays*…53—65.饶有趣味
Burnyeat,M. "Sphinx without a secret" (L.Strauss著作评论)New York Review of Books 32(May 30,1985)30—36.妙趣横生，而且完全令人信服
Carter,L.B. *The Quiet Athenian*(Oxford 1986)
Chadwick,H.Early Christian Thought and the Classical Tradition(Oxford 1966)
Chance,T.H. *Plato's Euthydemus:Analysis of What Is and Is Not Philosophy*(Berkeley and L.A.1992)
Cherniss, H. *The Riddle of the Early Academy*(Berkeley 1945)
Cherniss,H. "Ancient forms of philosophic discourse" ,in his Selected Papers 14—35
Cherniss,H. *Selected Papers* ed.L.Tar á n(Leiden 1977)
Chroust,A.H. *Socrates,Man and Myth:The Two Apologies of Xenophon*(London 1957).有趣的资料，但对佚失作品作了极多推测性的重构
Classen,C.J.(ed.)Sophistik(Wege der Forschung Bd.187, Darmstadt 1976)
Clavaud,R. Le Ménexène de Platon et la rhétorique de son temps(Paris 1980)
Clay,D. "The tragic and comic poet of the Symposium" Arion n.s.2(1975)238—261,repr. in J.P.Anton and A.Preus(edd.)*Essays in Ancient Greek Philosophy* ii(Albany,N.Y.1983)186—202
Clay,D. "Plato's first words" *YCS* 29(1992)(=Beginnings in the Classical Literature

ed.F.M.Dunn and T.Cole) 113—130

Cole,T. *The Original of Rhetoric in Ancient* Greece(Baltimore and London 1991)旁门左道

Collard,C. "On stichomythia" *LCM* 5(1980)77—85

Connor,W.R. "The other 399:religion and the trial of Socrates" in *Georgica:Greek Studies in Honour of George* Cawkwell(=BICS Suppl.58(1991)),ed.M.Flowers and M.Toher,49—56

Cornford,F.M. *Plato's Cosmology*(London 1937)

Coulter,J.A. "The relation of the Apology of Socrates to Gorgias" defence of Palamedes…" *HSCP* 68(1964)269—303

Coulter,J.A. "Phaedrus 279a: the praise of Isocrates" *GRBS* 8(1967)225—236

Coventry,L.J. "Philosophy and rhetoric in the Menexenus" *JHS* 109(1989)1—15

Coventry,L.J. "The role of the interlocutor in Plato's dialogues:theory and practice" in Pelling 1990,174—196

Crossman,R. *Plato Today* (London 1937)

Davies,J.K. *Athenian Propertied Families 600—300BC*(Oxford 1971)

Davies,J.K. *Democracy and Classical Greece* (Glasgow, Fontana, 1978,rev.1993)

Deman,T. *Le témoignage d'Aristotle sur Socrates*(Paris 1942)

Dodds,E.R. *The Greeks and the Irrational* (Berkeley and L.A.1951).对柏拉图的论述虽然比较片面,但仍是必要的读物

Dodds,E.R. *The Ancient Concept of Progress and Other Essays…*(Oxford 1973)

Dover,K.J. Lysias and the Corpus Lysiacum(Berkeley and L.A.1968)

Dover,K.J. (ed.)*Aristophanes,Clouds*(Oxford 1968)

Dover,K.J. *Greek Popular Morality in the Time of Plato and Aristotle*(Oxford 1974)

Dover,K.J. "The freedom of the intellectual in Greek society" Talanta 7(1975)24—54,repr.in Dover, *The Greeks and their Legacy* 135—158.一篇有重要影响的论文

Dover,K.J. *Greek Homosexuality* (London 1978,rev.1979)

Dover,K.J. "Ion of Chios:His Place in the History of Greek Literature" in Chios,ed. J.Boardman and C.Vaphopoulou–Richardson (Oxford 1986)27—37 repr.in Dover, *The Greeks and their Legacy* 1—12

Dover,K.J. *Greek and the Greeks:Collected Papers I*(Oxford 1987)

Dover,,K.J. *The Greeks and their Legacy:Collected Papers II* (Oxford 1988)

Edelstein,L. "The function of the myth in Plato's philosophy" *JHI* 10(1949)463—481

Edelstein,L. "Platonic anonymity" *AJP* 83(1962)1—22

Edelstein,L. Plato's Seventh Letter(Leiden 1966)

Ehrenberg,V. *The People of Aristophanes*(2nd edn.,Oxford 1951)

Ellis,W.M. Alcibiades (London and N.Y.1989)

Enright,D.J. *The Alluring Problem:An Essay on Irony*(Oxford 1986)

Erickson,K.V.(ed.)*Plato:True and Sophistic Rhetoric*(Amsterdam 1979)

Farrar,C. *The Origins of Democratic Thinking*(Cambridge 1988)

Fears,J.R. (ed.)*Aspects of Athenian Democracy* (=Classica et Medievalia 40,Copenhagen 1989)

Ferrari,G.R.F. *Listening to the Cicadas:A Study of Plato's Phaedrus* (Cambridge 1987)

Ferrari,G.R.F. see also Winnington-Ingram

Field,G.F. *Plato and his Contemporaries*(London 1930)

Fisher,N. *Social Values in Classical Athens*(London 1976)

Flashar,H. *Der Dialog "Ion" als Zeugnis platonischer Philosophie* (Berlin 1958)

Frede,M. "Plato's arguments and the dialogue form" *OSAP* Suppl.1992,ed.Klagge and Smith,201—219

Friedlaender,P. Plato(H.Meyerhoff英译)(New York 1958—1969)

Fritz,K.von. Platon in Sizilien und das Problem der Philosophenherrschaft (Berlin 1968)

Furley,W.D. "The figure of Euthyphro" *Phronesis* 30 (1985)201—208

Gaiser,K. *Protreptik und Paränese bei Platon*(Stuttgart 1959)

Gaiser,K. *Platos Ungeschriebene Lehre*(Stuttgart 1963)

Gera,D. *Xenophon's Cyropaedia*(Oxford 1993)

Gill,C. "The death of Socrates" *CQ* 23(1973)25—28

Gill,C. "The genre of the Atlantis story" CPh 72(1977)287—304

Gill,C. "Plato and politics:the Critias and the Politicus" Phronesis 24(1979)148—167

Gill,C. "Plato's Atlantis story and the birth of fiction" Philos.and Lit.3(1979)64—78

Gill,C. *Plato:the Atlantis Story* (Bristol 1980)

Gill,C. "Plato on falsehood-not fiction" *Lies and Fiction in the Ancient World* ed. T.P.Wiseman and C.Gill(Exeter 1993)38—87

Glucker,J. *Antiochus and the Late Academy*(Göttingen 1978)

Görgemanns,H. Beiträge zur Interpretation von Platons Nomoi(Zetemata 25,Munich 1960)

Gosling,J.R. *Plato.Arguments of the Philosophers*(London 1973)

Gould,J. *The Development of Plato's Ethics*(Cambridge 1955)

Gower,B. and Stokes,M.C.(edd.)*Socratic Questions*(London and N.Y.1992)

Graf,F. *Greek Mythology*(初版 Munich–Zurich 1987;英译本 Johns Hopkins 1993)

Grene,D. *Man in his Pride: A Study in the Political Philosophy of Thucydides and Plato*(Chicago 1950,后来书名变为*Greek Political Theory:The Image of Man in Thucydides and Plato*)

Griswold,C.L. *Platonic Writings,Platonic Readings*(London 1988)

Grote,G. *Plato and the Other Companions of Socrates* (3卷本, London 1865).虽然部头很大,而且比较片面(柏拉图在很大程度上被看作是一个自由思想家和尘世之人),但仍然是一个值得注意和饶有趣味的阐释

Grube,G.M.A. *Plato's Thought*(London 1935)

Grube,G.M.A. *The Greek and Roman Critics*(London 1965)

Gundert,H. *Dialog und Dialektik:zur Struktur des platonischen Dialog*(Amsterdam 1971)

Gundert,H. *Platonstudien* ed. K.Döring and F.Preishofen (Amsterdam 1977)

Guthrie,W.K.C. *In the Beginning* (London 1957)

Guthrie,W.K.C. *History of Greek Philosophy* i—vi(Cambridge 1962—1981)

Hackforth,R. *The Composition of Plato's Apology* (Cambridge 1933)

Halliwell,S. "Plato and Aristotle on the denial of tragedy" *PCPS* n.s.30 (1984) 49—71

Halliwell,S. *Aristotle's Poetics* (London 1986)

Halliwell,S. "Plato and the psychology of drama" in B.Zimmermann(ed.)*Antike Dramentheorien und ihre Rezeption* (Drama:Beitr. zum antiken Drama und seiner Rezeption,Bd.1, Stuttgart 1992)

Hansen,M.H. *The Athenian Democracy in the Age of Demosthenes* (Cambridge 1991).目前的权威性研究

Haslam,M. "Plato,Sophron and the dramatic dialogue" *BICS* 19(1972)17—38

Health,M. *The Poetics of Greek Tragedy*(London 1987)

Health,M. "The unity of Plato" Phaedrus" *OSAP* 7(1989) 151—173,及其续篇 "The unity of the Phaedrus:a postscript" ibid.189—191.比较Rowe的回应,下文

Heinimann,F. *Nomos und Physis* (Basel 1945)

Henderson,M.M. "Plato's *Menexenus* and the distortion of history" Acta Classion 18 (1975) 25—46

Hizel,R. Der Dialog(Leipzig–Berlin 1895)

Hornblower,S. *The Greek World 479—323BC* (Bondon 1983,rev.1991)

Howland,J. "Re-rending Plato:the problem of Platonic chronology" Phoenix 45(1991)189—214

Humbert,J. *Socrate et les petits socratiques*(Paris 1967)

Irwin,T. *Classical Thought* (History of Western Philosophy vol.1)(Oxford 1989)

Jacoby,F. "Some remarks on Ion of Chios" *CQ* 41 (1947)1—17(repr.in Jacoby 1956,144—168)

Jacoby,F. Abhandlungen zur griechischen Geschichtschreibung ed. H.Bloch.(Leiden 1956)

Jaeger,W. *Aristotle:Fundamentals of the History of his Development*(初版Berlin 1923, 英译本Oxford 1934,第二版1948)

Jones,A.H.M. Athenian Democracy (Oxford 1957)

Kahn,C.H. "Did Plato write Socratic dialogue?" *CQ*31(1981)305—320

Kahn,C.H. "Drama and dialectic in Plato's Gorgias" *OSAP* 1(1983)305—320

Kahn,C.H. "Plato's methodology in the *Laches*" Rev.Inernat.de Phil.40 (1986) 7—21

Kahn,C.H. "Plato's *Charmides* and the proleptic reading of Socratic dialogues" *JHPh* 85(1988)541—549

Kahn,C.H. "Proleptic composition in the Republic,or Why Book 1 was never a separate dialogue" *CQ*43(1993)131—142

Kerferd,G.B. *The Sophistic Movement*(Cambridge 1981)

Kerferd,G.B. (ed.)*The Sophists and their Legacy* (Hermes Einzelschr.44,Wiesbaden 1981)

Kennedy,G. *The Art of Persuasion in Greece*(Princeton 1963)

Kirk,G.S.,Raven,J.E., and Schofield,M. *The Presocratic Philosophers*(第二版 Cambridge 1983)

Klagge,J.C. and Smith,N.D.(edd.)*Methods of Interpreting Plato and his Dialogues*(=OSAP Supplement,Oxford 1992).较好的文集之一

Klibansky,R. *The Continuity of the Platonic Tradition*(London 1939)

Klosko,G. "Criteria of fallacy and sophistry for use in the analysis of Platonic dialogues" CQ33(1983)363—374

Klosko,G. *The Development of Plato's Political Theory*(N.Y. and London 1986)

Kraut,R. *Socrates and the State*(Princeton 1984)

Kraut,R.(ed.)*The Cambridge Companion to Plato*(Cambridge 1992)

Laborderie,J. *Le dialogue platonicien de la maturit é* (Paris 1978)

Lakes,A. "Legislation and demiurgy:on the relation between Plato's *Republic* and *Laws*" CAntiq 9(1990)209—229

Lebeck,A. "The central myth of Plato's *Phaedrus*" *GRBS* 13(1972)267—290

Ledger,G.R. *Re-counting Plato:a computer analysis of Plato's style* (Oxford 1989)

Leisegang,H. "Platon（1）" *RE* xx (1950)2342—2537

Lesky,A. *History of Greek Literature* (Willis and C de Heer英译)（London and N.Y. 1966）

Lewis,C.S. *The Discarded Image* (Cambridge 1964)

Lintott,A.W. *Violence,Civil Strife and Revolution in the Classical City* (London 1982)

Lloyd,G.E.R. "Plato as a natural scientist" *JHS* 88(1968)78—92

Lloyd,G.E.R. *Magic,Reason and Experience* (Cambridge 1979).对古希腊思想和社会的核心问题有很多洞见

Loraux,N. L'invention d'Athènes:histoire de l'oraison funèbre dans la cité classique (Paris 1981);英文版*The Invention of Athens:The Funeral Oration in the Classical City* (Cambridge Mass. And London 1986)

Louis,P. *Les métaphores de Platon*(Paris 1949)按照比喻或对比的主题编排,但便于查找

Ludwig,W. "Plato's love epigrams" *GRBS* 4(1963)59—82

McCabe,M.M. "Myth,allegory and the argument in Plato" in *The Language of the Cave ed.A.Barker and M.Warner*(=Apeiron 25.4(Edmonton,Alberta 1992)47—68

MacDowell,D.M. (ed.and tr.)*Gorgias,Helen*(Bristol 1982)

Mackenzie,M.M. "Paradox in Plato's *Phaedrus*" *PCPS* n.s.28 (1982)64—76

Mackenzie,M.M. "The virtues of Socratic ignorance" *CQ* 38(1988)331—350

Macleod,C.W. *Collected Essays*(Oxford 1983)

Martin,Josef. *Symposion:Die Geschichte einer literarischer Form*(Stud. Zur Geschichte und Kultur des Altertums,17.1 and 2,Paderborn 1931)

Meijer,P.A. "Philosophers,intellectuals and religions in Hellas" in *Faith,Hope and Worship* ed.H.S.Versnel(Leiden 1981) 216—262

Meister,K. "Stesimbrotus" Schrift über die athenischen Staatsmänner..." *Historia* 27(1978) 274—294

Melling,D.J. *Understanding Plato*(Oxford 1987)

Momigliano,A. *The Development of Greek Biography* (Cambridge Mass.1971,revised 1993).有吸引力的讲演,涵义广泛,参考文献丰富

Montuori,M. *Socrates:Physiology of a Myth*(英译本) (Amsterdam 1981)
Moravcsik,J. and Temko,P.(edd.)*Plato on Beauty, Wisdom and the Arts*(Totowa,N.J.1982)
Morgan,M. *Platonic Piety:Philosophy and Ritual in Fourth-Century Athens*(New Haven 1990)
Murdoch,I. *The Fire and the Sun:Why Banished the Artists* (Oxford 1977)
Morrow,G.R. The demiurge in politics:the *Timaeus* and the *Laws Proc.of Amer.Philos. Assoc*.27(1953—1954)5—23
Morrow,G.R. *Plato's Cretan City* (Princeton 1960)
Nock,A.D. *Conversion*(Oxford 1933)
Nightingale,A.Wilson "Plato's *Gorgias* and Euripides" *Antiope*:a study in generic transformation" *Antiq* 11(1992)121—141
Nightingale,A.Wilson "Writing/reading a sacred text:a literary interpretation of Plato's Laws" *CPh* 88(1993)279—300
Nightingale,A.Wilson "The folly of praise:Plato's critique of encomiastic discourse in the *Lysis* and *Symposium*" *CQ*43(1993)112—130
Nussbaum,M.C. "Aristophanes and Socrates on learning practical wisdom" *YCS* 26(=*Aristophanes,Essays in interpretation*, ed.J.Henderson,1980)43—97
Nussbaum,M.C. *The Fragility of Goodness*(Cambridge 1986)
Oldfather,W. "The date of Plato's *Laws*" *AJP* 44(1923)275—276
O'Brien,M.J. *The Socratic Paradoxes and the Greek Mind*(Chapel Hill 1967)
O'Meara,D.(ed.)*Platonic Investigations*(Washington DC 1985)
Osborne,C. "The repudiation of representation in Plato's *Republic* and its repercussion" *PCPS* 33（1987）53—73
Osborne,C. "Topography in the *Timaeus*: Plato and Augustine on mankind's place in the natural world" *PCPS* 34(1988)104—115
Ostwald,M. review of Görgemanns 1960, in *Gnomon* 34 (1962)231—241
Ostwald,M. *From Popular Sovereignty to the Sovereignty of Law*(Berkeley and L.A.1986)
Parker,R.C.T. "The origins of Pronoia:a mystery" Apodosis'(Essays presented to W.W.Cruickshank,London 1992)84—94
Pease,A.S. "Caeli enarrant" *Harvard Theological Review* 34(1941)163—200
Pelling,C.B.R.(ed.)*Characterization and Individuality in Greek Literature*(Oxford 1990)
Pfeiffer,R. *History of Classical Scholarship from the Beginnings to the Hellenistic Age*(Oxford 1968)

Pohlenz,M. “Die Anfänge der griechischen Poetik” *Nachrichten von der Gesellschaft der Wissenschaften zu Göttingen*, Phil.-hist.Klasse（1920）142—178=*Pohlenz,Kleine Schriften* ii(Hildesheim 1965)436ff.

Popper,K.R. *The Open Society and its Enemies*(1945;第五版 1966).具有持久重要性

Price,A.W. *Love and Friendship in Plato and Aristotle* (Oxford 1989)

Radermacher,L.(ed.)*Artium Scriptores*(Vienna 1951).修辞术和智术师资料选

Reeve,C.D.C. *Socrates in the Apology* (Indianapolis 1989)

Riginos,A.S. *Platonica:The Anecdotes Concerning the Life and Writings of Plato*(Leiden 1976)很有用、细致，虽然在任何原理问题上都倾向于怀疑论

Robinson,R. *Plato's Earlier Dialectic*(Oxford 1941,第二版 1953)

Robinson,R. *Essays in Greek Philosophy* (Oxford 1969)

Romilly,J.de. *Magic and Rhetoric in Ancient Greece*(Cambridge Mass. 1964)

Rowe,C.J. *Plato*(Brighton 1984)

Rowe,C.J. “The argument and structure of Plato's *Phaedrus*” *PCPS* n.s.32(1986)106—125

Rowe,C.J. “Platonic irony” *Nova Tellus* 5(1987)83—101

Rowe,C.J. “The unity of the *Phaedrus*:a reply to Heath” *OSAP* 7(1989)175—188

Russell,D.A. *Criticism in Antiquity*(London 1981)

Rutherford,R.B. “Plato and Lit Crit (review-discussion of Ferrari)” *Phronesis* 33(1988)216—224

Ryle,G. *Plato's Progress*(Cambridge 1966).有趣，但充满盲目、难以置信的猜测

Ste.Croix,G.E.M.de *The Origins of the Peloponnesian War*(London 1972)

Saunders,T.J. ““The RAND Corporation of antiquity”? Plato's Academy and Greek politics” in *Studies in Honour of T.B.L.Webster* ed.J.H.Betts,J.T.Hooker,J.R.Green (Bristol 1986) i.200—210

Saunders,T.J. *Plato's Penal Code*（Oxford 1991）

Scodel,H.R. *Diairesis and Myth in Plato's Statesman* (Hypomnemata 85.Göttingen 1987)

Seeskin,K. *Dialogue and Discovery:A Study in Socratic Method* (Albany,N.Y.1987)

Segal,C. “Gorgias and the psychology of the logos” *HSCP* 66(1962)99—155

Segal,C. “The myth was saved:reflections on Homer and the mythology of Plato's *Republic*” Hermes 106（1978）315—336

Shorey,P. “Plato's Laws and the unity of Plato's thought,i” CPh 9(1914)345—369

Shorey,P. *What Plato Said*(Chicago 1933).大部分是长篇改述，部分有用

Shorey,P. *Platonism Ancient and Modern*(Berkeley and L.A. 1938)

Sinclair,R.K. *Democracy and Participation in Athens*(Cambridge 1988).内容很广泛，超出了标题所表示的范围；是一本出色的指南

Solmsen,F. *Plato's Theology*(Ithaca,N.Y.1942)有些细节过于陈旧了，但仍然不可取代

Solmsen,F. review of Edelstein 1966,in *Gnomon* 41(1969)29—34=Kl. *Schriften* iii(Hildesheim 1982)211—216

Solmsen,F. "Plato on Science" in *Interpretations of Plato:a Swarthmore Symposium* ed. H.North (Mnem.Suppl.50,Leiden 1977)86—105=*Kl. Schriften* iii(Hildesheim 1982)217—236

Sorabji,R. *Time,Creation and the Continuum*(London and Ithaca,N.Y.1983)

Sprague,R.K. *Plato's use of Fallacy* (New York 1962)

Sprague,R.K.(ed.)*The Older Sophists*(Univ. of S.Carolina Press 1972)

Stadter,P.A. *A Commentary on Plutarch's Pericles*(Chapel Hill 1990)

Stadter,P.A. "Pericles among the intellectuals" *ICS* 16 (1991)111—124

Stalley,R.F. *An Introduction to Plato' Laws*(Oxford 1983)

Stone,I.F. *The Trial of Socrates* (London 1988)

Stokes,M.C. *Plato's Socratic Conversations*(London and Baltimore 1986)

Sullivan,J.P. "The hedonism in Plato's *Protagoras*' *Phronesis*" 6(1967)10—28

Szlezak,T.A. "The acquiring of philosophical knowledge according to Plato's Seventh Letter" in *Arktouros:Hellenic Studies presented to B.M.W.Knox* ed.G.W.Bowersock,W. Burkert and M.C.J.Putnam(Berlin 1979)354—363

Szlezak,T.A. *Platon und die Schriftlichkeit der Philosophie*(Berlin 1985;Italian tr.1989)

Tarán,L. *Academica:Plato,Philip of Opis and the Epinomis* (Philadelphia 1972)

Tarrant,D. "Imagery in Plato's *Republic*" *CQ*40（1946）27—34.和她的其他文章一样，在其选定的范围内谨慎而有趣

Tarrant,D. "Colloquialisms,semi-proverbs and word-play in Plato" *CQ* 40(1946)109—117

Tarrant,D. "Style and thought in Plato's dialogues" *CQ* 42(1948)28—34

Tarrant,D. "Plato's use of quotations and other illustrative material" *CQ* n.s.1(1951) 59—67

Tarrant,D. "Plato as dramatist" *JHS* 75(1955)82ff.

Tarrant,D. "The touch of Socrates" *CQ* 8(1958)95—98

Taylor.A.E. *Plato,The Man and his Work*(London 1926,多次再版并有小的改动).现在

很过时；大部分是概括和选择性的评论

Thesleff,H. *Studies in the Styles of Plato*(Helsinki 1967)

Thesleff,H. *Studies in Platonic Chronology*(Helsinki 1982)

Thesleff,H. Platonic chronology *Phronesis* 34(1989)1—26.前一本书之后的想法

Tigerstedt,E.N. *Plato's Idea of Poetical Inspiration*(Helsinki 1969)

Tigerstedt,E.N. *Interpreting Plato* (Stockholm 1977)

Tigner,S.S. “Plato's philosophical uses of the dream metaphor” AJP 91(1970)204—212

Turner,F.M. *The Greek Heritage in Victorian Britain*(New Haven and London 1981)

Vickers,B. In *Defence of Rhetoric* (Oxford 1988).反柏拉图，但因其讨论的广泛性和独立的思考而有价值

Vidal-Naquet, “Ath è nes et Atlantide” *REG* 78(1964)420—444,修订的英译本题名为“Athens and Atlantis: structure and meaning of a Platonic myth” in R.L.Gordon(ed.) *Myth,Religion and Society*(Cambridge 1981)201—214

Vlastos,G.(ed.)The Philosophy of Socrates (N.Y. 1971),重印题名为*Socrates*

Vlastos,G. “The individual as an object of love in Plato” in Vlastos, *Platonic Studies* 1—34

Vlastos,G. *Platonic Studies* (1973;第二版，Princeton 1981)

Vlastos,G. *Plato's Universe* (Oxford 1975)

Vlastos,G. “Socrates” *Proc. of the Brit. Academy* 74 (1988)89—111

Vlastos,G. *Socrates:Ironist and Philosopher* (Cambrige 1991).出类拔萃

Vlastos,G. *Socratic Studies*, ed.M.Burnyeat(Cambridge 1994)

Vries,G.J.de. “Laughter in Plato's writings” *Mnemosyne* ser.iv 38(1985)378—381

Walsdorff,F. *Die antiken Urteile ü ber Platons Stil*(Leipzig 1927)

Weil,R. *L'arch é ologie de Platon* (Paris 1959)

West,M.L. “Ion of Chios” *BICS* 32（1985）71—78

White,N.A. *Companion to Plato's Republic* (Indianapolis 1979)

Whitlock Blundell,M. “Character and meaning in Plato's *Hippias Minor*” *OSAP* Suppl. (1992)ed.Klagge and Smith 131—172.一个典范的研究

Wilamowiz-Moellendorff, U.von.Platon(第二版，Berlin 1920)

Winnington-Ingram,R.P. “The unity of Plato's *Phaedrus*” *Dialogos:Hellenic Studies Review* 1 (1994)7—20(最初是1953年发表的就职演说),以及G.R.F.Ferrari的回应，ibid.21—25

Worthington,I.(ed.) *Persuasion:Greek Rhetoric in Action*(London and N.Y. 1994)

Wright,R. “How credible are Plato's myths?” in *Arktouros:Hellenic Studies Presented to B.M.W.Knox* ed. G.W.Bowersock,W.Burkert and M.C.J.Putnam(Berlin 1979) 364—371

Zaidman,L.B. and Schmitt Pantel,P. *Religion in the Ancient Greek City*(初版，Paris 1989;P.Cartledge翻译并做了很大改动，Cambridge 1992)

Zeller,E. *Die philosophie der Griechen in ihrer geschichtlichen Entwicklung* i(第七版 Berlin 1923)and ii.1(第五版 Berlin 1922).参看R.Mondolfo的作了进一步修改的意大利语译本，Florence 1932

Zeller,E. *Socrates and the Socratic Schools*(O.J.Reichel英译)(London 1868)

Zeller,E. *Plato and the Older Academy*(S.F.Alleyne and A.Goodwin英译)

Zeyl,D.J. “Socrates and hedonism: *Protagoras* 351b—358d” *Phronesis* 25(1980)250—269=J.P.Anton and A.Preus(edd.) *Essays in Ancient Greek Philosophy* iii(Albany,N.Y.1989)5—25

索　　引*

现代学者的名字只有在对他们的观点作出一些实质性评论时才会列出。此外，正文中的专有名词大量编入了索引，但并非详尽无遗。注释中的内容只有当无法在正文中找到时才会列出。重要的讨论用加粗列出。

A

* 本索引的页码指向原书页码，即本书边码。

B

C

D

E

F

G

H

I

J

K

L

M

N

O

P

Q

R

S

T

U

V

W

X

Z

图书在版编目（CIP）数据

柏拉图的艺术：柏拉图诠释十论 /（英）理查德·卢瑟福著；孔许友译.
—上海：东方出版中心，2022.4
ISBN 978-7-5473-1994-9

Ⅰ.①柏… Ⅱ.①理… ②孔… Ⅲ.①柏拉图（Platon前427-前347）-哲学思想
Ⅳ.①B502.232

中国版本图书馆CIP数据核字（2022）第053980号

THE ART OF PLATO
By R.B. Rutherford

上海市版权局著作权合同登记：图字09-2022-0244

柏拉图的艺术：柏拉图诠释十论

著　　者　[英]理查德·卢瑟福
译　　者　孔许友
责任编辑　陈哲泓
装帧设计　陈绿竞

出版发行　东方出版中心有限公司
地　　址　上海市仙霞路345号
邮政编码　200336
电　　话　021-62417400
印 刷 者　上海颛辉印刷厂有限公司

开　　本　890mm×1240mm　1/32
印　　张　16.25
字　　数　386千字
版　　次　2022年7月第1版
印　　次　2022年7月第1次印刷
定　　价　85.00元